MINERVA
世界史叢書
1

# 地域史と世界史

羽田 正
[責任編集]

ミネルヴァ書房

# 「ＭＩＮＥＲＶＡ世界史叢書」の刊行によせて

このほど私たちは、ミネルヴァ書房より「ＭＩＮＥＲＶＡ世界史叢書」を刊行することになりました。これは、これまでのわが国における世界史を反省して、新たな世界史を構築することを目指すものです。これまでの世界史が、世界の国民国家史や地域史の寄せ集めであったり、自国史を除いた外国史であったり、欧米やなんらかの「中心」から見た世界史であったりしたことへの反省を踏まえて、また、近年の歴史研究の成果を取り入れて、それらの限界を突き破ることを目指しています。

本叢書は、全体として以下のような構成を取ります。

総　論　「世界史」の世界史
第Ⅰ期　世界史を組み立てる
第Ⅱ期　つながる世界史
第Ⅲ期　人と科学の世界史
第Ⅳ期　文化の世界史
第Ⅴ期　闘争と共生の世界史

このような構成を通じて、私たちは新たな世界史を構想するためのヒントないしは切り口を提示したいと考えております。読者のみなさまの建設的なご批判を頂ければ幸いです。

二〇一六年四月

「ＭＩＮＥＲＶＡ世界史叢書」編集委員
秋田　茂、永原陽子、羽田　正
南塚信吾、三宅明正、桃木至朗
（五十音順）

地域史と世界史

# 目次

## 第Ⅱ部　都市から眺めた一八七〇年の世界

# 序章　地域史と世界史

羽田　正

## 1　歴史研究と時空間

### (1) 国と地域という叙述の枠組み

近代歴史学の方法の基本は、一つの時空間を想定し、その時空間内で生じた過去の事象を、時系列に沿って解釈し、説得的に論述することである。論述の主たる対象となるのは、個別の人やモノなど具体的である場合も多いが、その背景として、必ず何らかの時空間が意識されている。国や地域がしばしば主語となる政治史の場合はもちろんだが、経済史、社会史、文化史などでも、例えば、株仲間について論じる際には「大坂」や「近世（日本）」が、白蓮教の教義についてなら「清朝」や「明清時代中国」が、ジャポニスムの場合は「近代フランス」「近代ヨーロッパ」や「日本」が、論述の前提条件、あるいは枠組みとして用いられる。近代歴史学の方法に従って過去の事象を解釈し説明するには、それを考察する場ないし時空間がどうしても必要なのである。

現代日本における歴史研究の場合、その時空間は近現代については、「日本」や「ドイツ」「イラン」などの主権国民国家、前近代の場合は、「ヨーロッパ」「イスラーム世界」「東アジア」などのいわゆる地域世界ないし文明圏となることが多い。これは方法として当然ともいえ、このこと自体が、歴史研究者の間で疑問に感じられることはあまりないようだ。例えば、白人男性中心の政治史として始まった近代歴史学研究の枠組みを厳しく批判するジェンダー史学会が二〇〇九年から一一年にかけて刊行した『ジェンダー史叢書』（明石書店）を見てみよう。この叢書の第五巻に含まれる論文は、「日本中世社会秩序と暴力」「ヨーロッパ中世都市における暴力」「アメリカ史の中のジェンダー」「中国における女性兵士」「ラテンアメリカにおける対抗暴力」「日本における徴兵制導入と男性性」「ドイツにおける戦争とネイション・『人種』」のように、ほとんどすべて自らが論じる時空間を限定している。第六巻でも事情は変わらない。「日本中世社会にみる家督・家業とジェンダー」「後期中世ドイツ都市における商家の女性労働」「近世農村の『家』経営と家族労働にみるジェンダー」「ドイツにおける労働者のジェンダー化」「中国の女性労働者」などなど、多くの論文は、縦に流れる時間と横に広がる地理的な空間の中で、自らの論述対象をあらかじめ切り取って設定している。三次元の空間を格子状に区切り、区切られた空間の一つを論述の背景として用いていると言ってもよい。

枚数制限のある論文で一つのトピックを扱う場合、首尾一貫した論述を実現するために、その時空間を限定することは必要だろう。それにしても、これらの論文が設定する時空間は、すべて国か地域である。既存の歴史学の研究方法に異議を申し立てるジェンダー史研究において、この状況である。他の主題に関わる歴史研究については、推して知るべしだろう。

ここで原点に戻ってもう一度よく考えてみたい。歴史学が過去の事象を論じるにあたって、その背景となる時空間として、どうしても国または地域が意識されねばならないのだろうか。例えば、自然や環境の過去を扱う場合は、話はやや異なるはずだ。人為的な国境によって囲まれた国や地域ごとに自然や環境が異なっているわけではないからである。しかし、その場合でも、日本の自然や環境の歴史、中国の環境史というように、話はしばしば国や地域の枠組みに回収されてしまう。なぜ、ここまで国や地域という枠組みが強固なのだろう。

その理由の一つははっきりしている。現代世界を構成する基本的な政治単位は、アメリカや日本のような独立した主権国家である。主権国家より上位の単位として、ヨーロッパ連合（ＥＵ）や東南アジア諸国連合（ＡＳＥＡＮ）のような地域連合が、政治的に意味を持つ場合もある。いずれにせよ、現代世界はこれら別々の主権国家や地域連合の集合だと理解されている。そして、国家や地域はそれぞれ独自の性格を持っているのだから、その過去が他と同じであるはずはない、それぞれが独自の歴史を持つべきだと考えられる。過去が現在に従属しているのである。

逆から考えれば、独自の歴史の存在こそが、個々の国家や地域の実在を保証することにもなる。そもそも、近代歴史学という学問は、主権国民国家の建設が進められていた一九世紀の西ヨーロッパで生まれ、建設途中の主権国民国家によってその研究が奨励された。ベルリン大学に歴史学の講座が作られたのは、その一例である。国家はその歴史を必要としていたのだ。このようにして成立した歴史学研究の枠組みが、今日に至るまで私たちの過去を見る目を縛っていると言えるかもしれない。

## （2）　一国史や地域史の総和としての世界史

日本では「世界史」という歴史理解の枠組みが、第二次世界大戦後に高校教育に導入され、すでに六〇年以上に亘って広く用いられている。しかし、この「世界史」は、その枠組み自身が叙述や理解の単位ではなく、国や地域の歴史の総和として理解されている。「世界史」といっても、その主役は国と地域なのである。ここに現代日本における世界史という概念の弱さがある。(1)

グローバル化が進む現代に生きる私たちにとって、「世界」という枠組みは着実に重要性を増している。国際テロリズム、グローバル企業、ＮＧＯやＮＰＯなどの活動、世界同時経済不況、地球温暖化と環境問題、情報爆発とその管理・操作など現代世界を特徴づける様々な要素や問題群の多くは、地理的な意味での国や地域の境界を越えている。主権国家が消滅したわけではないが、それだけに注目していると、現代世界で生起する諸現象を十分に理解することは難しい。世界を単位として、問題の所在や解決の方法を議論することが重要である。歴史学は現代と過去の対話である。だとすれば、国や地域の境界を越えた世界規模でとらえるべき事象がごく普通に生じ、世界の様相が数十年前と比較して大きく変化している現代において、過去と対話を行うための基本的な枠組みと手法がこれまでのままでよいはずはない。国や地域という枠組みとは別に、世界それ自体を検討の対象としその過去を解釈し理解することが、いま強く求められている。

文書、書物や遺物、建物や芸術作品など過去から伝えられた様々なメッセージを注意深く観察すれば、ある国や地域が太古以来変わらずそこにあったわけではないこと、まして他の国や地域から完全に分離され、独立して存在していたわけではないことはすぐに理解できるだろう。世界全体を国や地域に分け、それぞれの時系列史をたばねた形をとる現行の世界史理解は、その意味で、ある時代に特有の歴史のとらえ方なのである。むろん、これまでも、この明らかな欠陥を補うために、様々な工夫が試みられてきている。その代表は、いわゆる「関係史」や「交流史」「交渉史」と呼ばれる研究や論述である。これは異なる国や地域の間にどのような関係や交流があったかを明らかにしようとするもので、英仏関係史、日蘭交渉史、東西交流史などがその代表例である。だが、このジャンルの研究や論述の単位となっているのも、国や地域である。この点で、これらの研究や論述は、既存の世界史認識の枠の中にとどまっている。

## 2　一国史や地域史と新しい世界史

### （1）新しい世界史における「国」や「地域」

では、一国史や地域史と世界史の関係は、どのようにあるべきなのだろうか。本巻は、「世界」を枠組みとするこれからの世界史を構想する際に避けて通れないこの重要な問いに、二つの異なった道からアプローチを試みようとする。

第Ⅰ部では、歴史理解や論述の主体となってきた「国」や「地域」という概念そのものをあらためて検討し、新しい世界史において「国」や「地域」はどのように扱われるべきかを考える。「国」や「地域」といった歴史を語る枠組みは、そもそも何であるのかが、ここでの共通の問いである。六人の著者が具体的な「地域」を例にとってこの根本的な問題に取り組んでいる。

第3章で羽田正は、「近代ヨーロッパ」によって創造された「イスラーム世界」という概念が日本語に導入される過程をたどった後、「イスラーム世界」の歴史を描くことが、現代世界におけるこの空間の実体化と区別化につながっていることを指摘する。「イスラーム世界」に限らず、ある人間集団の過去を通史として描くことは、しばしば政治的な行為となる、歴史学者はこの点を意識すべきだというのが羽田の主張である。

この点は、第2章で貴志俊彦が論じる「東アジア」についても言える。いうまでもなく、第二次大戦以前の東アジア＝東亜は、日本にとって重要な政治的意味を持ち、その統一は大きな目標だったからである。貴志は、現在日本語で用いられる「東アジア」が、明確に定義しにくい概念であること、同じ単語が中国語、韓国語では微妙に異なった意味を持っていることを指摘する。そして、今後、新たな東アジア史が構想されるかどうかは、この地域の政治状況の進展と大きな関わりを持つだろうと予想している。

「中央ユーラシア世界」（第5章）という地域は、「東アジア」とは異なり、いまのところ現実の政治力学とはほとんど関係なく、もっぱら学問の世界で用いられている。杉山清彦によると、この「地域」は、多様な生活形態、言語、文字、信仰が共存する場だが、そこに一定の歴史的まとまりを見出そうとする歴史学者によって、作業仮説として設定されたという。それが周辺諸国や地域の歴史を新たな角度から見直すことにつながるからである。しかし、一九世紀までには終焉を迎えたというこの「地域」の歴史は、果たして現代の政治と無関係なのだろうか。一旦消えたはずの「イスラーム世界」という「地域」が現代世界で新たによみがえり（小杉泰）、大きな政治的影響を持っていることを想起すれば(2)、中央ユーラシアという概念とその歴史の描かれ方には十分な注意を払う必要があるだろう。

第6章で扱われる「ラテンアメリカ」の場合は、ここまでの「地域」とは異なり、政治的にも地理的にも現代世界において明確にその存在が認められている。高橋均は、ラテンアメリカの歴史学者が世界史全体の解釈を横目に、この地域の歴史をどのようにとらえてきたかを詳述し、そこに見られる自己診断の歪みを解説する。この論文を読む限り、ラテンアメリカの歴史学者には、世界史とラテンアメリカ史の関係性や階層性について大きな疑問はないようである。遠く離れた日本から眺めるがゆえにそう見えるのか、それともラテンアメリカ各国では本当に「ラテンアメリカ史」について、さらには世界史におけるラテンアメリカという地域史のとらえ方について特に議論がないのか、気になるところである。

ここまでの四本の論文が、世界史で用いられている従来の地域概念をあらためて検討しているのに対して、そのような既存の地域概念そのものを批判するのが、第1章の村井章介論文である。村井は、あらかじめ「世界」という空間を設定し、その歴史を描こうとしてきたこれまでの世界史理解の基本的な方法そのものに疑問を投げかける。そして、「世界」の下位構造として「地域」をとらえるのではなく、「私」が持つ共同意識や関係性を「地域」として把握することを提唱する。この場合、「地域」は空間的なまとまりを持つとは限らず、また、必ずしも「世界」の下位に位置するわけでもない。そして、「私」を含む何らかの連関としての「地域」が地球規模のひろがりを持ち、課題の解決に地球規模での考察が必要となったときに、それに即した「地域史」として「世界史」という枠組みが現れるという。世界史ははじめからそこにあるのではなく、それが必要となったときに、はじめて姿を現すのである。村井は、この斬新な地域設定の方法の有効性を立証するために、古琉球の歴史を「日本」を超えた世界史の文脈で把握しようと試みている。

村井の「地域」についての考え方は、つながりに注目するという点で、第4章でインド洋海域を論じる鈴木英明の議論と共通する。鈴木はこれまでの「インド洋海域」という枠組みを用いた歴史研究の展開を丹念に追ってその欠陥と限界を指摘した後、「インド洋海域」に見られる人々の多様なつながりの多くが地理的なインド洋の外にまで広がっていることを確認する。そして、インド洋海域を枠組みとして用いるのではなく、そこに見られる様々なネットワークの重なりに着目し、そこから世界史をとらえることを提唱している。

繰り返すなら、第2、3、5、6章の四つの章が既存の地域概念を用いた世界史理解の方法の確認や限界の指摘、問題点の摘出を行っているのに対して、第1、4章という二つの章では、新しい世界史理解にむけての方法が積極的に提案されているということになるだろう。

### (2)「横」につながる地域史

第Ⅱ部は、一八七〇年という具体的な年を例にとって、世界の七つの都市に住む人々が世界をどのようにとらえていたのかを具体的に検討することを目的としている。この手法は、二つの点で従来の世界史の方法に対する挑戦としての意味を持っている。一つ目は、「国」や「地域」の歴史を時間軸に沿って別々に縦にたどる従来の世界史に対して、ここでは同時期の地球全体を横に見ようとする点である。「縦」の視点ではしばしば見逃される地球上の異なった地点同士の関連や連携、あるいは不接続が浮き彫りになり、ある時期の世界で何が同時進行で生じていたのか、またどこの何が他とは異なっていたのかといったことがより鮮明に理解できるようになることが期待される。

もう一つは、複数の場所からの視点を確保することで、いわゆるヨーロッパ中心史観や中心と周縁論を乗り越えようとする点である。資料の残存状況の違いやこれまでの研究の偏りなどのため、すべての都市で同じ角度から同じ主題を扱って論じることはできないが、それでも、縦の時系列史をたばねた既成の世界史の知識を持って本書の七本の論文を通読すれば、一八七〇年の世界全体の様子が、ある程度くっきりと立ち現れてくる。読者によってその像は様々だろうが、私が読み取った情報の一部を、例として、以下で紹介してみよう。

一八七〇年といえば、前年にスエズ運河が開通し、イギリスやフランスとアジア各地との航海の時間が大幅に短縮した直後である。この頃までに、大量の人、モノ、情報が蒸気船によって世界のほとんどの地域に運ばれるようになっていた。ゴールドラッシュに沸くサンフランシスコに中国大陸やヨーロッパ、オーストラリアから多数の移民が押し掛けたことは、この事実を明瞭に示している。スラバヤとその宗主国オランダやボンベイとその宗主国イギリスの間を行き交う人々の数も相当数に上っていた。また、一八七一年には海底電信ケーブル網が世界を結び、実際に人やモノが動かなくても、遠方の情報がすぐに入手できるようになった。上海ではロンドン市況の状況を見ながら、生糸や茶の取引が行われるようになった。スラバヤにも一八六〇年代前半には電信ケーブルが敷設されていた。

鉄道の敷設にも共時性が見られる。イギリスで一八二五年に初めて生まれて以後、商用の鉄道は、世界各地に急速に広まっていった。ロシアでは初めての鉄道が一八三七年、モスクワとサンクトペテルブルク間は一八五一年に結ばれている。インドでは一八五三年にボンベイ・ターナ間を初の鉄道が走り、一八七〇年までには鉄道網が亜大陸を広く覆うようになっていた。エジプトでは一八五五年にカイロとアレクサンドリアが結ばれ、アメリカでも東部から中西部にかけて建設された鉄道網に接続する形で、一八六九年には最初の大陸横断鉄道が開通した。水運が盛んだったスラバヤでは、鉄道導入はやや遅れ、一八七八年である。いずれにせよ、七つの都市に関する論文を読めば、このように世界の多くの場所で、蒸気機関を用いた工場が操業し、鉄道や蒸気船、それに電信ケーブルによって人、モノ、情報がそれまで以上に大量に動き、人々の生活を大きく変えていったことが実感できる。

もっとも、このように急速に発達した交通・通信網が、必ずしも世界全体を覆っていたわけではないことにも十分注意しておく必要がある。琉球で沈没したイギリス船の乗組員は、那覇から福州と上海に赴く船に救助依頼の手紙を託したがその後二カ月は何の音さたもなく、上海からの救助船が姿を現したのは三カ月後のことだった。イギリス船が琉球周辺海域を行き来していること自体は時代を感じさせるが、当時の世界は、面としてではなく点同士で部分的につながっていたのである。

七つの都市のうち、少なくとも、上海、スラバヤ、ボンベイ、サンフランシスコ、それにアレクサンドリアでは様々な出自を持つ人々が相当程度混住しており、まだ今日にまでつながる意味での国籍による区別はそれほどはっきりとしていないようだ。また、現在しばしば考えられるような植民者と被植民者の間での政治的・社会的対立はそれほど厳しくはない。その一方で、ボンベイのエリート層が英語の知と世界観を学ぶところから「インド」という枠組みを意識しはじめることに典型的にみられるように、一八七〇年前後は、世界の多くの場所で、現代につながる「〜人」という新たなアイデンティティが生まれ形成されてゆく時代だった。モスクワで開催され、アレクサンドリアでも計画された各種博覧会は、この「〜人」によって構成される近代国民国家を形成するための有力な手段だった。琉球王国に「日本」という近代国民国家が触手を伸ばすのももうまもなくのことである。

いかがだろう。本巻で取り上げたのはわずか七つの都市だけである。それでも、これら世界各地の都市に注目することによって、従来あまり意識されなかった世界を横に見るという視点の面白さと可能性を実感できるのではないだろうか。ただ、本巻について言えば、肝心の西ヨーロッパの都市をリストに加えることができなかった。当初はロンドンを予定していたが、諸般の事情で断念せざるをえなかった。「ヨーロッパ中心史観」の本家ともいえるロンドンからは、一八七〇年の世界はどう見えていたのだろう。また、日本語での出版物である以上、那覇以外に本土の都市も一つ加えたかった。しかし、これも果たせなかった。別の機会を待ちたい。

## 3　新しい世界史という織物

私たちは、「国」や「地域」の歴史を時系列に沿ってたどるという歴史理解にはある程度精通している。その問題点は、従来からしばしば指摘されてきた。それをもう一度確認し、新たな方法の可能性にも言及したのが第Ⅰ部の諸論文である。これらの「国」や「地域」という時系列史を描くための単位は、いわば歴史の縦糸である。これに対して、同時代の世界を横に見て、各地の過去の関連性や不連続を一つのストーリーとして描くことは、歴史の横糸である。縦糸と横糸を上手に絡めて織り込むことによって、美しい図柄を持つ織物が出来上がる。そうして織り上がった新しい世界史は、これまでの縦糸だけが太い図柄とは相当異なったデザインを持つに違いない。この世界史を実現するには、まず歴史家が横糸を上手に紡げるようになることが大事である。

言うまでもないが、史料言語は世界各地で異なっている。一人の研究者がある時代に関わる異なった言語の史料をすべて読み込んで独自に横糸を紡ぐことはほとんど不可能である。その意味で、横糸紡ぎは、複数の研究者の共同作業にならざるをえない。そして、諸外国と比べて、外国史の研究者の層が厚い日本は、この点できわめて有利な立場にある。第二部の諸論文は、このような共同作業の可能性の大きさを示唆している。

本巻は、縦糸についての見直しと横糸を紡ぐための材料提供を行うという段階にとどまっており、残念ながら、新しい糸を使って織り上がった織物の美しさをお見せできるところまでは至っていない。それでも、今後、歴史を研究するそれぞれの人が、自らの研究の意味や枠組みを再検討するための材料は、ささやかながらも提供できたのではないかと思う。世界史研究の新しい視野が開け、今後やるべきことは山積している。出発点ともいうべき本書の刊行によって、読者の間に新しい世界史という織物の実物を希求する機運が高まることを期待している。

## 注

(1) といっても、一九八〇年代になってはじめて世界史(world history)という枠組みの重要性が意識されるようになったアメリカ合衆国や、依然として「歴史」という語が一般的であり「世界史」という概念がそれほど大きな議論となっているようには見えない西ヨーロッパに比べると、日本の状況はまだましだということもできる。アメリカを中心とする諸外国における世界史については、Northrop(2012)が参考になる。また、近年盛んに用いられる歴史研究の枠組みと手法である global history の意味は、必ずしも、世界的に合意ができているわけではない。日本で想起される「グローバルヒストリー」と米語(英語はまた異なる)で一般的な"global history"の意味は、相当異なっている。この点については、Haneda(2015, pp. 219-234)を参照。

(2) 羽田(二〇〇五、九~一〇頁)。なお、小杉はこの主張を羽田の書が出版された後に刊行された自著で繰り返し、羽田の「イスラーム世界」についての見方を批判している。小杉(二〇〇六、五、六九七~七〇四頁)を参照。

## 参考文献


小杉泰『現代イスラーム世界論』名古屋大学出版会、二〇〇六年。

羽田正『イスラーム世界の創造』東京大学出版会、二〇〇五年。

Haneda, Masashi, "Japanese Perspectives on 'Global History'," *Asian Review of World Histories*, 3:2, 2015.

Northrop, Doughlas, *A Companion to World History*, Wiley-Blackwell, 2012.

# 第Ⅰ部　地域史と世界史の接続・不接続

# 第1章　古琉球から世界史へ
## ――琉球はどこまで「日本」か――

村井章介

## 1　「日本」史と地域史

### (1)　「日本」の広がりは自明でない

現代の日本人は、北海道から沖縄までが「日本」であることを、あたかも自明のことのように思いこみがちだ。しかし、いうまでもなく沖縄（琉球諸島および大東諸島）の施政権が米国から返還されたのは一九七二年のことであり、その後も南千島・竹島・尖閣諸島の帰属は、国際的には未解決のままである。一九四五年以前にさかのぼれば、「日本」は満洲・朝鮮・台湾・南洋諸島を支配下においていたし、軍事占領地域となればもっと広がる。これは帝国主義時代の特異な状況だが、そこにいたる勢力圏拡大の起点は、ロシア船が千島や北海道の近海にあらわれた一七七八年以降の時期に求められる。

それ以前、北海道以北では、渡島半島南端部に居を構える松前氏が唯一の大名だった。「和人地《わじんち》」と呼ばれた松前藩の直接支配地はわずかで、それをはるかに超える空間に点在するアイヌとの交易拠点「商場《あきないば》」を、松前氏は家臣に知行として給与した。やがてこれは商場の権利を「日本」の大商人に請負わせる形態へ移行する。

これらの制度を通じて、松前氏以下の「和人」はアイヌを経済的に従属させていったが、なおアイヌは幕府―松前藩の領民となったわけではない。「和人地」の外《そと》に樺太・千島まで広がる「蝦夷地」は「無主の地」とされた。それゆえアイヌは

図１－１　琉球弧図

幕藩権力の国家的負担を負わなかったが、同時に和人の苛酷な搾取から保護されることもなかった。

他方アイヌは、樺太・千島を通じてユーラシア大陸東端部へと広がる交易世界を活動の場とする海洋民であり、東北アジアへ進出してきたロシア人とも交易関係を結んでいた。幕藩権力はアイヌがロシアの領民となりかねない事態を国家的危機ととらえ、それまでの「無主地」扱いから一転して、一七九九年以降、松前藩の頭ごしに蝦夷地を幕領化する方向へ政策を転換させた。

列島の西南端では、一六〇九年、独立国だった琉球を、幕府の承認を得た薩摩藩が軍事的に征圧した。その結果、奄美群島が薩摩藩領に割き取られ、那覇には薩摩から派遣される琉球在番奉行がおかれて琉球の国政を監視し、土地制度面では琉球をふくめて薩摩藩の石高《こくだか》が算出された。こうした従属状態の一方で、沖縄本島以西は薩摩藩領に編入されたわけではなく、首里には王も国家機構も存続し、明ついで清との冊封関係は継続した。中国から見れば、琉球は朝鮮等と同等の被冊封国であり、一六〇九年を境に何かが変わったようには見えなかっただろう。このような「半独立」状態は、琉球側の希望をうけいれた要素もあったが、基本的には、中国との情報チャネルを欲していた幕府と、「異国」を従える雄藩という体面を保ちたい薩摩藩と、双方の思惑が生み出したものだった。

琉球史の時代区分では、一六〇九年以降を「近世琉球」、それ以前を「古琉球」と呼んでいる[1]。古琉球期の琉球は、いかなる他国の政治的支配にも属さず、独立国の条件を備えていた。中国王朝による冊封が被冊封国の独立性と背馳するものでないことは常識だろうし、琉球国王が室町殿（室町幕府の首長）とのゆるやかな君臣関係に甘んじていたことも、琉球側の自発的選択によるものだったと考えられる。

朝鮮半島を目前に見る対馬藩は、釜山《プサン》の「倭館」を拠点に朝鮮との外交・貿易を担い、府中（現在の厳原《いづはら》）の以酊庵《いていあん》には京都五山僧が輪番で詰めて外交文書を取り扱った。この体制は、中世の「三浦《さんぽ》」（薺浦《チェポ》・富山浦《プサンポ》・塩浦《ヨンポ》）や梅林寺・西山寺の外交機能をひきつぎ、幕藩制に適合させたものである。現在対馬は韓国人観光客であふれ、韓国資本の進出があいついで、ふたたび境界的な色彩を深めているが、中世にさかのぼれば、島内の諸勢力が朝鮮国王から官職をもらったり（受職人）、朝鮮から外交文書に捺す図書（印章）を受領して貿易権を与えられたり、といった姿が見られた。むろん一方で、古代には国・郡が設置され、中世には守護・地頭がおかれたように、日本の領域内という性格を明瞭にもっていた（ただし荘園が存在した形跡はない）。

江戸幕府は、右に見た三つの列島周縁で生じる異国・異域との関係（広義の外交）を、松前、薩摩、対馬という三つの藩に「役」として委ねていた。三地域における外交のあり方は、それぞれに中世以来の伝統を色こく反映して、大きく異なっていたが、藩権力への委任という共通性に着目すれば、「対外関係の領主制的編成」と規定できよう。これに対して長崎における外交・貿易は、長崎奉行以下の幕僚が指揮し実務を長崎の町人に委ねるという形態をとり、しかもヨーロッパ勢力の出現以前にさかのぼる伝統をもたない。これを三地域と対比して、「対外関係の官僚制的編成」と規定することができる。

近年の近世史研究では、右の松前、薩摩、対馬、長崎を幕藩制国家の「四つの口」と総称しているが、各「口」における外との関係のありようは、安易な一般化を許さない多種混合《ハイブリッド》な性格をもっていた。

周縁部に右のような地域をもつ「日本」を、近代的領土理念にあてはめて、どこからどこまでと空間的に定義することができるだろうか。それは「外」と峻別された均質な空間ではなく、その内部に孕まれた諸地域――たとえば中世で「東国」とか「鎮西《ちんぜい》（九州）」とか呼ばれたような――も、現代の都道府県のような、均質な「日本」の一部を切りとった空間ではなかった。諸地域は、中央政権の支配の浸透度、対外関係という場におけるロケーションなどの如何によって、それぞれ異なった様相を呈し、そのことがそこに成立した地域権力の性格に独特の陰影を帯びさせることになった。平氏政権に西国を基盤とする海洋国家構想を見いだしたり、鎌倉幕府に東国を基盤とする独立国家構想を見いだしたりといった着想は、そこに根拠をもっている。

そうした陰影は、「日本」のもっとも外縁部の地域ではより明瞭にあらわれる。中世の「日本」の広がりは、おおよそ奥羽から薩隅までで、北海道と奄美以西は基本的に「外」であった。しかし、「内」と「外」の間には、外が浜、鬼界島と呼ばれるあいまいな境界空間がはさまっており、そこを活動の場とする人間集団が存在していた。そうなれば、その境界自体を地域としてとらえることも十分可能である。そして境界空間の外側には、基本的に「異域」でありながら、「日本」の「内」から強い影響を被り、ときに境界と見なされることもあった、蝦夷地と琉球が広がっていた。

蝦夷地と琉球が基本的に「日本」の外だった時代の「日本」を、現代の日本と区別して学問的に把握しようとするとき、どんな名称がふさわしいか。そこでヒントとなるのが、アイヌと琉球人が自身および「日本」をどう呼んでいたかである。アイヌは自身を「アイヌ」（人の意）と呼び、「日本」人をシサム（なまってシャモ）と呼んだ。これに対応して、それぞれの「国」を「アイヌモシリ」「シサムモシリ」といった。琉球人の場合は、人と「国」の関係が逆になって、自身の「国」をウチナー、「日本」をヤマトと呼び、それぞれの人は「ウチナーンチュ」「ヤマトンチュ」といった。

その広がりも性格も現在とは大きく異なる前近代の「日本」を、いちいちカギ括弧を付けて「日本」と表記するのも煩わしいので、琉球を主たる考察の対象とする本章では、沖縄語を採用して「ヤマト」と呼ぶことにしたい。

## （2）地域史としての古琉球史、日本史、世界史

「地域」という語は、通常ある個人の居住圏の意味で使われ、具体的には市町村であったりその下位の地区や町内であったりする。しかし一方で、「地域研究（area studies）」などという場合の地域は、東南アジア、アフリカなど国家領域を超えるレベルを指す。このように大小さまざまなレベルで設定される地域を、歴史という観点から探究しようとするとき、それらの「地域史」たちを貫通するものは何であろうか。

歴史認識が行なわれる場は、歴史を見る主体である「私」のもつアンデンティティの多様性に応じて、広がりにおいても、性質に即しても、無限に多様でありうる。それは地理的には、市町村や都道府県であるかもしれないし、九州や東北といった「地方」であるかもしれないし、むろん国家であるかもしれない。またそれは、空間的なまとまりをもつ場合も、もたない場合もある。出生地、職業、共通の関心や利害などで結ばれた共同意識は、必ずしも空間的な広がりに対応しないし、「ネット空間」にいたっては、構成者相互が〝顔も知らない〟仮想空間において、共同意識が成立している。

このような無限に多様でありうる「関係性」を、本章では「地域」と呼ぶ。空間的なまとまりをもたない――その大小はしばらくおくとしても――関係性までも「地域」と称するのは、語義からして矛盾しているかに見える。しかし、たとえば「私」が「世界」を歴史認識の対象に据えるというとき、政治、経済、戦争、社会運動などの諸課題の考察が「世界」レベルの場を要求するからなのであって、空間的なまとまりをもつ「世界」が先験的に存在するのではない[2]。

こうして、「私」がとりくむ対象ごとに、先入観を排して任意の地域を設定することが必要であり可能となる。問題しだいで、小は個人から大は地球まで、伸縮自在な地域がありうる。かつて板垣雄三はこれを「n地域」と呼んだ（板垣、一九七三）。その後の情報通信技術の驚異的進歩によって、人と人とのつながりは大規模かつ多様なものとなり、それに応じて地域のあり方も複雑さを増した。いかに実体がとらえにくいとはいえ、「ネット空間」が存在することは確かで、その影響力は（否定的な側面もふくめて）あなどれぬものとなってきた。そのバーチャルな空間に即した地域史も、求められてくるだろう。

これらの地域たちの間には、空間的まとまりの有無を問わず、当然階層性がある。しかし、下位の地域はかならず一段上

の地域を経由してしかさらに上位の地域と関係しえない、というふうに考える必要はない。たとえば、日本国内の小地域は「日本」という国家的枠組みを経由せずに、グローバルな地域とつながりうる。沖縄県が日本政府を頼らず直接に米国に対して基地問題の解決を訴える行動は、その一例である。

こうして構想される地域史は、逆説的に聞こえるかもしれないが、世界史よりも包括的な概念である。世界＝地球規模の広がりをあらかじめ措定して、その歴史を客観的に記述する——そんなことが容易にできるとは思えないが——のではなく、「私」をふくむ何らかの連関が地球規模の広がりをもち、課題の解決が地球規模の考察を必要とするとき、それに即した地域史として「世界史」が必要となる。そして、地球規模のつながりという要素の希薄な分野がますます狭まりつつある現在、各課題に即して地球規模の考察がなされ、それらの束が世界史を構成する。

こうした観点からすると、「日本史」とは、「日本列島に住む私」「日本国籍をもつ私」「日本民族という自意識をもつ私」等々に対応する地域史である。しかも（1）で述べたように、「日本」という広がりは時代ごとに大きく変化してきたし、その広がりの内部が均質な空間であったわけでもない。その広がりを構成する多様な諸地域は、それぞれ独自に「日本」の外との関係をもち、そのことがまた新しいレベルでの地域史を要求する。

現在、一国史を超える文脈で日本史をとらえなおすという課題意識から、「東アジア」「東部ユーラシア」「海域アジア」といった地域設定が提起されている（村井、二〇一二）。ずいぶん以前、「東アジア世界」論の「二重の不十分性」を指摘したことがあった（村井、一九九七、二二頁。初出は一九八八）。批判点の第一は、地域を固定した枠として設定しがちなことであり、第二は、地域の構成者がもっぱら国家でしかなく、国家間の貿易・外交・戦争といった契機で把握されていることであった。近年の地域設定は、そうした限界性をかなり克服した地平で試みられてはいるが、なお、まず地域を設定しておいて、それを枠組みとして歴史の諸事象を解釈するという発想は、根強いものがある。設定された地域が、外在的あるいは固定的な認識枠となってしまうなら、ない方がましである。

さて、近代国家としての均質性が優越する日本のなかにあって、琉球（沖縄）はきわめて豊かな個性をもつ地域である。衣食住や信仰といった基層文化のレベルでも、天皇・天皇制に対する意識といった政治性の強い領域でも、ヤマト（「本土」）

とは著しい相異を示す。その背景に、明治初年までヤマトの中央国家の統治下におかれたことがなく、とくに古琉球期には独立の国家を形成していたという、ユニークな歴史があることは、容易に想像できる。高良倉吉は名著『琉球の時代』の末尾でこう述べた（高良、二〇一二、三〇〇頁。初出は一九八〇）。

沖縄歴史は日本の一地方史にとどまる性質のものではない。伊波普猷《いはふゆう》の愛唱した言葉をもじっていえば、この歴史を深く正確に掘りつづけると、日本史・世界史に連動する「泉」＝価値を見出すことができる。

とくに次節以降で主要な対象としてとりあげる古琉球は、ヤマトの影響のおよぶ限界的地域であると同時に、それ自身が独自に中国、朝鮮、東南アジア、そしてヤマトと関係を結び、あらたな関係性＝地域を作り出した存在である。その地域形成は「倭寇」と呼ばれた海上勢力との競合のなかで進行した。この地域を筆者は「海洋アジア」と呼んでいる。一六世紀、ポルトガルを先頭とするヨーロッパ勢力が「東洋」と出会い、キリスト教や鉄砲をふくむいわゆる「南蛮文化」をもたらす一方で、絹織物・陶磁器などの中国産品、香料などの東南アジア産品、さらに日本銀を搬出した。

こうした動きはすべて「海洋アジア」を舞台に起きたことであり、その形成者たる古琉球は、いやおうなく萌芽的に形成された地球規模の関係性のなかに立たされることになった。古琉球という限界的な事例を論じることが、複雑に重層する「地域」に媒介されながら、世界史を語ることにもなる所以がここにある。

## 2　古琉球史の射程

### （1）「古琉球」が語るもの

琉球人の起源について確かなことはわかっていない。現在、考古学の知見に基づいて、本土の縄文～古代と並行する時期に「貝塚時代」、本土の平安～室町と並行する時期に「グスク時代」の名称が与えられている。沖縄の研究者は沖縄本島における自生的発展を強調する傾向があるが、日本列島と中国大陸南部をつなぐ鎖状の島嶼群という立地から考えて、琉球人の歩みが完全に自生的に始まったとは考えにくい。

「沖縄学の父」伊波普猷は、『おもろさうし』に収められた神歌に、日神が「アマミキヨ」という女神を召して島を造らせたとあり、また、南島人の発祥地が「アマミヤ」と呼ばれていることを根拠に、「アマミ族」が奄美大島を重要な中継地としてヤマト方面から南下したものが南島人の祖先だとする（伊波、一九九八、二一頁以下。初出一九四七）。この観点は最近あらためて見なおされ、高梨修・吉成直樹らによって、琉球文化奄美起源説が強調されている（参考文献〈二〇〇六年以降に刊行されたもの〉参照）。こちらの論者が奄美・ヤマト側に研究基盤をもつ人たちであることは興味ぶかい。

また、人種論、言語系統論から見ても、琉球人がヤマト人から早い時期に分かれたものであることは確かなようだ。

しかし、衣食住や行事・習慣などを指標にとれば、台湾やその先の東南アジアとの共通性が浮かんでくる。また、この見方からは琉球内部も一様ではなく、沖縄本島の西南方、域内でもっとも広い海をはさんだ宮古・八重山において、東南アジア的様相は格段に色こくなる。このことを根拠に、琉球文化を奄美・沖縄文化圏と宮古・八重山文化圏に二分することも行なわれている（白木原、一九九二）。さらにグスク時代以降になると、グスクと呼ばれる中国式城郭（石垣を全面的に使用した城郭の出現はヤマトよりはるかに早い）、亀甲墓《かめこうばか》と呼ばれる門中単位の墳墓、中国産陶磁器の面的な出土、儒教系・道教系の文化・信仰など、中国南部（とくに福建）からの影響が色こく見られる（窪、一九八一）。

右のようなハイブリッド状況を簡単にまとめることはむずかしいが、琉球語と「日本」語の親縁性から見て、琉球人の優位グループを構成したのが、ヤマト方面から渡来した集団だったことは推定していいだろう。しかしそれと並行あるいは先行する時代に、東南アジア方面からの人の流入があったと考えられる。古琉球期に入ってもヤマトからの人の渡来があったことは、仏教や熊野信仰、かな文字の伝播から想像され、やがて琉球王権が仏教を信仰しかなを公式文字として採用するにいたる。中国大陸からの渡来も断続的にあったと思われるが、明による冊封以前ではその実態はよくわからない。

つぎに政治支配の状況を見よう。琉球は日本列島西南部の九州と台湾の間に連なる多数の島々からなる。そのうち九州に近い種子島・屋久島・口永良部《くちのえらぶ》島・三島（竹島・硫黄島・黒島）は、九州の延長というべきエリアで、古琉球時代にヤマトの行政的支配がおよんだ。その先の吐噶喇《とから》列島と奄美群島（沖永良部《おきのえらぶ》島・与論《よろん》島をふくめる）は、ヤマト（というより薩摩）と琉球の境界で、一四～一六世紀には双方の力関係に応じて「国境」が行ったり来たりした。他方、琉球の中心である沖縄本島をはさんで反対側の宮古・八重山方面に琉球王国の支配がおよんだのは遅く、一五世紀末～一六世紀初頭のことである。そのころ台湾には見るべき政治勢力が存在しなかったので、薩摩との衝突のような事態は起きず、宮古島や石垣島の豪族を帰順させることで、琉球王国は版図を広げることができた。一六世紀前半にはその版図は奄美群島から台湾直前の与那国《よなぐに》島にまでおよんだ。

琉球が文字史料上に明瞭な姿をあらわすにいたった最大の契機は、一三六八年の明朝の成立であった。明は建国後ただちに周囲の君長に外交使節を送り、皇帝を君と仰ぐかたちの外交関係を樹立するよう働きかけた。当時沖縄本島にあった中《ちゅう》山《ざん》・山南《さんなん》・山北《さんほく》の三小王国（「三山《さんざん》」と総称）は、中山を先頭に個別に答使を明へ送り、明の冊封を受ける意思を伝えた。このときの行動から推して、三山はすでに外交に必要な相当の教養を備えていたと思われるから、王国の登場はそのかなり前、一三世紀にさかのぼると考えられる。

明との関係樹立は琉球の歩みを大きく加速させた。建国以来海禁を施行して中国人の下海を禁じていた明は、琉球を海外産品を合法的にうけいれる窓口に仕立てた。琉球は、外交・貿易の実務を渡来福建人の集団に担わせ、明の手厚い優遇策のもとで東南アジア諸国と通交し、その産物を明への外交使節に託する朝貢品とし、回賜としてうけとった中国産物を東南アジア諸国へもたらす、という中継貿易を展開した。このような位置どりのもとで、琉球は中国、ヤマト、朝鮮、そして東南アジアの一〇近い国々と国交を結び、中国産物と各国の土産品とを中継する貿易活動を広範に展開し、そのもたらした莫大な富によって、早熟的な文明化をとげた（大交易時代）。

その間、中山の支配者となった尚巴志《しょうはし》が、明や朝鮮との関係がからんだ動乱のすえに三山を統一して第一尚氏王朝を立てた。この王朝は、王位をねらう王族の間で勃発した闘争（志魯《しろ》・布里《ふり》の乱、一四五三年）や、独自の交易で栄えた有力按司《あじ》の反乱（護佐丸《ごさまる》・阿麻和利《あまわり》の乱、一四五八年）があいついで、安定を欠いた。まもなく国家の宝庫管理者という重職にあった金丸が、尚徳王死後の一四六九年に臣下に推戴されて王位についた。金丸は「琉球国中山王世子尚円」となのって明に使者を送り、王位を認められた。外から見れば尚氏の王朝が続いているかのようだったが、尚徳と尚円は明らかに異姓であり、この政変は易姓革命にほかならなかった。こうして始まった王朝を第二尚氏王朝という。

王国の最盛期とされる第二尚氏三代尚真王の治世（一四七七〜一五二六）、王宮である首里城は壮麗な城壁をめぐらし、城下には本貫地からきりはなされた臣下たちが集住し、王家ゆかりの寺院が櫛比していた。首里からは放射状に石畳道路が建設され、島内の拠点に所在する大型グスクを連結していた。丘上の政治都市首里から坂を下った水辺には、国際港湾都市那覇が栄え、福建人の居留地久米村、孔子廟《こうしびょう》、媽祖《まそ》信仰の天妃宮《てんぴぐう》など、中国色ゆたかな町並みが形成された。しかし中国一辺倒ではなく、久米村には朝鮮人も居留しており、港近くにはヤマト人の居留区があった（上里、二〇〇五）。

琉球の早熟な文明化を支えた最大の要因は、明の手厚い保護のもとで行なった「海洋アジア」規模の貿易により、莫大な富を獲得できたことにあった。したがってそうした条件が失われると、国家財政はたちまち逼迫し、ひいては王国の独立性が危うくなる。命綱である東南アジア諸国との貿易は、中国人密貿易者を中心に、倭人と呼ばれたヤマト辺境地域の海民、はてはヨーロッパ人までも巻きこんだ海賊集団「倭寇」に主導権を奪われて衰退し、一五七〇年のシャムへの貿易船派遣が最後となった。逆方向のヤマトや朝鮮との関係も、これまた倭寇の一員である薩摩、博多、対馬などの海上勢力に侵食されていった。

古琉球時代に仏教・儒教等の「高文明」がもたらされたとはいえ、その担い手は王家周辺のひとにぎりの人々にすぎなかった。仏教はヤマトでのように広範な人々に受容され、ライフサイクルに組みこまれるようなことはなく、一八七九年に完了した琉球処分で尚王朝が廃止されると、首里の寺院群は退転した。琉球処分後には国家神道の移植が試みられたが、これまた在地社会に根づくことはなかった。人々の信仰のベースはウタキやニライカナイなど土俗的・アニミズム的なものにおかれ続け、今にいたっている。

以上略述したように、琉球の歴史はヤマトの常識が通用しない多様性・複雑性にみちている。琉球はどこまで「日本」か、また、琉球はいつから「日本」になったか、という問いに答えることは容易ではない。しかし、この問いの立て方には、均一な「日本」に照らして琉球の「異度」を測るという偏向がふくまれている。むしろ「日本」を、その周縁に琉球のような存在までふくみこんだ、多様な社会・文化の複合体としてとらえなおすことが求められている。それを通じて、「日本」のなかの琉球以外の諸地域についても、より複眼的で自由度の高い視線で見なおすことが可能になるだろう。

右のような琉球のもつ学問的可能性に背中を押されて、近年、前近代の琉球史研究はかつてないもりあがりを見せている。筆者の目の届く古琉球期に限定して、二〇〇六年以降に刊行された単行本を、章末の参考文献リストに掲げた。

県史や市史など官庁レベルの刊行物でない地域史の書物が、これほど多く刊行されている地域はまれだろう。地元の出版社から出たものが半分を占め、とくに榕樹書院（宜野湾市）の「琉球弧叢書」シリーズは、沖縄・ヤマト双方の研究者の仕事をとりあげ、古琉球研究の流れをつくりだした。知名・上原・高良ら琉球史プロパーの研究だけでなく、和田・松浦・内田・高瀬・池谷ら東洋史・世界史側から琉球を見た書を多く収めているのが特徴である。ヤマトの出版社では、森話社（東京）の「叢書 文化学の越境」シリーズが、琉球文化ヤマト起源説に立つ吉成の仕事を中心に刊行している。考古学では安里が沖縄、高梨が奄美の視点から琉球文化の系統を論じており、ヤコウガイ大量出土遺跡の評価をめぐって、両人は論争を交わしている（クライナー・吉成・小口、二〇一〇）。さらに、東京や関西に拠点をおく研究者からも琉球に熱い関心が寄せられており、その視角は『琉球からみた世界史』（村井・三谷、二〇一一）という書名に集約されている。

## （2）琉球（沖縄）地域の二面性

琉球（沖縄）研究の黎明期に巨大な影響をもったのが、伊波普猷の師、柳田国男であった。国語学の方言論では、日本語の最上位レベルの方言として本土方言と琉球方言を設定し、両方言の分立は文献時代以前の古い時代に起きたという。柳田はこれを現代の日本列島という二次元平面に投影してとらえなおし、畿内を中心とする同心円の外側に行くほど、より古い時代の日本語が残存していると考えた（方言周圏論）。この言語論を民俗文化一般に拡張すれば、同心円の外側ほど古い時代のヤマトの文化が残っていることになる。

この同心円のもっとも外縁の限界領域に位するのが沖縄である。柳田が沖縄に着目したのは右の視角からであり、教え子伊波が「おもろ語」研究に没頭したのも、柳田の圧倒的影響のもとであった。黎明期の沖縄学は、民俗学の方法によって、

図１－２　万国津梁鐘

図１－３　同銘文

沖縄の文化のなかにヤマトの古代社会の残影を見ようとしたのである。

しかし、伊波がおもろ研究を通じて見出した古琉球の姿は、古代ヤマトの残影というような視野に収まるものではなかった。天啓三（一六二三）年に集成された『おもろさうし』「第十三　船ゑとのおもろ御さうし」につぎのような歌が見える。

一真南風《まはへ》鈴鳴りぎや／真南風《まはい》　さらめけば／唐《たう》　南蛮《なばん》／貢《かまへ》　積《つ》で　みおやせ／又追手《おゑちへ》鈴鳴りぎや／追手　さらめけば

真南風鈴鳴り、追手鈴鳴りは船名で、「ぎや」は格助詞の「が」である。船名は、唐・南蛮すなわち中国・東南アジアから「かまへ」を満載して帰国する船を後押しする貿易風にちなんだもので、「さらめく」はさらさらと風が吹く、の意。この歌の場合、「唐南蛮／貢積でみおやせ（王に奉れ）」の二行が反復部《リフレイン》で、終行の後に入れて歌われる。おなじ巻にはつぎのような歌もある。

一勝連《かつれ》人《な》が　船遣《ふなや》れ／船遣れど　貢《かまへ》／徳　大みや／直地《ひちやち》　成ちへ　みおやせ／又おと思《も》いが　船遣れ
一勝連《かつれん》が　船遣れ／請《うけ》　与路《よろ》は　橋　し遣り／徳　永良部／頼《たよ》り為《な》ちへ　みおやせ／又ましふりが　船遣れ

おと思い・ましふりは沖縄本島中部東海岸にある勝連の船乗りの名で、徳・大みや・請・与路・永良部は徳之島・奄美大島・請島・与路島・沖永良部島（請・与路は大島の西南にある小さな属島）にあてられる。勝連の船人が奄美群島にいたる海の道をわが庭のように闊歩する勇姿が歌われ、その活動を通じて、徳之島や大島までを地続きのようになして「みおやせ（王に奉れ）」、請・与路を橋がかりに徳之島・沖永良部島の人たちを「頼り（親類縁者）」にして「みおやせ」、と歌いあげる。

右に紹介した三首の歌は、一五〜一六世紀の状況を反映していると考えられる。この時期琉球は、中国・東南アジア貿易を活発に展開し、国内的にはヤマト方面へ勢力を広げ、一四世紀には南九州の武士の所領として見えていた奄美群島を、確実に版図に収めつつあった（村井、二〇一三、第Ⅰ部第三章）。歌は、貿易船や船乗りの活躍をたたえつつ、「みおやせ」の語に示されるように、最終的には王への賛美へと収斂されていく。

対外貿易における琉球の最盛期は、版図の拡大よりかなり先行して、一五世紀なかばころ、第一尚氏王朝の時代だった。このころの琉球を語る史料としてきわめて有名なのが、尚泰久《しょうたいきゅう》王の治世、一四五八年に首里城の正殿に掛けられた「万国《ばんこく》津梁《しんりょう》の鐘」である（現在、沖縄県立博物館蔵）。

琉球国は南海の勝地にして、三韓の秀を鍾《あつ》め、大明を以て輔車《ほしゃ》と為し、日域《じちいき》を以て唇歯《しんし》と為し、此の二中間に在りて湧出せる蓬萊《ほうらい》島なり。舟楫《しゅうしゅう》を以て万国の津梁と為し、異産至宝は十方刹に充満せり。地霊人物は遠く和夏の仁風を扇ぐ。

琉球は、明・日本の双方と輔車・唇歯のような切っても切れない関係にあり、両者の中間に湧出した蓬萊島で、土地や人物は和夏（日本と中国）の仁風に育まれてきた……。銘文の作者琉球相国寺一世渓隠安潜《けいいんあんせん》は、俗系、法系ともに不明だが、尚泰久王の鋳造させた二三口の梵鐘のうち一七口の銘文を草した。この直後に「尚泰久王の仏教事業の総仕上げ」（知名、二〇〇八、八九頁）として創建された天界寺（首里城に隣接）の開山に迎えられている。銘文でヤマトの位置づけが高いのは、琉球の禅僧たちがヤマト指向の教養集団だったことに対応する。渓隠が京都五山と密接につながる人物であることは確実で、ヤマトからの渡来僧である可能性も大いにある。

明・ヤマトとの関係を軸に据えながらも、銘文は三韓（朝鮮）との関係に言及し（この一句はやや浮いた感じは免れないが）、さらに「万国の津梁」のフレーズには、東南アジア諸国との関係もこめられているにちがいない。外交文書集『歴代宝案』には、中国・朝鮮のほか、シャム、パタニ、マラッカ、安南（以上大陸部）、パレンバン、スマトラ（以上スマトラ島）、ジャワ、スンダ（以上ジャワ島）の八カ国との往復文書が見られ、ほかに欧語文献からルソンとの関係が知られる。日本列島の一隅がかくもひろやかな世界につながっていたこと、これこそ地域としての琉球の最大の個性である。

### （3）ヤマトとの関係の帯びる陰影

明の冊封を受けた一四世紀後半以降、とりわけ三山の統一された一四二〇年代以降、琉球は日本、高麗・朝鮮、西域諸国、東南アジア諸国と伍して、明皇帝を盟主とする国際関係のなかで相応の地位を占めた。三山が抗争していた一三八九年、中山王が高麗に「表〔臣下の分を明示した上行文書〕を奉じて臣と称し」て通交を求めたことがあった（『高麗史』叛逆伝・辛昌）が、これは琉球の柔軟な外交姿勢を示すもので、基本的には琉球は朝鮮や東南アジア諸国と横ならびの被冊封国であり、『歴代宝案』に収められた外交文書も、明との君臣関係、朝鮮以下諸国との傍輩関係に即したものである。琉球は、陸地面積は極小ながら、明中心の国際社会のなかでメンバーシップを確保しており、朝鮮からも、自国についで明との君臣関係に忠実な国と評価されていた。

琉球とヤマトとの関係も、ともに明の被冊封国であるという点では同一の位相にある。事実、日本からの遣明使は明国内で琉球をふくむ他国からの使者たちと横ならびの待遇を受けていた（むろん席次などで序列はあったが）。ところが、『歴代宝案』にはヤマトとの往復文書は一通も収められていない。琉球とヤマトとの間には、琉球と朝鮮・東南アジア諸国との間を往復したような、中国国内で用いられたのとおなじ様式の漢文文書は、やりとりされていなかったのである。

しかし琉球・ヤマト間に外交関係がなかったわけではない。双方の首長がやりとりした文書の写が、わずかながら残されている（田中、一九八二、一〇六頁以下）。足利将軍から琉球国王あて文書は四通知られ、その一通はつぎのようなものである（『運歩色葉集《うんぽいろはしゅう》』）。

御ふミくハしく見申候。しん上の物ともたしかにうけとり候ぬ。
　応永廿一年十一月廿五日
　　りうきう国のよのぬしへ

これは将軍足利義持から第一尚氏初代の思紹《ししょう》王（尚巴志によって擁立された）にあてた返書で、「御内書《ごないしょ》」と呼ばれる臣下宛の様式である。かな書き、日本年号、「りうきう国のよのぬし」という琉球国王呼称のいずれをとっても、『歴代宝案』に収められた漢文外交文書とは似ても似つかない。

琉球国王からの文書は一通のみ知られ、文体はかな書きではなく和様漢文で、日本年号を使用し、差出書は「代主《よのぬし》」、宛先は「進上　御奉行所」となっている（『大館記《おおだちき》』）。臣下の将軍あて文書としてごく普通の様式で、「御奉行所」というのは直接主君を名指しする非礼を避けるための仮の宛所《あてどころ》である（佐伯、一九九四）。

以上より、ヤマト中心のかな文化圏のなかで、琉球国王は将軍の臣下に準じて扱われ、琉球側もそれをうけいれていたことがわかる。『おもろさうし』に「やまとたび　のぼて／やしろ（山城）たび　のぼて」というフレーズをもつ歌が散見されるのも、おなじ意識のあらわれであろう。

『歴代宝案』は久米村の福建人が扱った外交文書の控の集積であるが、ヤマトとの往復文書はだれが管轄したのだろうか。京都五山と同様の禅林組織が琉球にも存在し、その頂点に立つ僧録《そうろく》は、ヤマトと同様、国王のブレーンの役割を果たしていた。琉球とヤマトの禅林間には人事交流があり、琉球僧が京都五山で修行したり、ヤマト僧が琉球の禅寺の住持に任じたり、という状況が普通に見られた。文書をふくめヤマトとの外交全般を担当したのが、かれら琉球の禅僧たちだったことは想像にかたくない。

琉球が関係をもったヤマトの勢力は足利将軍家だけではない。むしろ薩摩・大隅守護島津家を筆頭とする南九州の諸勢力との往来は、はるかにひんぱんかつ密接だった。両者の相互関係は、残された文書の様式で見るかぎり、基本的に対等だったと考えられる。しかし、島津家の家督（当然守護職がともなう）をめぐる争いが、一門や他姓の国人をまきこんで長く続いていた一五〇八年、あらたに家督に就いた島津忠治は、そのことを「琉球国王殿下」に告げた文書でこう述べている（『旧記雑録前編』巻四十二）。

> 茲に先業を下国の職に継ぐも、未だ京師に達するに遑《いとま》あらず。早く片書を中山の王に呈するは、専ら隣好を修むるに在り。苟《いやしく》も誠を傾陽の葵藿《きかく》に比ぶるに非《あら》ずんば、敢えて齢を閲歳《えつさい》の松柏《しょうはく》に斉《ひと》しうするを得ん乎。四海帰する所、一国以て富み、善を尽し美を尽すは、惟だ徳馨《とくけい》の故のみ。

凝った対句をちりばめ技巧のかぎりをつくした文章で、島津家お抱えの禅僧集団の手になるものと思われる（かれらも琉球の禅林と交流があった）。注目されるのは、自己の領国を「下国」、琉球の首都を「京師」と呼び、琉球国王を太陽、自身をひまわりにたとえる用語法が、明らかに君臣関係を表現していることである。

ところで、この文書とおなじ日付・差出・宛所をもつもう一通に、「自今以後、我が印判を帯せずして往来する商人等、一々之を点検せしめ、其の支証無き輩は、船財等悉く　貴国の公用たるべし」という文言がある。従来これを、島津が印判状を用いた通交統制を通じて琉球を従属化させる起点として読んできたが、一通目の表現となじまない解釈である。むしろ、領国内に多数存在した琉球通交における競合者を、琉球の手を借りて排除することを意図したものと解すべきである。

この後一六世紀前半を通じて、琉球は種子島氏、相良《さがら》氏、島津豊州《ほうしゅう》家との間にも君臣関係を結んでいく。島津本宗家の弱体ぶりとは対照的に、半世紀も続く尚真王代の最盛期にあった琉球が、南九州の諸勢力を、自己を中心とする国際秩序のもとに組織しようとする動きを、ここに見てとることができよう。しかし一五七〇年代に東南アジア交易が廃絶し、他方島津本宗家が領国統一をなしとげた勢いで九州の覇者へとかけのぼる、という激動のなかで、「琉球中心の国際秩序」は歴史の闇に埋もれていった（村井、二〇一三、第Ⅳ部第三章）。

尚泰久の子尚徳が一四六九年に死去すると、先王代のたび重なる遠征と乱脈財政に危機感を抱いた人々がクーデタを起こし、王妃、世子以下の王族を虐殺して、よのぬしを選ぶ集会を開いた。このころ金丸は「内間御鎖《おざす》」と呼ばれ国家財政の枢要にいたが、その腹心安里御親《あさとのひや》が神懸かりして、「虎の子《くわ》や虎、悪王の子や悪王、食物《もの》呉《くゐ》ゆすど我が御主《うしう》、内間御鎖ど我が御主」と謡い出すと、衆はみな「おうさあれい」と唱和して、金丸がつぎのよのぬしに決まった（伊波普猷『沖縄歴史物語』）。第一尚氏から第二尚氏への王朝交代が、「物を食わせてくれる者こそわが君主だ」という革命思想の肯定のもとで、実現している。「万世一系」のヤマトでは考えられない大らかさで、琉球という地域が天皇制の呪縛の「外」にいたことを、今さらのように感じさせる。今でも沖縄県民の天皇制に対する意識は他県と大きく異なっているが、そのルーツは古琉球にあった。(3)

## 3　古琉球に関する文字史料

以上述べたような古琉球の多面性・多様性から、その歴史を知る史料は、琉球自身だけでなく、琉球をとりまく各地域にさまざまなかたちで残されている。その豊かさは列島内の他地域には類例を求めがたく、そのこと自体が琉球という地域の個性をかたちづくる重要な要素といえる。そこで一節を立て、整理・俯瞰を試みたい。

なお、古琉球史の史資料としては、時間をさかのぼればさかのぼるほど文献が乏しくなり、考古資料・民俗資料などの比重が増してくることはいうまでもない。しかしここでは、筆者の専門と紙幅の制限に鑑みて、文字史料に限定して述べることとする。

### （1）　琉球（沖縄）に伝わったもの

古琉球時代、琉球はヤマト中央国家の統治からはずれた独立国だったから、その国家が関与して生み出された、ヤマトの

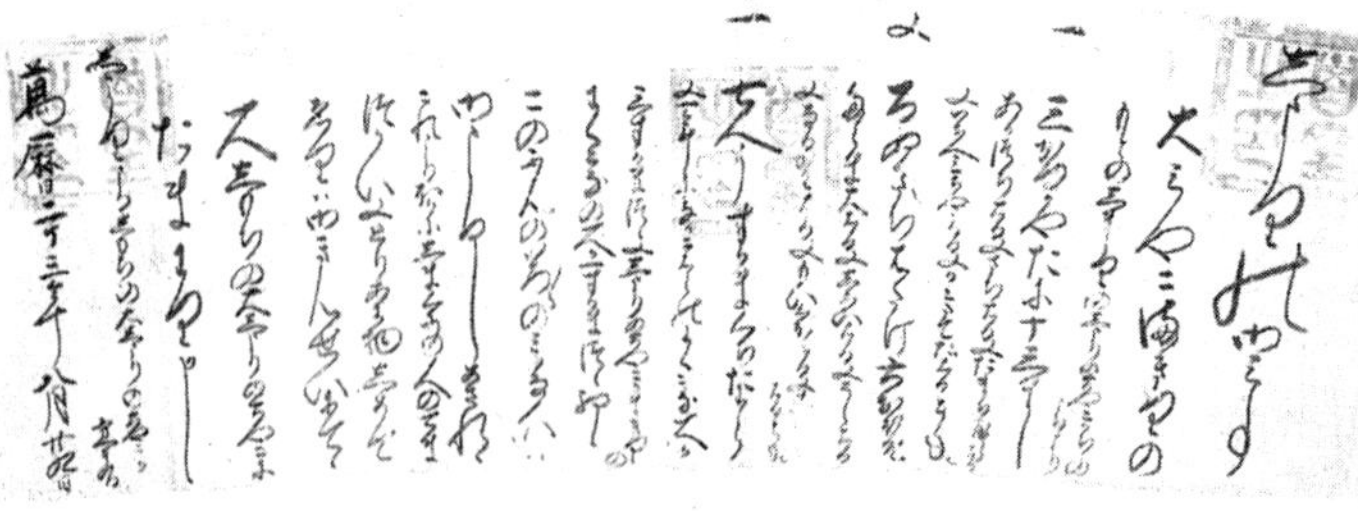

図1－4　宮古の辞令書

諸地域にはない一群の史料が存在する。それらは、古琉球の同時代に成立したもの（①～④）と、近世の琉球王国が編纂したもの（⑤・⑥）とに分けることができる。

①**『歴代宝案』**　琉球王国の展開した外交に関する往復文書約四五九〇通を集成した一大外交文書集で、年代は一四二四年から一八六七年までの四四四年間におよぶ（中間に若干の欠落年代がある）。王国の存立基盤からして、中国（北京および福建）との往復文書が圧倒的多数を占めるが、古琉球期にかぎれば、東南アジア関係の文書も相当の比重を占めており、朝鮮関係も一定数見られる。明清代に中国国内で用いられた公文書の様式で書かれた文書が、原文書の字配りのまま写されているから、外交史のみならず、中国古文書学においても貴重な史料となるだろう。また、シャム・マラッカ等の東南アジア諸国との間でやりとりされた文書は、現地に残された史料が乏しいなかで、東南アジア諸国の国制や外交体制をかいまみせてくれる。以上より、本史料は琉球史のみならず「アジア史」レベルで活用されるべき重要史料といえよう。

②**『おもろさうし』**　琉球王国の国家事業として「おもろ」という歌謡を集成したもので、尚真王代に成立した「おもろ主取《ぬしどり》」家によって採集され、伝来した。一五三一年に編纂された第一巻をのぞく大部分は近世初頭の編纂だが、歌詞のほとんどは古琉球期からのものと考えられる。全二二巻に一五五四首が収められ、重複をのぞく実数は一二四八首である。作詞年代が特定できるものはわずかだが、英祖、泰期《たいき》（最初の遣明使）、阿麻和利、尚真王など歴史上の人物が登場するもの、奄美諸島・先島の征討戦や島津軍の侵略をとりあげたもの、唐・南蛮への貿易船の往来を寿《ことは》いだもの、など、歴史史料として有用なものが多い。また、おもろの基本テーマは、最高神女である聞得《きこえ》大君《おおぎみ》以下の「君君」と呼ばれる神女たちが、「ヲナリ神」として国王を霊的に守護する、というもの（島村、二〇一二、一三三頁）なので、古琉球で重要な役割を果たしていることは確実だが他の

文字史料にはあらわれにくい「女の領域」について、貴重な情報をもたらしてくれる。

③**辞令書**　王国の国政に即して王から発給される根幹的な行政文書で、官職の任命・異動に関するものと、土地に対する権利を付与したものとの二種類がある。古琉球期では写もふくめて六一通しか残っておらず、うち三一通が沖縄関係（一五二三年〜）、二九通が奄美関係（一五二九年〜）、一通が先島関係である。本文は「御」「事」「申候」といった若干の文字をのぞいてかな書きで、「しよりの御ミ事（首里の御命）」という文言で始まり、端上・奥上（継紙の場合は紙継目にも）に「首里之印」の四字を刻んだ大きな朱印が捺され、奥に明年号による年月日が漢字で記される。古琉球期の国制を知る基本史料だが、データが断片的なため、近世の編纂物を参照せずには国制の復元は困難である。沖縄・奄美・先島三地域に対する王国の支配の差異や質をうかがわせる点でも重要である。

④**碑文**　古琉球には、同時代のヤマトには見られない中国風文化が目につく。文字史料としては、ヤマト中世にはほとんど存在しない碑文があげられる。古琉球期を通じて二〇点あまりが知られており（現物逸失をふくむ）、うち尚巴志王代の一四二七年に建てられた「安国山樹花木記碑」がとびぬけて古く、尚真王代に一四九七年以降のものが一三点ある（『琉球国中碑文記』）。一五〇一年の「玉御殿《たまうどうん》の碑文《ひのもん》」、一五〇九年の「百浦添《ももうらおそい》之欄干之銘」など、国制研究に必須の重要資料もふくまれている。さすがに漢字表記が多いが、かな書きのものや漢字・かな併記のものがあることは、かな書きの辞令書とともにかなが古琉球期の公式表記だったことを疑問の余地なくものがたる。

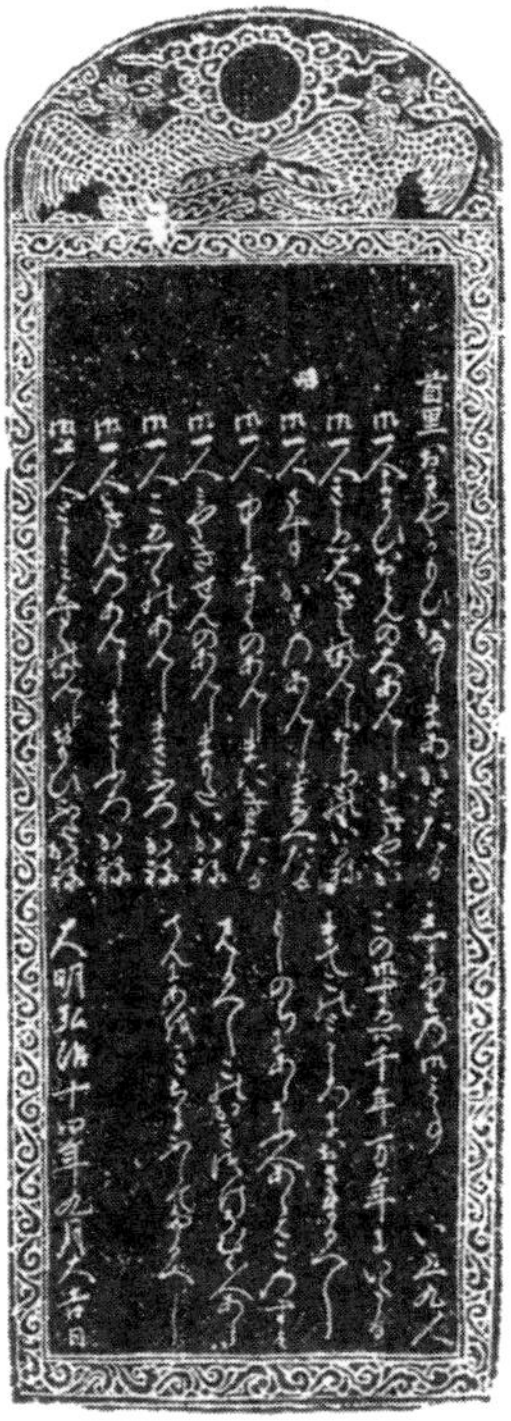
図1－5　玉御殿碑文

⑤**正史**　近世琉球王府は四次にわたってみずからの歴史を編纂した。その嚆矢は、一六五〇年に羽地《はにじ》朝秀《ちょうしゅう》が日琉同祖論に立って記述した和文の『中山世鑑』全六巻で、琉球王家の祖舜天を源為朝の子とする説を採用している。これを漢訳したのが一七〇一年完成の蔡鐸《さいたく》本『中山

世譜』であり、さらに鐸の子温《おん》が大幅に修正増補したのが一七二四年完成の蔡温本『中山世譜』である。後者は最終的に中国関係の正巻一四、日本関係の附巻七の全二一巻となった。これと雁行しながら一七四五年に完成したのが鄭秉哲《ていへいてつ》らによる漢文体の『球陽《きゅうよう》』で、最終的に本巻二二・附巻四・外巻四の全三〇巻からなる。『中山世譜』は王の治績を中心とするが、『球陽』は地理的・階層的に広い範囲から記事が採取されていて、その結果両書は記事がほとんど重ならない。『球陽』の外巻とされた『遺老説伝《いろうせつでん》』は各地に伝わる口碑伝説を集めた書物で、一八世紀初期にはできていたらしい。以上のほか、王府編纂の地誌として、伊波が「琉球の『延喜式』」と評した和文の『琉球国由来記』（一七一三年）と、鄭秉哲がこれを簡約・漢訳した『琉球国旧記』（一七三一年）がある。これらの編纂物の古琉球期に関する記述は、できごとと文字化との年代的へだたりだけでなく、近世琉球王府の立場からの正当化や中国・ヤマトに対する遠慮から、吟味を要するものが少なくない。

**⑥家譜**　近世琉球王府は士族を対象に一六八九年家譜の提出を命じ、首里城内の系図座が原稿を厳密に検閲し訂正を加えさせたうえで、一部を系図座が保管し、一部を各家に頒賜《はんし》した。家譜は五年ごとに書き継がれ、そのたびごとに同様の手続きが踏まれた。厖大な数の家譜は士族の居住区ごとに首里・久米・那覇・泊の四系に区分され、『氏集』と呼ばれる総目録によって管理された。古琉球期の史料としては、辞令書が欠けている人事異動を補う（失われた辞令書を復元する）ことができる場合がある。とくに久米系の家譜では中国・東南アジアに派遣された事績を拾うことができる。

## (2)　ヤマトに伝わったもの

『日本書紀』以下の六国史に南島人の姿が散見する。六一六年から六三一年まで「掖玖《やく》人」の帰化、渡来、流来の記事が続くが、これらのヤクは屋久島だけでなく南島全体を漠然と指すらしい。六五七年に「海見《あまみ》嶋」の名が初見し、六七七年には初めて「多禰《たね》嶋人」が飛鳥に来た。六七九年に役人が「多禰嶋」に派遣されて、二年後に「多禰国図」をもたらした。六八二年に「多禰人・掖玖人・阿麻弥《あまみ》人」に賜禄した。六九八年に八人を「南嶋」に遣わして「国を覓《もと》め」させ、翌年「多褹・夜久・菴美・度感《とく》（徳）等人」が到来した。七一四年には「奄美・信覚（石垣）及び球美《くみ》（久米）等の嶋人」が奈良にいたり、翌年元旦、蝦夷《えみし》とならんで元明天皇に拝賀した。以後十余年間に南島人への叙位記事が三つある。七五四年には遣唐使船の目印とするため、南島に島の名などを記した牌が建てられた。

以上六国史の南島記事には、奄美から石垣までの島名が見えるにもかかわらず、なぜか沖縄本島に比定できる名が見あたらない。その初見は、七七九年成立の鑑真の伝記『唐大和上東征伝』の「（七五三年一一月）廿一日戊午、第一・第二の両舟、同《とも》に阿児奈波嶋に到る。多禰嶋の西南に在り」という記述である。遣唐使が南島路をとった場合に備えて要請された通事は「奄美訳語」と呼ばれており（『延喜式』大蔵省入諸蕃使条）、八世紀ころの南島の中心は奄美だったと思われる。

その後しばらくヤマト史料の南島関係記事はとぎれ、一〇世紀末に復活したとき、南島人の姿は一転して、「奄美賊徒」「南蛮賊徒」などと呼ばれる荒々しい海賊に変じ、対馬までふくむ九州全域がその被害に遇ったという。史料は六国史がなくなった時期で、『小右記《しょうゆうき》』『権記《ごんき》』など京都の貴族の日記になる。これは奄美島人の性格が変わったというよりは、ヤマト支配層の対外意識が退嬰《たいえい》的となり、境外空間が人ならぬモノの住む世界と意識されるようになった結果ではないか。

その後一二四三年に僧慶政が漂流者から聞き取った『漂到流球国記』にも、沖縄本島と覚しい島人の好戦的なようすが見られる。一四世紀初めの成立と考えられる金沢文庫本「日本図」には、境界の表象らしい蛇体の外側に「雨見嶋　私領郡」、「龍及国宇嶋　身人頭鳥」とある。奄美が「私領」とはいえヤマトの行政制度の系譜を引く「郡」とされるのに対して、琉球国大島（沖縄本島）はいぜん人ならぬモノの住む世界と考えられていた。

一四世紀になると南九州の武士の所領として奄美群島までの島々があらわれる。一三〇六年の得宗《とくそう》（北条氏嫡流）被官《ひかん》千《ち》竈《かま》氏の相続文書に屋久島、口永良部島、口五島《くちごとう》、奥七島《おくしちとう》（吐噶喇列島）、大島、喜界島、徳之島が見える。これは北条氏滅亡後、島津氏のものとなって、一三六三年の譲状に「薩摩国河辺《かわなべ》郡　同拾弐嶋此外五嶋」が記載されている。これら島々の財産としての意味は、琉球・中国方面との交易にかかわっていたであろう。ヤマト勢力の支配がおよんだのはこれが最大限で、沖縄本島の手前までで止まっていた。一五世紀に琉球が第一尚氏王朝によって統一されると、その支配はヤマト勢力を押し戻して奄美群島におよび、吐噶喇列島が境界となる。しかしそのようすはヤマト史料ではうかがえず、前述した両国の元首同士の往復文書数点のほか、琉球船の到来と交易が貴族の日記や荘園史料に断片的に見えるにすぎない。

このころからヤマトに残る琉球史料の中心になるのが、薩摩・島津氏との関係を語る古文書類である。そこでは島津家当主と琉球国王が基本的に対等の関係で文書のやりとりを行っていた。近世琉球という結果から見れば、薩摩への従属が強まっていく単調な経緯が想定されがちだが、実際には琉球へ力関係が傾く時期もあったことはすでに述べた。また、双方の関係を直接担ったのは、京都五山や足利学校につながる禅宗世界で育ち、尚王朝や島津家に仕えた禅僧たちだったので、五山文学以下の禅宗史料に琉球僧や琉球に赴いたヤマト僧の姿が散見する。

一五七五年の「あや船一件」を画期に、琉球は薩摩への従属化へと急速に追いこまれていくが、一五八七年の豊臣秀吉の「九州征伐」は、九州の覇者へと上昇する島津家をして、豊臣政権への臣従を余儀なくさせ、琉球は薩摩を媒介に豊臣政権、ついで江戸幕府への対応を強いられるにいたる。その終着点が一六〇九年の「島津の琉球入り」であるが、そこにいたる経過を語るのは、多くは島津家に残された史料群である。

### （3）中国・朝鮮に伝わったもの

「りうきう」と読める文字が見える最古の史料は、七世紀初頭に隋が水軍を送って「流求」を攻めたという『隋書』東夷伝流求国条の記事で、かなり詳しい記述がある。そこに食人の習俗が見えることから、古くからこの「流求」が指す場所について台湾・沖縄の両説があり、いまだに決着がついていない。筆者は、隋軍の経過した高華嶼《こうかしょ》・鼅鼊嶼《くび》を彭華嶼《ほうか》（台湾北端）・久米島に比定する松本雅明説（一九七一）を採用して、沖縄説に与する。以後元代までの中国史料に見える「りうきう」についても、同様の学説対立があり、また『隋書』にくらべて情報量が少ない。明人が沖縄を大琉球、台湾を小琉球と呼んでいたことは、元以前に大陸東南方・東方の島々を漠然と「りうきう」の語であらわしていたことを示すのかもしれない。

前述のように、一三七〇年代に琉球の三山があいついで明の冊封を受けたことにより、史料は急激に増加する。この段階ですでに琉球は文明的な国際社会に順応していた。以後、琉球の歴史を同時代史料でたどろうとするとき、『明実録』を中心とする中国史料は不可欠である。それと琉球側の『歴代宝案』をあわせ見ることにより、「東夷」の小国が国家的統合を実現し、明中心の国際社会のなかで、東南アジアから東アジアにかけての巨大な広がりを縦横に往来するにいたるようすが、浮かびあがる。中国史料が語るのはより進んだ文明社会の眼に映った琉球であり、一般的には信頼度が高いといえるが、第一尚氏から第二尚氏への革命がまったく窺えないように、琉球にとって都合の悪いことは隠されているという、史料的限界があることも忘れてはならない。

『朝鮮王朝実録』には一四世紀末より琉球が見え、三山の抗争の過程で山南の王族が朝鮮に亡命したことが知られる。琉球から九州の西岸をかすめて朝鮮半島にいたる海の道は、一〇世紀にはヤマト史料にあらわれていた。その上で奄美を中心とする「道之島」は、ヤマトと琉球の境界であると同時に朝鮮と琉球の境界でもあった（村井、二〇一三、第Ⅳ部第二章）。この境界空間で活躍したのが博多・平戸・薩摩などを拠点とする「倭人海商」で、かれらの得た海域情報は、一四七一年に朝鮮で成立した地誌『海東諸国紀』にとりこまれた。そこには海図の性格を備えた地図もふくまれている。

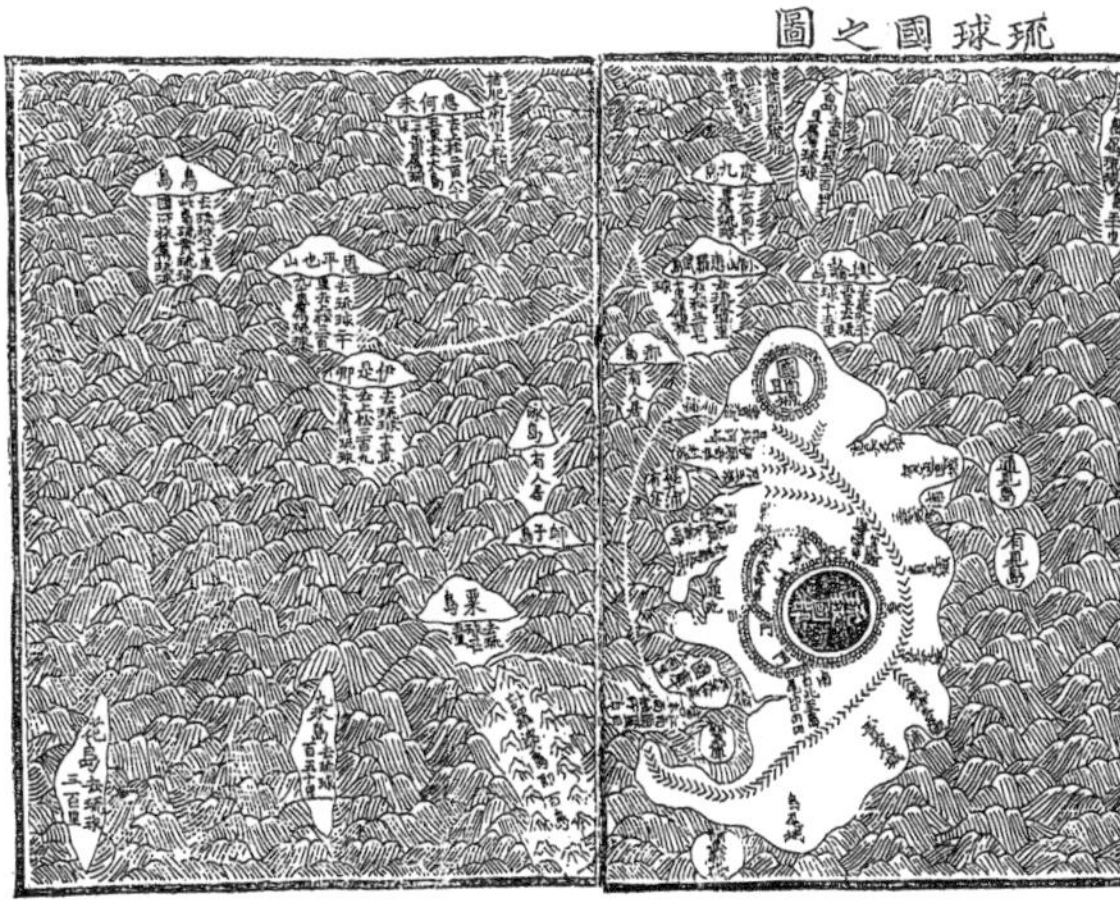


図1-6　海東諸国紀「琉球国之図」

朝鮮史料のもうひとつの特徴は、外交使節や漂流民からの聞き取り情報が豊富なことだ。一五世紀初頭に成った「混一疆理歴代国都之図」にアフリカやヨーロッパまでが記されているように、この時期の朝鮮は国外情報の収集にきわめて熱心で（杉山、二〇〇〇、第一章）、琉球に関する聞き取り情報にも、那覇における外国人居留地や、与那国島から宮古島までの先島の社会状況など、他の史料からは得がたい情報がふくまれている。

## （4）ヨーロッパに伝わったもの

一五一〇年にインドから「世界の十字路」マラッカに進出したポルトガルは、当初の目標であった香料諸島のほかに、有望な市場としての中国と、マラッカで交易活動にいそしむ琉球人の姿を見いだした。第二代インド総

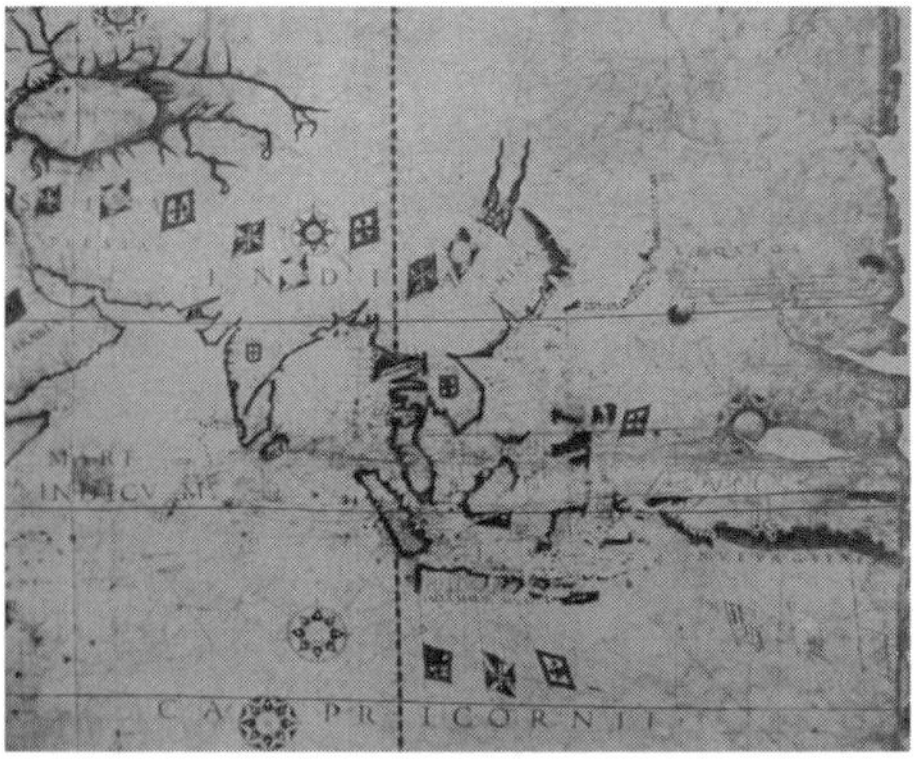

図１－７　無名ポルトガル製世界図

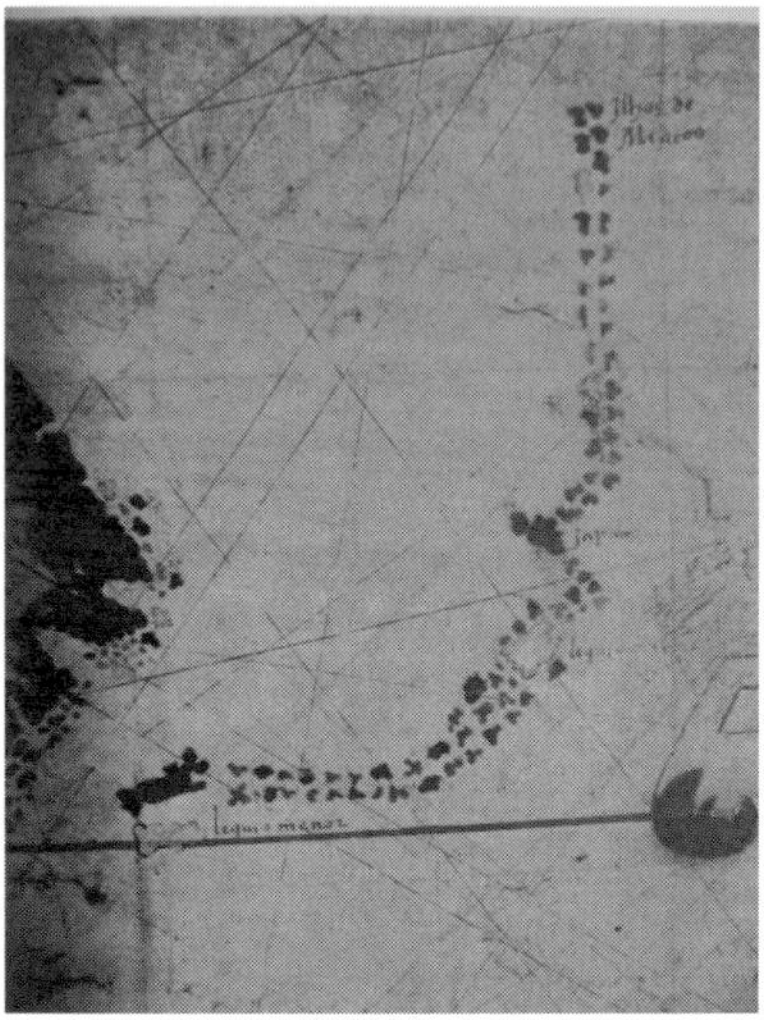

図１－８　同拡大図

督アフォンソ＝デ＝アルブケルケの伝記には、琉球人の別名であるゴーレスが、中国産の生糸・絹織物・陶磁器やルソン産と思われる黄金を携えてマラッカを訪れていたことが見える。そしてもっとも早いジャンポン（日本）の情報は、琉球情報の付けたりとして、簡単な記事が見えるにすぎない。

この情報は地図に反映して、フランドルの地理学者ゲルハルト＝メルカトールが一五三八年に作成した「世界図」の、東南アジア大陸部と覚しき半島状の地形の先端部に、Leqos populi（琉球人）とある。また、あるヨーロッパ史料は、一五四二年または四三年のポルトガル人種子島到来を、レキオ（琉球）への漂着として伝えている。

一五四五～五〇年ころの「無名ポルトガル製世界図」では、lequio menor（小琉球）、lequio major（大琉球）、Iapam（日本）、Ilhas de Miacoo（都群島）とつながる列島の全体にLEQVIOS（琉球）の名が与えられ、その文字のサイズはARABIA、PERSIA、CHINA、NVEVA GVINEA（ニューギニア）と対等である。このころのヨーロッパ人の認識では、日本は「琉球」という大地域の辺境で、独自のまとまりをもつ地域とは認識されていない。

その後のヨーロッパ製地図に描かれた日本列島周辺を追っていくと、キリスト教の伸長につれて地域情報が充実していくようすが、つぶさに観察できる。その画期は、一五六一年にポルトガル人地図作家バルトロメウ＝ヴェーリョが作った「世界図」で、北海道をふくむ日本列島の左側に大きい字でIAPAMとあり、九州・四国・本州がCA/GA/XV/MA（鹿児島）、BV/GO（豊後）、TOMSA（土佐）、MA/GV/CHE（山口）、MIACOO（都）、BANDOV（坂東）の六つの地域に分かたれている。その一方で台湾〜薩南諸島の描出にはほとんど進展が見られない。こうして琉球は日本列島西南方の辺境へと追いやられ、〈琉球のなかの日本〉は〈日本のなかの琉球〉へと転回する（村井、二〇一三、第Ⅳ部第四章）。

## 注

（1）古琉球を一二世紀ころの農業社会の成立から第一尚氏王朝の登場までとし、一五世紀二〇年代の三山統一以降、第一・第二尚氏王朝をひっくるめて「琉球王国時代」とする見解もあるが、ここでは、文字史料に琉球が初見する七世紀から一六〇九年までを古琉球としたい。

（2）現今政治課題となっているＴＰＰ（Trans-Pacific Partnership）を例にとるならば、基本的には環太平洋諸国の支配層が米国の主導権のもとに共栄をはかる動きであって、それが各国の勤労者の利益となるかどうかは、議論の分かれるところだ。今後、各国の勤労者が連絡をとりあって、自分たちの要求を掲げる動きがあらわれるかもしれない。こうした場合、環太平洋諸国の支配層、各国の勤労者層、勤労者の国際的連携のすべての局面で共同意識の存在が予想され、当然それぞれの間には矛盾や衝突が起こりうる。となると、そうした事態について歴史的考察が求められる。そのような営みすべてを「地域史」と呼ぼうと思う。

（3）琉球の人々は、永遠に続く政治支配や権威などないという感じ方を、「世《ゆー》」ということばに託してきた。シンガーソングライター佐渡山豊が作詩作曲した歌曲「ドゥチュイムニイ（独り言）」は、「唐《とう》ぬ世から大和ぬ世、大和ぬ世からアメリカ世、アメリカ世からまた大和ぬ世、ひるまさ（くるくると）変わゆる、くぬ（この）沖縄《うちなー》」と歌っている。「唐ぬ世」は琉球王国時代、「大和ぬ世」は琉球処分から一九四五年まで、「アメリカ世」は米軍統治期、「また大和ぬ世」は沖縄返還以後である。

## 参考文献

〈引用文献〉

板垣雄三「民族と民主主義」歴史学研究別冊特集『歴史における民族と民主主義』青木書店、一九七三年。

伊波普猷『沖縄歴史物語――日本の縮図』平凡社ライブラリー、一九九八年。

上里隆史「古琉球・那覇の『倭人』居留地と環シナ海世界」『史学雑誌』一一四編七号、二〇〇五年。

窪徳忠『中国文化と南島』第一書房、一九八一年。

佐伯弘次「室町前期の日琉関係と外交文書」『九州史学』一一一号、一九九四年。

白木原和美「琉球弧と南シナ海」『海から見た日本』（海と列島文化10）小学館、一九九二年。

杉山正明『世界史を変貌させたモンゴル　時代史のデッサン』角川書店、二〇〇〇年。

高良倉吉『琉球の時代――大いなる歴史像を求めて』ちくま学芸文庫、二〇一二年（初出は一九八〇年）。

田中健夫『対外関係と文化交流』思文閣出版、一九八二年。

松本雅明『沖縄の歴史と文化』近藤出版社、一九七一年。

村井章介『国境を超えて――東アジア海域世界の中世』校倉書房、一九九七年。


〈二〇〇六年以降に刊行されたもの（刊行順）〉


吉成直樹・福寛美『琉球王国と倭寇――おもろの語る歴史』（叢書文化学の越境12）森話社、二〇〇六年一月。

和田久徳『琉球王国の形成――三山統一とその前後』（琉球弧叢書12）榕樹書林、二〇〇六年一二月。

安里進『琉球の王権とグスク』（日本史リブレット42）山川出版社、二〇〇六年一二月。

吉成直樹・福寛美『琉球王国誕生――奄美諸島史から』（叢書文化学の越境16）森話社、二〇〇七年一二月。

池田榮史編『古代中世の境界領域――キカイガシマの世界』高志書院、二〇〇八年三月。

知名定寛『琉球仏教史の研究』（琉球弧叢書17）榕樹書林、二〇〇八年五月。

谷川健一編『日琉交易の黎明――ヤマトからの衝撃』（叢書文化学の越境17）森話社、二〇〇八年一〇月。

松浦章『東アジア海域の海賊と琉球』（琉球弧叢書18）榕樹書林、二〇〇八年一一月。

上原兼善『島津氏の琉球侵略――もうひとつの慶長の役』（琉球弧叢書19）榕樹書林、二〇〇九年四月。

高梨修・阿部美菜子・中本謙・吉成直樹『沖縄文化はどこから来たか――グスク時代という画期』（叢書文化学の越境18）森話社、二〇〇九年六月。

内田晶子・高瀬恭子・池谷望子『アジアの海の古琉球――東南アジア・朝鮮・中国』（琉球弧叢書20）榕樹書林、二〇〇九年七月。

上里隆史『琉日戦争一六〇九――島津氏の琉球侵攻』ボーダーインク、二〇〇九年一二月。

岡本弘道『琉球王国海上交渉史研究』榕樹書林、二〇一〇年三月。

ヨーゼフ＝クライナー・吉成直樹・小口雅史編『古代末期・日本の境界――城久遺跡群と石江遺跡群』森話社、二〇一〇年五月。

村井章介・三谷博編『琉球からみた世界史』山川出版社、二〇一一年六月。

吉成直樹『琉球の成立――移住と交易の歴史』南方新社、二〇一一年八月。

高良倉吉『琉球王国史の探求』（琉球弧叢書26）榕樹書林、二〇一一年八月。

安里進・土肥直美『沖縄人はどこから来たか〈改訂版〉――琉球・沖縄人の起源と成立』ボーダーインク、二〇一一年一二月。

上里隆史『海の王国・琉球――「海域アジア」屈指の交易国家の実像』洋泉社、二〇一二年二月。

鈴木靖民編『日本古代の地域社会と周縁』吉川弘文館、二〇一二年二月。

山里純一『古代の琉球弧と東アジア』吉川弘文館、二〇一二年四月。

島村幸一『おもろさうし』（コレクション日本歌人選56）笠間書院、二〇一二年六月。

村井章介『日本中世境界史論』岩波書店、二〇一三年三月。

紙屋敦之『東アジアのなかの琉球と薩摩藩』校倉書房、二〇一三年三月。

島村幸一編『琉球――交叉する歴史と文化』勉誠出版、二〇一四年一月。

鈴木靖民『日本古代の周縁史――エミシ・コシとアマミ・ハヤト』岩波書店、二〇一四年六月。

村井章介「大会第二日『東アジア史研究の現段階――境界・交流』の三報告を聞いて」『歴史評論』七三三号、二〇一一年。

――『境界史の構想』敬文舎、二〇一四年一〇月。

黒嶋敏『琉球王国と戦国大名――島津侵入までの半世紀』吉川弘文館、二〇一六年三月。

# 第2章　東アジア

## ――相関する地域・交錯する地域像――

貴志俊彦

### 1　「東アジア」という地域像

地域概念は、時代あるいはそれぞれの立場や思惟によって伸縮し変化する。東アジアという地域像や、それにかかわるアイデンティティの有効性を認知しない文化圏もあり、東アジアは地域として既知の実態たりえない。しかも、そこに介在する地域の多様性、成長の不均衡、地域間の競合関係、歴史的過去にともなう諸問題のため、いまだに広域的な地域共同体が形成されることもなく、国家あるいは民族単位で世界とのかかわりを続けている。

東アジアは、現在どのような地域を想定されているのだろうか。一般的な地誌学的理解からいえば、東は日本列島や台湾、西はチベット高原やヒマラヤ山脈、南は雲貴高原、北は天山山脈、モンゴル高原、アムール川で囲まれた地域を指す。これはもとより普遍的な地域概念ではないが、今日の国際連合の東アジア理解も、中華人民共和国（香港・マカオ特別行政区を含む）、大韓民国、日本、モンゴル、朝鮮民主主義人民共和国を含み、ほぼ同様な地域を指している（国連に加盟していない台湾はこれに含まれない）。ところが、かつて西嶋定生が提起した漢字、儒教、律令、仏教などを文化的基礎とする東アジア世界では、ベトナムを加えるが、モンゴルやチベットは除外している。(1) こうしたさまざまな地域概念に対して再定義を促したのが、一九九三年世界銀行レポート『東アジアの奇跡』が示した東アジア広域経済圏であろう。これは、東アジアはＡＳＥＡＮを含む地域であることを戦後初めて定義づけ、それまでの東アジアイメージの再検討を促した（東アジア地域研究会、二〇〇一～二〇〇二を参照）。ただし、この地域概念には、後述するように、先例があった。

そもそも東アジアは、こうした地理的区分、政治的圏域、文化圏、アジア交易圏（濱下武志）やアジア間貿易（杉原薫）、市場圏や通婚圏（Ｗ・スキナー）、宗教圏や言語圏、生活圏（Ｆ・ラッツェル）など、さまざまな圏域が重層的に構成された概念なのである。とりわけ、こうした圏域や地域を認定する人・集団のアイデンティティ（簡単にいえば「われわれ」意識）によって、地域概念の形、ときにはその有無さえも変わってくる。

この点、韓国・延世大学の白永瑞《ペクヨンソ》の指摘は首肯できる。

> 実際、東アジアは「純粋な」単一文明（あるいは文化）を共有したひとつのかたまりではなく、東アジア圏域を構成する多様な主体が、互いに競争し妥協しながら連結していく場である（孫・白・陳、二〇〇六、七三頁）。

同様な視角から、さまざまな学問的立場で東アジアという地域像をとらえた『「東アジア」の時代性』[2]（貴志俊彦・荒野泰典・小風秀雄編、溪水社、二〇〇五年、以下『時代性』と略）は、東アジアという地域概念の分析の有効性を確認するとともに、東アジアは自明の前提として実体化された地域ではなく、また、一枚岩のような確固とした地域像を備えるものでもなく、多様な地域とアイデンティティを内包している点を明らかにしている。

しかしながら、『時代性』のなかで、東アジアという地域概念のもつ、ある種の曖昧さに対して、羽田正は次のような問題が存在することを指摘している。

> 「目標としての地域」は、どのような場合に「実体としての地域」になるのだろうか。そもそも、「目標としての地域」と「実体としての地域」は、前者から後者への移行を前提として同じ直線上に存在するものだろうか。今後、私たちが「東

アジア」地域論を議論する際には、このような問題を考慮に入れる必要があるだろう（貴志・荒野・小風、二〇〇五、一七六頁）。

現状では、東アジアという地域概念が確定しておらず、また東アジアをめぐる昨今の研究状況を考えても、羽田の指摘は重要であり続けている。なぜなら、一九六〇年代以降進められてきた冊封体制論、九〇年代の東アジア交易圏論や華僑ネットワーク論、最近の海域アジアをめぐる議論、それらいずれの研究も、この「実体としての地域」を前提としているからである。近代へ移行する過程で、こうした地域のイメージや実体、その機能の連続・不連続を明らかにすることは課題であり続けてきた。その一方で、「東アジア共同体論」は、最近では議論が下火になった感があるものの、いまだ「目標としての地域」のまま、確固たる地域実態が成立してはいない（毛里ほか、二〇〇六～二〇〇七を参照）。その有用性も含めて、今後も各国、各地域どうしで協議を続けていく必要はある。

前述した『時代性』が刊行されてから、すでに一〇年が経った。この間も、東アジアをめぐるさまざまな議論が交わされ、多くの成果が公表されている[(3)]。本章では、この期間の東アジア地域認識論の目的と手法の変化をふまえつつ、あらためて『時代性』で提起された問題、すなわち地域をいかに論じるか、その地域概念によって何が明らかになるのか、その獲得目標は何かという初歩的な問いかけから始めて、地域史と世界史の接続・不接続の問題について考えてみたい。

## 2　日本における東アジア地域認識の推移

### （1）「東亜」から「大東亜」への漂流

「東アジア」というカタカナまじりの表記は一九五〇年代に成立したが、それまでは、おもに「東亜」が使われていた。「東亜」の「亜」は、「亜細亜」を意味する。周知のように、「亜細亜」という用語は、明代の一六〇二（万暦三〇）年にイエズス会宣教師マッテオ・リッチが工部員外郎の李之藻《りしそう》の協力を得て刊行した漢訳世界地図「坤輿万国全図《こんよばんこくぜんず》」で初めて用いられた。一方、カタカナ表記の「アジア」は、新井白石の地理書『采覧異《さいらんい》』の巻之三「アジア」に示されており、これは当時のオランダ東インド会社の活動が地域認識のベースになっていた（岡本、二〇〇三、一五一、二〇七頁）。江戸時代には「亜細亜」と「アジア」の両方が使われていたといわれている。なお、リッチの地図には、日本列島の東に海域名として「小東洋」が記されているが、「東洋」という表現が史書に初めて用いられたのは、明末に刊行された汪大淵《おうたいえん》『島夷誌略《とういしりゃく》』で、このときは海路を示していた。その後、「東洋」が「Orient」や「East」のような「東方」を示す地域名称として使われるようになったのは明治期以降のことである。

また、「亜細亜東部」という表現は、日本の台湾出兵翌年の一八七五（明治八）年に陸軍文庫が出版した「亜細亜東部輿地図」に初めて登場し、その後はとくに陸軍や海軍で用いられた。しかし、参謀本部が「亜細亜東部」に代えて「東亜」を用いることを命じると、『東亜各港誌』（一八九三）や同部陸地測量部編『仮製東亜輿地図』（一八九四）といった書籍や地図が出版された。「東亜」が示す範囲は、日本、中国、朝鮮、さらにマレー半島からシンガポールなど東南アジア沿海部までを含んでいたのである。一九四一年一月、「対仏印、泰施策要綱」の公表をきっかけに、「東亜」に代えて「大東亜」が使われるようになったときでも、常識的理解とはことなり、この地理的範囲はじつは一貫して変わらなかったと、ボン大学のラインハルト・ツェルナーは指摘する。ただし、これは軍部の話で、民間で「東亜」が使われた場合は、日本、中国、朝鮮を指すだけの場合もままあった。さらに、「東亜細亜」という表現は、一八八三年に文部省が出版を始めた『百科全書』のなかの「亜細亜地誌」の巻で用いられ、その範囲は「満洲支那本部其他近島ノ日本国ヲ統ス」と記されていた。「東亜細亜」という表現は、その後も、那珂通世の『支那通史』（一八八八）や『東洋略史』（一九〇三）、小藤文次郎『普通地理学講義』（一八九〇）、秋月胤継《あきづきかずつぐ》『東洋史』（一九〇一）など、歴史学、地理学の書籍で使われた（ツェルナー、二〇〇九、二六四、二六六〜二六七、二七二、二九七〜二九八頁）。

新聞メディアではどうであったかというと、たとえば『朝日新聞』（一八七九年創刊）は、「東洋」「東亜」「東亜細亜」という表現を用いていた。このうち、一番新しい用語であった「東亜細亜」が最初に当該紙面に登場したのは、一八九一年七月三日に掲載された社説「外国貿易」においてである。そこには、「外国貿易已に善し、中間の利を占むる亦好し（中略）。

東亜細亜と亜米利加との間にありて、相互のために貿易に受持せんと。東部亜細亜と云ふ、主として支那を指すものなり」と書かれている。この記事によると、「東部亜細亜」が「東亜細亜」を指し、その中心が「支那」であると説明されている。ただ、留意すべきは、この記事にあろう「東亜細亜」にふられた「ひがしアジヤ」というルビである。「アジヤ」は、英語の「Asia」の音に引きずられたものである。その後の『朝日新聞』の新聞記事を調べてみると、「とうアジヤ」「ひがしアジヤ」といったルビも散見される。そして、一八九四年一一月一六日の記事「西伯利鉄道竣工の期」で、初めて「ひがしアジア」というルビがつけられた。ただ、それ以降も、ルビの主流は依然として「ひがしアジヤ」であった。「アジア」の定着は、戦後になってからのことであり、そのことはこの語が西洋からの借り物であり続けたことを示している。

さらに、一九四一年一月以降、公文書では「東亜」に代えて「大東亜」が使われるようになった。世界は西ヨーロッパや米国が中心地域ではなく、「大東亜共栄圏」がその中核地域であるとする「アジア主義」に基づく対抗的言説として表現されたのである。これは、帝国日本が世界に向けた世界認識転換のパラダイム宣言であった。

こうした言説を理論づけるために、一九四一年春に文部省教学局に東亜史編纂部が新設され、翌年七月頃に『国史概説』の姉妹篇として『大東亜史概論』を編纂する計画が持ち上がった。文部省には、皇国史観による新史学を「大東亜共栄圏」各地に翻訳配布して、帝国日本の位置を再確認させるという意図があった。この書籍の出版にあたって、東京帝国大学の池内宏、京都帝国大学の羽田亨らが編纂責任者となって、東京帝大系の鈴木俊、山本達郎、京都帝大系の宮崎市定、安部健夫に執筆が委嘱された。宮崎は第一部の上古から中国古代までを担当し、一九四四年に第二次草稿を完成させたが、戦況の悪化によって出版計画は頓挫し、結局『大東亜史概論』は刊行されないまま終戦を迎えた。しかし、宮崎は西アジア文明東流論を綴った『大東亜史概説』冒頭の四分の一のタイプ原稿をそのまま保管しており、終戦後の一九四七年にそれを人文書林から『アジヤ史概説』正編として刊行した。そして、翌年にはかつての断片的な記録をもとにしながらも、新しく描き下ろしたものを続編として刊行した。さらに、一九七三年に学生社から刊行した『アジア史概説』は、この両者をあわせて、第八章「現代アジア史」を加筆したものだった（宮崎、一九九三、四二八～四三〇頁）。

終戦前年の一九四四年には、『大東亜史概論』の構想と同様な概説書が弘文堂書房によって刊行された。「世界史講座」全七巻がそれだが、戦況の悪化により、企画の一部が刊行されただけだった。このシリーズは、「西田幾多郎の哲学と大川周明のアジア主義（さらには折口信夫の民俗学）を、最も見事なかたちに総合したもの」であったと評価されている。彼らの思想・哲学を直接に実現したのは、西田幾多郎や田辺元らに直接指導を受けた京都学派の第二世代であった西谷啓治、高坂正顕、鈴木成孝、高山岩男たちであり、西谷と親交のあった井筒俊彦だった（安藤、二〇〇八、二七〇～二七一頁）。

　このシリーズの第四巻が、弘文堂創業者の八坂浅太郎が編者となった「東亜世界史2」である。この巻の構成は、以下のとおりだった。「印度史概観」（足利惇氏《あしかがあつうじ》）、「印度思想と文化」（金倉円照《かなくらえんしょう》）、「仏教文化の流伝とその展開」（塚本善隆《つかもとぜんりゅう》）、「南方地域」（松本信広）、「満鮮地帯の歴史」（三品彰英《みしなしょうえい》）、「印度の階級社会」（善波周《ぜんばまこと》）、「印度文学」（辻直四郎《つじなおしろう》）、「印度美術の理念」（上野照夫）、「印度の科学技術」（善波周《ぜんばまこと》）、「南方仏教」（竜山章真《たつやましょうしん》）、「ヨーロッパの東亜侵略」（西山克己）、「アジア民族運動史」（田中直吉）、「南洋と支那大陸」（杉本直治郎）。この内容をみればわかるとおり、ここでいう「東亜」は、北の「満鮮地帯」から南の「南洋」や「印度」に至るもので、「大東亜共栄圏」構想に準じた地域概念となっている。なお、第三巻に予定されていた「東亜世界史1」は結局刊行されなかったが、第四巻の内容からすれば、「大日本」「支那」「朝鮮」が中心的な記述対象であったことは推測できる。

　この「世界史講座」シリーズが企画されたのは、学校のカリキュラムとも関係があった。このときの中等教育では、東洋史科目が廃止され、日本史、東洋史、西洋史を統合した「国民歴史」、いわば日本型の世界史科目が設置され、授業では文部省編纂の国定教科書『中等歴史』が使用されることになっていた（黄東蘭、二〇一三、九三頁）。終戦前年に、日本では、世界の中心であるという強力な政治的イデオロギーのもとに、「国民歴史」＝世界史の重要性が標榜されたのである。

　同じ年、日本の交戦相手であった重慶国民政府の国民党中央宣伝部主催の中国文化服務社読書会が発行していた半月刊『読書通訊』（一九四四年第一〇〇期）に興味深い記事が載っている。それによると、同政府は軍官学校向けに通史形式の『東亜史教程（東アジア史の教科書）』の編纂計画を進めていたという。この教科書は三篇（民族・民権・民生各篇）構成で、全二〇課で終了という計画だったが、「東亜」が指す地域は明示されていない。教科書編纂の目的は、むろん三民主義史観に基づいて、中華民国を「東亜」の中心とした歴史を描くことにあった（同上、一七頁）。ただ、これが日本の皇国史観に対抗するために企画されたものかは、終戦までにこの教科書が刊行されなかったために不明である。

戦争が終結しても、「東亜」という用語は「タブー」などではなく、新聞紙上でも使われ続けていた。「東アジア」というカタカナ語が学問や教育の場だけでなく、メディアの場でも定着するのは一九五〇年代に入ってからと指摘できる。たとえば、『読売新聞』において、「東亜」に代わって「東アジア」という用語が初めて登場したのは、座談会「アメリカの決意――東アジアの赤化は阻止されるか」（一九五〇年六月二九日）の記事だった。

## （2）「東亜」から「東アジア」への転換

「東亜」から「東アジア」への転換には、高等学校の社会科に世界史が導入されたことが影響していた。文部省の視学官保柳《ほやなぎ》睦美《むつみ》（のち防衛大学教授）によれば、一九四七年に六・三・三・四制の新学制が実施された当初、高等学校の社会科は、戦前と同じく西洋史と東洋史に分かれており、そのほか人文地理、時事問題があった。しかし、東洋史の履修希望者が少なかったことや、中学校の社会科に「国史」（四九年に日本史と改称）があったにもかかわらず、高等学校にはその科目が設けられていなかったことが問題視された（尾鍋、一九五〇、二五九～二六〇頁）。そこで四八年の教育課程審議会では、歴史学者不在のまま、ＣＩＥ（連合国最高司令官総司令部民間情報教育局）の担当官から、次のような提案が出された。つまり、米国ではアメリカン・ヒストリーとワールド・ヒストリーに分けて教えられているから、日本でも高等学校社会科に日本史と世界史（東洋史と西洋史を合わせて）を設けてはどうか、との意見だった。これにフランス文学者・文芸評論家の中島健蔵委員らが同調した、と尾鍋輝彦は語っている（上原ほか、一九五六、二四九頁）。この方針に即して、文部省学校教育局がカリキュラム改革を進めることになった。

こうして高等学校社会科に世界史を導入するという提案は、一部の歴史学者の反対を除けば、比較的速やかに進み、一九四九年四月の文部省教科書局長による文部省通牒「高等学校社会科日本史、世界史の学習指導について」によって、日本史と世界史の教育が実施されることになった。ところが、このときまだ学習指導要領は作成されていなかったため、世界史の概念や教授法は現場にまる投げという状況だった。そのことは、一九四九年に開催された座談会「今後の歴史教育」で、東北大学の豊田武が文部省教科書局歴史科主任の箭内健次《やないけんじ》に対して「文部省からの意見がはいつてもなくても、いろいろな世界史をやつていいのですね」と確認したところ、箭内は「そうです」と答えていることからも明らかである（『日本通史』通第一五号、一九四九、三三頁）。

文部省は、こうした教育現場を改善するため、学習指導要領の作成を急ぎ、中国研究所の野原四郎のほか、大学関係者として柴三九男、太田秀道、矢田俊隆、尾鍋輝彦、そして井草高校教諭の大野英雄の六名を初期の編纂委員に任命した。一九五一年には指導要領の試案が作成され、「アジアにおける専制国家の変遷」「アジアの近代化」を教授内容に盛り込んだ。そして、二年にわたった作成作業が、五二年三月にようやく完成したのである（上原ほか、一九五六、二四九～二五〇頁）。

この間、高等学校の検定教科書の作成も行われた。一九五一年度用に高等学校社会科で用いられた教科書は、中教出版社が発行した『東洋の歴史』一・二、『西洋の歴史』一・二だけであった。五二年度用には、村川堅太郎・江上波夫共著、史学会編による最初の文部省検定済教科書『世界史』が山川出版社から刊行された。その第五章は「東亜文化圏の形成」との題がついている。このときの章構成は、今日の『詳説世界史（改訂版）世界史B』の枠組みまで引き継がれている。このほか、五二年度用の教科書としては、三上次男ら執筆の『世界史』上・下（中教出版株式会社）も刊行された。この上巻の第一一章「東アジア文化の成立」、第二〇章「専制君主制中国最後の繁栄と東アジアの国々」、下巻の第三四章「中華民国の発展と東アジアの近代化」に東アジアを意識した説明がある。

また、概説書としては、一九四九年六月に東京大学の吉岡力による『世界史の研究』が旺文社から刊行された。その第一部第六章は「東アジア世界の形成」、第二部第五章は「東アジア（中国）世界の統一と拡大——唐・宋・元時代」、第三部第五章は「東洋の停滞と孤立——明・清時代」として章立てされている。『世界史の研究』はたいそう重宝されて、その後も版を重ね、一九六八年吉岡が東京大学を定年退官したときには九訂版を出版したという。まさに世界史教育の定番となった書籍だった。また、四九年から五〇年にかけて、飯塚浩二、仁井田陞《にいだのぼる》、大塚久雄、村川堅太郎が編者となって毎日新聞社から『世界の歴史』全六巻が刊行された。その第三巻の「東洋」には、中国、インド、イスラームの歴史が盛り込まれている。執筆者は、仁井田陞、野原四郎、松本善海、増井経夫たちだったが、「東アジア」という呼称は使われてはいない。さらに、四九年には、山川出版社から『世界史概観』が刊行され、「東アジア諸国家の変遷」「蒙古民族の発展」「東アジアの専制国家」などの節が執筆されている。これは歴史概説書の章名に「東アジア」という用語が登場した初期の例であろう。『世界史概観』の編者は、東京大学の村川堅太郎、山本達郎、林健太郎らであるが、この他の執筆陣には江上波夫、橡川一郎《とちかわいちろう》、前田直典がおり、のちには榎一雄、荒松雄、神田信夫、山口修、井上一の名が挙がっている。

そして、一九五一年から平凡社による「世界歴史事典」全二五巻の編纂が始まった。その「まえがき」では、「西洋史、東洋史、日本史という枠にとらわれず、世界史というひろい立場から歴史の流れと方向をふりかえってみよう」と記されている。委員には、石田幹之助、岩井成一、上原専禄、貝塚茂樹、坂本太郎、清水博、杉勇、高橋幸八郎、羽原又士、松本信広、丸山二郎、三島一、宮崎市定、山中謙二、和田清という当時の一流の歴史学者が集められた。全二五巻の事典が完成するまでには五年の歳月が必要とされた。

一九五二年八月、学習指導要領が決定した翌月、日本歴史教育者協議会の第三回高校部会世界史教育研究会が開催された。この会では、とくに東アジア史の中での中国、朝鮮、日本を関連して位置づける案や、東洋史を通して古代から植民地化までの東アジアの歴史をやり、さらに帝国主義が成立するまでの欧米を教え、最後に現代史で統一して日本をめぐる現代の世界史を教えるとの意見に同意が得られ、世界史教育にとっての東アジア史の位置づけが明確にされた（『歴史教育月報』第一四号、一九五二年九月、六〜七頁）。

歴史学研究会でも、一九五三年大会で「世界史におけるアジア」というテーマが掲げられ、「民族解放闘争の中心であるアジア、その中における日本がどういう関係にあったのか歴史的に究明する」ことが目的とされた。このときの大会報告は、大会テーマと同一の書名で岩波書店から刊行された。この研究会でも問題になったのが、新たな教授法で世界史を教えるにしても、教科書も副読本もないことであった。

そこで、一九五五年に実教出版が上原専禄監修による『高校世界史』を刊行した。この「まえがき」で、「東洋」には東アジア文明圏、インド文明圏、イスラーム文明圏の三つの文明圏が存在し、それぞれ独立の文明をもちながらも、相互交流をはたしていたことが指摘されている。「東洋」のもとにある文明圏のひとつとして「東アジア」が位置づけられたのである。その後、この文明圏という説明方法は、ひとつの流行になっていく。むろん、アーノルド・トインビーの『歴史の研究（*A Study of History*）』の影響もあった。ちなみに、梅棹忠夫が『中央公論』に「文明の生態史観」を掲載したのは一九五七年のことである。

また、東アジア史を意識した概説書としては、一九五四～五六年に東洋経済新報社から「世界史講座」全八巻、そして五七～六〇年には誠文堂新光社から「世界史大系」全一七巻というふたつのシリーズが刊行された。前者の第一巻第一部は「歴史的世界の形成――東アジア世界の形成」と題されていたが、その内容は中国史が大半を占め、モンゴル帝国史、朝鮮史が申し訳程度に描かれていたにすぎない。後者の第三、八、一四巻は、東京大学の三上次男が編者となって「東アジア」を扱っており、中国、モンゴル、満洲、朝鮮半島、日本、琉球を意識的に対象地域としている。さらに、考古学でも、『世界考古学体系』（平凡社、一九五八～六二）シリーズが刊行され、その第五巻から第七巻までの三冊で「東アジア」が取り上げられた。

このように、一九五〇年代、世界史の教科書や概説書の出版がある種の知的潮流になっていた。そして後述する西嶋定生の東アジア世界論の登場により、日本史、東洋史、西洋史の別なく、「同時代的・全地域的把握」の重要性が提起された。その思想的背景には、一九五五年に開催されたバンドン会議の動向が強く影響していたと思える。そして、六〇年には学習指導要領が改訂され、文化圏学習が促された。その後、一九七三年から二〇〇二年までの学習指導要領解説書で、「いわゆるヨーロッパ中心史観からの脱却」を理由として「文化圏学習のねらい」をうたい、「東アジア文化圏の形成と発展」が盛り込まれたのは、その流れに位置づけられる。

こうして、戦後直後の高等学校社会科は日本史と世界史の二本柱が建てられたが、日本史と世界史、東洋史と西洋史との関係に関する説明や解釈が教育現場で実践されたとはいえなかった。

### （3）戦後の東アジア史研究の展開

東洋史研究では、前田直典《まえだなおのり》の論文「東アジヤに於ける古代の終末」（『歴史』第一巻四号、一九四八年）による、中国、朝鮮、日本などの諸地域の社会発展には相関関係があるとの指摘こそ、戦後の東アジア世界論の出発点となったことは周知のとおりである。前田の論点のひとつは、東アジアは中国を中心として相互に影響を与えながら、ひとつの世界を形成していたととらえたことにあった。この考えを隋・唐代で検証したのが西嶋定生である。西嶋は、漢字、儒教、律令、仏教を共通文化とする中国、朝鮮、日本、ベトナムが、冊封体制に基づく東アジア世界を構成していたことを明らかにするとともに、とりわけ東アジア世界における日本を理解することに意を注いだ（西嶋、二〇〇二、第Ⅰ部「東アジア世界論」を参照）。後述するが、西嶋の東アジア世界論は、今日の台湾や韓国の歴史教育にも大きな影響を与え続けている。この西嶋の議論をもとに、明清期の交易圏的世界について朝貢貿易システムを軸に論じたのが濱下武志であった。濱下は、朝貢貿易システムを通じて、西嶋のように中国王朝を中心とした東アジア地域だけでなく、さらに周辺地域に敷衍《ふえん》し、中央―地方―土司・土官（チベットなど西南地方）―藩属（モンゴル・チベット・回部）―朝貢（東南アジア・朝鮮・琉球）―互市（明中期以降の日本）と結びつく同心円状の地域像を明らかにした。濱下は、このアジア交易圏が、東アジア、東南アジア、さらにはオセアニアに至るまでの地域の相関関係のなかで成立し、それが商業ネットワークを基礎としていたと主張した（濱下、一九九〇、一九九七を参照）。

西嶋の東アジア世界論も、濱下のアジア交易論も、中国を中心としながらも地域相関型のアジア像を提言していることで、それまでの一国史や一民族史、あるいは二国間関係によるとらえ方を克服し、より広域で複雑なつながりをもつ世界を把握しようとしており、それぞれの時代の学問状況を考えると画期的な成果であったと思う。しかし、冊封体制論は、これに係わらないチベット、モンゴル、ラオスなど周辺諸国については考察対象とはしないし、またアジア交易論も交易関係をもたない地域や弱小のエスニック・グループの居住地域は看過されている。これで東アジア全体の地域を論じられるのかという疑問は当然起こってこよう。この点、国立台湾大学の黄俊傑は、東アジア文化共通の命題が、各国の具体的な相互作用の過程でのみ形成され得るものであり、東アジア文化交流史もまた、東アジア各国がそれぞれの文化的主体性を築き上げていく過程であると主張し、ささやかな形ではあるが、批判を試みている（黄俊傑、二〇一三、一三―一四頁）。

前田以来の東アジア世界論が提示したように、ユーラシア東方世界のなかで、より広く諸国家、諸民族の歴史をみていく必要があることはそのとおりであるとしても、一方で、地域の独自な社会発展の過程を特徴づけ、地域間の相関関係、その交流史を構造的にとらえることを欠かしてはならない。この点について、豊見山和行は、『時代性』で次のように問題提起をしている。

中国を中心とした冊封体制・冊封関係、あるいは朝貢関係というものを非常に深く影響を受けた琉球や朝鮮という地域と日本のように冊封・朝貢関係との関わりが弱い地域との違いが、東アジアを議論する場合に必要になってくるのではないかと思える（貴志・荒野・小風、二〇〇五、一二二頁）。

そもそも、朝貢貿易システムも、時代や当事者の立場によって、一律に同じであったわけではないし、この種の半ば官営的な朝貢貿易にかかわらない民間の私貿易にも留意すべきであった（村上、二〇一三を参照）。この点について、羽田正は、一七世紀末における両者の変化を、華人商人の出海貿易や外国船の互市貿易が拡大し、しだいに朝貢貿易の割合が低下していったとみる。そして、一八世紀になると、清の海禁解除によって、民間交易船だけでなく、海賊船も跋扈《ばっこ》するようになり、東シナ海は各国の貿易規制や出入国管理によって国際貿易の総量は低落傾向にあったのに対して、中国大陸沿岸の地域間貿易や日本・朝鮮の地域内貿易は逆に活性化していたと指摘するのである（小島ほか、二〇一三、一五三頁）。

一方、日本史研究では、岩生成一の『南洋日本町の研究』（一九四〇）などが、日本の対外関係史、比較史に重要な影響を与えた。岩生が東京大学を退官して法政大学に移った一九六一年、ちょうど、財団法人東洋文庫内に、ユネスコ東アジア文化研究センターが付設された。東アジアと銘打った研究センターとしては、日本でもっとも早期に設立された組織だった。岩生がこのセンターで最初に行ったプロジェクトは、「東アジア諸国におけるヨーロッパ文化受入れの歴史的背景に関する国際的調査研究」（一九六二〜六六年）であった（『朝日新聞』一九六三年五月七日）。

各国所蔵の資料を比較史論的に駆使する岩生のアプローチは、中世日本の対外交流史、近世日本の対外交渉史に重要な影響を与えた。とりわけ、一九八八年にアジアと日本との相互関係を明らかにした村井章介『アジアのなかの中世日本』（校倉書房）や荒野泰典『近世日本と東アジア』（東京大学出版会）が刊行されたことの意義は大きかった。これらが、その後、村井、荒野の両名に石井正敏を加えた三名が編者となって『アジアのなかの日本史』全六巻（東京大学出版会、一九九二～一九九三）の刊行に結実し、さらに同じ三名の編者による『日本の対外関係』全七巻（吉川弘文館、二〇一〇～二〇一三）へと継承されていくことになる。

これらの著作の学的影響は大きく、一九九三年に海域アジア史研究会が成立し、さらに二〇〇三年から実施された高等学校地歴科の学習指導要領では、世界史Aで「海域世界の成長とユーラシア」、世界史Bで一六～一八世紀の「東南アジア海域世界」について教えること、日本史でも各時代について東アジア世界の動向を強調することなどが盛り込まれたのである（桃木、二〇〇八、三頁）。

こうした中世、近世日本の多彩かつ実証的な日本対外関係史の世界が、近代に入って、どのように変容していくのか。日本史における近世史と近代史との溝はまだ埋まっていない。一九世紀中葉以降、日本の台頭が新たな東アジア世界秩序を出現させ、そのことによって再構築された周辺諸国・地域との関係が伝統的な華夷秩序を破壊させたとは単純にはいえないことを籠谷直人の研究は示している（籠谷、二〇〇〇）。さらに、日本による植民地化や統治の実態は、たとえば植民地台湾や朝鮮、満洲国の間で、また中国では東北・華北と華南との間で、異なる地域実相が存在したことは近年の研究が明らかにしつつある。それは他者としての東アジア像ではなく、当時の日本を含む内なる東アジアを投影した地域像であった。

## 3　「東アジア」アイデンティティと中国・韓国

それでは、東アジア主要三国の他の二国、すなわち中国や韓国では、東アジアをどのように認識してきたのか、そして今またこの地域とどのように向き合おうとしているのだろうか。次に、この点についてみておきたい。

### (1)　中国の場合

「東洋」概念は、冒頭で触れたように海路、海域などの概念として揺れたが、一九世紀半ばには日本、琉球諸島、台湾澎湖諸島などを包括する東シナ海にある列島群一帯を指す地域概念として使用されるようになった。さらに、日清戦争後には、洋務運動や変法維新運動を推進する中国知識人が日本への関心を高めて、たとえば王之春《おうししゅん》『東洋瑣記《とうようさき》』（廣文書局、一八四二）、陳倫炯《ちんりんけい》『東洋記』（廣文書局、一八七七）といった書籍にみられるように、「東洋」は日本をイメージする言葉に変化していた。今日でも、「東洋」は日本の別称として理解されている。一方、日本に亡命していた康有為や梁啓超ら変法維新派の知識人は、東南アジアも含むアジア概念として「東亜」を用い、『清議報』などを通じて自国に紹介していたが（ツェルナー、二〇〇九、二八〇頁）、庶民への浸透はかなわなかったようである。

　このように、「東洋」という概念は、日中間では大きく異なっていた。さらに黄東蘭は、次のような興味深い事実を明らかにしている。すなわち、中国では、一九二二年に米国式の教育モデルに基づいて六・三・三制の新学制に改められると、「亜洲各国史」と「西洋史」をあわせた新しい科目として「外国歴史（世界歴史）」が設置された。その結果、中学のカリキュラムから「亜細亜各国史」や「東洋各国史」の科目が消滅し、ヨーロッパ史を軸として、アジア各国の歴史はたんに外国史または世界史の一部にすぎなくなったというのである（黄東蘭、二〇一三、一〇〇、一〇三頁）。

　中華人民共和国成立直後も、中国の歴史教育は初級中学（中学に相当）、高級中学（高等学校に相当）ともに、中国史と世界史に分けて教えられている。そのほか、初級中学では「中国革命常識」、高級中学では「中華人民共和国憲法」がカリキュラムに組み込まれていた（上原ほか、一九五六、二〇六～二〇八頁）。今日のカリキュラムでも、中国史、世界史の区分は基本的に変わってはいない。

　ユーラシア大陸の東部に位置する東アジアの歴史は、中国人にとっては外国史ではなく、自国史とみなしがちな領域であった。それゆえ二一世紀に入るまで、こうした分野は教育上のみならず、研究上も独自な研究領域としては成立しがたい分野だった。そのため、上述したようにヨーロッパ史を軸とした世界史の構築を意識することになり、一九二〇年代以来、じつは「東洋」の一角を形成する中国という地域イメージをアイデンティティとすることを放棄してきた。いまの中国も同様に、東アジア地域の一角を占めるという地域主義的意識は低く、むしろグローバリズム志向である。

　この点は、韓国から中国をみても、同様にとらえられている。たとえば、延世大学の白永瑞は、次のように述べている。

筆者が知っている限り、中国の知識人たちは「アジア的展望」、とくに東アジアの状況のなかの中国を眺める視点が欠如している。世界（実際は欧米）と直接対面する中国という観点は強いが、周辺の隣国である東アジアの他の社会に対する水平的関心が希薄なようだという意味である。この点はいま中国内外で注目される批判的知識人ですら、「横向思考」が足りないと批判されることからも端的にあらわれている（孫・白・陳、二〇〇六、六六頁）。

中国が東アジアを意識しがたいもうひとつの理由は、その地勢的位置がある。日本や韓国にとって、周辺諸国家といえば、いわゆる東アジアに包摂される地域圏に限定される。極論するならば、中国という政治的、経済的、文化的な中核地域の存在を日本も朝鮮も必要としていたが、中国が中華世界という中心性を維持するには多方向・多重的な観念が必要であり、それゆえ東アジア世界に依拠するだけにはいかなかったのである。実際、中国は、東には日本や朝鮮、琉球が位置し、北にはロシアやモンゴル、西にはチベット、中央アジアにつながり、南には東南アジアやインドがある。中国を主体としてみた場合、これら地域とも全方位的な地勢感覚をもたざるをえない。今日の中国人のもつ地域認識や国際感覚も変わっておらず、日本や朝鮮・韓国とは異なり、複数の地域認識を有していると理解しておく必要がある。

中国の知識人は、戦前・戦後の日本の人文学者が東アジア論に熱をあげてきたのと比べると、東アジア論に対してはきわめて冷ややかな態度を保ってきた。こうした日中韓の関心の違いについて、中国社会科学院文学研究所の孫歌は、次のように述べている。

よく考えてみると、〈東アジア〉というふうに論を提示するのは、日本や韓国なのです。中国にしてみれば〈東アジア〉という考え方は、ある状況においては有効ですが、けっして常に有効だというわけではないのです。たとえばそれで中国の西部や南部地域を語ることができるでしょうか？（略）つまり絶対的な前提としての〈東アジア〉など、疑問符がついてしかるべきなのです（孫・白・陳、二〇〇六、一二三頁）。

孫歌は、こうした地域認識は知識人だけの問題ではないことを、別の書籍で次のように指摘している。

たとえば、中国のアカデミー〔中国社会科学院のことを指す〕の状況でいえば、体制的に「アジア太平洋研究」という分野が存在し、ほぼ冷戦構造の遺留物そのままであるが、この分野から「アジアという課題」が思想の契機として生産されないのはいうまでもなく、アジア感覚さえも生産されていない。近年、アジアは言説として中国でも登場したが、中国の多数の人びとの間には、中国国内の一地域を語ることがイコールとしてアジアを語ることだとする思惟様式が頑固に存在している（孫、二〇〇八、一〇〇〜一〇一頁）。

中国史を専門としてきた溝口雄三も、丸川哲史との対談のなかで、中国人は同様な感覚をもっていることを、次のように表現している。

中国人の自国を自己認識するという意味での東アジア認識がさっぱりないことです。つまり中国人の自国認識には〈東アジア〉が存在しないという衝撃でした。（略）つまり、思想文化の場でいうと、東アジアというのは日本・韓国・台湾のような中国大陸周辺のための自己認識の媒体概念であって、そこに中国は実在しないわけです（孫・白・陳、二〇〇六、九一頁）。

溝口は、「中国を『東アジア』の一国としてとらえてしまうところに錯覚が生じるのです」とまで言い切っている。中国ないし中国人に対して、東アジア論を提起することにいかほどの意味があろうか。実際、二一世紀に入ってから、中国では「東亜」を冠した書籍が膨大に出版されるわりに、東アジア論は深化していない／する必要がないのが現状である。中国政府あるいは中国人の冷戦思考は、領土問題、資源問題、人権問題ともからまって、周辺諸国のみならず、国内の少数民族からも、現代的な中華思想、新たな覇権主義、帝国主義的であると批判されているのだ。中国政府は、こうした内外の批判を顧みることなく、いまはグローバリズムを国家の進むべき指針としているのである（同上、一〇一頁）。

## （2）韓国の場合

李氏朝鮮では、一九〇〇年に安駉寿《アンクス》が雑誌『日本人』に寄稿した「日清韓同盟論」において、「東亜」という語彙を使っていたが、それは清と日本を包括する概念だった（ツェルナー、二〇〇九、二八〇頁）。『時代性』のなかで、金鳳珍《キムボンジン》も、一八八〇年代に芽生えた三国間の連帯意識・論は、一八八二年の壬午軍乱後の日清間の対立のなかで「漂流」し、そして朝鮮の保護国化、強制併合を経て「失踪」することになったと指摘している（五三～五四頁）。その後の日本による植民地化の過程で、彼らは自らのアイデンティティを表明する場をもちえなかったといえる。

戦後韓国の歴史教科書の見出し語に「東アジア文化圏」が登場したのは、教学社の『高等学校世界史』一九八四年版が最初であろう。ここで挙げられている文化内容は、漢字、儒教、律令体制、仏教であり、文化伝播の範囲は新羅、渤海、日本、ベトナムとなっており、西嶋定生の東アジア世界論が借用されている。その後の中学、高等学校の世界史の教科書にも、多少の差異はあるにせよ、同様な内容で説明されている。

むしろ一九九〇年代、韓国における東アジア問題は新しい思想潮流であったといえよう。二〇〇〇年一一月になって、ソウルの成鈞館大学での東アジア学術院開設を記念して開催された「東アジア学国際学術会議」において、朴明圭《パクミョンギュ》（ソウル大学）は「韓国における東アジア言説をめぐる知識社会学的解釈」と題する報告のなかで、次のように述べている。

九〇年代における東アジア論の台頭は、韓国の知性史において再びアジアについて考えるようになったということで、たいへん特記すべきことである。（略）国家間の関係というレベルをこえて、地域の実際の姿を考えるようになったこと、東アジアは何かという問題をもつようになったこと、それが九〇年代の新しい変化である。そのような点において韓国の東アジアをめぐる言説は、過去の伝統を新たに読み替えることと、未来に向けての新しい構想を含んでいる（子安、二〇〇三、八五頁）。

さらに、戦略的に東アジアに回帰するという指向性を最もはっきりと示したのが、一九九〇年刊行の金星教科書の『高等学校世界史』である。これも、西嶋定生が唱えた東アジア世界論の影響を受けていたことは、次の記述からも明らかである。

これら諸民族〔新羅、渤海、日本〕が唐から受け入れた制度と文物にはそれぞれ差異があるが、大体、律令体制・儒教文化と漢字、仏教だった。しかし唐と周辺の諸国を結びつける環は冊封体制と朝貢制度だった。このようにして、唐の文化を中心にした東アジア文化圏が形成された。(4)

いずれにせよ、韓国で東アジア論が取り上げられるようになったのは近二〇年近くのことにすぎず、それまではアジアへのアイデンティティがきわめて希薄だったといえる。

しかしながら、その後の韓国の教育現場では、日本や中国とは違った状況が起こった。つまり、二〇〇六年末に韓国教育人的資源部が「歴史教育強化方案」を発表し、二〇〇九年から新しい教育課程が実施され、中高生に必修だった「国史（韓国史）」と「世界史」の内容を統合して歴史科目とし、「世界史の流れのなかで韓国史を理解できるようにする」試みに着手したのである。さらに、高等学校二、三年の選択科目であった「韓国近現代史」と「世界史」とが統廃合され、新たに「東アジア史」「韓国文化史」「世界史の理解」の三科目が設置された。こうしたカリキュラムの改正は、中韓国交回復以来、両国の接触が深まっていたことが背景にある。

二〇〇七年に発表された「教育課程試案」によれば、この「東アジア史」科目では、先史時代から現代まで六つの単元で構成されており、最後の単元である「今日の東アジア」には小単元として「摩擦と和解」が設けられて、「歴史歪曲問題」が取り上げられている。「東アジア史」は、「韓中日三国を中心とした東アジア地域の歴史をひとつの歴史単位として教える科目」であり、「東アジア諸国間の歴史対立を解消し、また未来志向的な歴史教育を通じて東アジアの平和と繁栄の基盤づくりのための歴史認識を育成するために」設置されたとあり、たぶんに名分的であるとはいえ、その評価を回避する必要はない（今野、二〇〇九、一五〇～一五一頁）。ただし、今日の韓国の現状を見ると、「東アジア史」の教育的効果はいまだ功罪つけがたい段階にあるのは事実である。中国寄りの韓国の外交政策が、そのことを示唆している。

## 4　二一世紀の東アジア論へ向けて

二一世紀に入り、グローバリズムが加速化し、それまで二国間協議が基本であった地域間問題も、より広域的で複雑な問題となり、多国間で協議される場面がしばしば発生している。世界各地でグローバルな価値が浸透するなかで、加速化する交通・通信技術の発達により、人々の生活空間は圧縮され、ライフ・スタイルも平準化へと向かっている。お互いの生活空間が圧縮され、そこに多くの流動する人口が入り込むために、東アジアでは紛争や反発が起こりやすい状況を生み出している。地域社会内部でも、階層分化が進むだけでなく、情報や教育、社会的機会などの面で格差が広がりつつある。おまけに、中国が大国化し、日本や韓国は右傾化して、それぞれ周辺地域に及ぼす影響が看過できなくなっている。問題は、こうした問題から目をそらさせるために、政治権力やマスコミがナショナリズムを喚起させていることにある。

東アジアにおける領土問題、安全保障や歴史認識の問題、漁業圏問題など、国家間の対立を促す状況はめだつようになっており、それが引き金になって、確かに東アジア各国ではナショナリズムが吹き荒れつつある。こうした状況のなかでは、「東アジア共同体論」を構築するために必要な「われわれ」意識はそう簡単には創出されないだろう。日本では、官民ともに東アジア論を超えて、いまや中国と同じくグローバリズムの波に自らを投げ入れつつある。これが、私たちが本質的に進むべき方向なのかどうかを立ち止まって考える余裕はないかのようにみえる。

ただ、多元化する東アジアにおいて、さまざまなレベルで相互利益の追求、相互協力の試みが確かに着手され、続けられていることも見失ってはならない。

たとえば、今世紀に入って、日本の大学にも「東アジア」と冠のつく研究所が激増したことも、その証左のひとつである。二〇〇三年慶應義塾大学はいち早く地域研究センターを東アジア研究所に改組し、翌年には二松学舎大学が東洋学研究所・陽明学研究所・国際漢字文献資料センターの三つの組織を統合して東アジア学術総合研究所を設立した。さらに、京都大学では、二〇〇九年に人文科学研究所の漢字情報研究センターを東アジア人文情報学研究センターに改め、一〇年には大学院経済学研究科付属上海センターを改組して東アジア経済研究センターとした。

また、中国と韓国とは一九九二年に国交回復を実現し、中国と台湾とは二〇〇八年一二月に三通を解禁して、一〇年六月に一種のＥＴＡともいえる両岸経済協力枠組協議（ＥＣＡＦ）を締結した。さらに、一一年九月から、日中韓の平和と繁栄を促進するための国際機関である三国協力事務局（ＴＣＳ）がソウルで活動を開始している。地域秩序の安定をはかるこうした試みを冷笑すべきではないが、それぞれの政治的思惑にも十分に配慮すべきである。

二一世紀に至って、東アジアという地域認識の共有化に向けた各国、各集団、各人の努力は、始まったばかりだといってよい。一国史的な価値を離脱しながらも、東アジアという地域史の視座をもって世界史を考察することが必要なのかどうか、あるいは地域や国家を媒介とせず直接にグローバリズムに身を投じることが正しいのかどうか、私たちはまさにそれを判断する重要な岐路にさしかかっている。

注

＊本章の中国語版は、「東亜的時代性」（孫江主編『人文亜太』第一輯、二〇一八年、三四四～三六八頁）に掲載された。

（1）西嶋定生のいう「東アジア世界」は、欧米では「East Asian cultural sphere」、中国では「漢字文化圏」、韓国では「東アジア文化圏」と訳されるが、西嶋じたいは文化の問題よりは、政治的・経済的問題を軸に検証しようとしていた。この点、誤解がある。

（2）本書は、二〇〇四年五月に立教大学で開催された公開シンポジウム「地域認識としての東アジアとアイデンティティ」の予稿集を全面的に書き改め、翌年六月に溪水社から刊行した。

（3）今日では、東アジアの境域や共通性を論じることよりも、そこに包括される／されない諸地域の特性や差異性の意義づけや、研究の方法論から「東アジア史」を再考する試みが行われている。こうした動向は、『東アジア近代史』の第一一号（二〇〇八年）特集「〝東アジア史〟再考――近現代史からの問い」や、二〇一二～二〇一三年の『歴史学研究』の三度にわたる特集「『東アジア史』は可能か――方法／検証の同時代史」（九〇六～九〇八号）でも見受けられる。

（4）古田博司「韓国の歴史教科書資料集――社会科・世界史編」二〇一〇年三月一日（http://www.u.tsukuba.ac.jp/～furuta/

kyoukasyo.pdf)（最終アクセス：二〇一六年五月二二日）。

## 参考文献

浅野豊美編『戦後日本の賠償問題と東アジア地域再編――請求権と歴史認識問題の起源』慈学社出版、二〇一三年。

荒野泰典『近世日本と東アジア』東京大学出版会、一九八八年。

荒野泰典・石井正敏・村井章介編『アジアのなかの日本史』全六巻、東京大学出版会、一九九二～一九九三年。

荒野泰典・石井正敏・村井章介編『日本の対外関係』全七巻、吉川弘文館、二〇一〇～二〇一三年。

安藤礼二『近代論――危機の時代のアルシーヴ』NTT出版、二〇〇八年。

茨木智志「初期世界史教科書考――『世界史』実施から検定教科書使用前後までの各種出版物に焦点を当てて」『歴史教育史研究』第六号、二〇〇八年。

上原専禄・江口朴郎・尾鍋輝彦・山本達郎監修「世界史講座」第八巻（世界史の理論と教育）、東洋経済新報社、一九五六年。

岡本さえ編『アジアの比較文化　名著解題』科学書院、二〇〇三年。

岡本隆司『属国と自主のあいだ――近代清韓関係と東アジアの命運』名古屋大学出版会、二〇〇四年。

尾鍋輝彦編『世界史の可能性――理論と教育』東京大学協同組合出版部、一九五〇年。

籠谷直人『アジア国際通商秩序と近代日本』名古屋大学出版会、二〇〇〇年。

川島真『中国近代外交の形成』名古屋大学出版会、二〇〇四年。

川島真・服部龍二編『東アジア国際政治史』名古屋大学出版会、二〇〇七年。

菊池一隆『東アジア歴史教科書問題の構図――日本・中国・台湾・韓国、および在日朝鮮人学校』法律文化社、二〇一三年。

貴志俊彦編『近代アジアの自画像と他者――地域社会と「外国人」問題』京都大学学術出版会、二〇一一年。

――――『東アジア流行歌アワー――越境する音　交錯する音楽人』岩波書店、二〇一三年。

貴志俊彦・荒野泰典・小風秀雅編『「東アジア」の時代性』溪水社、二〇〇五年。

黄俊傑『東アジア思想交流史――中国・日本・台湾を中心として』藤井倫明・水口幹記訳、岩波書店、二〇一三年。

黄東蘭「地域概念の受容と変容――東洋史のなかの『東洋』」平野健一郎・古田和子・土田哲夫・川村陶子編『国際政治文化関係史研究』東京大学出版会、二〇一三年。

国分良成編『世界のなかの東アジア』慶應義塾大学東アジア研究所、二〇〇六年。

小島毅他編「東アジア海域に漕ぎだす」全三巻、東京大学出版会、二〇一三年。

子安宣邦『「アジア」はどう語られてきたか――近代日本のオリエンタリズム』藤原書店、二〇〇三年。

今野日出晴「『東アジア』で考える――歴史教育にわたるということ」『岩手大学文化論叢』七・八輯、二〇〇九年。

左近幸村編『近代東北アジアの誕生――跨境史への試み』北海道大学出版会、二〇〇八年。

孫歌『歴史の交差点に立って』日本経済評論社、二〇〇八年。

孫歌・白永瑞・陳光興編『ポスト〈東アジア〉』作品社、二〇〇六年。

武内房司編『越境する近代東アジアの民衆宗教――中国・台湾・香港・ベトナム、そして日本』明石書店、二〇一一年。

ラインハルト・ツェルナー『東アジアの歴史――その構築』植原久美子訳、明石書店、二〇〇九年。

豊見山和行『琉球王国の外交と王権』吉川弘文館、二〇〇四年。

中村哲『東アジア資本主義形成史』全三巻、日本評論社、二〇〇五～二〇〇七年。

西嶋定生『西嶋定生東アジア史論集』第三巻、岩波書店、二〇〇二年。

羽田正『東インド会社とアジアの海』講談社、二〇〇七年。

濱下武志『近代中国の国際的契機――朝貢貿易システムと近代アジア』東京大学出版会、一九九〇年。

――『朝貢システムと近代アジア』岩波書店、一九九七年。

東アジア地域研究会編『講座東アジア近現代史』全六巻、青木書店、二〇〇一～二〇〇二年。

檜山幸夫編『帝国日本の展開と台湾』創泉堂出版、二〇一一年。

深谷克己『東アジア法文明圏の中の日本史』岩波書店、二〇一二年。

夫馬進編『中国東アジア外交交流史の研究』京都大学学術出版会、二〇〇七年。

松浦正孝編『アジア主義は何を語るのか――記憶・権力・価値』ミネルヴァ書房、二〇一三年。

三谷博・金泰昌編『東アジア歴史対話――国境と世代を越えて』東京大学出版会、二〇〇七年。

宮崎市定『宮崎市定全集』第一八巻、岩波書店、一九九三年。

村井章介『アジアのなかの中世日本』校倉書房、一九八八年。

村上衛『海の近代中国――福建人の活動とイギリス・清朝』名古屋大学出版会、二〇一三年。

毛里和子ほか『東アジア共同体の構築』全四巻、岩波書店、二〇〇六〜二〇〇七年。

桃木至朗編『海域アジア史研究入門』岩波書店、二〇〇八年。

山室信一『思想課題としてのアジア――基軸・連鎖・投企』岩波書店、二〇〇一年。

山本武利・田中耕司・杉山伸也・末廣昭・山室信一・岸本美緒・藤井省三・酒井哲哉編『岩波講座「帝国」日本の学知』全八巻、岩波書店、二〇〇六年。

林泉忠『「辺境東アジア」のアイデンティティ・ポリティクス』明石書店、二〇〇五年。

歴史学研究会編『シリーズ　港町の世界史』全三冊、青木書店、二〇〇五〜二〇〇六年。

和田春樹・後藤乾一・木畑洋一・山室信一・趙景達・中野聡・川島真編『岩波講座　東アジア近現代通史』全一〇巻・別巻、岩波書店、二〇一〇〜二〇一一年。

# 第3章　イスラーム世界

## ——歴史を語る空間概念枠組みの功罪——

羽田　正

イスラーム世界とは不可思議な言葉である。二〇〇一年アメリカ合衆国で同時多発テロが起きてからしばらくの間、マスメディア上でこの語を見たり聞いたりしない日はなかった。世界で起こるほとんどすべての事件がこの語を用いて論じられ説明されているようにさえ見えた。そして、多くの人々はその説明に納得していた。しかし、少なくとも最近の日本では、この語はさほど積極的には用いられていないようである。二〇一〇年に始まる「アラブの春」や昨今のシリアやエジプトの政治情勢の混迷を説明する学者やマスメディアは、ほとんどこの語を用いない。たとえば、エジプトの場合であれば、ムスリム同胞団のようなイスラーム勢力と軍部に代表される勢力の対立という構図が用いられる。ムスリムが多数を占める諸国ですべて同じ政治・社会現象が見られるわけではないので、イスラーム世界という語を使っていては何も説明できないということなのだろうが、それにしても、数年前にはあれだけ人口に膾炙したイスラーム世界は、一体どこへ行ってしまったのだろう。

一方で、高等学校の世界史教科書の多くには、たとえば「イスラーム世界の形成と拡大」（東京書籍『新選世界史B』）といった章が設けられ、過去におけるイスラーム世界という時空の誕生とその時系列に沿った展開が説明されている。このような教科書で学ぶ生徒たちは、イスラーム世界は過去において実際に存在していたと理解するだろう。むろん、教科書の執筆者や教える側の教師も、そのように考えているはずである。では、この歴史上のイスラーム世界と最近まで学者やマスメディアがしばしば用いてきたイスラーム世界という語の関係はどうなっているのだろう。同じ語が用いられているのだから、両者の間には何らかの共通点や連続性があるはずだ。それはどのようなものなのだろう。

私は、十数年前まではイスラーム世界という考察の枠組み自体に疑問をもつことはなく、この枠組みを無条件で用いて歴史の研究を行ってきた。しかし、二〇〇一年の同時多発テロ事件以来、この概念の由来や意味に関心をもつようになり、二〇〇五年に『イスラーム世界の創造』(1)（東京大学出版会）という書物を出版した。イスラーム世界という空間概念がどこでどのようにして生まれ、どのような意味をもっていたのか、日本語でこの語が使用されるようになったのはいつ頃のことで、そこにはどのような背景があったのかといったことを確認し、そこから現代日本語におけるイスラーム世界の意味と用法を再検討してみようとしたのである。

この研究によって、私は当初予想していた以上に多くの興味深い事実を発見した。と同時に、イスラーム世界という枠組みを用いて歴史研究を行うことには、大きな問題があるということにも気づいた。それは、従来の自分の研究成果の否定や歴史学という学問の有効性の再検討にもつながるような根の深い問題だった。そこで、本章では、右記『イスラーム世界の創造』の論旨と一部重なるが、まずイスラーム世界という空間概念の成立とその日本語への導入を整理して示し、その後で、この語を用いた歴史研究のどこにどのような問題があるのかを論じてみることにしたい。それによって、地域史と世界史の接続の問題をどう考えるかについてのヒントが得られるものと考えている。

## 1　「イスラーム世界」という概念の成立とその日本語への導入

### （1）　イスラーム世界の語義

今日イスラーム世界という語を用いた議論や論説は、日本語だけではなく、世界の各国語で行われている。この論文は日本語で記しているが、グローバル化が進む現代世界において、日本語だけで閉じた議論をしていても、そこには明らかな限界がある。日本語での問題の立て方や議論の方法、そして何よりも単語の意味は、外国語のそれらとまったく同じではないからである。そこで、はじめに「イスラーム世界」という言葉の各国語での使用とその語義について整理しておこう。すでに『イスラーム世界の創造』で論じたように、日本語の「イスラーム世界」は、大別して次の四つの意味をもっている。

①理念的な意味でのムスリム共同体
②住民の多数がムスリムである地域
③イスラーム協力機構
④ムスリム支配者の統治下で、イスラーム法が施行されている地域

この四つの意味のうち、②から④までの三つは、それを明示的に示せるかどうかは別として、地理的な空間を指す。一方、①は地球上のムスリム全体を意味するので、空間ではなく理念的な人間集団を指す。「世界」という語が含まれているので、この語は単純に空間概念だと思われがちだが、それが実体としての空間ではない場合があることに注意せねばならない。空間にかかわる②から④のうちで、③は一九七一年に設立された国際機構であり国家の集合なので、その空間の範囲と意味は明快である。しかし、他のふたつは空間とはいえその範囲は必ずしも明確ではない。とくに意味が曖昧なのが、②である。どれだけの空間をひとつの地域とみなすかによって、その地理的な境域は変化する。たとえば、欧米の大都市周辺部に位置するムスリム移民の多く居住する地区は、それだけを取り上げればイスラーム世界の一部ということができる。しかし、その大都市全体を視野に入れるなら、その住民の中ではムスリムは少数なので、そこにはイスラーム世界は存在しないことになる。南フィリピンからモロッコまでをイスラーム世界と呼ぶことがしばしばあるが、これも同様で、きわめて雑駁な定義にすぎない。また、④は、歴史学でしばしば使われるが、現在は地球上にこの定義に該当する場所はないので、世界の過去について説明する際にのみ使用できる用法である。

次に、日本語以外の言葉の場合についてみてみよう。イスラーム世界という語にあたる英語表現は、Islamic World、ま

たはMuslimWorldである。単語の意味通りに翻訳すれば前者はイスラーム教的な世界、後者はムスリムが住む世界というほどの意味になる。異なる単語があるからには両者の意味も異なるはずだが、たとえば、ウィキペディアを見ると、項目としてはMuslim Worldが立っているもののそこで使われている地図ではIslamic Worldという語も用いられており、両者の間にそれほど明確な区別はないようである。言葉の意味は、文脈によってさまざまだが、基本的に日本語の①～④と大きく変わらない。なお、学術的にその権威を認められている『イスラーム百科事典』(*Encyclopedia of Islam*)には、"Islamic World"や"Muslim World"という英語の単語は、立項されていない。

ちなみに、ウィキペディアで日本語のイスラーム世界に対応する項目は、フランス語ではcivilisation islamique（またはmonde musulman)、スペイン語ではmundo islámico、アラビア語では'ālam islāmī、ペルシア語ではjahān-e eslām、トルコ語ではIslam ülkeleri、インドネシア語ではdunia muslimとなっている。どれもイスラームやムスリムにあたる語は使われているが、これとつながる単語は「文明」「世界」「諸国」と色々である。日本語のイスラーム世界と一見似通った概念が、各国語で異なった単語で表現され、当然微妙に異なった文脈と意味をもって理解されていることに注意しておきたい。各項目の説明も、「文明」という語が用いられている場合は過去に偏り、「諸国」の場合は主として現代についてである。

いずれにせよ、世界の多くの言語に、日本語の「イスラーム世界」とよく似た言葉が存在することは事実である。当然のようにも思えるが、実は、これはたかだかこの何十年かの間に生じたきわめて現代的な現象である。以下で述べるように、日本語についていうなら、江戸時代はおろか、一九〇〇年になっても、「イスラーム世界」やそれに類する概念を表す語は存在しない。それどころか、現在多くのムスリムが住むアラブ世界やイラン、トルコなどの国々でも、二〇世紀の初めの段階では、上のような言葉はほとんど使われていなかった。ではイスラーム世界という言葉は、一体どこでいつ頃どのようにして生まれたのだろう。

### (2)　イスラーム世界の創造

イスラーム世界という語は、一九世紀になって社会の世俗化が進行する西ヨーロッパで生まれた。とくに、アルジェリアの植民地化によってイスラームという宗教やムスリムとより密接に接触するようになったフランス語圏の知識人の間で、自らが帰属する「ヨーロッパ」という空間の概念が強く意識されるようになると、これと軌を一にしてその対概念としての「イスラーム世界」（主として le monde musulman という語が用いられた）という単語が「発見」され、はっきりとした像を結ぶようになったのだ。「ヨーロッパ」がプラスの属性をもつ近代的諸価値（世俗、科学、自由、平等、進歩など）を実現する空間として認識・理解されたのに対して、「イスラーム世界」はそれとは対照的に、マイナスの属性をもつ諸価値（宗教、迷信、不自由、不平等、停滞など）を依然として保持した空間であると理解された。

当時のヨーロッパ諸言語には、「ヨーロッパ」と一対になる空間概念として、「オリエント」や「アジア」という語がすでに存在していたが、「イスラーム世界」は、とりわけ世俗と宗教を対立的にとらえることで自と他を区別し、「ヨーロッパ」に属すると考える人々が自らの立ち位置を確認する際に用いられた。宗教という前時代的な要素を克服して世俗化が進む「正」の「ヨーロッパ」に対し、依然として頑迷な宗教に縛られている「負」の「イスラーム世界」という構図である。注意せねばならないことは、このとき「創造」されたイスラーム世界という語は、漠然とムスリムが居住する空間と考えられ、はっきりとした地理的境界をもっていたのではないということである。先に挙げた日本語のイスラーム世界の四つの意味のうちでは、②に近い。それは、当時の西ヨーロッパの知識人の思い描く「ヨーロッパ」が、中部や東部をも含む地理的なヨーロッパという空間と一致しなかったのと同様である。両者はともに、概念としての「仮想空間」だったのである。

一方、「イスラーム世界」という空間概念が一旦「発見」されると、今度はムスリム知識人の中に、ムスリム諸社会全体の一体性を強調し、「ヨーロッパ」とその植民地主義に対抗するために積極的にそれを利用する人々が現れた。具体的には、一八八〇年代からこの語を用いて全世界のムスリムの団結を訴えたアフガーニーがそのもっともはやい例である。彼は、西ヨーロッパ諸国がムスリムの居住する地域に政治的・軍事的に進出することに対抗するイデオロギーとして、イスラーム世界の統一を主張した。ここで想定されるイスラーム世界は、まずは「ヨーロッパ」の対概念であり、ムスリムが多く居住する地域を漠然と指している。四つの日本語の意味のうちの②である。しかし、それと同時に、アフガーニーは、この語がムスリム全体の理念的な共同体、つまり、日本語の意味①をも意味していると強調した。そこにアフガーニーの創意工夫があったといえるだろう。

このように、イスラーム世界という語と概念は、一九世紀に西ヨーロッパの知識人が生み出し、ムスリム知識人がそれに新たな意味を付与し積極的に使用したことによって、時とともに世界中に広がっていった。詳細をここで述べることはできないが、この「ヨーロッパ」(とそれに続く「西洋」(the West))[2]と「イスラーム世界」という二項対立的な世界認識が、それから一〇〇年以上を経た現代世界にまで持ち込まれ、「西洋」諸国でイスラーム教やムスリムの異質性を強調する際に、また、イスラーム主義者がムスリムの団結と反西洋を主張する際にしばしば用いられているのである。

### (3) イスラーム世界概念の日本語への導入

日本語にはこの概念はどのような経緯で取り入れられたのだろうか。人々がムスリムと接触する機会がきわめて限られていた日本列島では、二〇世紀の初めまでは、その言語の中にイスラーム教やムスリムという単語が意識して取り入れられることはなかった。この状況は、アフガーニーの影響を受け帝政ロシアに対してパン・イスラーム主義運動を組織していたタタール系のムスリムが、一九〇五年に日露戦争に勝利した日本に注目し、連携を模索することによって大きく変化することになった。このグループの指導者アブデュルレシト・イブラヒムは、一九〇九年に日本を訪れ、半年間滞在して、伊藤博文や大隈重信といった有力政治家をはじめ、政府や軍の要人たち、さらには大アジア主義者の大原武慶、頭山満らと面会した。イブラヒムは、日本人を大量にイスラーム教に改宗させ、ムスリムとしてともに手を携えて西洋の帝国主義に対抗したいとの希望をもっていた。

イブラヒムや後に日本にやってきた彼と志を同じくするタタール系のパン・イスラーム主義者たちは、必ずやイスラーム世界という概念を用いて、日本人に改宗や彼らとの連携を働きかけたはずである。したがって、ロシア革命ののちに日本に渡ってきたタタール系ムスリムのコミュニティが各地に形成される一九三〇年頃までには、今日のイスラーム世界にあたる「回教圏」という日本語が生まれ、その意味を理解する日本人も出てきていただろう。しかし、その数はまだきわめて限られていたに違いない。

ところが、「回教圏」という言葉を題名にもつ初めての日本語図書『現代回教圏』（四海書房）が出版される一九三六年頃になると、日本の一般社会において回教（イスラーム教）と回教徒（ムスリム）に関する関心が急速に高まり、この語は日本語の中でにわかに存在感を増してゆく。一九三八年には回教圏研究所が設立され、『月刊回教圏』という雑誌が刊行され始める。それ以外にもいくつもの研究機関が設置され、イスラームや「回教圏」という言葉を題名に含む出版物が数多く現れる。東京・代々木にはモスクが建設され、イスラーム教やムスリムと関係のある団体がいくつも生まれた。そのうちのひとつ、大日本回教協会の会長には林銑十郎元総理大臣が就任し、発会式には時の首相近衛文麿が出席した。一九三〇年代半ば過ぎのわずか数年で、回教圏という言葉は、日本語での市民権を獲得した。それはいったいなぜなのだろう。

日本を取り巻く国際情勢の変化が、「回教圏」という語の突然の流行の理由である。米英をはじめとする列強に対抗するために日本が手を携えるべきアジアの同朋の住む領域として、「イスラーム世界」が発見されたのである。政府や軍部は、回教圏研究を国策上、軍事上の理由で重要だとみなし、これを奨励し、積極的に資金援助をした。

では、このとき初めて現れた「回教圏」という語は、どのような意味をもっていたのだろう。回教圏研究所長大久保幸二は、一九三九年に次のような演説をラジオで行っている。「日本が東洋平和確立のためにロシアを撃破したことを契機として、ここにアジアを中心とする世界の回教徒諸民族は覚醒し、敢然として復興運動を開始するにいたった。かくて今や西はトルコより東は支那にいたるまで、幾億の教徒を包括する大回教圏は更生の意気に燃えつつあるのである」。

この文章からも明らかなように、「回教圏」は、まず現実に存在する地理的空間だった。しかし、それだけではなく、同時に全ムスリムという人間集団をも意味した。大久保は、別の機会に「回教徒は単なる教団、信徒群ではない。聖典コーランに基づく信仰、律法、教習が彼らの全生活を規定し、強固な政治・経済的単位として活動する民族団体である」ともいっている。つまり、一九三〇年代に日本語に付け加わった「回教圏」という言葉の意味は、現代日本語におけるイスラーム世界の四つの意味のうち、①と②を合わせたものだった。それは、アフガーニー以来のイスラーム主義者たちが用いるイスラーム世界の意味に等しい。バン・イスラーム主義者たちから「輸入」した概念である以上、それは当然だったともいえるだろう。

このように、イスラーム世界（回教圏）という日本語の単語と概念は、二〇世紀前半に日本が欧米列強に対抗してユーラシア東部にその政治的・軍事的影響力を強めていく動きと連動して、日本語に取り入れられ人々に知られるようになっていった。この例に典型的に現れているように、イスラーム世界という空間がはじめから無条件で存在していたのではない。何らかの理由でこの空間概念を重要だと考える人々や、自分たちの住む世界を認識し理解するためにこの空間概念が必要だと考える人々が現れたときに、それが初めてある言語において像を結び、また、別の言語の体系に取り入れられたりするのである。

このことは、イスラーム世界の場合に限らない。ここでは詳細を論じないが、ヨーロッパという空間概念がそうだし、東南アジアや東アジアといった空間概念についても同様のことがいえる。地域や空間概念は、現に人々が生きているこの世界をどうとらえるかという世界観と密接な関係をもっているのである。

## 2　イスラーム世界史研究の歴史

### （1）「西洋」の人々による歴史研究

イスラーム世界の歴史は、この空間概念が創造されたのちに初めて意識され、組織的に研究され、叙述されるようになる。西ヨーロッパで「ヨーロッパ」と峻別された「東」（オリエント）の一部としてのイスラーム世界に注目し、その過去を把握しようとする学者が現れるのは、一九世紀も終わり近くなってからのことである。アウグスト・ミューラーによる『東洋と西洋のイスラーム』（ドイツ語、一八八五－八七年出版）が、最初のイスラーム世界史という内容を備えた書物である。ここで注意すべきことは、イスラーム世界の過去を調べ再構成するという作業は、歴史学者の仕事ではなく、東方の言語や文献に通じた東洋学者のそれだったということである。当時「西洋」では、歴史はヨーロッパの専有物だと考えられていた。歴史学者とは、ヨーロッパの進歩してきたさまを研究し、明らかにする人たちのことを意味した。停滞し進歩の認められない「イスラーム世界」には歴史があるとは考えられず、したがって、歴史学者がその過去を研究することはなかった。

広大なイスラーム世界全体をひとつの空間とみなしその過去を振り返ることは、研究言語がさまざまである一方、利用できる史資料や研究成果が限られていた一九世紀末の段階ではきわめて困難だった。したがって、フランス人の東洋学者は主として北アフリカや東アラブ地域、イギリス人学者はエジプトや南アジア、ロシア人東洋学者は中央アジアなど、各国が植民地化を進めていた地域に注目してその過去を明らかにすることが試みられた。そして、一九三九年になってようやく、ブロッケルマンによる『イスラーム教徒の歴史』がドイツ語で出版された。これが初めての本格的なイスラーム世界史である。この書は第二次世界大戦直後（一九四九年）に英語に翻訳され出版される。それが英語での初めての総合的なイスラーム世界の歴史に関する書物だった。[3] 一九五〇年代頃からは、ルイスやグルーネバウムらの影響力ある著作によって、とくに中東地域に関わる事象を「イスラーム世界」という枠組みで理解し、説明しようとする傾向が強まる。そして、一九七〇年になると、総合的なイスラーム世界史の概説書である二巻本の『ケンブリッジ・イスラーム史』がケンブリッジ大学出版局から出版されるに至った。

一九七〇年代以後は、交通や通信の発達により現地を訪れる人の数が増える一方で、オイル・ショックやイラン革命、一九八〇年代にパレスチナにおけるインティファーダやイスラーム主義の台頭のように世界を揺るがす出来事が中東で相次いで起こった。それらのうちには、イスラーム教と関連して説明・理解されるものが多く、イスラーム教と中東に関する研究は急速に活況を呈するようになった。また、アメリカやフランスなどの「西洋」の主要国の学界には、「西洋」流の知の枠組みと議論の方法を身につけたアラブ系、イラン系などのムスリム研究者が多く見られるようになり、イスラーム世界史研究の分野においても、彼らの研究業績が目立つようになった。

しかし、このようなイスラーム世界に関する歴史研究の本格的な展開が、必ずしも「西洋」の歴史学界全体の動向に大きな影響を及ぼしていたわけではないという点に、十分な注意が必要である。「西洋」の有力な知識人の知的構造は、世界を「西洋」とそれ以外に二分してとらえる世界認識とそれに対応する歴史観の上に成立しており、この間それ自体はまったく揺らいでいない。この基本的な知的構造の上で、「西洋以外」に関心を有する少数の人たちが、イスラーム世界という典型的な「西洋以外」の空間の歴史研究を行っており、それが盛んになったというだけである。この活況は、「それ以外」に関心をもたない主流派の知識人には、ほとんど影響を与えていない。

ひとつ例を挙げておこう。国際歴史学者会議という伝統ある国際会議が五年に一度開催されている。私は一九九五年のモントリオールでの大会の際に、日本学術会議の要請をうけて佐藤次高教授が企画したセッションに参加したが、数多いラウンド・テーブルやセッションはほとんどすべてがいわゆる「西洋」の国々に関するものだった。プログラムを見る限り、イスラーム世界の歴史についてのセッションは、私たちのものだけだった。日本など東アジア諸国の歴史についてのセッションもほとんど立てられていなかった。会議の後で同じ町にあるマギル大学のイスラーム世界史研究者を訪問したが、彼らはそのような会議が同じ町で開催されていることすら知らなかった(4)。

一方、二〇世紀前半から半ばすぎまでは、一部のイスラーム主義者を除くと、ムスリムの間で、イスラーム世界という空間概念が注目されることはあまりなかった。したがって、その歴史も深くは研究されず、目立った研究業績は現れなかった。当時ムスリムが多く居住する国々では、西洋流の近代化の達成や主権国民国家としての独立が目標とされており、追求されたのは、各国別の歴史だった。学校でも、基本的にはヨーロッパ起源の歴史解釈がほとんどそのまま教えられていた。その後も今日に至るまで、たとえば、イラン・イスラーム共和国の歴史教科書の内容が、イラン史といわゆるヨーロッパ史を組み合わせた内容であることからも分かるように、イスラーム世界よりは国別の枠組みで過去をとらえるという基本的な傾向は変わらない。

### （2）日本における歴史研究

日本でも、第二次世界大戦後しばらくの間、イスラーム世界についての歴史研究はほとんど行われなかった。戦前・戦中期の政治・軍事的目的に直結したイスラーム研究は、日本の敗戦とともに雲散霧消してしまったからである。しかし、一九六〇年代になると、前嶋信次、嶋田襄平、板垣雄三、三木亘といった先達の努力によって本格的な研究が始まった。一九七〇年代以後は、「西洋」の国々と同様の理由で、日本の政府や知識人の間で中東とイスラーム教に対する関心が飛躍的に高まった。積極的に中東研究やイスラーム研究を支援しようとする動きも生まれた。地域研究の一翼を担う中東研究の組織化が進み、一九八〇年代には日本中東学会が誕生した。ただし、この学会の名称が「中東」であることからも明らかなように、その主たる関心は現代中東の政治・経済・社会・文化などにあり、歴史研究の重要度は必ずしも高くはないことに注意が必要である。

他方、歴史研究の現場では、ヨーロッパと中国の歴史だけではなく、その他の地域や人々の過去もこれらと同様に重要であり、大いに研究するべきだとの主張が強くなった。これは中東研究の隆盛とは別の文脈からの動きだが、ふたつの流れが相まって、イスラーム世界の歴史研究を志す研究者の数が飛躍的に増加し、目覚ましい成果を発表する研究者も現れた。これは、日本の歴史学界に特徴的な事象である。そして、現代ではイスタンブルやカイロ、テヘランなど現地に残された文書類を史料として用いた本格的で質の高い歴史研究が数多く行われている。文献史学研究に限れば、日本の研究者の平均的な研究水準は、おそらく世界のどこにも劣らない。ただし、その業績のほとんどは日本語で発表され、日本以外の国では知られていない。

## 3　「イスラーム世界」と世界史の関係

このように、イスラーム世界という枠組みを設け、その歴史を研究し、叙述することは、「西洋」諸国で一九世紀末から始まり、二〇世紀後半になって「西洋」や日本で歴史研究の潮流のひとつとして定着した。話を学問の世界に限れば、世界各地におけるイスラーム世界史研究の隆盛は、間違いなく喜ばしいことである。どのような地域であれ、どのような人々であれ、ある地域や人間集団を想定しその過去を明らかにする営為は、歴史学研究のテーマとして奨励されるだろう。イスラーム世界という概念を用いて、その歴史を研究し、描くことは当然あってよい。しかし、現実の世界と学問の関わりを視野に入れた場合、この枠組みによってその歴史を研究し叙述することには、議論し確認しておくべき余地が二点あるということを指摘しておきたい。

一点目は、イスラーム世界という空間概念を用いてその歴史を描こうとする行為は、この空間概念の実体化に貢献するという点である。

イスラーム世界に限らず、ある主体の歴史を描くことは、その主体が現実に存在することを前提とする。実在しないものの歴史を描くことはできないからである。これは、自分史、ハプスブルク家の歴史、東京大学の歴史などを思い浮かべればすぐに分かるだろう。一九世紀のドイツやフランス、さらには日本で、それぞれの国の政府は国の歴史（国史）の創設と叙述を重視し、大学に講座を設けてその研究を奨励した。国民国家の建設を目指す政府にとって、国の歴史が「発見」され説得的に描かれ、その解釈を「国民」が共有することは、きわめて重要な意味をもった。歴史を共有できれば、国民国家が現実に存在するものと意識され、実体化するからである。このことは、世界の多くの地域ですでに確固とした国民国家が存在する現代に至るまで変わらない。各国の義務教育でその国の歴史が教えられているのは、その意味で当然である。

国民国家の場合と同じように、イスラーム世界の歴史を描くということは、イスラーム世界という空間が現実に存在し、実体化することを意味する。それはムスリムがそれ以外の人々とは切り離され全体としてひとつのまとまりをもった集団であるという見方を強調することにつながる。このことをどう評価するか、これは人によって意見が異なるだろう。プラスと評価する人もいるはずだ。しかし、私は、イスラーム世界という空間を、現代においてわざわざ実体化させる必要はないと考えている。ムスリムの多くは、実際には多様で重層的な帰属意識をもっている。家族や町、職場への帰属意識はもちろんだが、アラブやトルコなどの民族、イランやモロッコのような国、さらには東南アジアや北アフリカなどの地域を重要だと考える人もいるだろう。これらの多様な帰属意識のうちで、イスラーム教という要素だけに注目して彼らをひとつのグループにくくり、彼らが他の人々とは別の歴史をもっていると理解しそれを強調することにどれだけ積極的な意味があるのだろう。現在私たちが必要とするのは、ムスリムとその他の人々を区別することではない。地球上の人々が一緒に地球規模の諸課題に取り組めるような環境を作り出すことである。そのために、歴史家は「地球の住民」あるいは「地球人」意識を高めるような歴史の創造に取り組むべきではないだろうか。地球上に多様な人間集団が存在することは間違いない。しかし、いまは彼らの相違よりは共通性や連関性により注目したい。

もうひとつの留意点は、イスラーム世界史と現在一般的な世界史の関係についてである。高校の学習指導要領には、イスラーム世界を、ヨーロッパ、東アジアなどと並んでひとつの文明ないしは地域世界として理解させるように記されている。巨視的に見たとき、前近代の世界に互いに区別できるいくつかの文化的なまとまりがあったということは否定できない。それらを地域世界と呼ぶこともあってよいだろう。しかし、なぜ、イスラーム世界だけは、イスラームという宗教の名前で呼ばれ、他の地域世界はそうではないのだろう。前近代においては、キリスト教やヒンドゥー教、仏教や儒教などもイスラーム教と同様に、地域の政治や社会に強い影響力をもっていた。もし、世界史を理解し叙述する際にイスラーム世界という名称を用いるなら、他の文化的なまとまりも宗教の名前で呼ばれるべきではないだろうか。私は、日本語で世界史を全体として理解する際の用語の選択に、ある種の「ブレ」があると感じている。そして、そのブレは、現代日本における世界史理解が、一九世紀から二〇世紀初め頃のヨーロッパで創り出された世界史の基本的な構造に依然として依拠していることに原因があるのではないか。その意味でも、一旦イスラーム世界という世界史理解の枠組みを取り払って、全体を見直してみることが必要だと考える。

本章では、イスラーム世界という空間概念の生まれた背景とそれが日本語に持ち込まれた経緯を説明し、イスラーム世界という枠組みを用いた歴史研究の歴史をたどるとともに、この空間概念を使って過去を理解すること、とりわけ世界史理解と叙述にこの語を用いることの問題点について論じてきた。イスラーム世界の過去を研究することはあってよいが、この枠組みを世界史のなかにおくことには慎重でありたい、これが本章の結論である。

世界史において、叙述の主体を設定する際には、そこに必ずそれを設定する人の広い意味での政治的な意図が入り込む。これはイスラーム世界という語に限られたことではない。私は、別の機会に、「東アジア」という空間概念が世界各国で従来どのように使用されてきたかを論じ、この概念を用いた歴史理解と現実の政治との間に強い関係性が見られるという事実を指摘した。(5)

政治と歴史認識の関係性がきわめて重要となっている現代においては、どのような枠組みであっても、過去を解釈し叙述する際には、なぜその枠組みを用いるのかという点について歴史家が意識的でなければならない。既成の空間概念であればなおさら、その現代的な意味を常に自問する姿勢が重要である。

＊　注

＊　本章は日本学術振興会科学研究費補助金基盤研究S「ユーラシアの近代と新しい世界史叙述」（平成二一年度～二五年度）と同研究拠点形成事業「新しい世界史／グローバルヒストリー共同研究拠点の構築」（平成二六～三〇年度）による研究成果の一部である。

（1）以後の本論では、この書物を引用して論じた部分があるが、いちいち注記しない。

（2）現代英語で用いられる"The West"が、どの範囲の国々を指しているかは必ずしも明確ではない。これもとりわけ英語圏で使われるひとつの概念であり、日本語への正確な翻訳は難しい。「西洋」「西側諸国」「欧米」などが考えられるが、それぞれ微妙に意味が異なっている。たとえば、西洋、欧米に日本は含まれないが、西側諸国という場合は、そこに日本を組み入れるのが普通である（ただし、アメリカやイギリスでは、一般に日本をThe Westの一員とはみなしていない）。本章では、英語における"The West"をいう場合には、「西洋」と表示することにする。

（3）その意味では、戦中（一九四三年）の日本で、回教圏の中でもとくに自らの権益と深い関係をもつ「南洋」（ほぼ現在の東南アジア）を中心としてではあったが、独自に回教圏全体の歴史が描かれていたことは注目に値するだろう。

（4）森本一夫の報告によれば、事情はその五年後（二〇〇〇年）のオスロ大会でもあまり変わっていないようだ（http://www.l.u-tokyo.ac.jp/IAS/Japanese/soukatsu-han/soukatsu-oslo1.html）。

（5）羽田正「東アジアと世界史」『せめぎあう「世界史」――中国、アメリカ、日本の視点から』プリンストン大学、二〇一三年。

**参考文献**

池内恵『イスラーム世界の論じ方』中央公論新社、二〇〇八年。

板垣雄三『イスラーム誤認――衝突から対話へ』岩波書店、二〇〇三年。

アブデュルレシト・イブラヒム『ジャポンヤ――イブラヒムの明治日本探訪記』小松香織・小松久男訳、岩波書店、二〇一三年。

栗田禎子『中東革命のゆくえ――現代史のなかの中東・世界・日本』大月書店、二〇一四年。

小杉泰『現代イスラーム世界論』名古屋大学出版会、二〇〇六年。

小杉泰・林佳世子・東長靖編『イスラーム世界研究マニュアル』名古屋大学出版会、二〇〇八年。
小松久男『イブラヒム日本への旅――ロシア・オスマン帝国・日本』刀水書房、二〇〇八年。
佐藤次高編『イスラーム地域研究の可能性』東京大学出版会、二〇〇三年。
杉田英明『日本人の中東発見――逆遠近法のなかの比較文化史』東京大学出版会、一九九五年。
羽田正『イスラーム世界の創造』東京大学出版会、二〇〇五年。
――『新しい世界史へ――地球市民のための構想』岩波書店、二〇一一年。
Brockelmann, C., *Geschichte der Islamischen Volker und Staaten*, Munchen, 1939.（translate into *History of the Islamic Peoples*, Routledge & Kegan Paul Ltd., London, 1949.）
Grunebaum, G.E., "Die islamische Stadt", *Saeculam*, 6, 1955.
Holt, P.M., Lambton, A.K.S. and B.Lewis（eds.）, *The Cambridge History of Islam*, 2 vols., Cambridge, 1970.
Lewis, B., "Islam", Denis Sinor（ed.）, *Orientalism and History*, Cambridge, 1954.
Muller, A., *Der Islam im Morgen=und Abendland*, 2 vols., Berlin, 1885, 87.

# 第4章　インド洋
## ——海から新しい世界史は語りうるのか——

鈴木英明

## 1　海への注目と可能性

### （1）　地球規模の過去と海への注目

近代歴史学の成り立ちを考えるとき、国民国家の存在を無視することはできない。今日でも歴史学は国民国家意識を強く支えている現実があるが、ただし、その一方で、国民国家内部のより小さな単位の歴史にも目を配るし、他方で、国民国家を超越した単位の歴史をも描く。さまざまな大きさの過去を模索する試みは今日に始まったものではもちろんないが、とくに一国史を超えた歴史像は、世界的な規模で取り組まなくてはならない環境問題や経済危機といった現在の私たちを取り巻く状況を踏まえれば、おそらく、今後、その重要性がより一層大きくなるのだろう。ごく身近な変化を取り上げても、航空券の価格が下がって海外に行くことはそう難しいことではなくなり、インターネットに接続すれば瞬時に地球の裏側で何が起こっているのかを知ることができ、Eメイルには遥か遠方にいる友人からの近況が届いている。都市圏の駅には日本語だけでなく、英語や中国語、韓国語の案内がそこかしこにある。似たような環境の変化は、日本に住む私たちだけに起こっているわけではなく、まさに世界のあちらこちらで起こっている。

とくに二〇〇〇年代以降、歴史学では世界史やグローバルヒストリーといった地球規模で過去をとらえようとする枠組みに関心が集まってきた。このことは前段落で触れた現状を踏まえれば、決して不思議な現象ではない。人々の交流や営みを地球規模で考えようとするこうした枠組みにおいては、「連関」と「比較」が重要なキーワードとなる（秋田、二〇〇八、三六頁）。とくに「連関」に着目して地球規模の過去を考えようとすれば、海の存在を無視することはできない。地球の表面積の約七割を占める海を無視して、どうやって地球規模の連関が導き出せるのだろうか。たとえば、家島彦一はアフリカ大陸東部沿岸からおおよそ日本列島の九州あたりまでを一体の歴史の場としてとらえ、それを「インド洋海域世界」と呼び、その有用性を、三つの側面――①アジアとアフリカを総合的にとらえる場、②陸を中心とした歴史観を相対化しうる場、③人類共有の場――から強調する（家島、一九九六、三二九～三三〇頁）。また、羽田正は一六世紀から一八世紀の「アジアの海」を事例にして、彼がその重要性を指摘する「世界全体をひとつとしてとらえる歴史」を描いた（羽田、二〇〇七）。桃木至朗らは既存の「アジア史」、「日本史」、「東洋史」といった概念を乗り越えるための新しい視座としての「海域アジア史」を提唱する（桃木・山内・藤田・蓮田、二〇〇八、一～四頁）。こうした動向は日本の学界のみならず、海外においても同様である。海を渡るヒトやモノ、情報やカネ、あるいはそれらが集積される港町に着目したセッションやパネルは、歴史学の国際会議では、近年、ごく一般的な光景になりつつあり、関連する出版物の刊行はあとを絶たない。このような海が果たす連関の役割への注目に加えて、地球規模の歴史を考える手法のもう一翼を占める比較の観点からも、海は重要な貢献をしている。その一例が、奴隷研究である。たとえば、インド洋海域周辺の諸社会から出される事例は、南北アメリカ大陸やカリブ海、アフリカ大陸西部の事例から導き出され一般化されつつあった奴隷制や奴隷交易に関する理解に対して、再考を強く迫っている。

海に着目した歴史研究――日本では「海域史」と呼ばれることが多い――は、インド洋海域を事例にして後述するように、こうした地球規模の過去への関心が今日のように高まる以前から存在し、陸に焦点を当てた研究からは見えてこない、また、国民国家史や地域史といった枠組みを超越するさまざまな連関を明らかにしてきた。その意味では、これらの海に着目した歴史研究は、現在、私たちが構築しようとする国民国家史や地域史の総和ではない新しい世界史を先取りしているようにも見える。新しかろうと古かろうと、世界史やグローバルヒストリーが海を無視することはできないはずだし、海域史はそこから地球全体を見渡す可能性を持ち合わせている。ただし、新しい世界史を構築するにあたって、海域史に何も問題がないわけではない。むしろ、その根底には見過ごすことのできない問題すら横たわっている。本章では、海域史のなかで、今日、発展の著しいインド洋海域を舞台にする研究を題材にして、これまでの研究の展開をたどり、そのうえで、新しい世界史を目指すときにそれらの研究のどこに問題があり、それを克服するにはどうすればよいのか、そして、どのような展望をそこから見出せるのかを検討する。

### （2）研究概念としてのインド洋海域

本論に入る前に、歴史学研究におけるこのインド洋海域という概念がそこに住まう人々の帰属意識として明確に立ち上がってきたものではなく、むしろ、それが研究者たちによって見つけ出された研究上の概念であることに注意を促しておきたい。すなわち、研究者たちによって見出されるインド洋海域に生きる人々の多くは、自らの過去や現在がインド洋を跨いだ他の諸地域との関係性の上に成り立っていることを経験的に認識している。ただし、彼らがそれぞれ意識するのは、研究者たちが描くインド洋海域全体ではなく、むしろ自らと特定の場所や人間集団との関係性である。そして、また、このインド洋海域とは、そこに含まれる場所や人々がある政治権力や経済体制によって統一されていたという歴史的事実に基づくものでもない。むしろ、研究者たちがこの歴史世界を見出すのは、ヒトやモノ、情報、カネの流れを基層として形成される緩やかな一体性に基づいているという点は、ここで指摘しておきたい。

## 2　歴史叙述の舞台としてのインド洋海域の成り立ち

### （1）地域と地域を結ぶ海としてのインド洋

インド洋は、大西洋や太平洋と並んで世界の三大洋と呼ばれる広大な海洋である。アフリカ大陸、アラビア半島、インド亜大陸、マレー半島、大・小スンダ列島、オーストラリア大陸、南極大陸に囲まれ、総面積は約七六〇〇万平方キロ・メートルにわたる。このインド洋を歴史的な観点から見た場合、大西洋や太平洋ともっとも異なっているのは、紀元前から人々によって交流・交換の場としてこの海洋が積極的に利用されてきた事実が、さまざまな資料からより明らかな点にある。

こうした事実は、主として一九世紀以降、フランスやイギリス、オランダといったこの洋上、ないしはその周辺に植民地をもつ宗主国によって、植民地研究や東洋学といった研究枠組みのなかで、ひとつずつ明らかにされていった。アンリ・ユール（Henri Yule）、ガブリエル・フェラン（Gabriel Ferrand）やチャールズ・R・ボクサー（Charles R. Boxer）などの研究は、そのなかでも、現在に至るまで、研究者たちに影響を及ぼしている。これらの研究は、地理的なインド洋のなかにとどまらず、マレー半島や大・小スンダ列島を越えて、シナ海沿岸や日本列島といった東アジアまでその視野を拡張させていった。一方、東アジア各国で発展を見せた南海交通史や東西交渉史と呼ばれる分野もまた、主として漢文資料に依拠しながら、インド洋周辺地域や東アジア、東南アジア、それら相互の関係性の解明を積み重ねていった。以上の研究枠組みでは、歴史叙述の舞台としてのインド洋海域という概念が前面に押し出されることはなかったが、その後に展開されるインド洋海域史研究が一貫して関心を持ち続けている地域間交流への関心はすでに確認することができる。研究者たちが指し示すインド洋海域が、地理学的に規定されるインド洋を越えて、東南アジアや東アジアまでを含んで設定される場合が多いのは、こうした研究蓄積と無関係ではない。これに加えて、二〇世紀後半に大きな発展を見せる港町や港湾に関する考古学研究は、文献を基礎におく上記の研究とは異なり、主として物質文化の観点から、インド洋における交流の歴史の解明に寄与してきた。

## （2）一国史のなかのインド洋

インド洋海域という歴史叙述の舞台がより意識化されるようになるきっかけは、一九六〇年代のインド洋周辺諸国の独立にある。これらの独立を機に、それぞれに国民国家史が構想されるようになっていった。また、同時期には、アメリカを主たる発信地として地域研究が立ち上がる。その際に、アフリカ大陸東部沿岸諸国にせよ、モーリシャスなどの島嶼国家にせよ、インド洋周辺諸国や諸地域の歴史においては、地理的な範囲でのインド洋、さらにはそれを越えた海上交流の歴史を国や地域単位の歴史の一部として組み入れる必要があった。なぜならば、たとえば、タンガニイカ（当時）やケニアの歴史を考えるうえで、沿岸部から交易路沿いに内陸部へも浸透していったイスラーム教は、ほかでもなく、インド洋を介して伝播したことが誰の眼にも明らかであるし、これらの国で話されるスワヒリ語にアラビア語やペルシア語、グジャラート語、ポルトガル語、さらには英語、フランス語、ドイツ語起源の語彙が多く含まれている理由を説明するには、インド洋を跨いだ交流を無視することが出来ないからである。また、モーリシャスを例にとれば、ほとんど無人の島であったそれ自体を諸東インド会社がアジア交易のための寄港地として開発していったところにこの島の人間の歴史の本格的な出発点があるのであり、その後、いわゆる世界商品である砂糖の一大生産地となっていくという歴史を有する。そこでの開発や生産にかかわる主たる労働力とは、奴隷として連れてこられたアフリカ大陸やマダガスカル島、コモロ諸島出身の人々、そして、のちには契約労働者としてのインド、中国系の人々であった。この国の住民構成は今日でもこうした人々の末裔によって大きく構成されている。言い方をかえれば、これらインド洋周辺の各国史や地域史を書こうとすれば、他国・他地域の歴史として語られるべき内容も含みこまないと、それをまとめきることができなかったのであり、そうせざるをえない理由はほかならぬインド洋を跨いだ交流にあったのである。

ただし、これらの一九六〇年代までに現れたインド洋に関連する歴史研究では、必ずしも、インド洋を舞台とした人間の活動そのものを描くことが主目的として設定されていたわけではない。むしろ、それらの研究における「インド洋」とは、ある地域と別の地域とをつなぐ交通路としての役割を与えられるにすぎないか、一国史や地域史の背景説明のために言及されるにすぎない存在であった。日本の学界において、一時期、用いられていた「海のシルクロード」という表現も、インド洋の交通路――とりわけ、「東洋」と「西洋」とを取り結ぶ――としての側面に焦点を当てた表現であることはいうまでもない。

### （3）　歴史研究の舞台としてのインド洋海域

こうした状況のなか、インド洋における人間の活動そのものを主役に据えた研究の先駆けともいえる研究が、モーリシャス出身のオーギュスト・トゥサン（August Toussaint）によって一九六一年にフランス語で著される。彼の著作『インド洋の歴史』(Toussaint, 1961) は、当時、進展しつつあった大西洋や太平洋を歴史叙述の中心におく研究に触発され、インド洋でもそれを試みようとしたものである。インド洋周辺諸国の独立に加え、イギリスのインド洋撤退や東西冷戦におけるインド洋周辺の軍事拠点化などによって、この海洋が国際的な関心を引き付けるという同時代背景のなかで刊行された彼の著作は、インド洋をひとつの歴史世界として設定した先駆的な著作として、今日に至るまでのその評価を確立している。この『インド洋の歴史』を先駆として、一九六〇年代以降になると、たとえば、インド洋国際歴史協会やユネスコによって、インド洋の歴史を主題にすえるシンポジウムや会議が複数次、開催されるようになる (cf. Chittick and Rotberg (eds.), 1975 : Unesco, 1980)。トゥサンが先述の著作のなかで「真価を認められない海洋」と呼んだインド洋は、こうした過程を経て、徐々に歴史研究の舞台として定置され始めていく。

しかしながら、一九六〇年代以降のこうした研究の進展のなかで、インド洋を歴史叙述の舞台として設定する際に、それをどのように整合的に説明するのかという点に関するいわゆる理論構築については、幾つかの萌芽的な研究[1]が発表されたものの、確たる進展を見せなかった。むしろ、この時期のインド洋海域史研究とは、インド洋を跨いだ多様な交流史を束ねあげたものと考えてよいだろう。

## (4) インド洋海域の理論化

この状況が大きく変化するには、一九八〇年代半ばから一九九〇年代前半にかけての時期を待たねばならない。この時期の当該分野の研究に大きな影響を与えたのが、フェルナン・ブローデル (Fernand Braudel) による『フェリペⅡ世時代の地中海と地中海世界』(Braudel, 1949) である。たとえば、一九八五年に出版されたキルティ・N・チョウドリ (Kirti N. Chaudhuri) の『インド洋の交易と文明』(Chaudhuri, 1985) は、インド洋をひとつの歴史世界とみなす理論構築に新たな段階をもたらした点で必ず言及しなくてはならない著作のひとつである。その序文からも明らかなように (*Ibidem*, pp. 1-5)、この著作は、ブローデルの『地中海』に見出される理論的な枠組みを強く意識している。チョウドリはブローデルの時間に関する観念から「文明のライフサイクル」という概念を導き出し、地理的に規定されるインド洋を越えたアフリカ大陸東部沿岸から東アジアまでを含んだ空間、さらにはユーラシア大陸の東部内陸をも含めて、それらを一体のものとしてとらえ、そのうえで、イスラーム教の勃興から一七五〇年ごろまでそこに形成された文明を論じた。彼の論じるインド洋海域世界とは何かを一言で言い表すことは難しいが、それを構成する要素のうち外せないものとしては、いわゆる自然生態環境の多様性、また、文明や文化の多様性、そして、それらを結びつけ、混交させる季節風モンスーンを用いた長距離交易、これらを取り上げることができるだろう。長距離交易が遠隔地同士を結ぶことで多様な差異が交換・混交され、それによってインド洋海域という歴史世界が形成されるという視点は、ダウ船（インド洋を航行する現地で建造される木造帆船の一般名称）をインド洋海域を特徴づける要素として着目し、人やモノ、情報がそれに乗って移動・循環していくことでネットワークを形成し、それをインド洋海域世界を形作る原動力とみなす家島彦一のそれとも共通する。こうしたヒト、モノ、情報、そしてカネの移動や循環、すなわちネットワークへの着目は、チョウドリや家島のみならず、多くの研究者たちがインド洋海域を論じる際、その基層に意識されるものとなっている。

このように理論的な枠組みが整いだすと、インド洋、あるいはその地理的範囲を超越した海をも内包して、それをまとめてひとつの歴史世界として提示しようとする著作や論文集が欧米の研究者たちを中心にして刊行されるようになっていった。また、一九八〇年代以降は、インドでもこうした研究の国際的な潮流と自国の国家戦略とが相まって、インド洋海域史に関する著作や論文集が相次いで刊行されていく。(2) 日本でも、文部省（当時）の科学研究費を受けた研究のなかにインド洋海域世界を明確にその研究計画に明記するものが、確認できる限りでは一九八〇年代以降に複数、登場し始めるし、一九九五年から刊行された岩波講座世界歴史第四シリーズの第一四巻は『イスラーム・環インド洋世界　一六－一八世紀』と題され、これがこの講座の歴史を通して初めてのインド洋を題名に掲げた巻となっている。

### (5)　二〇〇〇年代以降

二〇〇〇年代に入ると、すでに述べたような世界史やグローバルヒストリーへの関心の増加と深く関連しながら、インド洋海域史研究は量産されるようになってくる。マイケル・N・ピアソン（Michael N. Pearson）や家島など、それ以前からインド洋海域史を標榜してきた研究者による著作のみならず，エン・セン・ホー（Engseng Ho）やトマス・R・メトカーフ（Thomas R. Metcalf）などによる優れたモノグラフ，あるいは，グウィン・キャンベル（Gwyn Campbell）などの編纂する論文集が続々と刊行されるようになっていく。こうした流れのなかで，テーマの拡張も見られた。それまでは主に商業や経済，人の移動に力点が置かれていたものが，この時期以降になると，それらに限らず，帝国などのコンセプチュアルな問題が取り上げられたり，また，人の移動についても，アフリカン・ディアスポラ研究のように，人の移動に伴う文化的な側面に対しても意欲的な研究の進展が見られた（cf. Metcalf, 2007 ; Jayasuriya and Pankhurst, 2003）。これらに加えて，それまでの研究が一八世紀半ばまでを主たる対象としてきたのに対して，この時期の研究の多くが，それ以降の時代を扱うようになっていくという対象時期の拡大も顕著になった。

本章を執筆している二〇一四年現在，インド洋海域史に関する書籍や論文の刊行，プロジェクトの進行は，まさに加速度的になっている。二〇〇〇年代以降に各地の大学で提出された博士論文が幾つも出版の最終段階に入っていると耳にするし，カナダ・マギル大学のインド洋海域世界センターを中心に，インド洋海域史に関するプロジェクトがカナダの国家的な支援を受け，国や大学，学問分野の枠を超えて展開されている。南アフリカや中東の幾つかの大学ではインド洋海域史の講座がこの数年のうちに常設された。

このように，インド洋海域史は，歴史学研究のなかでいま，まさにその地位を確立しつつある。次節では，このようなインド洋海域史が新しい世界史にどのように貢献できるのか，そして，そのためには何を乗り越えなければならないのかを検討しよう。

## 3　インド洋海域史研究からのレッスン

### （1）　環地域的舞台

インド洋海域史が明らかにしてきたヒトやモノ，情報，カネの動きは，すでに国や民族，地域といった従来の歴史研究が依拠してきた分析の単位を一定程度、相対化してきたといえよう。近年でも、スガタ・ボース（Sugata Bose）の『幾百もの地平線』（Bose, 2006）は、インド洋海域を固定的なシステムとしてではなく、「環地域的舞台」（*Ibidem*, p.6）としてとらえることで、人間の多様な移動、さまざまな物資の流通、それらを包括的に取り込める枠組みを提唱している。交流の場としての側面は、この海域の重要性を指摘する際にしばしば強調される（cf. Gilbert, 2002）。ジグソーパズルの完成形である一枚の図像として世界史を見るのがこれまでの世界史理解だとすれば、交換の場としてのインド洋海域の貢献は、いわば、パズルのピース同士の境を融解させるものととらえられよう。インド洋海域という舞台を通して多様な歴史叙述の単位が出会い、そして、相互に影響しあったことを明らかにすることで、それら既存の単位のもつ固定性は揺るがされるはずである。ただし、この側面が十全に活かされるには、インド洋海域という歴史世界に関する次の点を解決しなくてはならない。

### （2）一八世紀半ば崩壊説

それは、インド洋海域が一八世紀半ばごろには西洋の影響によって分解・崩壊させられはじめるとする多くの研究者たちの共通理解である。前節で近年、一八世紀半ば以降の時代を対象にしたインド洋海域史が増加したことは指摘した。ただし、それらはその時期以降を主たる対象としてある歴史事象を明らかにしてきたのであり、以下に紹介するような、一八世紀半ばごろをインド洋海域という歴史世界の崩壊期とみなす見解を覆すような理論そのものの構築は大きく立ち遅れているのである。

一八世紀半ばごろをインド洋海域の崩壊期とみなす見方は、ウォーラーステインの世界システム論に大きく影響されたものと考えられるが、この共通理解についてもう少し詳しく紹介しよう。具体的な事例を挙げると、たとえば、チョウドリは、一九世紀の植民地支配と西洋の経済帝国主義の起源とを、オランダ東インド会社によって東南アジア島嶼部が経済的な自主性を失った一六五〇年代に求め、一八世紀後半に、ヨーロッパでの技術革命に後押しされたイギリスの陸・海に亘る軍事力がインド洋の文明地図を塗り替えたと述べる（Chaudhuri, 1990, p. 387）。家島の見解も、一七世紀後半から一八世紀の時期にイギリスとオランダによって形成された新しい海上支配と経済体制とが、インド洋海域世界の伝統的構造を解体し始めたとするものである（家島、一九九三、五三頁）。アンドレ・ウィンク（André Wink）は、インド亜大陸を地理的な中心にしてイスラーム教の拡張とインド洋海域世界との関係を論じた著作のなかで、七世紀から一八世紀までのこの海域世界の歴史を五つの段階に分けた。そして、その最終段階である一八世紀のイスラーム諸国家の分解によって、それまでこの世界の中核的な位置にあったインド亜大陸がイギリスの支配に対する従属的地位に転落し、ひいては、インド洋の統合的ネットワークが破壊されたと概観する（Wink, 1996, p. 3）。また、アシン・ダス・グプタ（Ashin Das Gupta）もやはり、一八世紀におけるヨーロッパのインド洋海域における重要性の増大が、それまでこの海域に存在していた有機的な統一性を分解したと考える（Das Gupta, 1987, p. 39）。さらに、ケネス・マクファーソン（Kenneth McPherson）は、上記の研究者たちよりも詳細に、自説を以下のように展開する。彼によれば、一七世紀末にヨーロッパが香料などの奢侈品の獲得、あるいは、インド洋海域内での交易による利潤追求から、ヨーロッパ市場で大量消費の見込める綿織物や茶といった商品の獲得へインド洋交易の目的を転換したことによって、インド洋海域世界が地球規模の資本主義経済に急速に組み込まれた。このことを契機に、結果的に、一九世紀のヨーロッパ諸国による経済的・政治的な支配が、インド洋海域世界固有の経済の成長と発展に影響を及ぼしたのである（McPherson, 1993, pp. 198-252）。

これらの既往研究を十全に踏まえ、気候や地勢、海流や風といったインド洋海域世界の「深層にある構造」について改めて多くの頁を割いて考察し、インド洋海域世界の全体史を描こうとしたピアソンの『インド洋』（Pearson, 2003）は、その考察対象年代を二〇世紀にまで伸ばした点で、それまでの多くの研究とは異なる。また、イスラーム教の伝播や一六世紀以降のヨーロッパ諸勢力の進出をこの海域世界の歴史の画期とみなすそれまでの見解を退け、インド洋海域世界の歴史をふたつの時期に大きく分けた点でも斬新な研究である。しかし、そうであるにもかかわらず、彼が大きく分けたふたつの時代の分岐点が一八〇〇年ごろに置かれている点では、彼の見方もまた、既往研究と大きく変わらない（*Ibidem*, 2003, pp. 11, 190）。彼によれば、西欧における産業革命や資本主義の発達によって、一八〇〇年ごろからインド洋海域世界に構造的、ないしは質的な変化がもたらされ、一九世紀の初頭には「深層にある構造」がこの海域世界で重要性を失っていくのだという（*Ibidem*, pp. 11-12）。こうした諸氏の見解は、先述のトゥサンの叙述（Toussaint, 1961, pp. 152, 167-168, 192）にも共通し、後続のインド洋に関する著作でも受け入れられてきた（cf. Kearney, 2004, pp. 6-7, 103-135）。

### （3）　崩壊説は成立するのか

政治的・経済的な被支配者としての地位が確立された点で、巨視的に見れば、インド洋海域世界にとって一八世紀半ば以降がそれまでにはない大きな変化の時期であったという指摘は、首肯できる。また、この大きな変化は、一九世紀から二〇世紀を通じて拡張していったヨーロッパ諸国によるインド洋諸地域の植民地支配の歴史にも直結する。さらに、支配を受けた人々にとって、単に自らが植民地支配からの独立を獲得したからといって、それが容易に拭い去ることの出来ない経験であることも明白である。こうして考えれば、多くの論者が指摘する一八世紀半ばごろからの変化は、注目に値する。

しかし、それはあくまで注目に値するのであり、インド洋海域が世界経済に呑み込まれたり、被支配者としての地位に甘んじたりしたとしても、それらはそれまで存在してきたインド洋海域の一体性の崩壊には必ずしも直結しないはずである。なぜならば、論者たちのいうインド洋海域とは、政治的・経済的な統一性や支配・被支配の関係性によってではなく、ヒトやモノ、情報やカネといったものの流れ、すなわちネットワーク構造によって成り立つ緩やかなまとまりだからである。ネットワーク構造を支えるダウ船は、一八世紀半ばをこの海域の崩壊のはじまりとみなす多くの研究者にとって、伝統的なインド洋海域を表象する事物として取り上げられている。しかし、このダウ船そのものは、その最終的な局面にあるとされながらも、研究者を含めた多くの人々によって、現在に至るまで、その継続が繰り返し認められてきた。[3] もちろん、蒸気船やタンカーが導入されることによって、ダウ船の物流における重要性が低下していくことは否定できない。また、エリック・ギルバート（Erik Gilbert）が明らかにしているように、たとえば、一九世紀最末期からのイギリス支配下のアフリカ大陸東部沿岸では、ダウ船は徐々に地域間交易から政治的に排除されていったという事例も存在する（Gilbert, 2004）。しかし、ダウ船によって運ばれてきたヒトやモノ、情報、カネの流れはどうだろうか。インド洋海域世界のネットワーク構造の根幹にある自然生態環境や文化の異なる地域間での相互補完関係は、この海の物流の主役がダウ船からタンカーになっても大きく変わることはない。アデンの香料専門店には今日でも、一三世紀のころと同じように、インド産のクミンやショウガ、ペ

ルシア湾岸から運ばれてくるサフランやバラ水が並んでいる。(4)

## （4）崩壊説に潜む二項対立

そもそも、既往研究そのものに立ち返れば、多くのインド洋海域論者はヨーロッパ勢力がインド洋において重要性を増大させるところまでは具体的な考察の対象としているが、その増大がインド洋海域世界の崩壊を導いた点については、実証的な考察の対象外として取り扱っているのである。ここに見える問題点については、ボースの次の言が簡潔に指摘している。

なにか劇的なことが、一八世紀にたしかに起こったのである。しかし、だからといって、インド洋海域世界の有機的な一体性が崩壊させられたという仮説のうえに、ほとんどの歴史家が地域間交流の分析の舞台としてのインド洋を放棄するということ自体は、逆説的に、植民地支配への移行期における変化の鍵となる要素を探し出す作業をとりわけ難儀にさせるのである（Bose, 2002, p. 376)。

さらにボースは、研究者が一八世紀半ば以降について、分析の舞台としてのインド洋を放棄することは、西洋対非西洋、さらにはそれに付随するさまざまな二項対立概念を突き崩すような歴史研究の方法論の発達を阻害するとすら続けている。(5) ボースの発言を逆にいえば、一九八〇年代以降に発展してきたインド洋海域史研究に見え隠れするこの歴史世界の崩壊という暗黙の共通理解は、西洋と東洋とが対立して存在するという、まさに新しい世界史が乗り越えなければならないはずの二項対立的な世界認識に強く後支えされているものであるといえよう。このようなインド洋海域という歴史世界の設定に埋め込まれた旧来型の東洋対西洋という認識枠組みを超えるためには、一八世紀半ば以降のインド洋海域に関する実証研究、また、それを踏まえてこの時期をインド洋海域の崩壊ではなく、大きな変化としてとらえなおす理論構築がもちろん必要だろう。

### （5）崩壊説を乗り越える理論構築に立ちふさがる問題

ただし、その理論構築において、念頭に置かなくてはならない点がある。すなわち、インド洋海域に関する歴史研究は、既存の世界史認識の精緻化にも貢献しうるという点である。国民国家史や地域史のジグソーパズルとしての従来型の世界史の場合、そこには、インド洋海域というピースによって埋められるべき空白があり、それがいま、まさに埋められようとしている。その流れに加えて、より長期の時間軸を視野に収めた歴史世界としてのインド洋海域の存在が理論だてられれば、そのピースは従来型の世界史というジグソーパズルにより深くはめ込まれてしまいかねない。もっともインド洋海域史にかかわる研究者の多くは、この歴史世界をその内部だけで完結し、他とは区別されるべき歴史世界とはとらえておらず、その領域性を強調したり、それがジグソーパズルのいちピースとなってしまう方向性に対しては慎重である。(6) しかし、研究者がどのような意図をもつにせよ、その研究がインド洋海域史というラベルを貼られることで、従来型の世界史認識を前提とした理解のなかでは、既存の分析単位（ピース）を突き崩す一方で、その突き崩した部分をまとめあげた別の新たなひとつの完結する領域性を帯びた分析単位（ピース）としてインド洋海域が構築・強化されていくのではあるまいか。研究の量産化や、新たな研究会やプロジェクト、講座が立ち上がることによるインド洋海域史の制度化は、この流れを後支えするかのようにも受け止められるのである。この点は理論化にあたって細心の注意を払う必要があるだろう。

## 4　海から世界史は語りうるのか

### （1）ネットワークに立ち戻る

このように、インド洋海域史と新しい世界史とが接続するには、幾つもの問題が待ち構えている。ひとつの問題を解決しても、別の問題がたちあらわれてくる。しかし、それでも筆者は、本来的にインド洋海域史が新しい世界史概念に対して非常に親和的であると考えている。なぜならば、インド洋海域という歴史世界の存立基盤には、ネットワークという概念を欠かすことができないからである。このネットワークとは、本質的に、何かと別の何かとを分断・遮断するのではなく、それらをつなげる概念である。したがって、前節の話に少し戻ればさまざまな境を融解する場として研究者たちがインド洋海域を意義づける一方で、設定されたインド洋海域という概念そのもののなかに東洋対西洋のような二項対立が横たわっていること自体が、一種の「ねじれ」であるといえよう。

むしろ、ネットワークという概念に忠実にこの歴史世界を考えるならば、インドのカリカットやアラビア半島のアデンに住む人々が口にするのと同じインド産の香辛料を用いていたユーラシア大陸西部の人々もより深くその対象に取り込まなくてはならないはずである。また、一九世紀にインド洋の西部、とくにアフリカ大陸東部で広く受け入れられ、「メリカニ」と現地で呼ばれた北アメリカ産綿布を念頭におけば、北アメリカの綿栽培農家、そこで働く奴隷、綿布工場で働く人々、そこで出来た商品を北アメリカやインド洋西部の港町で取引したり、輸送したりする人々、そして、アフリカ大陸内陸部でそれを手にする人々、それらの生産から加工、消費に至るまでにかかわる人々のつながりを浮かび上がらせることもできるだろう。このようにインド洋を行きかうネットワークを端から端までたどっていけば、おのずとそこに地球上のさまざまな人々の顔が見えてこないだろうか。

### （2）複数のネットワークの併存としてのインド洋海域

もちろん、何に注目するのかによって、その視座に取り込める人々の顔ぶれは異なってくるだろう。これまでのインド洋海域に関する研究においても、たとえば、長島弘が指摘するように、家島はダウ船をインド洋海域の一応の具体的な指標とする一方、生田滋はグジャラート産の綿織物の流通を重視した「インド洋貿易圏」を想定している（長島、二〇〇二年、五四頁）。また、エドワード・A・オルパーズ（Edward A. Alpers）は、基本食糧品の交換される場をインド洋西海域世界としてとらえる論考を発表している（Alpers, 2009, pp. 23-38）。このような複数の指標はお互いに対立するものではなく、併存するものであり、それぞれが人々の生活を支えていたのであるから、そこに優劣はない。これらの指標のうち複数に該当する個人や人間集団がいるだろうし、ある個人や人間集団が該当する指標の数は地理的な意味でのインド洋とその個人・集団の現実の距離と比例関係にある必要は必ずしもないだろう。また、あるネットワークがある時期から発生することもあれば、別の時期に消滅することもあるだろう。このようにインド洋を行きかうヒトやモノ、情報、カネなどのさまざまな指標を重ねていくことで、領域化や固定化の可能性が抑えられたインド洋海域という歴史世界がおぼろげながら浮かび上がって来るのではないだろうか。マーカス・P・M・ヴィンク（Markus P. M. Vink）はインド洋海域世界に関する研究史を総括するなかで、新たなインド洋海域史研究における空間設定に関して「多孔性」・「浸透性」・「親和性」・「柔軟性」・「時間的・空間的な境界・辺縁の開放性」といったキーワードを挙げている（Vink, 2007, p. 52）。これらは領域化や固定化の可能性を抑えるのに有効なキーワードであるが、「多層性」もそれらに加えられるべきだろう。

### （3）新しい世界史へ

本章では、インド洋海域史研究を事例にして、それが新しい世界史にどのような貢献をしうるのかを考察してきた。インド洋海域を研究者たちが歴史世界とみなす根本にあるネットワークという概念に立ち返ること、そして、多様なネットワークを積み重ねていくこと、そこに筆者は新しい世界史への貢献の可能性があると現在考えている。それによって、すでにこれまでのインド洋海域史研究が一定程度、成し遂げてきた既存の歴史叙述の単位の相対化は、より一層効果的に行えるはずであるし、インド洋海域という歴史世界も領域性を帯びた固定されたものとはならず、既存の国民国家史や地域史の総和としての世界史に引き寄せられることもないだろう。このようなインド洋海域に領域性が残るとすれば、それはネットワークを多層化していったときに、それらが最も重なり合うのが地理的な意味でのインド洋になるという点だろう。これを克服するためには、地球上の別の場所に焦点を合わせて、同様の試みを行えばよい。焦点の合わされる先が海である必要はもちろんない。そうして設定された別のネットワーク型歴史世界のなかに、インド洋を軸とした歴史世界に深く組み込まれている人々や場所も顔を現すはずである。そのように、複数のネットワーク型歴史世界が重なり合う姿としてこの地球上の歴史をとらえなおしたとき、そこに新しい世界史のひとつのあり方があるのだと筆者は考えている。

## 注

（1）たとえば、Allen, 1980. また、Unesco,1980, pp. 165-184では、一九七四年にモーリシャスのポート・ルイスで開催された会議（"The Meeting of Experts on the Historical Contacts between East Africa and Madagascar on the One Hand, and South-East Asia on the Other, Across the Indian Ocean"）でやり取りされた討論の要旨がまとめられている。

（2）たとえば、Chandra(ed.), 1987 : Chopra, 1982. 前者は、一九八五年二月にデリーにて開催されたセミナー（"International Seminar on the Indian Ocean"）で報告されたペーパーを多く収録している。

（3）たとえば、上岡・家島、一九七九、Martin and Martin, 1978 : McMaster, 1966 : Prins, 1965 : Yajima, 1976 : Villiers, 1969を参照せよ。また、近年の歴史学研究の成果としては、Gilbert 1997, 2004がある。

（4）一三世紀アデンについては、栗山（二〇〇八）を参照せよ。

（5）Bose, 2002, p. 376. この見解は、Bertz（2008, pp. 27-28）にも共有されている。

（6）たとえば、鈴木、二〇一〇、一六～一七頁、Bertz, 2008, p. 23 : McPherson, 1993, p. 5; Vink, 2007, p. 52。海域に領域性をもたせ、他と区別することは、インド洋海域に限らず、多くの海域史研究に携わる研究者たちが注意深く避けてきたことでもある。たとえば、地中海海域に関するHorden and Purcell（2000, p. 523）も参照せよ。

## 参考文献

秋田茂「グローバルヒストリーの挑戦と西洋史研究」『パブリックヒストリー』第五号、二〇〇八年、三四～四二頁。

上岡弘二・家島彦一『インド洋西海域における地域間交流の構造と機能——ダウ調査報告二』東京外国語大学アジア・アフリカ言語文化研究所、一九七九年。

栗山保之「一三世紀のインド洋交易港アデン——取扱品目の分析から」『アジア・アフリカ言語文化研究』第七五号、二〇〇八年、五～六一頁。

鈴木英明「一九世紀インド洋西海域世界と『近代』——奴隷交易に携わる人々の変容」東京大学に提出された博士学位請求論文、二〇一〇年。

長島弘「アジア海域通商圏論——インド洋世界を中心に」歴史学研究会編『歴史学における方法論的転回』青木書店、二〇〇二年、二一～三六頁。

羽田正『東インド会社とアジアの海』講談社、二〇〇七年。
桃木至朗・山内晋次・藤田加代子・蓮田隆志「海域アジア史のポテンシャル」桃木至朗編『海域アジア史研究入門』岩波書店、二〇〇八年、一～一二頁。
家島彦一『海が創る文明』朝日新聞社、一九九三年。
――――「インド洋海域世界の観点から」川勝平太編『海からの歴史――ブローデル「地中海」を読む』藤原書店、一九九六年、一一五～一四二頁。
Allen, James de V., "A Proposal for Indian Ocean Studies", in Unesco, *Historical Relations*, 1980, pp. 137-152.
Alpers, Edward A., *East Africa and the Indian Ocean*, Princeton: Markus Wiener, 2009.
Bertz, Ned, "Indian Ocean World Travellers: Moving Models in Multi-Sited Research", in Helen Basu(ed.), *Journey and Dwellings: Indian Ocean Themes in South Asia*, Hyderabad: Orient Longman, 2008, pp. 21-60.
Bose, Sugata, "Space and Time on the Indian Ocean Rim: Theory and History", in Leila Tarazi Fawaz, Christopher A. Bayly and Robert Ilbert(eds.), *Modernity and Culture: from the Mediterranean to the Indian Ocean*, New York: Columbia University Press, 2002, pp. 365-388.
――――, *A Hundred Horizons: the Indian Ocean in the Age of Global Empire*, Cambridge: Harvard University Press, 2006.
Boxer, Charles R., *The Portuguese Seaborne Empire, 1415-1825*, New York: A.A. Knopf, 1969.
Braudel, Fernand, *La Méditerranée et le monde méditerranéen à l'époque de Philippe II*, 2 tomes, Paris: Armand Colin, 1976[3] (1st 1949). (フェルナン・ブローデル『地中海』全三巻、浜名優美訳、藤原書店、一九九一～九五年)。
Campbell, Gwyn(ed.), *The Structure of Slavery in Indian Ocean Africa and Asia*, London and Portland: Frank Cass, 2004.
Chaudhuri, Kirti N., *Trade and Civilisation in the Indian Ocean: an Economic History from the Rise of Islam to 1750*, Cambridge: Cambridge University Press, 1985.
――――, *Asia before Europe: Economy and Civilisation of the Indian Ocean from the Rise of Islam to 1750*, Cambridge: Cambridge University Press, 1990.
Chandra, Satish(ed.) *The Indian Ocean Explorations in History, Commerce and Politics*, New Delhi: Sage Publications, 1987.
Chittick, H. Neville and Robert I. Rotberg(eds.), *East Africa and the Orient: Cultural Syntheses in Pre-Colonial Times*, New York:

Africana Publication, 1975.
Chopra, Maharaj K., *India and the Indian Ocean: New Horizon*, New Delhi: Starling Publishers, 1982.
Das Gupta, Ashin, "Introduction II: The Story", in Ashin Das Gupta and Michael N. Pearson (eds.), *India and the Indian Ocean, 1500–1800*, Calcutta: Oxford University Press, 1987, pp. 25–45.
Ferrand, Gabriel, *Etudes sur la géographie arabo-islamique : Nachdruck von Schriften aus den Jahren 1910 bis 1945*, ed. by Fuat Sezgin, Frankfurt am Main : Institut für Gescnkcnte der Arabisch-Islamischen Wissenschaften an der Johann Wolfgang Goethe-Universität, 1986.
Gilbert, Erik, "Coastal East Africa and the Western Indian Ocean: Long-Distance Trade, Empire, Migration, and Regional Unity, 1750–1970", *The History Teacher*, Vol.36, No.1, 2002, pp. 7–34.
———, *Dhows and the Colonial Economy of Zanzibar, 1860–1970*, Oxford: James Currey, 2004.
Ho, Engseng, *The Grave of Tarim: Genealogy and Mobility across the Indian Ocean*, Berkeley: University of California Press, 2006.
Horden, Peregrine and Nicholas Purcell, *The Corrupting Sea: A Study of Mediterranean History*, Oxford: Blackwell, 2000.
Jayasuriya, Shihan de S. And Richard Pankhurst (eds.), *The African Diaspora in the Indian Ocean*, Trenton: Africa World Press, 2003.
Kearney, Milo, *The Indian Ocean in World History*, New York: Routledge, 2004.
Martin, Edmond B. and Chryssee Martin, *Cargoes of the East: the Ports, Trade, and Culture of the Arabian Seas and Western Indian Ocean*, London: Elm Tree Books, 1978.
McMaster, D. N., "The Ocean-going Dhow Trade to East Africa", *East African Geographical Review*, Vol.4, 1966, pp. 13–24.
McPherson, Kenneth, *The Indian Ocean: A History of People and the Sea*, New York: Oxford University Press, 1993.
Metcalf, Thomas R., *Imperial Connections: India in the Indian Ocean Arena, 1860–1920*, Berkeley: University of California Press, 2007.
Pearson, Michael N., *The Indian Ocean*, London: Routledge, 2003.
Prins, Adriaan H. J., *Sailing from Lamu: A Study of Maritime Culture in Islamic East Africa*, Assen: Van Gorcum, 1965.
Toussaint, August, *Histoire de l'océan indien*, Paris: Presses universitaires de France, 1961.
Unesco, *Historical Relations across the Indian Ocean: report and papers of the meeting of experts organized by Unesco at Port Louis, Mauritius, from 15 to 19 July 1974*, Paris: Unesco, 1980.

Villiers, Alan, *Sons of Sinbad: An Account of Sailing with the Arabs in their Dhows, in the Red Sea, around the Coasts of Arabia, and to Zanzibar and Tanganyika; Pearling in the Persian Gulf; and the Life of the Shipmasters, the Mariners, and Merchants of Kuwait*, New York: Scribner, 1969.

Vink, Markus P. M., "Indian Ocean Studies and the 'new thalassology", *Journal of Global History*, Vol.2, 2007, pp. 41–62.

Wallerstein, Immanuel, *The Modern World-System*, 3vols, New York: Academic Press, 1974–1989.

Wink, André, *Al-Hind: The Making of the Indo-Islamic World*, Vol.1, Leiden: Brill, 1996.

Yajima, Hikoichi, *The Arab Dhow Trade in the Indian Ocean: Preliminary Report*, Tokyo: Institute for the Study of Languages and Cultures of Asia and Africa, 1976.

Yule, Henri, *The Book of Ser Marco Polo, the Venetian: Concerning the Kingdoms and Marvels of the East*, 2vols., London: James Murray, 1921.

# 第5章　中央ユーラシア世界

## ——方法から地域へ——

杉山清彦

### 1　方法としての「中央ユーラシア」

「中央ユーラシア」とは、どのような人々の住まう、どのような地域だろうか。

ある人は、草原を疾駆する遊牧民の世界を思い浮かべるかもしれない。またある人は、キャラバン（隊商）が行き交う砂漠のオアシスを想起するかもしれない。あるいは、かつてソ連の支配下にあったムスリム（イスラーム信徒）の国々を指して、そこへ旅した思い出を語る人もあるかもしれない。牧童と羊の群れのほかに人影も見えない大草原、活気と喧噪に満ちたバザール、モスクから流れてくるアザーン（礼拝の呼びかけ）——これらはいずれも、中央ユーラシアの風景の一こまにほかならない。

では、風土も生業も信仰もこれほどに異なりながら、それが「中央ユーラシア」と呼ばれるのはなぜだろうか。そこにいかなる意味があり、そのような枠組みはどのようにして形成されたのだろうか。また「内陸アジア」や「中央アジア」とは、どのような関係にあるのだろうか。

「中央ユーラシア」とは、ハンガリー出身のアルタイ学者デニス＝サイナー（一九一六〜二〇一一）が二〇世紀半ばに提唱した概念であり、わが国でも、とりわけ一九九〇年代以降広く用いられるようになった。本論中で述べるように、その定義や範囲はまことにさまざまであって未だ一定しないが、いずれにせよ、それは東はモンゴル・中国、西はロシア・東欧にまたがり、アフガニスタン・イラン・コーカサス（カフカース）諸国にも及ぶ広大な範囲の中に設定される。

おおむね共通していえるのは、「ユーラシア」（Eurasia）、すなわちヨーロッパ（Europe）とアジア（Asia）とを切り離さずにとらえようとする視点であり、またその広大な舞台の上で展開された人々の営みを、国境を取り払って描きなおそうとする姿勢である。そこに、ヨーロッパとアジアを別個の世界としてとらえ、各国史・民族史の寄せ集めとして描いてきた従来の歴史像に対する、根本的異議申し立てと方法的提起がこめられているのである。もっとも、中央ユーラシア史の唱導者の一人である岡田英弘が指摘しているように、「ユーラシア」の語義自体は、本来はヨーロッパとアジアの宿命的対立とヨーロッパの勝利とを含意するものではある（岡田、一九九〇）。しかし、「中央ユーラシア」というときの意図は、語それ自体の原義からは離れて、人類史の舞台としてのユーラシア大陸を正面からとらえ、その中央域をひとつの歴史世界として位置づけようとするものなのである。

他方このことは、中央ユーラシアという地域概念が、主観的・実体的なものというよりは、方法的な概念であることを示している。地域の裡の内在性・自律性という観点からみたとき、「中央ユーラシア」の特徴は、当事者間に共通項（宗教、文字、言語など）がなく、その意識もないという外在性にあり、特殊な地域概念であるといわざるをえない。端的にいえば、そこに住まう人びとが、自分を「中央ユーラシアの民」だと思っていないのである。にもかかわらず、このような地域概念が設定されるのはなぜだろうか。それはどういう経緯でつくりだされ、どのような意図がこめられているのだろうか。

本章では、「中央ユーラシア」という地域概念について検討するとともに、世界史との関わり、意義を展望したい。

## 2　実体としての中央ユーラシア

### （1）ユーラシア内陸域の環境

「中央ユーラシア」とは、文字通り受け取れば「ユーラシア大陸の中央部」を意味する。そこで、「中央ユーラシア」という地域概念について論じる前に、まずユーラシア大陸内陸域の姿を確認しておこう。

四周を大洋に囲まれたユーラシア大陸は、その周縁に緑広がる湿潤な世界が形成されている。インド洋岸から西太平洋岸にかけての長大な一帯には季節風が及び、西北部の半島状のヨーロッパ地域には偏西風が吹きつけ、また北極海からの湿った空気は、シベリアに広大な森林地帯を生み出した。しかし、巨大な大陸内奥部には、これらの風とそれがもたらす降水の及ばない乾燥地帯が広がっている（松田・小林、一九三八）。

この広大な乾燥地帯は、おおむね北緯五〇度から三五度の範囲にわたり、さらに地域によっては、およそ北は北緯五五度、南は三〇度まで幅をもって広がる。その中央部は、パミール高原を中心として、東北方に天山《てんざん》山脈、東南方にヒマラヤ山脈、西南方にヒンドゥークシュ山脈、そして西北方にシル（ヤクサルテス）川を配した $x$ 字状に構成されている（松田、一九七一。図5－1）。$x$ 字に区切られた四つのブロックのうち、東西のブロックは、東側は崑崙《こんろん》山脈、西側はアム（オクソス）川によって、さらに南北に区分される。東側のブロックのうち、天山山脈と崑崙山脈にはさまれた一帯がタリム盆地、崑崙山脈とヒマラヤ山脈の間がチベット高原であり、また西側では、アム川以北の地は、南方の視点からアラビア語でマー＝ワラー＝アンナフル、すなわち「川向こうの地」と呼ばれた。トランスオクシアナとは、その訳称である。

ユーラシア大陸の内陸部は、この $x$ 字状の中央部を骨格として、そのうち北を画する天山山脈とシル川とを結ぶ線（天山＝シル川線）で、南北に二分される（松田、一九五二、四八頁）。このラインの延長線上より北には、東の大興安嶺《だいこうあんれい》・モンゴル高原から、ジュンガル盆地・カザフ草原を経て南ロシア草原へと草原地帯がベルト状に広がり、その西端はカルパチア山脈を越えてハンガリー平原にまで及ぶ。

東方の中心のモンゴル高原は、北のバイカル湖、南のゴビ砂漠を自然の境界として、大興安嶺とアルタイ山脈の間に広がる巨大な草原であり、匈奴《きょうど》（前三～後二世紀）をはじめ、数多くの遊牧国家がこの地に本営を構えた。一三世紀に出現したモンゴル帝国は、その最大のものである。

同時に注意しておかなければならないのは、大興安嶺の東側に広がるマンチュリア平原（東北平原）と、大興安嶺そのものである。モンゴル人のいうヒンガン、すなわち大興安嶺《ヒンガン》は東西を画する障壁ではなく、森林と草地が入り交じり、全体が

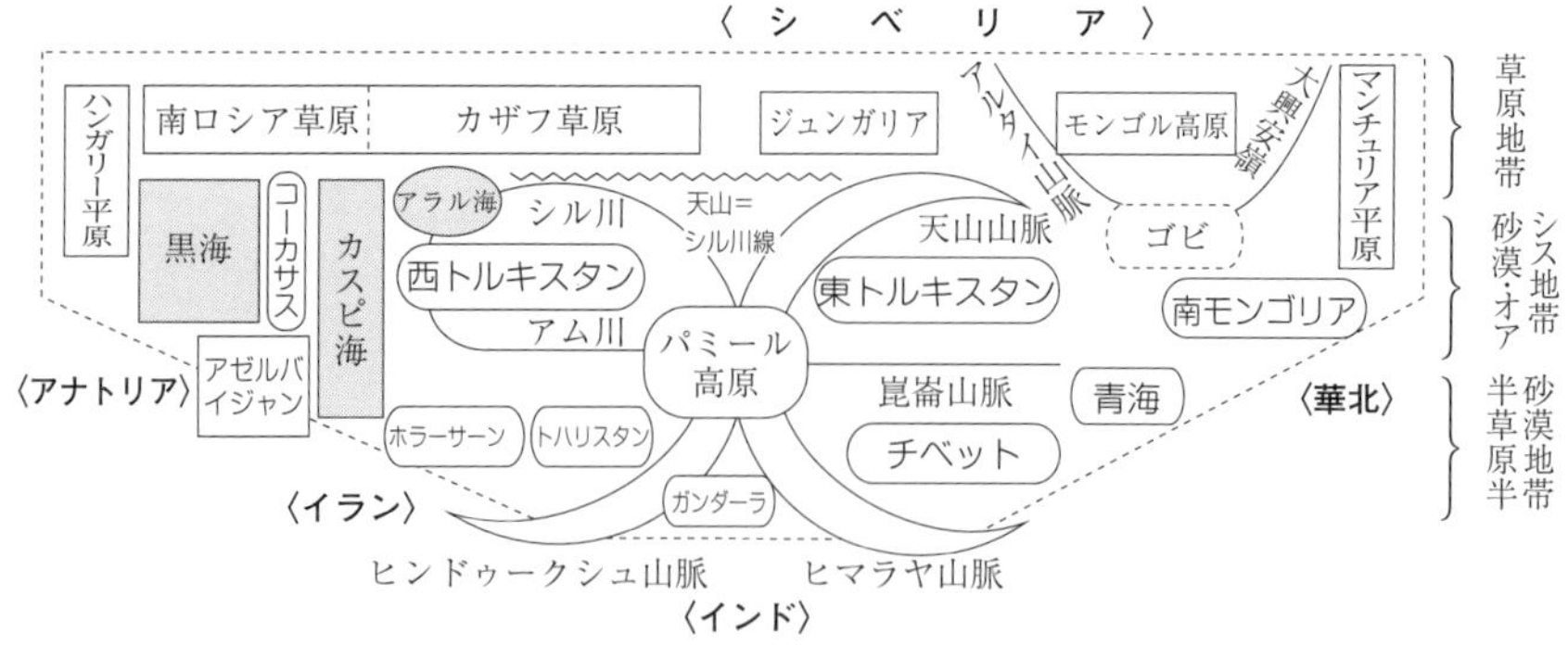


**図5－1**　中央ユーラシアの概念図（杉山）

遊牧集団の居地をなしていたのであり、さらにその東側には広大な平原が広がっていた。鮮卑《せんぴ》（二～三世紀）の原住地やキタイ帝国（契丹・遼、一〇～一二世紀）の本拠は、これら一帯であった。

アルタイ山脈の西方には、山中に広大なユルドゥズ（バインブラク）草原を抱く天山山脈の北側に沿って、ジュンガリア、イリ地方、セミレチエと、大小の草原地帯が続く。これらの草原はモンゴリアと並ぶ遊牧勢力の揺籃の地であり、西突厥《とっくつ》（六～八世紀）・チャガタイ＝ウルス（一三～一七世紀）・ジューンガル帝国（一七～一八世紀）など、名だたる遊牧国家が本拠を構えた（承志、二〇一二）。

その西方のカザフ草原から南ロシア草原にかけては、天然の障碍物のほとんどない広大な西北ユーラシア平原が広がる。この大平原は歴史的にキプチャク草原と呼ばれ、ことにカスピ海西北岸から黒海北岸にかけての地域では、スキタイ（前七～前四世紀）以来、西方遊牧国家が継起した。

他方、天山＝シル川線の南側には、草原地帯に沿うようにして、東のゴビ砂漠・タクラマカン砂漠から西のキジルクム・カラクム砂漠へかけて、砂漠地帯が連なる。年降水量二五〇ミリメートルにも満たないこれらの地域では、面として砂漠が広がる一方、天山・崑崙山脈やパミール高原から流れ出る河川や湧水の恵みによって、多数のオアシスが点々と形成された。

オアシスは、砂漠の中で局地的に水資源に恵まれた場所に人工的に形成される可耕地であり、大規模オアシスは、核となる都市を中心に、近隣の中小オアシス群がまとまって構成される。このようなオアシス都市は、パミール高原の東側では、タリム盆地中央のタクラマカン砂漠の周縁に沿ってトゥルファン（高昌《こうしょう》）・カラシャール（焉耆《えんぎ》）・クチャ（亀茲《きじ》）・コータン（于闐《うてん》）・カシュガル（疏勒《そろく》）など、また西のアム川・シル川両河地方ではサマルカンド・タシュケント（チャーチ）・ブハラなどがよく知られている。国際商人として名高いソグド人の本国として、古くソグディアナと呼ばれたのは、この両河中流域一帯である。これらパミール高原東西のオアシス地帯は、一〇世紀以降トルコ（テュルク）化が進むと、トルキスタンすなわち「トルコ人の土地」と呼ばれるようになり、やがて東トルキスタン（シナ＝トルキスタン）・西トルキスタン（ロシア＝トルキスタン）との称が成立した。

さらにこの砂漠ベルトの南側には、草原と砂漠が入り交じった半草原・半砂漠地帯が連なる。東は陰山《いんざん》山脈・オルドスから始まって、河西《かさい》回廊（甘粛《かんしゅく》）・青海《せいかい》地方を経て、チベットからアフガン＝トルキスタン（トハリスタン）・ホラーサーン（東北イラン）と続くこのベルトでは、砂漠や草原にオアシスが形成される一方、遊牧勢力が展開することもあれば農村が成り立つところもあり、政治情勢や人口動態・気候などにも左右されながら、多様な生活形態や政治権力が成立した。敦煌《とんこう》やガンダーラなどでハイブリッドな文化が生成されたのは、その現れである（榎、一九八〇）。

## （2）草原とオアシスの世界

これらユーラシア内陸域は、共通して年降水量が少なく、気温の年較差・日較差の大きい厳しい気候で、オアシス周辺を除いて農業には適さない。このため、草原地帯では遊牧が広く行われる一方、砂漠地帯ではオアシスの可耕地で集中的に農牧業が行われ、またそれに支えられて商工業が営まれた。

遊牧民は、中国やローマ、イランなど定住農耕地域の文明からは「蛮族」扱いされてきたが、それが偏見にすぎないことはいうまでもない。彼らは定住民社会とは異なる生活文化の体系と、それに基づく独自の価値観をもっていたのである。

遊牧とは、家畜群とともに牧地を変えて定期的に移動する牧畜のことである。遊牧民は、トルコ語でユルト、モンゴル語でゲル（包《パオ》は漢語）などと呼ばれる組立式の天幕に住まい、羊・山羊《やぎ》・牛・馬・駱駝《らくだ》などの家畜を飼養しながら、住居ごと移動した。移動は定期的に行われ、夏・冬の宿営地（夏営地・冬営地）やその経路はおおむね決まっていた。彼らの財産は家畜そのものであり、家畜からは肉・乳製品を得るだけでなく、毛皮・フェルト・革袋・骨角器などの素材として、余すところなく活用した。遊牧とは、徹底的に無駄を省いて組み立てられた、草原地帯における合理的な生活様式なのである。遊牧民は、このような自らの意思で場所を定め、また立ち去る移動生活こそ、自由で誇り高い、人間らしい暮らし方と考えており、定住生活をうらやんでいたわけではない。彼らからすれば、土壁に囲まれた都市や農村に住む定住民の方こそ、土地に縛りつけられた自由のない存在と映っていたのである。

とりわけユーラシア内陸域の決定的な特徴は、それが騎馬遊牧民だったことである。馬をもたない／乗らない遊牧民は世界各地にいるが、この草原地帯でのみ、馬の家畜化とそれに騎乗する技術が早くから普及したことが、彼らの影響力を決定づけた（林、二〇〇七）。そして馬上から短弓《たんきゅう》を射る騎射《きしゃ》の技術を身につけた牧民の成人男子は、一朝事《こと》あるときはただちに精強な騎兵となり、彼ら遊牧民集団は、周囲の諸社会に対し、前近代において交通・軍事両面で圧倒的優位に立ったのである（杉山正明、一九九七a）。

とはいえ彼らとても、厳しい自然環境と、外来者との不時の接触（すなわちトラブル発生の危険）のなかで移動生活を安定的に続けていくことは容易ではない。そのため、遊牧集団の指導者には、災害や外敵から自集団を守る統率力・判断力と、他集団や外来者との間で縄張りや利害関係を調整できる交渉力・調整力とが求められた。遊牧国家においてしばしば後継争いが生じるのは、長子相続のようにあらかじめ指導者の資格を限定してしまうと、能力が欠けていたときに集団全体が危機に陥るため、指導者の交代ごとにその時点での有力者を選出することを原則としているからである。モンゴルのクリルタイ（大集会）は、その代表的な方式である。遊牧国家がしばしば短期間で拡大したり瓦解したりするのは、たんなる騎馬軍団の武力だけでも、征服欲など君主の人格や国家制度の未熟のせいでもなく、このような生活環境と不可分の社会慣習と表裏をなすものだったのである。

これに対しオアシスでは、地表の河川や、カレーズ（カナート、人工地下水路）による伏流水の取水によって、灌漑農業と牧畜業が営まれた。オアシスは、人為的な水利の維持・管理なくしては存立不可能であり、また水資源の制約から、規模の拡大には限界があった。このため、他のオアシスや他地域との物資の融通、交易が不可欠であり、いきおい農業だけでなく、商業とそのための交通諸制度がいちじるしい発達を見た（松田、一九四二）。

かくてオアシス社会においては商業と商人、とりわけ隊商の貿易活動がきわめて重要な位置を占めることとなり、かつその交通の便益と安全確保において、遊牧民がそのパートナーとなった（荒川、二〇〇三）。ユーラシア大陸の諸地域は、これら遊牧民と隊商の活動によって、古くから結びつけられていたのである。オアシス都市や商人グループは、北方の遊牧勢力と提携したり、これに従属して、軍事・交通面の保障を受ける代わりに利益提供や渉外担当を引き受けるのが常であった。

交易には、地域間をまたぐ長距離の中継貿易から、オアシス都市間をつなぐ程度の短距離・中距離、さらにオアシス内部で営まれるものまで、さまざまなレベルがある。オアシス内や近距離の交易では食糧や日用物資なども運ばれたが、花形であったのは、軽くて高価な工芸品・宝飾類・薬品・毛皮などの奢侈品・嗜好品であり、これら附加価値の高い商品は、遠隔地貿易のリスクに見合うだけの利益をもたらした。なかでも中国産の絹織物が至上かつ普遍的な価値をもつものとして扱われたことから、この交易網は「シルクロード」すなわち「絹の道」と呼ばれる。陸のシルクロードは、砂漠地帯をつなぐ「オアシスの道」と草原地帯を走る「草原の道」を大動脈としつつ、東西南北に網の目のように走る大小の交易路を通じて、「面」としてネットワークをなしていたのである（森安、二〇〇七）。

住民の分布としては、草原地帯東方の遊牧民は、形質的には主にモンゴロイド（アジア人）で、言語的にはトルコ系・モンゴル系言語の話者が中心であった。これに対し、草原地帯西方の遊牧民とオアシス地帯の定住民は主にコーカソイド（ユーロポイド）で、古くはソグド語やコータン＝サカ語、トハラ語などインド＝ヨーロッパ系言語を用いていた。しかし、九世紀以降、ウイグルの西遷（八四〇年〜）を契機にトルコ語が、またイスラームの東進の下でペルシア語（近世ペルシア語）が、オアシス地帯に広まった。やがて東トルキスタンはほぼ完全にトルコ化し、またイランに隣りあう西トルキスタンでは、ペルシア語とトルコ語が長く併用されることとなった（森本、二〇〇九）。

トルコ化とはトルコ語化というべき現象のことで、個人や集団がトルコ語を母語とするようになること、またその結果ある地域においてトルコ語の使用が優勢となることをいう。したがって、在来のコーカソイド主体のオアシス住民が排除されたわけではなく、その言語がトルコ語に変わったのである。一三〜一四世紀には、モンゴル帝国の拡大とともにモンゴル語も広まり、以後草原地帯東方に定着したが、西方では、やがて草原地帯でもトルコ化が進んだ。なお、歴史上ある地域や国家をトルコ系・モンゴル系というのは、おおむね支配集団ないし多数派の言語による分類であり、ふつう形質的特徴や血統的出自をいうものではない。モンゴル系の代表格であるモンゴル帝国のもとに多数のトルコ系遊牧部族やツングース系・イラン系勢力が参集していたことはいうまでもないし、その系譜を引くティムール帝国（一四～一六世紀）をトルコ系というのは、支配層がすでにトルコ化していたからである。中央ユーラシアで興亡した諸政権やその舞台となった諸地域はいずれも多様な出自・文化をもつ人々の混成であり、分類は主に言語によって代表させた便宜的なものにすぎない。

書記に当たっては、古くはアラム文字系のソグド文字とブラーフミー、カローシュティーなどのインド系文字が用いられ、さらにソグド文字からはウイグル文字が、インド系文字からはチベット文字がつくられた。東方で一〇～一二世紀に制定された契丹文字・西夏文字・女真文字といった擬似漢字はやがて廃れたが、縦書き表音文字のウイグル文字はモンゴル文字・マンジュ（満洲）文字に受け継がれ、現在も使用されている。他方、西方ではイスラームの伝播とともにアラビア文字が普及し、ペルシア語・トルコ語はいずれもアラビア文字で表記された。西暦二千年紀には、こうしてアラビア文字・ウイグル系縦文字・チベット文字が鼎立するようになったのである。

世界宗教が広汎に受容されたことも特徴である。東西トルキスタンのオアシス地帯では、西暦一千年紀には大乗仏教・マニ教・ネストリウス派キリスト教が広く信仰され、がんらいアニミズム・シャーマニズムが主体であった遊牧民にも広まった。ついで八世紀以降、西方からイスラーム化が進行し、その結果、東西トルキスタンは一六世紀頃までにおおむねイスラームを信仰する地域となった。これに対し東方では、一六世紀後半以降、チベット仏教がモンゴリア方面に急速に浸透した（石濱、二〇〇一）。以後ユーラシア内陸域は、東トルキスタン以西のトルコ＝イスラーム世界と、東トルキスタンをはさんで南北にまたがるモンゴル＝チベット仏教世界とに二分されるようになった。言い換えれば、歴史を通して世界宗教を受容しつつも、ついに単一の宗教圏に入ることはなかったということでもある。

移動や拡散の大きな傾向としては、政治・軍事面や社会変動における「東↓西」・「北↓南」の波と、宗教・モチーフの伝播など文化面での「西↓東」・「南↓北」の波とがある。前者の最高潮がモンゴル帝国の大発展、後者の典型例がイスラーム化の波であったことは、言を俟たない。

## 3　「中央ユーラシア」をどう定義するか

### （1）「中央ユーラシア」・「内陸アジア」・「中央アジア」

このようにユーラシア内陸域は、草原とオアシスという対蹠《たいせき》的な環境・生業の世界が並存し、単一の言語・文字・信仰が覆ったこともない、まことに多様な地域であった。「中央ユーラシア」とは、そこに一定の歴史的まとまりを見出し、ひとつの地域として設定しようとする概念である。そこで次に、術語・概念とその指し示す範囲について整理しよう。

「中央ユーラシア」という術語は、サイナーが一九四〇年にフランスで発案して講義などで用いはじめ、イギリスに渡った後の一九五四年に発表した「中央ユーラシア」という論文で初めて使用した（Sinor, 1974, p. 214）。そして、米インディアナ大学に移った翌年の一九六三年に出版したフランス語の『中央ユーラシア研究入門』において、「中央ユーラシア」（Eurasie Centrale）を表題に使用し、以後広まった。日本では、夙に古代ウイグル史の山田信夫（一九二〇～八七）が注目しており、早く一九六五年に、短文ながら「中央ユーラシア史の構想」を発表している（山田、一九六五）。表題に用いたものとしては、一九七五年に山田が科研費研究報告書に『中央ユーラシア文化研究の課題と方法』と題したのが嚆矢である。(2)

大きな画期は、一九九〇年に「民族の世界史」シリーズの一冊が『中央ユーラシアの世界』と題して出版されたことであった（護・岡田、一九九〇）。一九九七年には、第二期「岩波講座世界歴史」に『中央ユーラシアの統合』の巻が立てられ、その後さらに山川出版社の「世界各国史」シリーズの新版に『中央ユーラシア史』（小松、二〇〇〇）、また地域研究の系統である平凡社「知る事典」シリーズに『中央ユーラシアを知る事典』（小松ほか、二〇〇五）も加わり、語としては定着してきたといえよう。アメリカでも、この語を冠した国際学会である中央ユーラシア学会（Central Eurasian Studies Society〔CESS〕）が二〇〇〇年に発足している。

ただし一九九〇年代はまた、「ユーラシア」のもうひとつの含意が脚光を浴びるようになった時期でもあった。「ユーラシア」の語は、ロシア研究の文脈では、ロシアの国家的・民族的特性をヨーロッパとアジア双方にまたがっているところに求めようとするユーラシア主義やユーラシア学派など、独自の含意と伝統をもつものであり、それが一九九一年のソビエト連邦の滅亡後、旧ソ連圏の何らかのまとまりを指す際に用いられるようになったのである[3]（浜、二〇一〇：塩川ほか、二〇一二）。その場合の重点は旧ソ連の非ヨーロッパ地域にあり、そのかなりの部分が遊牧民・オアシス民の歴史的活動範囲と重なることから、後述するように中央ユーラシアの定義にも影響を与えることとなったように思われる。

他方、「中央ユーラシア」に先行して用いられてきたのは、しばしば互用、あるいは混同される「中央アジア」（Central Asia）や「内陸アジア」（Inner Asia）である。漢人・漢文中心の中国史の附属物や中国王朝の西方発展史と見なされるか、明治以来、遊牧民やオアシス社会の歴史は、「塞外史」や「西域史」として中国史になじんできたわが国では、「満鮮史」・「満蒙史」など、大陸進出と歩調を合せて設定されてきた。これを独自の世界として取り上げたのは、羽田亨《はねだとおる》（一八八三～一九五五）の『西域《さいいき》文明史概論』（一九三一年）と松田壽男《ひさお》（一九〇三～八二）の『中央アジア史・印度史』（一九三五年、共著）という、中央アジア史・東西交渉史の開拓者による著作であり、後者は「中央アジア」と題した最初のものであった。さらに戦後、オアシス主体で東西交渉史の色彩をもつ「中央アジア」から、遊牧民の世界を独立させて「北アジア」として把握することが唱えられた。このような区分は一九五〇～八〇年代の『史学雑誌』「回顧と展望」でも採られており、一九八〇年代の第二期「世界各国史」（護・神田、一九八一：江上、一九八六）や、一九九〇年代の同朋舎「アジアの歴史と文化」シリーズ（若松、一九九九：間野、一九九九）でも、『北アジア史』・『中央アジア史』の二巻がそれぞれ立てられている。

一方で、北アジア・中央アジアの並列という区分は、がんらい不可分の世界である草原とオアシスとを分断してしまうという問題をはらむものでもあった。とくにチベットの扱いは一定せず、第二期「世界各国史」では『中央アジア史』とされる一方、第一期（江上、一九五六）と「アジアの歴史と文化」では、モンゴルとともに『北アジア史』に収められるなど、混乱があった。そこで、もともとはアジアの内奥部という語感から中央アジアとほぼ同義とされていた「内陸アジア」が、ユーラシア内陸域を包括的にとらえようとする際に用いられるようになったのである。

一九六〇年に松田を会長として内陸アジア史学会が設立され、一九七〇年には第一期「岩波講座世界歴史」に『内陸アジア世界の展開』の巻が立てられたことが、その画期となった。一九八四年には、斯学の二大学術誌である『内陸アジア史研究』（内陸アジア史学会）・『内陸アジア言語の研究』（神戸市外国語大学→中央ユーラシア学研究会）が創刊され、『史学雑誌』「回顧と展望」も、一九八六年以降「内陸アジア」（モンゴル時代以前・以後で二分）という形にまとめられるようになった。概説書でも、一九九〇年代に朝日新聞社「地域からの世界史」シリーズや山川出版社「世界史リブレット」に内陸アジアの巻が立てられている（間野ほか、一九九二；梅村、一九九七）。このような流れの上に、より積極的に「アジアとヨーロッパに不可分にまたがる」という主張をこめて、「中央ユーラシア」が広まったのである。

### (2)　さまざまな「中央ユーラシア」の範囲

では、それらで指し示すところの地理的範囲は、具体的にどのように考えられてきただろうか（図5-2）。最も大きく範囲を取ると、東は日本海から西はバルト海・黒海まで、ユーラシア大陸の大半を占めるとするとらえ方がある。どの地域が含まれる、というよりむしろ、ユーラシア大陸から沿海部の湿潤地帯を除いた残りすべて、というべきだろう。提唱者のサイナーが中央ユーラシア、あるいは内陸アジアとして提示するのはこの広大な範囲である（Sinor, 1990, p. 6）。モンゴル時代史の杉山正明も、「東はマンチュリアをふくむ北中国から、いわゆる北アジア、中央アジア、チベット、アフガニスタン、西北インドをへて、西は西北ユーラシア、ロシア、東欧の一部、イラン、アナトリア、シリア、パレスチナ、そしてヒジャーズあたりまでをも、おおよそふくむ」超広域の世界であるとする（杉山正明、一九九七b、一〇頁）。

ただし、サイナーが北極海まで区別しないのに対し、杉山は極北のツンドラ地帯を除外する一方、イラン高原をはじめ西アジアの大半を含めている。このとらえ方は、松田が早く戦前の一九三八年に発表した『乾燥アジア文化史論』において提示した「乾燥アジア」とほぼ重なるといえよう。松田は、ユーラシアの風土を亜湿潤アジア（Semi-wet Asia）・乾燥アジア（Dry Asia）・湿潤アジア（Wet Asia）に三分し、草原とオアシスからなる内陸部を乾燥アジアとして包括的にとらえることを提唱している（松田、一九七一、第三章）[4]。これはユーラシア内陸域を一体のものとして把握するだけでなく、草原ベルトが続き、偏西風を遮断するもののないヨーロッパ方面や、同じ乾燥地帯に属する西アジアへの広がりを重視したものといえよう。さらにカメラを引いて、アフリカをも視野に収めて見渡すならば、サハラ砂漠・西アフリカまで西南方向に広がるア

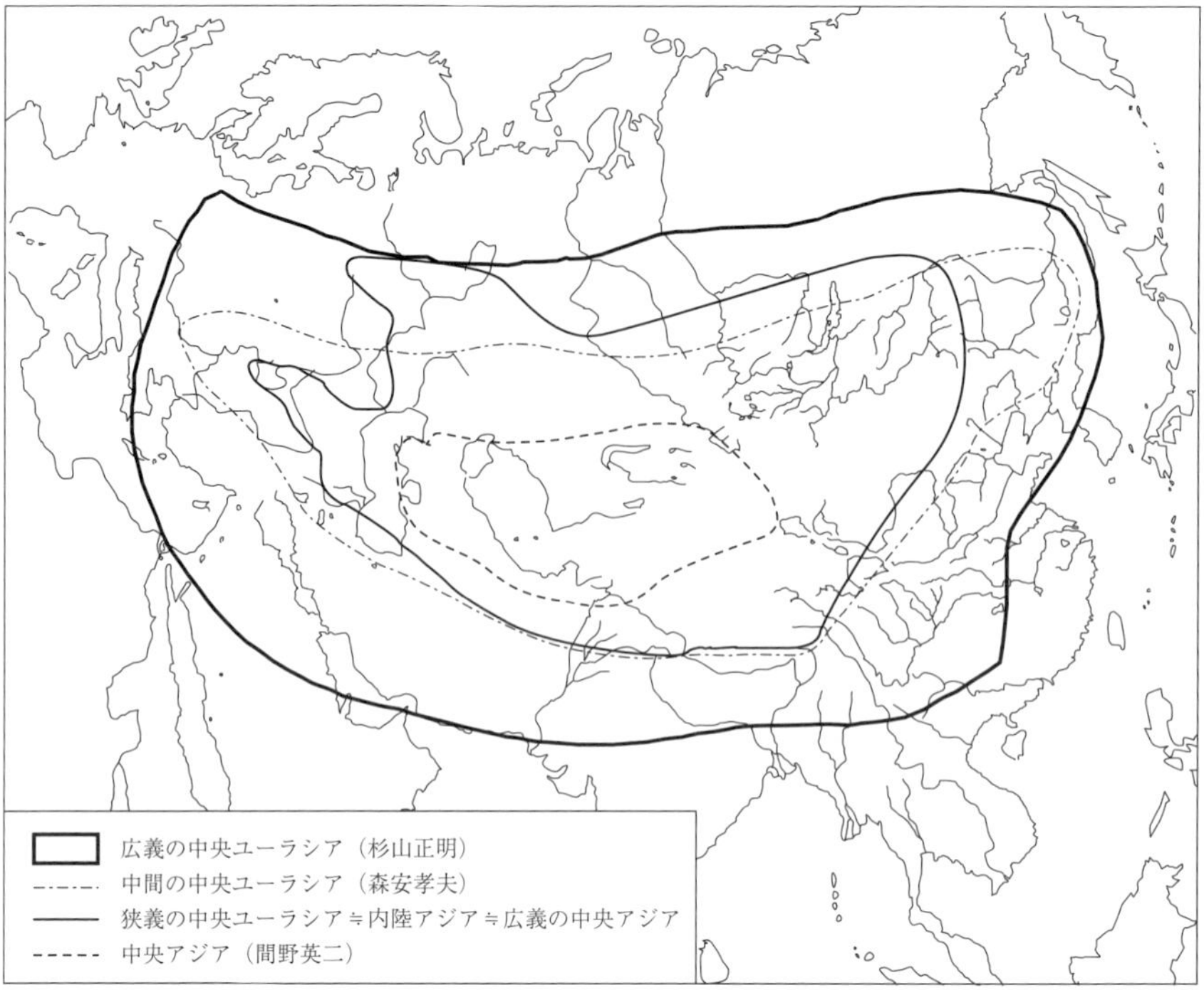


**図５－２**　さまざまな中央ユーラシアの範囲

フロ＝ユーラシア内陸乾燥地域（嶋田、二〇一二）のうち、これを西北〜東南方向に横切るアルプス・ヒマラヤ造山帯で区切られた東北半ということができるだろう。

　もうひとつはこれより一回り小さく、草原世界を重視して、「遼河の西岸からドナウ川の左岸に至るまで、草原の遊牧地帯がひとつながりになった地帯」とするものである（岡田、一九九一、一四七頁）。古代ウイグル史の森安孝夫は、さらにコアをなす草原地帯‐砂漠地帯‐半草原・半砂漠地帯の三重構造としてとらえて、「ユーラシアのうちで草原と沙漠とオアシスの優越する乾燥地帯であり、住民としては遊牧民とオアシス農耕民・都市民を主とし、森林草原地帯の半牧畜半狩猟民や半農半狩猟民を従とする地域世界である。そこに満洲と東ヨーロッパのかなりの部分やチベット高原全体は含まれるが、西アジアの大部分は含まれず、また秦嶺・淮河線以北の北中国でも関中盆地や中原や河北平原等の大農耕地帯は含まれない」と定義している（森安、二〇一一、九〜一〇頁）。すなわち、東方はマンチュリア、南方はチベット・ガンダーラ・ホラーサーン・コーカサス、西方はハンガリーに及ぶというものであり、遊牧勢力の政治・軍事活動が展開した範囲に主眼をおきつつ、草原の遊牧民と砂漠のオアシス民を中心としてとらえる考え方である。

第三は、東方をモンゴリア、西方をヴォルガ川流域とする、狭義の中央ユーラシアである。『中央ユーラシア史』は、その範囲を「西ではヴォルガ＝ウラル地方、東では大興安嶺、すなわちモンゴル高原まで、北では南シベリアの森林地帯とし、一方南では（中略）チベット高原を含め、西南ではイラン東北部とアフガニスタン北部まで」としており（小松、二〇〇〇、四頁）、ヨーロッパ方面への広がりは重視せず、実質上アジア内陸部という意味で、むしろ内陸アジアというべきであろう。これは、たとえばケンブリッジ史シリーズの「内陸アジア」の続巻（DiCosmo *et al.* 2009）など、欧米における内陸アジアや広義の中央アジア（大中央アジア〔Great Central Asia〕）に相当する。『中央アジア文明史』シリーズ（*History of Civilizations of Central Asia*, 1992-）など、ユネスコの中央アジアの定義もほぼこれに近い。

これに対し中央アジアは、そのような広義の場合を除いて、ふつう東西トルキスタンを中核とするアジア中央域をいうものであり、中央ユーラシアとは区別される。[5] トルコ＝イスラーム史の間野英二は、「一応」の定義と断りつつ、「東のゴビ沙漠、西のカスピ海、南のコペト・ダウ、ヒンドゥークシュ、コンロンの山々、そして北のアルタイ山脈とカザーフ草原にかこまれた横長の長方形の地域」とする（間野、一九七七、一一頁）。つまり、ゴビ砂漠と崑崙山脈を界限としているように、モンゴリアとチベットを基本的に除外した、東西トルキスタンのオアシス地帯を中心とした地域である。[6]

このトルキスタンにも広狭二義があり、狭義には天山＝シル川線以南のオアシス地帯を指す。この場合は、草原地帯である天山山脈以北のジュンガリアとカザフ草原は含まれない。広義には、これらをも含んで、現在の中国新疆《しんきょう》ウイグル自治区・カザフスタン・クルグズスタン（キルギス）・ウズベキスタン・トルクメニスタン・タジキスタンの領域を指す。なお、ソ連時代には東トルキスタンは「中央アジア《ツェントラーリナヤ＝アージャ》」（Центральная Азия）、西トルキスタンは「中部アジア《スレードニヤヤ＝アージャ》」（Средняя Азия）と呼び分けられていたが、草原地帯が大半を占めるカザフスタンは「中部アジア」には含まれず、西トルキスタンに関しては正しく狭義＝オアシス地帯として用いられていたといえよう（帯谷・北川・相馬、二〇一一、五頁）。

現在では、逆に「中央アジア《ツェントラーリナヤ＝アージャ》」が旧ソ連領五カ国の総称として用いられており、これがわが国でも近年見受けられる、最も狭義の中央アジアである。これは、現在の国家とその領域を前提とせざるをえない新聞・メディアや政治学・地理学などで見られるが、歴史分野でも、近現代史では一般化しつつある。しかし、歴史学・言語学・美術史など人文諸学において、東トルキスタンを除外した中央アジアという概念や用法はない。混乱を避けるためにも、その場合は西トルキスタンや中央アジア諸国と明示すべきであり、中央アジアというときは、東西トルキスタンをともに含まねばならない。

総じていえば、大きな潮流は用語の面で中央アジア＜内陸アジア＜中央ユーラシアと、より広域をとらえようとする方向にあり、そのなかで最も広域を指すのが中央ユーラシアなのである。[7] また、用語としては同じ場合でも——サイナーが、意味を拡張させて内陸アジアを広義の中央ユーラシアと同義で使っているのは特殊な用法というべきであるが——、同様に広義に用いようとする志向がはたらいてきたといえよう。このうち狭義の中央ユーラシアと内陸アジア、広義の中央アジアはおおむね同じであるが、この場合を除いて、中央アジアはあくまで中央ユーラシアの下位区分であり、混同してはならない。

### （3）「中央ユーラシア」の定義をめぐって

このように、語としては定着してきた「中央ユーラシア」ではあるが、その範囲と含意はまことに多様であり、あらためて整理と検討が必要である。

すでに指摘があるように、定義や用語法については、提唱者のサイナー自身、揺れがある（森安、二〇一一、七頁）。そもそもサイナーは、地理的というよりは文化的概念であるとして、これを定住農耕地域の文明の圏外にある「蛮族《barbarian》」の世界であって、農耕文明と相互に伸縮しあうものだと述べており（Sinor, 1969, Chap.I : 1990, Introduction）、地域の自律性・内在性を見出そうとする姿勢に乏しいといわざるをえない。森安がいうように、サイナーを離れて独自に再定義して使うべきであろう。

顧みれば、「中央ユーラシア」という概念には、大別してふたつの立場からの定義があったといえよう。第一は、遊牧勢力の活動を主眼としつつ、遊牧社会・オアシス社会・国際商業を要素として組み立てられた範囲をひとつの歴史世界としてとらえて、世界史に位置づけようとする潮流である。第二は、現在の当該地域の一半をなすトルコ＝イスラーム世界を軸に据え、その展開をたどる立場であり、現代史や政治学・地理学・文化人類学などと接続する。

本節で見た「中央ユーラシア」概念の振幅も、これとかかわる。モンゴル史から世界史を鳥瞰した岡田や杉山が提起してきた一九九〇年代においては、それはモンゴル帝国を頂点とする遊牧民の活動の展開を主軸とした、広域性・多様性をこそ特徴とするものとして考えられていた（岡田、一九九二：杉山正明、一九九七ａ）。しかし、「中央ユーラシア」が定着をみたと思われた二〇〇〇年代においては、西トルキスタン近現代史の小松久男は、これを「内陸アジアのイスラーム地域」であるとし（小松、二〇一一、六九頁）、『中央ユーラシアを知る事典』において、「クリミア半島、ヴォルガ・ウラル地方、カフカース、中央アジア、アフガニスタン、中国新疆（東トルキスタン）、西シベリアなどの諸地域を含む地域概念」と定義して、その特徴として、遊牧民の活発な活動、テュルク化、イスラーム化、ロシア・ソ連への統合の経験、の四つを挙げている（小松ほか、二〇〇五、三四六頁）。もう一点の基本書である『中央ユーラシア史』ではモンゴル・チベットも含められてはいるが、とはいえその主眼がトルコ＝イスラームの展開にあることは明らかである。このような観点は、トルコ民族史の立場をとり、九、一〇世紀以降をトルコ＝イスラーム時代と区分する間野の中央アジア史像とも軌を一にする（間野、一九七七、一一頁：間野、一九九九、九頁）。

しかし、中央ユーラシアという地域設定においては、「トルコ」（テュルク）も「イスラーム」も、ある時期以降の特定範囲における属性のひとつにすぎない。世界史においてトルコ＝イスラーム史を自立させて設定することは重要であるが、「中央ユーラシア」をそれによって定義してしまうと、トルコ化以前・イスラーム化以前の歴史はその前史でしかなくなってしまうし、以降についても、モンゴル・チベットをはじめ、トルコ語やイスラームを受容しなかった人々や地域を適切に位置づけられないであろう。このため、遊牧民の活動を特徴として挙げながら非ムスリムのモンゴルを除外したり、トルコ＝イスラームのヴォルガ＝ウラル地方は含めても南ロシア草原・ハンガリー平原にはふれない、という問題が生じるのである。これは、スキタイと匈奴に始まりモンゴル帝国で最高潮に達するという中央ユーラシア史像とは、懸隔があるといわざるをえない。

さかのぼれば、サイナーがこれをウラル系・アルタイ系の諸民族が活動した地域とするのに対し、江上波夫は、逆に中央アジアをインド＝ヨーロッパ語族が中心であるとしていた（江上、一九八六、ⅲ頁）。このような相違は、主たる関心が草原地帯の遊牧民にあるか、オアシス地帯の定住民にあるかの違いから生じたものであり、かつては言語・形質・民族が混同されがちであったことも、混乱に拍車をかけた。しかし、このような特定の言語や宗教によって定義しようとする本質論的立場では、多様なユーラシア内陸域を時間的・空間的に広範囲に把握することは難しいと私は考える。「中央ユーラシア」とは、本来それをこそ乗りこえるために提唱されたものではなかったか。

では、あらためて「中央ユーラシア」はどのように設定すればよいだろうか。私は、第一の立場に立って、これを多様性をこそ特徴とするひとつの歴史世界として、その輪郭を描くべきであると考える。

もう一度、ユーラシア内陸域の姿に立ち戻ってみよう。「旗状地帯」という表現があるように、ユーラシア大陸は、東西に帯状に広がるツンドラ、森林、草原、砂漠のベルトが、あたかも横縞模様の旗のごとく北から南に並んでいる。同質の気候帯・生態系が東西に長く横たわるというこの特質のゆえに、東西には同種の生活圏で有用な物産・技術・知識が――しばしば人の移動をともなって――すみやかに伝播し、南北では、異なる物産や情報が、生活環境や生業を異にする人々の間で交換されることになる（妹尾、二〇〇一）。

かくて南方のオアシスの農民は農産品を、商工民は手工業産品や交易品を、また北方の遊牧民は畜産品や移動手段・安全保障を互いに提供しあい、さらに国際商品は、隊商の手で東西にリレーされていった。環境・生業・言語・宗教・文化の多様性にもかかわらず、そこではさまざまな生活様式を営む人々が互いに補いあいながら共存しており、また遊牧民の活動や商人のネットワークによって、広域が結びつけられていたのである。そこにおいては、トルコやモンゴル、仏教やイスラームなどは、ある特定の時期や下位の地域を特色づける属性であり、むしろ全体としての特徴は、いかなる言語・文字・信仰もその全域を覆ったことがないにもかかわらず、その多様な要素が組み合わさってひとつの歴史的まとまりを構成していたという点にある（杉山正明、一九九七ａ）。

そのような観点からあらためてひとつの定義を試みるならば、中央ユーラシア世界は、その名の通りヨーロッパとアジアにまたがる広大・多様な地域であり、それ自体が草原地帯の遊牧社会と砂漠地帯のオアシス社会とによって特徴づけられる

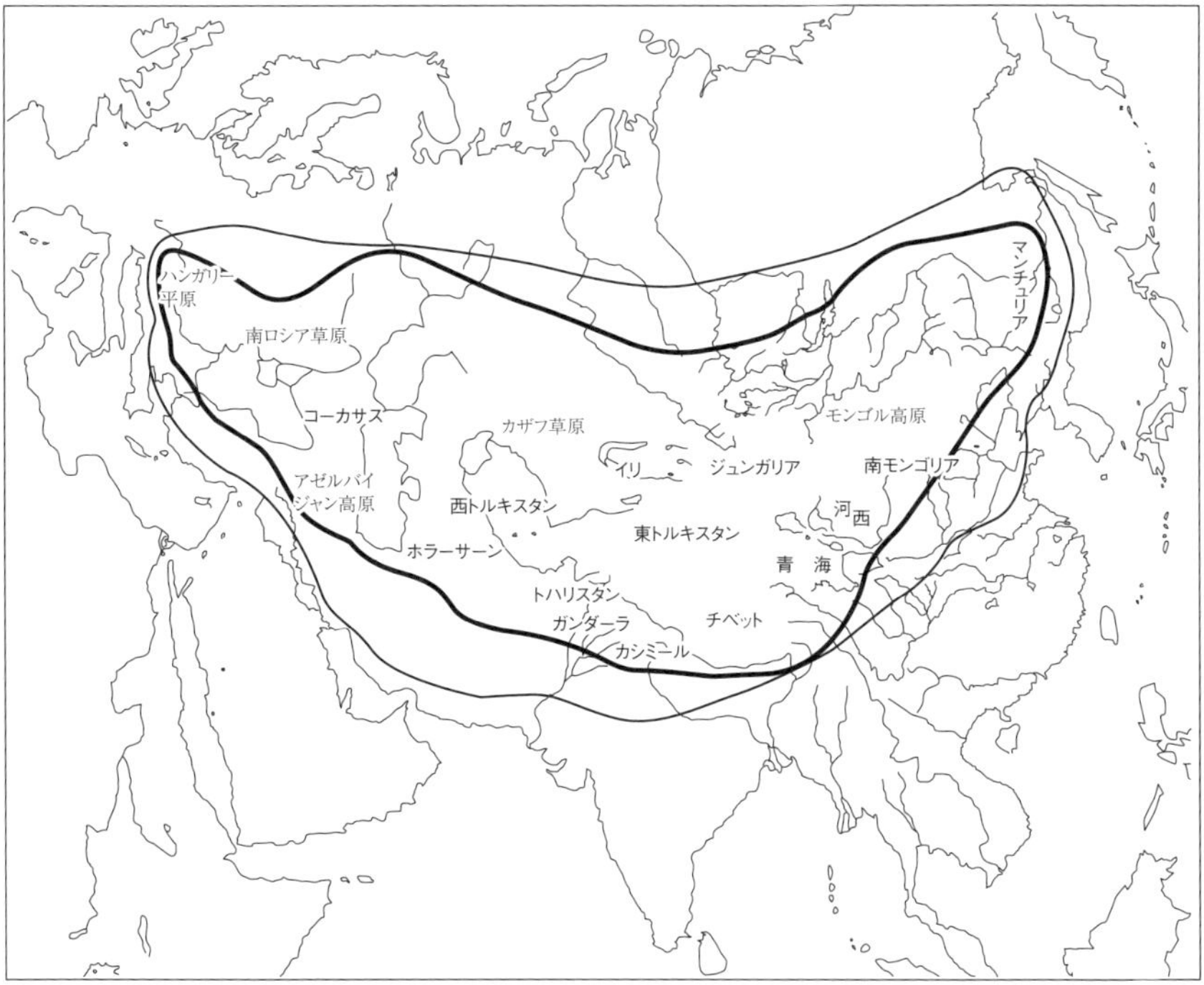


図5－3　中央ユーラシア世界とその外縁部

ひとつの歴史世界であると同時に、それを超えて東アジア・南アジア・西アジア・東ヨーロッパと重なりあい、またそれらを結びつける超広域の世界であるということができよう（図5－3）。

その構造は、草原地帯－砂漠・オアシス地帯－半草原・半砂漠地帯の三重構造部をコアとし、さらにその周縁部が隣接地域と二重になっている、〝巨大な二重構造〟と見ることができる。たとえば東方では、南モンゴリア（内モンゴル）～河西地方は中央ユーラシア世界のコアに属し、その外側の華北一帯は、中国の北半であると同時に中央ユーラシア外縁の東南部でもあるという二重の地域と見なせよう。

コア地域の範囲は、西方はスキタイ・アヴァル・ブルガル・ハザル・マジャルそしてジョチ＝ウルス（いわゆるキプチャク＝ハン国）など、西方遊牧国家の活動の舞台となった南ロシア草原・ハンガリー平原まで及ぶ。また西南方面は、カシミール・ガンダーラ・ホラーサーンまでが含まれ、さらにクシャン朝（一～三世紀）からナーディル＝シャー（一六八八～一七四七）に至るまで、それらの地域の政治権力が侵入と支配を繰りかえした西北インドは、東方における華北と同様、二重の性格を帯びた地域であったといえよう。より西方では、コーカサスを南に越えて、ユーラシア西南方面における遊牧勢力の一大拠点であったアゼルバイジャン高原を忘れてはならない。フレグ＝ウルス（イル＝ハン国）やサファヴィー帝国（一六～一八世紀）は、この地に成立している。

ひるがえって、マンチュリア・シベリアの森林・森林ステップ地帯も見落としてはならない。この点については、渤海《ぼっかい》史の古畑徹が、大興安嶺を東限とする近年の傾向に警鐘を鳴らしている（古畑、二〇〇九）。先にふれたように大興安嶺とマンチュリア平原は草原世界の不可分の一部であり、さらにその外縁の森林・農耕地帯からは、渤海・金・後金《こうきん》（大清《だいしん》の前身）が興起している。これらはツングース系の農牧民を主体とするが、大興安嶺方面の遊牧勢力の影響下で国家形成を遂げたものであり、中央ユーラシア史のなかに位置づけなければならない（森安、一九八二）。また北方では、松田が「森林アジア」と名づけた、「毛皮の道」を擁するシベリアの森林地帯も外縁部に含まれよう（松田、一九六二、第四章）。この地域は、国際商品の花形の一たる毛皮の供給地にして商業路であり、その南部はステップ遊牧世界の後背地でもあった。

このように中央ユーラシアは、東はマンチュリア平原から西はハンガリー平原まで、北は南シベリアの森林ステップから南は半草原・半砂漠地帯までの広大な範囲をコアとし、さらにシベリアと東部マンチュリア、華北、西北インド、イラン高原の大部分が、その外縁部を構成すると考えることができる。

とりわけ半草原・半砂漠地帯と定住農耕地域とが接触する南の辺縁には、農耕と遊牧とが双方行われうる農牧接壌《せつじょう》地帯（農業＝遊牧境界地帯）が、幅数百キロメートルにわたって横たわる（妹尾、二〇〇一、第一章；森安、二〇〇七、第一章）。唐代史の石見清裕は、「次代の勢力が蓄積される場」としてこれを「リザーヴァー」と呼び、南北の中間地帯として位置づけている（石見、一九九九）。たとえば、漠南《ばくなん》（ゴビ以南）の陰山《いんざん》～長城地帯から鮮卑の北魏（四～六世紀）や突厥第二帝国（七～八世紀）が勃興したように（鈴木、二〇一一）、この両属的なエリアを中央ユーラシアの遊牧勢力と定住農耕社会の政権のいずれが押さえるかが、次代の構図を左右した。そしてさらに外側の華北一帯も、この中間地帯の動向と密接に連動していた。「五胡」～北朝諸国家（四～六世紀）や、帝国に成長した唐（七～一〇世紀）は、いずれもこの農耕・牧畜複合地域に形成されたものであり、中国都市史の妹尾《せお》達彦は、この地帯に立脚して農牧両社会を支配した政治権力を農牧複合国家と呼んでいる

（妹尾、二〇一四）。このような二重の性格をもつ外縁部が、コアの「草原とオアシスの世界」を取り巻いていたと見ることができよう。

## 4　中央ユーラシア世界と世界史

中央ユーラシア世界をこのように構想したとき、世界史において、それはどのような特徴をもち、どのような意義をもつものとして位置づけられるだろうか。

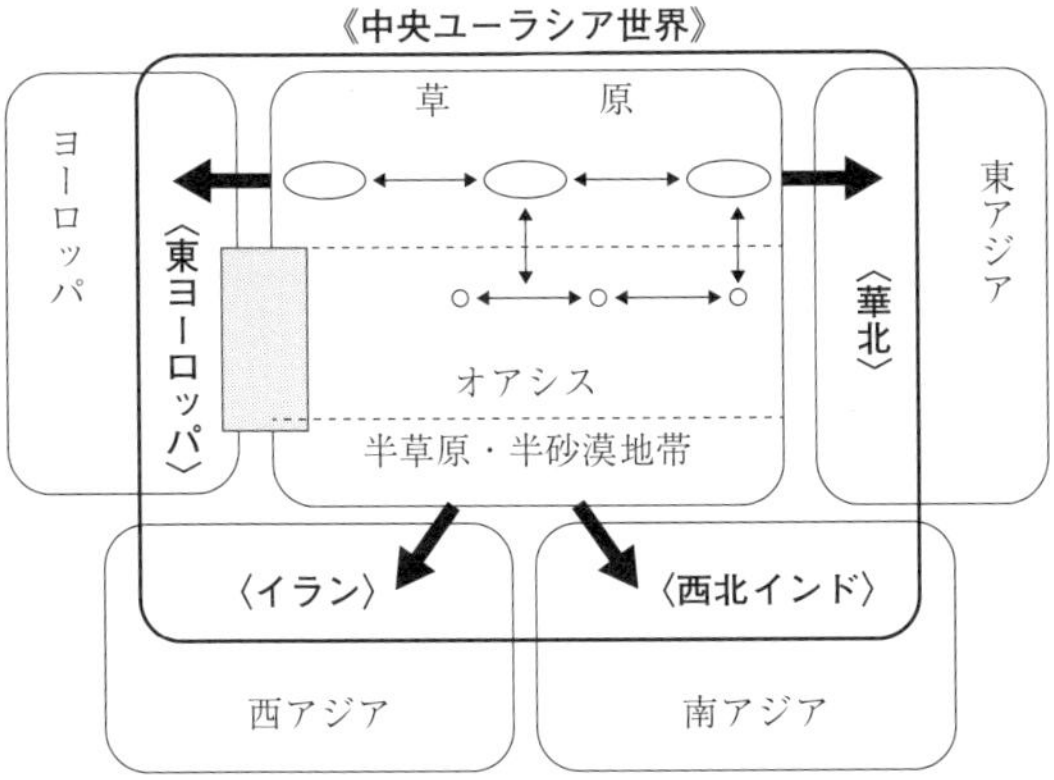


図5－4　中央ユーラシアのコア地域と“巨大な二重構造”

この巨大な世界のダイナミズムは、南北関係と東西関係の組み合わせとして理解することができる。これまで、南北関係・東西関係のいずれがより重要であるかがしばしば論じられてきたが、それは〝巨大な二重構造〟のなかで整理できよう。すなわち、南北・東西いずれの関係においても、中央ユーラシア内部での南北関係・東西関係と、中央ユーラシア世界と隣接地域との間の南北関係・東西関係とがあるのである（図5－4）。内部における南北関係とは、北のステップ遊牧勢力と南のオアシス定住社会との関係であり、東西関係とは、遊牧勢力同士、オアシス都市間それぞれの関係である。前者は匈奴からジューンガルに至るまでの遊牧国家のタリム盆地オアシス支配に典型的であり、後者は、東西突厥の関係やジューンガルとカザフの関係（野田、二〇一一）、あるいは一九世紀のコーカンドとカシュガルなどを想起すればよい。

さらに、内部の南北関係の二重性にも留意しなければならない。モンゴリアの遊牧国家とタリム盆地のオアシス国家の統属関係など、草原地帯・オアシス地帯間のマクロレベルの南北関係と、個々のオアシス都市とその周辺に遊牧する牧民集団のように、日常的に接触のある近隣レベルでの遊牧民・オアシス民の関係とは、区別してとらえる必要がある（坂尻、二〇〇八：荒川、二〇一〇）。

ひるがえって中央ユーラシア西部には、カスピ海と黒海があるため、カザフ以西のキプチャク草原と対をなすべきオアシス地帯や農牧接壌地帯が欠落していたということができるかもしれない。このため、唯一の回廊たるコーカサスを除いて、西方では〝内部の南北関係〟が成立せず、むしろ草原地帯とその北側の森林地帯、すなわちモスクワ＝ロシアとの関係が基軸となったといえよう。

他方、外部との南北関係とは、モンゴリアの遊牧勢力と中国王朝・漢人社会や、西トルキスタンの軍事集団と西北インドなど、中央ユーラシアの勢力とその南方に隣接する社会との関係である。日本の東洋史学の鼻祖である白鳥庫吉《くらきち》（一八六五～一九四二）がデュアリズムと表現した南北対立史観は、それを表現したものであり（白鳥、一九二六）、また、松田が南北の代表的物産の名を取って「絹馬《けんば》貿易」と名づけるのは、交易面でこのような構造を表したものである（松田、一九三六）。そして外部との東西関係とは、いうまでもなくシルクロード貿易と呼ばれる国際商業が代表的である。従来は、ともすればこれら二重・多重の南北関係・東西関係が混同されたまま論じられてきたように思われるが、この重層的な南北関係・東西関係を適確に区別しなければならないだろう。

このような重層的構造理解は、中央ユーラシア世界の整合的理解だけでなく、これと重なりながら隣りあう東アジア・南アジア・西アジア・ヨーロッパをとらえなおす視点をも提供するという方法的意義をもつ（図5-4）。これまで、これらの歴史世界の設定においては、漢字やキリスト教など固有の指標によって排他的に範囲を切り分けがちであり、その領域に中央ユーラシアの勢力が及んだときは、「蛮族の侵入」としてとらえてきた。そうではなく、先に述べたように、中央ユーラシアのコア部分を独自の歴史世界ととらえたうえで、外周の華北・西北インド・イラン高原・東ヨーロッパを、中央ユーラシアとの二重の性格をもつ地域と見るのである。この二重地域は、中央ユーラシアと定住農耕社会どちらの勢力下に入ることもありえるわけであり、それを一方の世界の拡大と他方の縮小ととらえる必要はない。

たとえば華北は、漢文・礼教といった思想・文化面では華中・華南とともに「中華」を構成するけれども、政治・軍事的動向や畑作・粉食中心の食文化などは、むしろ遼東地方～河西方面とひとつらなりの地域をなしている。長城線ではなく、華中との間に境界が引かれた「五胡」～北朝や金（一二～一三世紀）の時期は、領域的にもそれが一体となった状態が現出したものと見ることができよう。このようにとらえることで、これを「中国の分裂」として不正常な状態のように見なすことや、「北方民族の侵入」などと対立や異質性を強調する旧来の見方を変えることができるのではないだろうか。

もうひとつの方法的意義は、遊牧国家・中央ユーラシア型国家という国家モデルの提供である。遊牧国家とは、遊牧民が支配権を握る国家であって、遊牧民だけで構成される国家ではない（杉山正明、一九九七ａ）。政治と軍事を遊牧民が握ったうえで、オアシス都市や農耕地帯の農民・商人・都市住民などさまざまな定住民を支配下におさめ、国際商人を取りこんで貿易・外交を担わせるという連合体であり、構成員の生業・言語・習俗はつねに多民族的・複合的であった。

遊牧国家は、君主の出身集団を中心とする連合体を核として形成される。これをトルコ語でイル（エル）、モンゴル語でウルスといい、領土そのものではなく、人間集団とそれによって形成される政体を指す。他方、そのまとまりは首長の指導力に依存するところが大きいため、有能な君主が死んだり、その出身集団の力が衰えるとたちまち解体して、別の指導者のもと新たなまとまりが形成された。すなわち遊牧国家の興亡とは、連合体の頂点に立つ王家とその支持母体の交替であって、前の遊牧国家に従っていた集団の多くは引き続き新たな国家の構成員となるのであり、いわば連合体の組みかえということができよう。これらが〝政権交代〟を繰り返しながら、オアシス地帯の間接支配を続けたのである。

一〇世紀頃以降登場した西ウイグル・キタイ・西夏・セルジュークなどは、遊牧勢力自身がオアシス都市や定住農耕社会を安定的に統治するようになる。この段階を、森安は中央ユーラシア型国家と呼んでいる（森安、二〇〇七）。それは、徴税・文書行政制度、契約や書信の書式、商取引のルール、出資・利益分配の方式、それらに用いられる国際語《リンガ＝フランカ》など、オアシスをはじめとする定住社会で蓄積されてきた行政運営・社会生活上のノウハウと、彼ら自身が錬成してきた軍事・政治組織、交通・情報伝達制度、人材登用制度などの統治技術とを組み合わせ、遊牧軍事力と貿易利潤とを力の源泉として、支配集団の特質と凝集力を維持したままで、少数による多数支配を実現したものである。

その支配のあり方は、軍事力と政治的意思決定は遊牧集団を核とした支配層が独占するものの、それ以外は納税と服従のみを求めて、治安上の問題がない限り在来の社会・慣習・信仰には干渉しないという、ローコスト経営であった。その際、必ずしも漢字など多数派の文字・言語によらず、独自の文字文化・文書行政体系・翻訳システムが創出されたことが、この段階以降の特色であった(8)。そうであれば、もはや君主自身は遊牧民でなくてもよい。そう考えれば、農牧民であるツングース系の金・大清なども、その類型としてとらえることができるだろう（杉山清彦、二〇一五）。

これらの素地、ことにキタイ帝国と西ウイグル王国（九～一四世紀）の経験の上に、モンゴル帝国が史上初めて中央ユーラシアの政治的統合を実現したのである。チンギス家に見られる王統の至尊化、出自と実績双方に目配りした人事運用、定住社会からの人材リクルート、翻訳・並記など多言語運用のしくみ、広域を迅速に結ぶ駅伝網、多様な地域・集団からの正統性調達、職能や信仰に基づく集団把握と自治委任など、モンゴルのもとで大成された広域・多民族支配のノウハウは、その解体後も、ティムール・サファヴィー・ムガル・大清など後継諸帝国に引き継がれた（杉山清彦、二〇〇九）。この段階に至ると、ムガル帝国（一六～一九世紀）のインド統治、大清帝国（一七～二〇世紀）の漢人支配のように、巨大な人口を擁する定住地域に入りこみながら、独自の軍事力と人材配置によって、より安定的・長期的に統治することが可能となった。

このような遊牧国家という国家パターン、さらに異なる環境・生業・文化の地域をまたいで広域・多元的統治を行う中央ユーラシア型国家とその諸段階は、新しい世界史の構想に大きく寄与するものであろう。同時に、共通の言語・信仰・生活形態が存在しないにもかかわらず設定される地域であり、内部の多様性と、周縁・近隣との重複性・重層性を特徴とし、そのような観点を世界史理解に提供しうるという方法的意義をもつ――本章で見た「中央ユーラシア世界」の特徴は、見わたせば「東南アジア世界」のそれと重なることに気づかされる（古田、一九九八）。方法的な地域設定と歴史的実在性とのかねあい、多様性・多元性の読みこみ方などといった課題への対処や、ヨーロッパ中心史観・中国中心史観への批判が自地域中心史観に陥ってしまうことへの警鐘（桃木、二〇〇九）など、その経験と提言は、「中央ユーラシア」概念の鍛錬に重要な示唆を与えてくれるように思われる。

## 5　中央ユーラシアの「周縁化」と「実体化」

このような中央ユーラシア世界は、歴史世界である以上、ある時期に生成し、時代とともに姿を変えてゆくものである。草原とオアシスを核とし、その外周に影響を与え続けた存在としての中央ユーラシア世界は、それを成り立たしめていた多様性・多元性と騎馬の優位性とが力を失うとともに、その役割を終えることになる。

変化の始まりは、一七五五年の〝最後の遊牧帝国〟ジューンガルの滅亡であり（宮脇、一九九五：小沼、二〇一四）、終焉を象徴するのは、東方では、漢人が統治の実権を握ることになった一八八四年の新疆省の設置、西方では、ロシア軍が遊牧トルクメンを粉砕して西トルキスタン支配を完成させた、一八八一年のギョクテペの戦であった。この一世紀余りの間に、中央ユーラシアは大清・ロシア両帝国によって東西に分割され、その基本的枠組みは現在まで続いている。これは、西から東へ、南から北へという、例外的な方向の軍事拡大によってもたらされたものであった（林、二〇一二）。

これは単なる「遊牧民の落日」などではなく、その背後で世界史的な構造転換が起こっていたことに目を向けなければならない。それは、中央ユーラシアの「周縁化」というべき現象である。それまでは、騎馬軍事力の優位と少数者支配という効率のよさが中央ユーラシア型国家の強みであったが、産業革命・軍事革命として知られる技術革新と、国民国家という新たな国家システムの登場とによって、定住民社会との力関係が構造的に逆転したのである。

第一は、火器の高性能化と蒸気機関の発達・普及によって、軍事・交通面での騎馬遊牧民の優位が失われたことである。第二は、人口の少なさによる主導権の喪失である。それまで「少数精鋭」を誇っていた遊牧民は、「人口は国力」とされる近代を迎えると、「少数民族」への転落を余儀なくされたのである。第三は、「帝国」から国民国家へという、国家システムの転換である。構成員の多様性と統合のゆるやかさを本質とする帝国型統治は、多民族・多言語・多宗教の共存に不寛容である代わりに構成員の一体性を標榜する国民国家に対し、国力の動員において決定的に劣勢に立たされることとなった。さりとて、原理の異なる国家システムを模倣することは、帝国の解体を意味したのである。

つまり、遊牧民とその社会・国家が発展のない存在だったからではなく、それまでの長所が短所に変わるという構造的逆転によって、一気に周縁的な存在へと追いやられたのである。こうして、モンゴル・カザフの遊牧民やオアシスのムスリム住民は、ロシア人の支配下に入れられたり、漢人の進出にさらされてゆくことになる。また、定住社会の統治の経験を積んでいたマンジュ人は、同盟者であったモンゴル遊牧民を切り捨てて漢人との提携に切り替え、「中央ユーラシアの大清帝国」は、「中国の清朝」に姿を変えるのである。

本章冒頭で、中央ユーラシアは、実体的なものというよりは方法的な概念であると述べた。そこでいう中央ユーラシア世界は、遅くとも一九世紀までに終焉を迎えた。それは、この地域が「草原とオアシスの世界」としてまとまりと自律性をもち、その外周に影響を与えた時代の終焉であり、逆にこの地域が外部の意思や力によって左右される時代になったのである。それゆえ、もはやそのような論理で独自の地域が設定されることはなく、それ以降をこの意味での中央ユーラシア世界と呼ぶことはできない。

かわって、トルコ系言語の使用やイスラームの優越、社会主義の経験といった、固有の特徴を以て識別される実体的な地域が——それを、同じ「中央ユーラシア」の語で呼ぶかどうかは、なお議論を重ねる必要があろうが——姿を現したといえよう。その際には、旧ソ連領や中国の自治区といった現代の区分や、現状の一半を規定するトルコ＝イスラーム世界の視点が意味をもつであろう。だが、それらは現在の状況を歴史的に説明する枠組みとしては有効であるが、これを軸として通史を組み立てたり地域を規定したりするのは適切ではない。方法としての中央ユーラシアと、実体ある地域としての中央ユーラシア、そのそれぞれを描いてゆく試みが、まずは求められるであろう。

そして、民族や国家の枠組みを取り払ってユーラシアの風土とそこにおける人類社会の歩みをとらえなおすという、「中央ユーラシア史」が提唱された本来のねらいに立ち返るとき、乾燥地帯をより広く包含した「アフロ＝ユーラシア」という超広域の枠組みでとらえ（嶋田、二〇一二；妹尾、二〇一四）、その一半として中央ユーラシアを位置づけることが、今後構想されるべきではないだろうか。「中央ユーラシア」概念の歩みと広がりは、それだけの射程をもっていると信じている。

## 注

(1) トルコ系の言語や民族を区別する場合、「トルコ」は狭義にはアナトリアのそれを、「テュルク」はウイグル・カザフなど、狭義のトルコ以外の諸言語や民族を指すが、本章ではトルコと総称する。

(2) 「ユーラシア」の語自体は、戦前の欧米の北方ユーラシア考古学の流れを受けて、考古学の江上波夫（一九〇六～二〇〇二）・角田《つのだ》文衛《ぶんえい》（一九一三～二〇〇八）や法制史の島田正郎《まさお》（一九一五～二〇〇九）が、「北方ユーラシア」として戦後早い時期から用いはじめており（江上、一九四八など）、その指すところはのちの中央ユーラシアに近い。

(3) たとえば、日ソ協会（一九五七年設立）は一九九二年に日本ユーラシア協会に、またソビエト研究所（一九八九年設立）は一九九三年にユーラシア研究所に改称しており、後者は『ユーラシア・ブックレット』・『ユーラシア文庫』を刊行している。

(4) さらにさかのぼれば、イギリスの地政学者マッキンダー（一八六一～一九四七）の「ハートランド」論がある。彼はユーラシア大陸の内陸河川流域とキプチャク草原の大低地帯を「大陸の心臓地帯《ハートランド》（the Heartland of the Continent）」と呼び、そこを中心として東の大興安嶺から西のハンガリー草原にまでわたる大草原地帯からの力が周縁各地域に影響を与えたことを、慧眼にもロシア革命直後の時点で説いている（マッキンダー、一九一九、第四章）。また、「風土」という観点から、世界をモンスーン・沙漠・牧場の三類型でとらえた和辻哲郎『風土』も想起されよう（和辻、一九三五）。なお、一世を風靡した梅棹忠夫の「文明の生態史観」でいう第二地域は、乾燥アジアにほぼ相当する（梅棹、一九五七・一九五八）。ただし、この地域の特徴を「破壊」と「暴力」と否定的に表現することは、歴史的にみて適切ではない。

(5) なお、地理学の応地《おうじ》利明は、モンゴル・チベットを含む狭義の中央ユーラシアにほぼ近い範囲を「中央ユーラシア」としたうえで、広狭の東西トルキスタンの中間に当たる北緯五〇度附近を走る年降水量五〇〇ミリメートル線を北限とする範囲を「中央ユーラシア核心部」と呼んでいる（応地、二〇一二）。これは、乾燥地帯かつ内陸河川流域という気候・地形面から設定したもので、中央アジアの定義のひとつに加えてよいであろう。

(6) この区分は、羽田亨が早く『西域文化史』で示した「中央亜細亜」の範囲とほぼ重なるものである（羽田、一九四八、一四九～一五〇頁。ただし、内容の初出は一九三六年）。

(7) ただし、当該分野でも互用されており、たとえば中央ユーラシア学研究会（一九九三～　）は『内陸アジア言語の研究』を発行するとともに中央アジア学フォーラム（一九九八～　）を主催しているが、その対象とする範囲に違いはない。他方、イスラーム地域研究を中心とする中央ユーラシア研究会（二〇〇六～　）の前身は中央アジア研究会（一九九三～　）であり、アメリカのCESSも、発行している雑誌は *Central Asian Survey* である。

（8）その観点からいえば、拓跋《たくばつ》国家と総称される北魏～隋・唐は、中央ユーラシア的性格を強くもちつつも、統治に漢字・漢文を主用していた段階ということができ、また新王朝の樹立には至らなかった安史の乱（七五五～七六三）は、次代の中央ユーラシア型国家との過渡期であったといえよう（森安、二〇〇二）。国家構造の面では、ウイグル帝国（八～九世紀）までの部族連合体の段階から、モンゴル帝国に代表される、君主権力が強大化して部族が再編される段階への展開も重要である（護、一九六七～九七：本田、一九九一）。

## 参考文献

＊中央ユーラシア史それ自体に関する研究文献を列記することは不可能であるので、本文で言及したもの以外は、概要をつかみやすい文献を優先して挙げた。引用する際は、初版・初出年次で示した。

荒川正晴『オアシス国家とキャラヴァン交易』（世界史リブレット）山川出版社、二〇〇三年。

――――『ユーラシアの交通・交易と唐帝国』名古屋大学出版会、二〇一〇年。

石濱裕美子『チベット仏教世界の歴史的研究』東方書店、二〇〇一年。

石見清裕「ラティモアの辺境論と漢～唐間の中国北辺」唐代史研究会編『東アジア史における国家と地域』刀水書房、一九九九年、二七八～二九九頁。

梅棹忠夫「文明の生態史観」「東アジアの旅から――文明の生態史観・つづき」『文明の生態史観　改版』（中公文庫）中央公論社、一九九八年、八七～一三三頁、一八九～二二八頁（初出一九五七・一九五八年）。

梅村坦『内陸アジア史の展開』（世界史リブレット）山川出版社、一九九七年。

宇山智彦『中央アジアの歴史と現在』（ユーラシア・ブックレット）東洋書店、二〇〇〇年。

江上波夫『ユウラシア古代北方文化』全国書房、一九四八年。

――――編『北アジア史』（世界各国史）山川出版社、一九五六年。

――――編『中央アジア史』（世界各国史）山川出版社、一九八六年。

榎一雄編『講座敦煌2　敦煌の歴史』大東出版社、一九八〇年。

応地利明『中央ユーラシア環境史4　生態・生業・民族の交響』臨川書店、二〇一二年。

大阪大学文学部東洋史研究室編『中央ユーラシア文化研究の課題と方法』、一九七五年。

岡田英弘「中央ユーラシアとは何か」「中央ユーラシア史が果たす役割」『岡田英弘著作集Ⅱ　世界史とは何か』藤原書店、二〇一三年、一七～三九頁、一四七～一六六頁（初出一九九〇・一九九一年）。

――――『世界史の誕生――モンゴルの発展と伝統』（ちくま文庫）筑摩書房、一九九九年（初版一九九二年）。

小沼孝博『清と中央アジア草原――遊牧民の世界から帝国の辺境へ』東京大学出版会、二〇一四年。

帯谷知可・北川誠一・相馬秀廣編『中央アジア』（朝倉世界地理講座）朝倉書店、二〇一二年。

木村暁「中央アジアとイラン――史料に見る地域認識」宇山智彦編『地域認識論――多民族空間の構造と表象』（講座スラブ・ユーラシア学2）講談社、二〇〇八年、三九～七二頁。

木村崇・鈴木董・篠野志郎・早坂眞理編『カフカース――ふたつの文明が交差する世界』彩流社、二〇〇六年。

小松久男編『中央ユーラシア史』（新版世界各国史）山川出版社、二〇〇〇年。

――――「近現代史研究の眺望と課題――イスラーム地域を中心に」『内陸アジア史研究』第二六号、二〇一一年、六九～七四頁。

坂尻彰宏「帰ってきた男――草原とオアシスのあいだ」懐徳堂記念会編『世界史を書き直す　日本史を書き直す』和泉書院、二〇〇八年、三五～七五頁。

――――ほか編『中央ユーラシアを知る事典』平凡社、二〇〇五年。

塩川伸明・小松久男・沼野充義・宇山智彦編『ユーラシア世界1〈東〉と〈西〉』東京大学出版会、二〇一二年。

嶋田義仁『砂漠と文明――アフロ・ユーラシア内陸乾燥地文明論』岩波書店、二〇一二年。

承志編『中央ユーラシア環境史2　国境の出現』臨川書店、二〇一二年。

白鳥庫吉「東洋史における南北の対立」『白鳥庫吉全集第八巻』岩波書店、一九七〇年、六九～八四頁（初出一九二六・一九三〇年）。

杉山清彦「近世ユーラシアのなかの大清帝国――オスマン、サファヴィー、ムガル、そして〝アイシン＝ギョロ朝〟」『大清帝国の形成と八旗制』名古屋大学出版会、二〇一五年、四二一～四三四頁（初出二〇〇九年）。

杉山正明『遊牧民から見た世界史――民族も国境もこえて』日本経済新聞社、一九九七年a（増補版二〇一一年）。

――――「中央ユーラシアの歴史構図」『岩波講座世界歴史11　中央ユーラシアの統合』岩波書店、一九九七年b、三～八九頁。

鈴木宏節「唐代漠南における突厥可汗国の復興と展開」『東洋史研究』第七〇巻第一号、二〇一一年、三五～六六頁。

妹尾達彦『長安の都市計画』（講談社選書メチエ）講談社、二〇〇一年。

――「東アジア都城時代の形成と都市網の変遷――四～十世紀」中央大学人文科学研究所編『アフロ・ユーラシア大陸の都市と国家』中央大学出版部、二〇一四年、七三～二一七頁。

野田仁『露清帝国とカザフ＝ハン国』東京大学出版会、二〇一一年。

羽田亨『西域文明史概論・西域文化史』（東洋文庫）平凡社、一九九二年（初版一九三一・一九四八年）。

浜由樹子『ユーラシア主義とは何か』成文社、二〇一〇年。

林俊雄『スキタイと匈奴　遊牧の文明』（興亡の世界史02）講談社、二〇〇七年。

――「ユーラシアにおける人間集団の移動と文化の伝播」『中央ユーラシア環境史1　環境変動と人間』臨川書店、二〇一二年、一六四～二〇八頁。

古田元夫「地域区分論――つくられる地域、こわされる地域」『岩波講座世界歴史1　世界史へのアプローチ』岩波書店、一九九八年、三七～五三頁。

古畑徹「日本の渤海史研究について」『日本学』（韓国・東国大学校日本学研究所）第二八号、二〇〇九年、七～三八頁。

本田實信『モンゴル時代史研究』東京大学出版会、一九九一年。

前田弘毅編著『多様性と可能性のコーカサス――民族紛争を超えて』北海道大学出版会、二〇〇九年。

H・J・マッキンダー『マッキンダーの地政学――デモクラシーの理想と現実』曽村保信訳、原書房、二〇〇八年（初版一九八五年、原著一九一九年）。

松田壽男「絹馬貿易覚書」『松田壽男著作集2　遊牧民の歴史』六興出版、一九八六年、一四〇～一五三頁（初出一九三六年）。

――『漠北と南海――アジア史における沙漠と海洋』四海書房、一九四二年。

――「遊牧民の歴史」『松田壽男著作集2　遊牧民の歴史』六興出版、一九八六年、七～九二頁（初版一九五二年）。

――『東西文化の交流』（講談社学術文庫）講談社、二〇〇五年（初版一九六二年）。

――『アジアの歴史――東西交渉からみた前近代の世界像』（岩波現代文庫）岩波書店、二〇〇六年（初版一九七一年）。

松田壽男・小林元・木村日紀『中央アジア史・印度史』（世界歴史大系）平凡社、一九三五年。

松田壽男・小林元『乾燥アジア文化史論』四海書房、一九三八年。

間野英二『中央アジアの歴史――草原とオアシスの世界』（講談社現代新書）講談社、一九七七年。

――・中見立夫・堀直・小松久男『内陸アジア』（地域からの世界史）朝日新聞社、一九九二年。

――――編『中央アジア史』（アジアの歴史と文化）同朋舎、一九九九年。

宮脇淳子『最後の遊牧帝国――ジューンガル部の興亡』（講談社選書メチエ）講談社、一九九五年。

桃木至朗『わかる歴史・面白い歴史・役に立つ歴史――歴史学と歴史教育の再生をめざして』大阪大学出版会、二〇〇九年。

護雅夫『古代トルコ民族史研究』全三巻、山川出版社、一九六七～九七年。

護雅夫・神田信夫編『北アジア史（新版）』（世界各国史）山川出版社、一九八一年。

護雅夫・岡田英弘編『中央ユーラシアの世界』（民族の世界史）山川出版社、一九九〇年。

森本一夫編著『ペルシア語が結んだ世界――もうひとつのユーラシア史』北海道大学出版会、二〇〇九年。

森安孝夫「渤海から契丹へ――征服王朝の成立」『東アジア世界における日本古代史講座7　東アジアの変貌と日本律令国家』学生社、一九八二年、七一～九六頁。

――――「ウイグルから見た安史の乱」『東西ウイグルと中央ユーラシア』名古屋大学出版会、二〇一五年（初出二〇〇二年）。

――――『シルクロードと唐帝国』（興亡の世界史05）講談社、二〇〇七年。

――――「内陸アジア史研究の新潮流と世界史教育現場への提言」『内陸アジア史研究』第二六号、二〇一一年、三～三四頁。

山田信夫「中央ユーラシア史の構想」「日本に於ける蒙古・中央アジア研究小史」『天山のかなた――ユーラシアと日本人』山田先生著作刊行会、一九九四年、九六～一〇二頁、一二六～一八〇頁（初出一九六五・一九七〇年）。

山本有造編『帝国の研究――原理・類型・関係』名古屋大学出版会、二〇〇三年。

若松寛編『北アジア史』（アジアの歴史と文化）同朋舎、一九九九年。

和辻哲郎『風土――人間学的考察』（岩波文庫）岩波書店、一九七九年（初版一九三五年）。

DiCosmo, N., Frank, A.J. & Golden, P.B. (eds.), *The Cambridge History of Inner Asia: The Chinggisid Age*, Cambridge: Cambridge University Press, 2009.

Sinor, Denis, *Introduction à l'étude de l'Eurasie Centrale*, Wiesbaden: Otto Harrassowitz, 1963.

――――, *Inner Asia: A Syllabus*, Bloomingon: Indiana University, 1969.

――――, "Inner-Asia-Central Eurasia", in *Indo Asia*, Heft 3, 1974, pp. 214-222.

――――, (ed.), *The Cambridge History of Early Inner Asia*, Cambridge: Cambridge University Press, 1990.

# 第6章　ラテンアメリカ

## ――二〇世紀を通じての自己診断の変遷と後進性の過剰演出――

高橋　均

ラテンアメリカの歴史学者や一般知識人が自地域にくだす診断は、二〇世紀を通じ一貫して後進性を強調する方向へ動いてきた。世紀はじめの時点では、自分の国が「後進国」だと思っているラテンアメリカ人はほとんどいなかった。ところが時がたつにつれますます多くの人が自国は実は「後進国」だったのだと考えるようになった。とすれば、かつてのラテンアメリカは自惚れていたのであり、世紀を通じて自己欺瞞からの覚醒の過程が進んだのだ、ということになる。

しかし最近になって私はこの診断に疑問を抱くようになった。正味のところ、ラテンアメリカはそんなに後進国だろうか。二〇世紀後半のラテンアメリカは自地域の後進性をあまりにも過剰演出していて、さらにいえばそのために自縄自縛に陥って実質的な損失をこうむったのではないか。

そう思うようになったきっかけはアフリカのある国で実施した調査旅行であった。そのときの経験を境に私は、いわゆる最貧国（ＬＬＤＣ）と、ラテンアメリカのような「中進国」との間の共通性よりは、むしろその差異に着目するようになった。そしてその差異の原因のうち最大のものは、①第一次大戦前のベルエポックにおける、②フォーマルな植民地支配のあるなしではないかと思うようになった。

そこで本章の構成だが、第1節は二〇世紀ラテンアメリカにおける後進性の自己診断が時代を追って昂進していく過程を追う。第2節ではラテンアメリカと前出のアフリカの国での調査旅行の体験談をする。第3節ではベルエポックにおけるフォーマルな植民地支配がなぜ最貧国を生みだしたのかについて私の考えを述べる。第4節では、第1節で述べた後進性の過剰演出がどのように生まれたかを考察する。

## 1　二〇世紀ラテンアメリカの自己診断における「後進性」の過剰演出

この原稿を書き始める前に、私は羽田正の近著『新しい世界史へ――地球市民のための構想』(岩波新書)を読んだ。羽田は、世界史を書くには各国史をヨコに束ねるのではダメだという。そうではなくて、時代ごとに描いた世界の全体像をタテに積み上げる。つまり、スパゲッティを束ねるのではなく、ピザを重ねるべきなのである。

さらに、一枚一枚のピザを作るためには、自分が専門とする地域から出発して、同時代の他の地域との「関係性と相関性」を探りつつ全体にいたる。ただしその際「中心と周縁」の構図に依拠するのはダメだ、と厳にいましめる。その時代の勝ち組と負け組、主役と脇役、リーダーとフォロアーを始めから決めて考えてはいけない、ということだと思う。

「中心と周縁」なしで本当に世界史が書けるのか、という疑問をもつ人は多いと思うが、私などは逆に思わぬところに味方を得たと心強く感じた。なぜならかねがね、二〇世紀後半のラテンアメリカではあまりにも「中心と周縁」が強調されすぎだ、と感じていたからである。あとで述べる従属論とか世界システム論とかを通じて、ラテンアメリカは二〇世紀後半における「中心と周縁」原理主義のいわば勧進元であった。

二〇世紀初頭の時点にさかのぼると、ラテンアメリカ人はほとんど自地域が「周縁」だとも「後進的」だとも思っていなかった。ところが時代が移るうちに、とくに経済面で「周縁」と「後進性」の意識が強まり、一九九〇年代にどん底を迎えた。どん底を象徴する事案としては、ペルーの左翼ゲリラ横行、グアテマラ高地の深刻な人権状況、二〇〇一年のアルゼンチン経済危機などが記憶に新しい。

この間の移りゆきはふつう次のように時代区分されている。

①一九世紀末から一九二九年まで。ラテンアメリカはとうの昔に独立後の政情不安を脱しており、そこへベルエポックの

世界経済の活況の追い風がきた。金本位制下でかなり円滑に行われていた国際金融決済にも助けられ、輸出向け一次産品・鉱業部門が成長し、それに牽引されてインフラ整備や経済多角化も進んだ。第一次大戦下ではドイツ潜水艦の通商破壊によりヨーロッパへの輸出が妨げられたが、輸入はそれ以上に減少したため外貨準備が積み増しした。しかし戦後、一九二〇年代半ばから少しずつ農産物の世界市況が崩れはじめた。

②一九二九年から一九五九年まで。世界不況下で輸出向け部門が不振に苦しんだ。輸出部門が主導する経済の脆弱さが意識され、経済への国家介入による工業化の必要性が叫ばれるにいたった。第二次世界大戦後は、国際連合ラテンアメリカ経済委員会を本拠とするR・プレビッシュ（Raúl Prebisch）らの経済学者により、ラテンアメリカのような開発途上国では欧米先進資本主義国とは違い、「構造」改革を目的とする非正統的経済政策が必要であるとの主張がなされた。これはラテンアメリカを先進諸国から区別する「低開発性」の自覚の始まりであった。強力な輸出向け部門をもつラテンアメリカでは通貨が高止まりになり、工業製品輸出は難しいので、国内市場において輸入品を国内生産で代替する輸入代替工業化が政策目標とされた。

③一九五九年から一九八二年まで。キューバ革命を境としてラテンアメリカ諸国では左翼と右翼の間で政治的緊張が高まり、多くの国で民主政治が破綻し、第二次大戦後の民主化の流れが逆転して軍事政権ができた。このため「後進国」感はいよいよ強まった。この時期はたまたま前項の輸入代替工業化が、消費財生産部門での伸びしろをほぼ使いきり、はるかに困難な生産財・資本財部門に進みかねている時期にあたり、②の時期に見出されたと思われていた「後進性」からの出口が見失われた。これを背景として左翼の立場の学者は「後進性」の犯人探しをはじめ、いわゆる〈従属論〉は先進資本主義国との経済関係それ自体が「後進性」の原因だと主張し、この立場は〈世界システム論〉の形で全世界の学界に影響力を及ぼした。

④一九八二年から二一世紀初頭まで。一九八二年のメキシコ債務危機を境として、公的部門主導で強引に製造業を育成する非正統的経済政策は維持しえなくなった。ラテンアメリカ諸国は国際通貨基金ほかの圧力のもとで、正統的緊縮政策によりインフレを抑止し経常収支を改善することを求められ、経済政策の自主権が奪われたと感じた。同じ時期に多くの国では

軍部が兵営に戻って民政復帰が進んだ。民主化当初はいわゆる新自由主義と民営化をスローガンとして新時代に順応しようとする指導者が政権についたが、しかし新しい経済政策はにわかには実を結ばず、二〇〇一年のアルゼンチン経済危機では国民の銀行預金口座が国によって封鎖される事態すら起こった。さらにこの間、③の時期にラテンアメリカ左翼の航路標識であったキューバは、ソ連崩壊に伴いロシアから援助をうちきられ、「平時における特殊な時期」と称する経済危機に陥った。

このようにラテンアメリカでは、二〇世紀を通じて「後進性」「周縁性」の意識が尻上がりに高まってきた。要約すれば、①後進性の意識がなかった段階。②後進性が意識され、専門家層の間でその対策が模索された段階。③後進性の克服が無期限に先送りされ、専門家だけでなく広く知識人の間で犯人探しが行われた段階。④それまでに練られてきた後進性克服のための非正統的取り組みがすべて無効だと宣告された段階、とすればいいだろうか。

①〜④のようにシナリオ化すると、この自己診断の推移は、現実の経済情勢の悪化の反映であるとともに、最初からラテンアメリカがかかえていた問題に対する認識の深まり、覚醒であったことになる。つまり、世界はもともと「中心と周縁」でできていたのに、ラテンアメリカは二〇世紀初頭にはうかつにもそうとは気づかなかったが、次第に覚醒し、二〇世紀末には過去の迷妄を完全に解脱した、というわけである。

しかし、ほんとうに、そんなにもラテンアメリカは「負け組」であり「弱者」なのだろうか。ことばをかえれば①〜④のシナリオにはかなり過剰演出があるのではないか。私がそのような疑いをもつようになったひとつのきっかけは、二〇〇〇年頃を境にラテンアメリカではいつの間にやら新しい局面⑤が始まったからである。逆にいえば出口なしの袋小路だったはずの局面④が、いつの間にか説明なしで終わりを告げていたのである。

⑤二一世紀初頭から現在まで。中国を始め資源・エネルギーを大量消費する経済の急成長の追い風を受けて、ラテンアメリカの輸出部門が好況に転じた。アルゼンチンなどは経済危機からわずか五年後の二〇〇六年に「わが国はＩＭＦと縁が切れた」と宣言した。その一方でベネズエラのチャベス政権（一九九九〜二〇一三年）やブラジルのルラ政権（二〇〇三〜一一年）に代表される「左翼の躍進」が起こり、多くの国で、内実は緊縮政策を維持しつつも、表向きは新自由主義に対して

ノーをつきつける余裕ができた。

次節に述べるように、この時期私はラテンアメリカ各地へ現地調査に出るたびに、この、誰も説明してくれない事情好転を体感した。もしかするとラテンアメリカは「負け組」や「弱者」を演じることに飽きて、「繁栄する中進国」をもって自任し始めたのではないか。とすれば③と④の時期のあの「負け組」や「弱者」の過剰演出は何であったのか。

その疑念を深めることに最も寄与したのは、実は毎年のラテンアメリカでの現地調査ではなくて、この間にただ一度だけ訪れたアフリカのある国での体験だった。恐縮だが次節ではごく個人的な体験の話をする。

## 2　個人的な体験――アフリカの某国某市のバスターミナルにて

### （1）ラテンアメリカでの経験

私はラテンアメリカ研究には植民地時代史から入った。最初はメキシコ、続いてペルーの地方史を主に勉強した。一九五〇年代生まれの私にとって、一九八〇～九〇年代は自分の学問に目鼻をつけるために大事な時期だったが、不運にしてそれは前節でいう局面④にあたった。ラテンアメリカは大荒れであり、ペルーでもゲリラ組織センデロ・ルミノソの活動がさかんになった。

地方史研究だから、現地へ行かなくては想像力が働かない。そのためには陸路を移動せねばならないが、それが難しくなった。身代金が欲しいゲリラは外国人の乗った車両をねらいうちにするそうなので、同乗者に迷惑がかかる。万が一人質にでもなってしまえば勤め先と日本政府と現地政府に迷惑がかかる。結局、私はこの国への渡航そのものを物憂く感じるようになり、ペルーでの仕事は中途半端になってしまった。

ところが年月は流れ、他のラテンアメリカ諸国とともに、ペルーもまた世紀の替わり目のころから立ち直りはじめた。山地の地方社会でもゲリラは跡を絶った。二〇〇五年夏、機会を得て、私は単身で昼間のバス便を乗りつぎ、ペルー南部高地をクスコからリマまで横断した。かつてセンデロの活動の中心地であったアヤクチョ県の真ん中を横切ったが、身の危険を感じた場面は道中ひとつもなかった。いささか未練だが、これが一五年前であったなら、と思わざるをえなかった。

あたかも一五年前の自分のかたきを討つかのように、この前後、私はあらゆる機会をとらえて、各地でバスでの長距離の陸上移動と車窓観察をくりかえした。そのなかにはペルー同様、③から④の時期に農村部のゲリラ活動がさかんであった地域も含まれた。たとえば二〇一二年にはホンジュラスから南下してエルサルバドルを東から西へ横切り、かつて凄惨なジェノサイド状況があったグアテマラ高地を現地人が乗るボンネットバスで越え、メキシコ国境へ抜けた。その途上でいつかは行きたかったチチカステナンゴの町を訪れ、「ポポル・ヴフ」の手書き原稿が発見された教会や、現地の学校生徒が紛争時の状況を壁画に描いた市庁舎なども見ることができた。

私は勤め先に迷惑をかけないように外務省の渡航情報はつねにチェックしている。コロンビアはまだあぶないというので、今日にいたるまで国境越えを含むような長距離移動はしていない。しかし必要あって、ボゴタからトゥンハ、カルタヘナからモンポス、カルタヘナからサンタマルタの三区間はバス便（一部モーターボート便）で往復した。二〇〇六年と二〇〇八年だった。道中随所にチェックポイントがあって兵隊がおり、将校が全乗客の身分証をあらためたが、雰囲気はすでに弛緩していた（その後二〇一三年にパストからメデジンまでバス便で移動した）。

ラテンアメリカは癒えつつある。だがなぜ癒えつつあるのか説明がない。とすれば罹っていたとされる病そのものがあやしい。もしかすると気の病、何かの思いこみから生まれた自縄自縛ではなかったか、との印象を、私は旅するごとに深めざるをえなかった。

旅の話を続ける。地上移動はなるべく単身をむねとする。調査団を組んで行くと、移動速度が五分の一くらいに落ちてしまうのである。移動手段は大型バス便である。チャータータクシーやマイクロバスは、座席の位置が低く格段に見晴らしが悪いので使いたくない。さらに、運転手やコーディネーターを雇うと労務管理に精力と注意を奪われる。一般バス便の一般乗客として窓際の席に座って移動するのが、私の目的のためにはいちばん効率がいい。

こういう車窓観察には絶大な効き目がある。とくに初めて訪れた国での最初のバスライドは効果覿面で、書物からはなかなか得られない土地勘が一発で得られる。

しかし単身だから何もかも自分でせねばならない。バス便は日本からは予約できない。したがってある町に着いたらバスターミナルを去る前に、次の町への切符を買わなければならない。バスを降り、床下スペースに預けたキャリーバッグを受けとり、プラットフォームからコンコースに出ると、そこには大小さまざまのバス会社の切符売り場が、それぞれ極彩色の看板を掲げてずらりと並んでいる。

キャリーバッグを引きずって物色する。具合のいい便を探し出すのがなかなか難しい。車窓観察のためには昼間の便でなければならない。昼間の便は各駅停車なので、夜行の直行便に比べると所要時間が倍ほどになる。私の望みは、夜明けとともに発車して、日のあるうちに目的地に着く便である。そういう便に乗ると、乗っているうちに乗客が次々と入れ替わり、目的地についてみると全区間乗り通したのは私ひとりなのが普通である。だが、そういう便はなかなかない。また、どの会社も目玉商品は夜行の直行便なので、昼間の各駅停車便の発車時刻は窓口に掲示されておらず、いちいち出札係に口頭で聞かなくてはならない。出札係は発車時刻は教えてくれるが、終点への到着時刻についてははっきりしたことをいわない。おそらくかれ自身正確には知らないのである。だからよくはずれの切符を買ってしまい、目的地に着く前に日が暮れて車窓観察ができなくなることがある。そういうときは途中下車して安ホテルで一泊し、翌朝一番の便に乗りつぐ。

少々心配になったので注をつけると、私はこういう単身でのバスライドを誰にでも推奨しているのではない。とりわけ、現地を訪れてまだ経験が浅い一般観光客や学生はそうである。テロリズムや身代金目的の誘拐が下火になっても、かっぱらいやごまのはいは別問題で、常時猖獗をきわめている。はばかりながら私はこの道三〇年であり、幾多の苦い経験を経てその方面のリスク管理には年季が入っている。地上を移動したいのであれば、ホテルのコンシェルジュに相談するか、そこらの旅行代理店に飛びこみで入っても、乗合タクシーや団体ツァーをいくらでも紹介してくれる。私もしょっちゅう妥協してそうしている。

## (2)　アフリカでの体験

さてアフリカの話である。ペルー南部高地を横断した前年の二〇〇四年夏、私は奴隷制の共同研究プロジェクトの一員として、西アフリカのある国を訪れる機会を得た。旧フランス領の中では最先進国である。ここでは名前を出す必要がないのでX国としておく。私にとってラテンアメリカ以外の開発途上国への初めての旅であった。

他のメンバーは団体で行ったのだが、私はスケジュールが合わず単身で先乗りした。フランス語は片言しか話せないが、海外県のマルティニークとグアドループへは行ったことがある。それでも大事をとって首都Y市では高級ホテルに泊まった。国際協力関係者らしい日本人の姿もちらほらと見え、パリのホテルと同様に万事英語で間に合った。

ホテルを出て一日かけて街を歩きまわった。繁華な首都であり、私のリスク管理のセンサーが鳴るような場面にも出会わず、楽しい一日を過ごした。Y市の繁華さの度合は、ラテンアメリカでいえば、テグシガルパやサンサルバドルよりはずっと上、ラパスよりは少し下、だいたいアスンシオンくらいかな、と思った。

これなら地方都市へもバスで行けるだろう。とある大河がY市の北二〇〇キロのところで大西洋に注いでいる。河口の南岸に接してZ市があり、植民地時代の町並みがよく保存されているという。旅行案内書（英文）でさがすと、泊まっているホテルから遠からぬところにバスターミナルがあった。翌朝、夜明けとともに起き出してそちらへ向かった。

恥ずかしながら私は、そのバスターミナルの実況を見て、びっくりしてしまったのである。草野球場ほどの野天の囲い地である。日本でいえば田舎の大型パチンコ店の駐車場に似ている。ただし人また人であふれている。マイクロバスや乗り合いタクシーが、横向きにいくつもの列をなしてぎっしりと駐車している。乗合タクシーはステーションワゴンで、旅行案内書によると「セットプラース」（七つの席）というらしい。助手席に一人、中席に三人、後席に三人乗せる。時刻表はなく、満席になりしだい順次発車する。

見慣れたバスターミナルと違い、コンコースとプラットフォームが仕切られていない。囲い地の片側に屋根つきの回廊が設けられているが、そこには売店や手洗所があるだけで切符売り場はない。切符のかわりに、車の列と列の間の通路に客引きが群がり、ポーターや呼び売りの行商人にまじって胴間声をあげ目的地を告げている。客は客引きの口頭の告知をたよりに目的地行きの便を見つけ、じかに客引きに料金を払って乗りこむのである。

発車まぎわのバスの傍らで客引きが大声で呼ばわっている、というのはラテンアメリカでもよくある光景である。ところがそこからが大ちがいだった。たちまち客引きのひとりにつかまった私は、フランス語の片言でZ市行きの便を所望だといった。客引きが首を振ってわからないというので、筆談しよう、とメモ帳を出すと、左右に手を振ってダメだという。非識字なのである。何人も群がってくる同じく非識字の客引きを相手に、私はZ市の地名をさまざまに発音を修正しつつ一〇何回くりかえした。幸い一〇何回目で話が通じ、何だZ市じゃないかと一同は笑い崩れた。客引きのひとりに導かれて私はあるセットプラースの助手席に坐らされ、やがて残りの六席が埋まるとセットプラースは発車した。

この日私はつつがなく日帰りを果たした。Z市の町並みはさておき、大河の景観は期待を裏切らなかった。行きの道中は、サヘルの農業景観やバオバブの樹やフロントガラスにぶつかるイナゴの群れを見て感激した。帰りもセットプラースで同じ道を戻った。ある時刻になるとセットプラースは街道をはずれて路肩に停車し、ムスリムの乗客がわらわらと降車してそれぞれ地べたに敷物をひろげメッカの方角に向いて礼拝した。その間クリスチャンの乗客と私は傍らに立って手もちぶさたにしていた。

というわけで私はX国行きを大いに楽しんだのだが、しかしあの朝Y市のバスターミナルに立ったとき受けた衝撃と違和感は去らなかった。旅行後何年もかけてあの経験を反芻するうちに、ラテンアメリカによる後進性の過剰演出の構造がようやく見えてきた気がした。

しかしその前にひとつ予備作業が必要である。中進国ラテンアメリカは自分の経験を最貧国のそれとごっちゃにしている。この混同の根には最貧国の状況への無関心と無理解がある。しかしその最貧国の経験とは何であるのか。つまりこの議論に入る前に、中進国とはちがう最貧国の近現代史についてのモデルないし理念型を、掘っ立て小屋程度の精度のものでいいから構築しなくてはならない。第3節は中進国専門家である私がその後の勉強からひねりだしたたたき台である。

## 3　最貧国の近現代史モデルの構想

最貧国は、世界銀行の基準でLLDC（least less-developed country）、日本では婉曲に「後発途上国」と呼ぶ。ラテンアメリカにはハイチ一国しかない。ちなみにX国はひとりあたりGDPが一千ドルちょっとだから、ぎりぎりで該当しない。これら諸国の近現代史のモデルとして、私が考えた内容をまとめると以下の三カ条になる。

一、歴史学は最貧国に弱い。文書史料が乏しいからこれは当然である。したがって最貧国の近現代史モデルを構築するには、おそらく普通の歴史学者ならば本能的に忌避するような、相当な荒技に訴えなければならない。

二、ところがあえてそういう荒技で体当たりしてみると、意外にも最貧国の近現代史はわかりやすく、中身が互いに似通っているのではないか、と私は予想する。世界全体を見ると、先進国の近現代史はわかりやすく互いに似通っている。中進国はわかりにくくそれぞれ個性が強い。ところが最貧国は再転してわかりやすくお互いに似通っている。この構図は、トルストイの名文句「幸福な家庭は互いに似ている、不幸な家庭はそれぞれに不幸である」の後ろに「極貧の家庭も互いに似ている」（オスカー・ルイス『サンチェスの子供たち』）をくっつけたような具合である。

三、先進国が互いに似通っていてわかりやすいのは、モダニティという共通の原理が働いているからである。最貧国もまた互いに似通っていてわかりやすいとすれば、そこに働いている共通の原理は、過去のある時期における植民地支配の後遺症であろう。

第一条については補足説明の必要はないと思う。歴史学は文書資料が頼りだから、文書資料が乏しい最貧国では力が出せない。むろん最貧国といえども国の体面があるから、それぞれ国立文書館と名のつく施設はあるだろう。しかし内戦や政情不安があれば閉鎖されてしまうし、そうでないとしても中進国専門家としての私の経験から実情はたいてい見当がつく。職員が毎日通勤できる情勢が続けば「継続は力なり」で文書の収集・整理も徐々に進むだろうが、しかし職員は各省庁から送りつけられてくる公文書の整理に忙殺され、もし独立前の文書を受け入れても棚上げされ、無期限に「整理中」で閲覧できないだろう。さらに、閲覧サービスに割く人員などないから、一般向けの閲覧時間は、あっても職員の出勤時間から昼食時までの三、四時間ではないか。

もちろん独立前の時代については旧宗主国に上げられた文書を、旧宗主国の文書館で見ることができる。しかしこういう文書には固有のバイアスがある。宗主国民の植民地行政官はふつうに勤務しているかぎり、首都以外の実情はろくに把握していないであろう。さらに近現代にあっては、植民地の現地では日常茶飯事の事案が、宗主国に伝わると宗主国の論壇では不祥事として問題にされることがある。ひとたび不祥事になれば、それは現地の行政官の責任にされる。とすれば現地の行政官が本国へ上げる報告書を書くにあたっては、極力実情を伝えないように作文するであろう。実情を調査しに派遣されてくる調査団に対しても、隠蔽と懐柔に全力を注ぐであろう。

そういうわけで、もし大学院生が私のところに来て、ある最貧国に興味をもったので、その近現代史を主題として博士論文を書きたい、ついては指導教員になってもらいたい、といわれたら、私は絶対ひきうけず、むしろ極力説得して思いとどまらせるだろう。

さらにいえば、われわれ中進国の歴史の専門家は、最貧国についての他分野の業績に対し、感度が低くなりがちである。たとえば本章末の参考文献に掲げた経済学者P・コリアーの『最底辺の10億人』ほか二点はわれわれにとって必読書だと思うが、同僚の難民支援専門家に教えてもらわなかったら、私はその存在を知らなかったろう。

とすれば、もし特別の取り組みをしないなら、われわれの世界史は最貧国の部分がぽっかり空いた先進国と中進国だけの世界史になる。そのことはかならず、われわれの自己診断に歪みをもたらす。次節で述べるが、ラテンアメリカにおける後進性の過剰演出は、そこから発した自己診断の歪みの典型的なものなのである。

この最貧国の欠落をどうやって埋めるかは、現代の歴史学の最大難問のひとつだと私は思っている。文書史料が稀少で博士論文が書けないから若手は集まらない。とすれば、すでに大学等に職を得た中高年の中進国専門家（私もそのひとり）が副専攻としてやるしかないが、そうとしても具体的にどういう成果を出すのか。

本章ではこれ以上立ち入らないが、その際の作業は、文書を読んで心証が熟すのを待っておもむろに筆にするという歴史学の常道からはかなりかけ離れた、反則技と場外乱闘と蛮勇だらけのものにならざるをえないであろう。以下はその一例だ、と予防線を張っておく。

世界史（近現代）が最貧国を排除せず、何らかの形で包含するためのヒントとして私が着想したのが、上記の第二点・第三点である。先進国は互いに似ている、中進国は互いにちがっている、しかし最貧国はふたたびお互いに似ている。先進国が互いに似ているのはモダニティを共有しているからである。最貧国が互いに似ているのは、日本でいうと明治維新から日清・日露の時期に経験したフォーマルな植民地支配の後遺症のせいである。この案を思いついたきっかけは前節で述べた個人的経験、とりわけ切符に関するそれだった。

### （1）　切符とモダニティ

Y市のバスターミナルで私が感じた違和感が正確には何だったかをつきとめるのは必ずしも易しくなかった。乗合タクシーはラテンアメリカにもざらにある。町中だけでなく、町から町への便としてもざらにある。そもそも首都にバスターミナルがない国だってある。ペルーのリマなどはそうで、町のある一角にバス会社の営業所が漫然と集まっていて、営業所にはそれぞれに切符売り場と小さな待合室があり、裏手には配車場があって乗客はそこで乗降する。ホンジュラスのテグシガルパもそうだが、ここでは配車場がなくて営業所の前の道路で乗降させられる。しかしその場合でもかならず切符は出札される。

日本人の切符体験は一八七二年に新橋・横浜間で鉄道が開通したときに始まった。出札・改札・検札などの日本語はすべてその後に造語された。切符はモダニティの重要指標なのである。

ラテンアメリカのバス旅行中、毎日の到着地でいちいち翌日の切符を買う件はすでに述べた。切符はただの紙で磁気ストライプなどない。ただの紙の切符で旅していると、切符とはえらく文字情報が多いものだなあ、と感じる。とくに裏面は会社側の免責事項などが真っ黒に印刷されていて、法律文だから全部は意味がとれず、そぞろに不安感がある。ましてや非識字の乗客は、どこ行きで何時発車だという表面の記載が読めないのだから、切符はそれ自体畏怖と嫌悪を覚えさせるのではないか。

先住民系の高齢者など非識字の乗客はラテンアメリカにも大勢いる。かれらはバスターミナルで自分では読めない切符を買い、自分では読めない切符の改札を受けてプラットフォームに入り、自分では読めない標示を頼りに番線をさがし、自分では読めない引換券とひきかえに荷物を預け、自分では読めない切符を発車後も随所で検札される。いかにも厭だろうが、ラテンアメリカでは、非識字の乗客もまたこの切符のシステムに甘んじている。

たしかにラテンアメリカでも切符がすべてではない。バスはバスターミナルを出てもなお何度も停車して乗客を乗せる。だから町はずれまでは会社側の係員が同乗していちいち切符を切る。その係員は町はずれで降車してひきかえすが、実はそこから先も乗りこんでくる乗客はあり、その分はたぶん運転手と車掌のポケットマネーになる。しかしY市のバスターミナルはそれとは次元がちがう。そもそもはじめから切符がない。

切符がないからこそあの構造なのである。改札がないので、コンコースとプラットフォームが分かれていない。運転手と客引きが料金の上前をはねるのを阻止する手段がないわけで、大型バスを何台も動かすような規模のバス会社ははじめから成立しない。可能な営業形態は、運転手自身が自営業者か、その近親者であって、被用者である客引きの動静をつねに見守っていられるような自営業か家族企業だけである。車両も大型バスの構造では運転手の目が客席に届かないので、セットプラースこそまさに適正規模なのである。

以上は雇用者側の事情だが、切符問題は被用者である客引きの側にとっても重大である。バスターミナルで私が出会った客引きの多くは非識字者であり、出札も改札も検札もできない。とすれば、切符のない現行のシステムは非識字の客引きたちの命の綱であり、変えようとすればかれらから渾身の抵抗を受けるだろう。

さて、なにゆえにモダニティは、静かな水面に広がる波紋のように、なだらかに、均等に、美しい同心円を描いて全世界に広がっていかないのだろうか。われわれ中進国の近現代史の研究者の誰もがとり組んできたこの問題にはふたとおりの答えがある。ひとつの答えによると、近代化以前の先行条件が重要であり、各国はそれぞれの先行条件によって最初順位を決められてしまうけれども、そのあとは追いつ追われつ、差が詰まったり開いたり、ごくまれに追い越し追い越されたりしながら、徐々にモダニティを実現していく、というもの。もうひとつは、近代化過程で生まれたいろいろな歪みやこじれにより、差が開いていくばかりの運命を追わされた社会があるのだ、という答えである。

私はどちらかというと、中進国ラテンアメリカについては第一の立場に近い考えである。ところが、このY市バスターミナルの切符問題を考えれば考えるほど、この場合は後者なのではないか、と思わざるをえなかった。さらに、これはあれに似ている、と直感した。あれ、とはアレルギーである。以下にその骨子を述べる。

### (2) アレルギーと減感作療法

どこの国にも〈よそ行き〉と〈普段着〉がある。先進国でも空港や高級ホテルは国際標準の規格に合わせて作られ、ふだんに使う宿泊・交通手段は自国民が使い慣れた方式で作ってある。しかしふつうの場合、両者は共存している。共存だけでなく、ある程度相互浸透している。中進国でもそうである。

開発途上国において、その国の近代化・産業化の萌芽は〈よそ行き〉部分に生じる。これに対し、地元の社会にもともと備わったソーシャビリティと社会資本は〈普段着〉部分に宿っている。それぞれを仮に〈モダン〉と〈ローカル〉と呼ぼう。開発途上国研究者であっても、私のような中進国専門家は、〈モダン〉と〈ローカル〉の間の相互浸透は、ともすればあってあたりまえだと思っている。ところが最貧国ではそれはあたりまえではない。そこには膜が張っていて切符のようなベーシックなモダニティさえも〈ローカル〉に入りこめない。〈ローカル〉が〈モダン〉との相互浸透をかたくなに拒むこの姿勢は、生体の免疫反応の暴走であるアレルギーに似ている。近代性《モダニティ》は多くの伝統社会にとってアレルゲンなのである。これをまず命題①としよう。

最貧国では《よそ行き》＝モダン〉に対して《普段着》＝ローカル〉がアレルギーをおこしている……①

ローカルの抵抗はその国の近代化・産業化を妨げるが、それだけではない。B・アンダーソン以来の構成主義的と呼ばれるナショナリズム論が力説するように、ナショナリズムとはそもそもモダンとローカルを喧嘩させないために構築される神話である。とすれば、ローカルのアレルギーはナショナリズムの成熟をも阻害する。

次にこの各項に、それぞれ対応する社会階級を加えてみると、状況の深刻さはいよいよ明らかになる。

中進国専門家の私からすると、開発途上諸国の社会は、四つの階級からなると考えるのがわかりやすい。オリガーキー

（寡頭支配層）、ミドルクラス、ポピュラークラス、ペザントリー（農民層）である。このうち、ペザントリーはローカルに埋もれていて全国政治には関与してこない。他方、オリガーキーは二〇世紀に入ると、単独で全国政治を牛耳ることがもはやできなくなり、ミドルクラスとポピュラークラスの支持をとりつけなくてはならない。したがってキャスティングボートを握るのはミドルクラスとポピュラークラスである。ポピュラークラスは先進諸国では労働者階級だが、開発途上諸国では労組などに自己組織することが難しい慢性半失業者の層を含むのでこの言葉で呼ぶ。

典型的にはミドルクラスはみずからの勤倹力行や子弟の高等教育を通じて社会的上昇をめざす。ポピュラークラスは労働立法や社会福祉、公立学校の充実を求めて社会の底上げをめざす。片方はパイを大きくすることを志向し、もう片方はパイの切り方を均等化させることを志向するわけだが、ふたつの志向は必ずしも矛盾しない。ポピュラークラスが強く権利主張をしても、ミドルクラスのアップリフトとの間に、相互尊重とはいわないまでも認め合いがあれば、その国から資本は逃げていかない。だが、X国の経験は私にそれとは反対の事態を予感させる。命題②はこうなる。

最貧国では《《よそ行き》＝モダン＝ミドルクラス》に対して
《《普段着》＝ローカル＝ポピュラークラス》がアレルギーをおこしている　……②

命題②から私が心に描くのは、一種の包囲戦状況（ステート・オブ・シージ）である。ポピュラークラスはミドルクラスのアップリフトを白眼視し、抜け駆けと見なす。それだけでなく、選挙政治や労働組合やＮＧＯをもその同類と見なして背を向け、結果的に自ら出口を閉ざしたアンダークラスと化していく。そのようなポピュラークラスによる包囲感に常時おびやかされるミドルクラスは、アップリフトの気概を失ってオリガーキーの世界観・価値観に接近し、オリガーキーがかれらを籠絡するために肥大化させた官僚機構の公務員や法人職員として取りこまれていく。

さて次に、この命題②の状況はどのようにして生まれたのか。私はそれはフォーマルな植民地支配の後遺症だと思う。アレルギー症状は、アレルゲンに触れる回数が多いほど激しくなる。逆に、体質が同じでも一回もアレルゲンに触れることがなければ発症しない。最貧国は、一八七〇〜一九一四年の時期のフォーマルな植民地支配のもとで、最悪の形でモダニティというアレルゲンに触れたのである。

第一の要件はその時期である。その上限は一八七〇年ころ、後装ライフル銃が開発・量産化され、欧米諸国に、世界のそれ以外の部分に対する圧倒的な浸透力が備わった時点である。これに対して下限はずっと難しい。普通は第二次世界大戦後の脱植民地化をそれとするのだろうが、私はあえて第一次世界大戦の開戦時としたい。それ以後は新しい要素が加わって状況が複雑化するからである。新しい要素は三つ、大戦による欧州諸国の疲弊、反植民地主義の志向をもつ米国の大国化、そして何よりも開発途上諸国でモダンとポピュラークラスを握手させるマルクス主義という代替的なチャンネルの登場である。

したがってそういう混ぜものなしの植民地支配、一八七〇年頃〜一九一四年、とりわけ一八九〇年頃からのいわゆるベルエポック、日本でいえば日清・日露の時代におけるフォーマルな植民地支配が、今日の最貧国における〈モダン〉に対する〈ローカル〉のアレルギー反応を生みだしたのだ、と私は思う。

そう思う理由は簡単である。一八七〇年の時点では、今日最貧国である諸国の大多数はオリガーキーとペザントリーばかりの社会であった。そこに不意打ちの植民地化が来て、そのもとで初めてミドルクラスとポピュラークラスが生みだされた。ミドルクラスは植民地統治のもとでもっぱらその協力者として育成された。他方でポピュラークラスは植民地化によりペザントリーが生活の営みを攪乱され都市へ追いたてられることで発生した。この誕生の瞬間から両者は敵対関係に入り、その敵対関係はそれぞれのソーシャビリティの遺伝子に刷りこまれ、負の社会資本として世代をこえて受けつがれた。植民地支配のもとでのいわば「呪われた出生」が最貧国の要件であるとすれば、逆に中進国とは、一八七〇年の時点ですでにミドルクラスとポピュラークラスが伝統社会の内部に自生していた国ということになるだろう。

第二の要件は、植民地支配がフォーマルであったことである。フォーマルな植民地支配のもとでは、宗主国の軍隊が下士官・兵を含めて進駐してくる。その部隊は、単なる公使館警備隊や軍事顧問団ではなく、その地に起こりうる紛糾の最終的な決裁者である。さらに、司法機関や警察機構のトップに宗主国民が赴任してくる。このことは重大である。だからこそ明治日本は安政五カ国条約の「治外法権」の回収にあれほどこだわったのである。

なぜならこのフォーマルな植民地支配があると、それに随伴ないし便乗して、宗主国のポピュラークラスの構成員が大勢やってきて、現地のポピュラークラスと直接に接触・交渉するからである。軍隊の下士官・兵、えたいのしれない有象無象を含む商人や実業家などがそれである。

このポピュラー対ポピュラーの交渉の具体層については多言を要しない。頭ごなしの劣等人種あつかいと、何ごとにつけても一方的な強要である。相手は絶対的・根本的に格下なのだから、いいなりになってあたりまえ、つねにこわもてでいくのが正しく、絶対に下手に出てはいけない、交渉に応じてもいけない。口ごたえをすれば体罰あるのみ、場合によっては体罰の結果死にいたっても構わない。司法機関も警察機構も最終的にはこちらの味方だからである。

ここでコメントがふたつある。第一に、イデオロギーとしての近代レイシズムがどんどん昂進してついに絶滅収容所にいたる過程に燃料を提供したのは、この時期の欧州諸国のフォーマルな植民地におけるポピュラー対ポピュラーの交渉である。ゴビノーの『諸人種の不平等に関する試論』（一八五三〜五五年）の所説はこの時期にあまりにも多くの劇的な傍証をそこに見出したのだった。これをいうのは、一九五〇年代の公民権運動が耳目を集めたために、もしかするとアメリカ合衆国やブラジルのような古い奴隷制社会がそれだと思っている人があるかもしれないからで、それは冤罪である。

第二にわれわれ歴史学者はポピュラー対ポピュラーの交渉には弱い。ランケ以来政府文書や訴訟記録がわれわれの最後の頼みだが、地元のポピュラークラスに最も深いトラウマを残した出来事はそこには痕跡を残さない。むしろその場にたまたま居合わせたアウトサイダー、公使館警備隊指揮官だった柴五郎（『北京籠城』）とか、戦争捕虜だった会田雄次（『アーロン収容所』）とか、宣教師だったクリスティー（『奉天三十年』）とかの証言が赤裸々な現実を反映している。ふだんは主観的として敬遠しがちなこういうトラベルアカウント系の史料だけを材料として、精緻化が進んだ昨今の歴史学の法廷でどんなふうに言挙げするかはにわかには答えが出せない難しい問題である。

以上、管見をのべた。そして「下からの〈帝国主義論〉」とも呼ぶべきこの考え方が正しく、現在にいたる最貧国の状況は、フォーマルな植民地支配下の近代化のコンフリクティブな性格に根ざすアレルギー的な後遺症なのであれば、アナロジーによって治療面の示唆が導ける。つまり、ことがアレルギーであるならば、何らかの特効薬によって劇的に改善することはありえない。患者をアレルゲンからいったん隔離しわずかずつ触れさせる減感作療法《げんかんさ》のように、教育やソーシャルワークを通じる手さぐりの取り組みによって、モダニティの価値観をポピュラークラスにひとさじずつ服用させていくしかないのである。

ところが第二次世界大戦後みずからを「開発途上国」と規定し、そのオピニオンリーダーになったラテンアメリカ諸国の知識人が示した処方箋は、それとはかなり違っていた。

## 4　中進国ラテンアメリカにおける後進性の過剰演出の根源は何か

紙数がとぼしくなったのでかいつまんで述べる。ラテンアメリカ諸国が二〇世紀においてその後進性を過剰演出するに至ったその理由のひとつは、すでに述べたようにわれわれと同様、中進国民であるかれらの世界史観からも最貧国が欠落していたことである。

二〇世紀初頭においてラテンアメリカ諸国が自地域の「後進性」を意識することが薄かったのは、そもそもまだ「後進性」というカテゴリーが成立していなかったためである。なぜならこの時代、地球を南北に分かつ境界線は「後進国」と「先進国」の間にではなく、「植民地」と「独立国」の間に引かれていた。

今日の最貧国である非西欧諸国はまさにその時期フォーマルな植民地主義に苦しんでいた。非西欧の独立国である日本や中国もまた薄氷を踏む思いで世渡りをしていた。これに対してラテンアメリカ諸国は立派に西欧国家であり、かつその独立はとっくの昔に確立されパクス・ブリタニカに守られていたから、明確に南北境界線の北側にあった。

早い話が、一九世紀前半にラテンアメリカ諸国が独立を遂げたとき、欧州諸国との通商条約で治外法権を押しつけられた国は一国もなかった。中国や日本とちがい法体系が当時のグローバルスタンダードである欧州系だったからである。最初の時期、ラテンアメリカ諸国で官憲の作為により、あるいはその怠慢や不作為によりひどい目にあった外国人は多かったが、フォーマルな植民地主義も治外法権もなかったから、救済は外交保護権の法理に求めるほかなかった。確かにその結果とき

ど き欧州諸国の艦隊が攻めてきて主要港を封鎖したり海兵隊を上陸させたりしたが、これは、通商条約に領事裁判権が盛りこまれている状況よりははるかにましなのである。

したがって日露戦争後の日本がようやく「一等国」（そういえばこの語も切符のアレゴリーだ）としての自己診断を得て緊張を解きつつあったころ、ラテンアメリカ諸国は、境界線の南側の事情についてほとんど関心がなく、いっさいシンパシーなどもってはいなかった。

さて、そうなると「後進国」カテゴリーはいつ生まれたのか。実はこの問題の立て方はまちがっていて、問うべきは「先進国」カテゴリーが生まれたのはいつかである。答えは私には自明だと思われる。それは第二次世界大戦中だった。

第一次世界大戦の塹壕戦が勝者のない戦いだったのに対し、第二次世界大戦の勝ち負けは明らかであった。だがむしろ勝ち負けよりも重要なのは、戦後もう一カ所「善戦した国」と「あっさりやられた国」との間でも線引きがなされたことである。敗戦国の中でもドイツと日本は「善戦した国」に数えられたが、イタリアはそうではなかった。逆に戦勝国フランスは、不覚にもポーランドやユーゴスラビアとともに「あっさりやられた国」カテゴリーに入ってしまったことに不服で、戦後長くほぞをかむことになった。東アジアの戦勝国では中国がそうであり、韓国・北朝鮮もややこれに似ている。

この第二次世界大戦における「善戦した国」カテゴリーこそは、実はイコール戦後世界の「先進国」カテゴリーなのだ、と私は思うのである。「善戦」の秘訣はほかでもない、経済封鎖下で外国貿易ができなくなっても自前で大量の兵器と軍需物資を生産しうる工業力と、その工業力をこぞって戦争目的に動員する政府の意思と能力であった。後者の意味でヒトラーのドイツとスターリンのソ連の「善戦」はとくに戦後世界に深い印象を残した。

第二次世界大戦下の火事場の馬鹿力の記憶を引きずって、戦後の平時にあってもそれが実現可能だと信じたために道を誤った国はたくさんある。これら事案を総称する既成の述語はなく、私もにわかには思いつかないので、かりに「ポストWWⅡヒューブリス」（傲慢）症候群と呼んでおく。その典型はアメリカのベトナム介入であり、米ソ冷戦も両国の（しかしどちらかといえばソ連側の）実力以上のがんばりの所産であった。さらには中国の大躍進と文化大革命や、韓国・日本・中国など漢字圏諸国の国語表記改革もこれに含めることができるから、それは先進国に限られた現象ではなかった。

ラテンアメリカも例外ではなかった。ラテンアメリカ諸国は第一次世界大戦では局外中立をつらぬいたが、第二次世界大戦には国内のドイツ系・イタリア系の移民の多さから関わりをもたざるをえず、結局米国の促しに応じて多くの国が参戦した。その過程で交戦国における民間経済の戦時動員を見たことから、ラウル・プレビッシュら《構造派》エコノミストの想像力に火がついてしまった。第二次世界大戦の経験はかれらに「先進国＝総力戦を戦える国＝工業国」という達成目標と、「公権力による民間経済の動員」という達成手段の双方を指し示した。何としても工業化しなければならない、という信念が先にあって、「一次産品・鉱産物の工業製品に対する相対価格の趨勢的低下」というような議論の余地のある経験データは、平時下でこの信念を正当化するために動員されたあとづけの理屈であった。

しかしこの問題の立て方はいかにもハードルを上げすぎだった。中進国ラテンアメリカの官僚機構は相応に弱体であり、国際環境はごく平穏で短・中期的将来戦争の予定などない。「公権力による民間経済の動員」は進まず、むだ飯を食う公務員が増えるばかりであった。

さて、戦後世界の標準的な工業化戦略は輸出向けの工業化である。後発性の利益と安価な労働力を活かして、先進国ではすでに標準化している製品を製造・輸出するのである。最初のうち工業部門は胸がすくような躍進を見せるが、やがて先進国との差が詰まれば詰まるほど、それ以上差を詰めるのは難しくなる。標準化した製品は世界市場でだぶつき、その一方で人手不足で労働者の賃金が上がり、後発性の利益は徐々に枯渇してくる。

しかしラテンアメリカの製造業には、そのようなロジスティック曲線を描く機会すら与えられなかった。すでに強力な一次産品・鉱産物輸出部門があるために為替レートが高く、ドル建ての賃金率も高く、輸出向けの工業化は望み薄であった。しかしこの問題の立て方の本末転倒は明らかであろう。ラテンアメリカ諸国はすでに豊かなのであって無理に工業化する必要はないのである。標準化されきった製品などはより貧しい国に作らせて輸入すればいいのだし、国内では徐々に外資を誘致して自動車の組立工場でも作らせれば大手柄である。しかしラテンアメリカ諸国は狭小な国内市場を、材料から部品まで国産品で満たすことをめざす「輸入代替」工業化を開発戦略の中心に据えた。このハードルはもはや自罰的ともいうべき高さで、はじめからうまくいくはずがない。経済政策・産業政策を担当する部局とその周辺に挫折感が募ってきた。「先進国」の影法師としての「後進国」カテゴリーがかれらの心中に生まれた。

まったくの偶然により、これと時を同じくして戦後の脱植民地化が進んでいた。独立国が一国また一国と増えるごとに「植民地」カテゴリーは空洞化していった。しかし独立した諸国の政情不安と経済不振は続き、国民の貧困は独立前よりもむしろ悪化し、「植民地」カテゴリーに代わるものとして「後進国」「低開発国」「開発途上国」などのカテゴリーができた。

このとき、ラテンアメリカの経済政策・産業政策を担当する部局とその周辺は「輸入代替工業化」戦略の不調に直面して挫折感を抱きつつあった。この挫折感と、これら新興独立国の貧困と政情不安と経済不振とは全く別物なのだが、これを同一とみなし、いずれもひとしく「開発途上国」だとの診断をくだした。

さて、「開発途上国」の境遇から脱出する処方箋は、あの根本的な問い、すなわち、モダニティの波紋はなぜ同心円を描かないのか、に対する答えからしか得られない。もしかりに新興独立国にラテンアメリカのような力量のある知識層が存在したならば、当然その答えを、つい先ごろまでのフォーマルな植民地支配下の近代化のコンフリクティブな性格に求めたであろう。しかし実際にはそこでは知識層がまだ未発達であったから、「開発途上国」を代表して発言する立場に立ったのはラテンアメリカの知識層であった。

ラテンアメリカの知識層にとってフォーマルな植民地支配はとっくの昔に脱出した境涯であったから、今なお自国が「開発途上国」であることの理由ではありえなかった。彼らが出した答えは従属論（と世界システム論）であった。すなわち後進性の原因は「先進国と経済関係をもつこと」自体に求められた。

たしかにこの命題は「一次産品・鉱産物価格の趨勢的低下」にも増して実証困難であり、少しのちアジアＮＩＥｓが輸出向けの工業化で躍進してくるとさらに旗色が悪くなった。しかしこの立場の最大の問題点は、結果的にフォーマルな植民地主義の悪をダウンプレイしただけでなく、この命題からは有効な処方箋が出てこなかったことである。少なくとも、植民地支配が残したさまざまな後遺症を掘り起こし「減感作療法」式にきめ細かく対処していくといった処方箋はそこからは出てこなかった。そもそも形式論理でいえば、この命題から出てくる処方箋はただひとつアウタルキーだけなのであり、その発想源が第二次世界大戦下の戦時経済にあることが問わず語りに露呈している。

一方における先進「工業」国に伍していかなくてはならないというポストＷＷⅡヒューブリス、他方における新興独立国が抱えるフォーマルな植民地支配の後遺症への無関心と無理解、両者の隙間に成立したこのいかにも非現実的で「がんばりすぎ」な自己診断は、いささか気の毒だが日露戦争後に「一等国」を自任した頃の日本を私に思い出させる。先行者と後続者のいずれにも同一化しえない宙ぶらりんの中進国にありがちな症状という点で両者は共通している。

この「がんばりすぎ」の立場から、ラテンアメリカ諸国は実力以上の経済政策を採択し、政治的混乱を招き、ついには国際金融界から見放され経済政策の自主権を制限されるに至った。このとき後進性の過剰演出は国民が堪えうる限度を越え、「がんばりすぎ」の自己評価基準自体が自壊するように消えてしまった。その自己評価基準を放棄するという決定は表立って提案されることも審議されることもなく、暗黙のうちに合意が形成され、ラテンアメリカは自分を責めることをやめた。

新しく生まれた「がんばらない」基準からすればラテンアメリカはそれなりに繁栄しているふつうの中進国であった。とすれば、これまでのように無理な工業化に国家予算を注ぎこむよりは、そのお金を貧困層の口座に振り込んだ方がずっといい。これが⑤の時期の「左翼の躍進」の正体であり、この結論自体はとても正しいと私も思う。しかし、それが正しいとすればこれまでがまちがっていたわけで、それがどうまちがっていたかの自己検討は、目下のところ不急の将来課題として先送りされているようである。

最後に本章では触れられなかった問題を三つ頭出ししておきたい。その一。昨今流行のグローバル化についての言説のなかには、本章で扱ったラテンアメリカにおける「後進性」によく似た過剰演出の入ったものがあるのではないか。その議論によればグローバル化の進展により、冷戦終結の頃を境として国家間の細胞壁が多孔質となり、近代国民国家の枠組み自体が崩れつつある、というのだが、しかしこれもまた「ポストＷＷⅡヒューブリス」のもとでハードルを上げすぎた基準に基づく診断ではないか。もともと近代国民国家の細胞壁は今くらい風通しがいいものだったのが、大不況期から第二次世界大戦、東西冷戦のあいだだけ、内部の凝集性を増すために特段に気密性を高めていた。冷戦終結とともにそれが徐々に「がんばらない」体制に揺れ戻り、今は調整過程にあるが、その調整が完了したとき近代国民国家のモダニティ原理はまったく無傷だった、という結末になるのではないか。

その二。「がんばらない」世界の到来により、ラテンアメリカは繁栄する中進国として正体をあらわし、先進国は国際協力の重点を最貧国に移しはじめた。実は国際協力や政府開発援助自体がそもそも第二次世界大戦と「ポストWWⅡヒューブリス」の一環として生まれたのである。その起源は米武器貸与法（一九四一年）とマーシャルプランであった。冷戦下、東西両陣営はそれぞれ傘下の中進国に集中的に援助をし、続々独立する最貧国は旧宗主国にまかせた。冷戦後の「がんばらない」世界での国際協力はこうした権力政治や旧植民地支配のしがらみから解放され、最貧国にターゲットをしぼり、費用対効果の基準一本で評価されることになるだろう。特効薬が存在しない世界だからごく長い目で見なければならないが、しかしその半面、ほんとうに現地の人の役にたっているのかを基準に個々の案件を厳しく審査する必要もある。落としどころを見つけるのは易しくはないだろうが、この趨勢自体は異常事態からの脱却であり、正常化なのである。

その三。昨今「ポストコロニアリズム」の名のもとにかつての植民地支配への学問的関心が高まりつつあるが、しかしこの分野の業績は主に文学・思想研究のディシプリンから生み出され、実証史学からは乏しい。その理由はすでに述べたように現最貧国の植民地時代の歴史研究に史料的制約があまりにも大きいためだが、実証史学が外野席からなりと参加しないことのデメリットはかなり大きいのではないかと私は思う。しかしどうすれば実証史学が自己の業績になるような形で貢献できるかは難問で、正直なところ目下私には方策がまったく思い浮かばない。今後の課題としたい。

## 参考文献


会田雄次『アーロン収容所――西欧ヒューマニズムの限界』中央公論社（中公新書）、一九六二年。

クリスティー（Dugald Christie）『奉天三十年』上下、矢内原忠雄訳、岩波書店（岩波新書）、一九三八年。

柴五郎・服部宇之吉（大山梓編）『北京籠城――付北京籠城回顧録』平凡社（東洋文庫）、一九六五年。

高橋均『ラテンアメリカの歴史』（世界史リブレット）山川出版社、一九九八年。

高橋均・網野徹哉『世界の歴史18　ラテンアメリカ文明の興亡』中央公論新社（中公文庫）、二〇〇九年。

Anderson, Benedict, *Imagined Communities: Reflections on the Origin and Spread of Nationalism*, London: Verso, 1983.（ベネディクト・アンダーソン『定本　想像の共同体――ナショナリズムの起源と流行』白石隆・白石さや訳、書籍工房早山、二〇〇七年）。

Cardoso, Fernando Henrique, y Enzo Faletto, *Dependencia y desarrollo en América Latina: ensayo de interpretación sociológica*, México: Siglo Veintiuno, 1979.（フェルナンド・エンリケ・カルドーゾ，エンソ・ファレット『ラテンアメリカにおける従属と発展――グローバリゼーションの歴史社会学』鈴木茂・受田宏之・宮地隆廣訳，東京外国語大学出版会，二〇一二年）。

Collier, Paul, *The bottom billion: why the poorest countries are failing and what can be done about it*, New York: Oxford University Press, 2007.（ポール・コリアー『最底辺の10億人』中谷和男訳，日経ＢＰ社，二〇〇八年）。

———, *Wars, guns, and votes: democracy in dangerous places*, New York: Harper, 2009.（『民主主義がアフリカ経済を殺す』甘糟智子訳，日経ＢＰ社，二〇一〇年）。

———, *The Plundered Planet: Why We Must--and How We Can--Manage Nature for Global Prosperity*, New York: Oxford University Press, 2010.（『収奪の星――天然資源と貧困削減の経済学』村井章子訳，みすず書房，二〇一〇年）。

Frank, Andre Gunder, *Capitalism and underdevelopment in Latin America: historical studies of Chile and Brazil*, New York: Monthly Review Press, 1967.

———, *Latin America: Underdevelopment or revolution: essays on the development of underdevelopment and the immediate enemy*, New York: Monthly Review Press, 1970.（アンドレ・Ｇ・フランク『世界資本主義と低開発――収奪の《中枢－衛星》構造』大崎正治・前田幸一・中尾久訳，拓植書房，一九七六年）。

Kay, Cristóbal, *Latin American theories of development and underdevelopment*, London: Routledge, 1989.（クリストバル・カイ『ラテンアメリカ従属論の系譜――ラテンアメリカ：開発と低開発の理論』吾郷健二・安原毅・小倉明浩訳，大村書店，二〇〇二年）。

Lewis, Oscar, *The Children of Sanchez, Autobiography of a Mexican Family*, New York: Vintage Books, 1961.（オスカー・ルイス『サンチェスの子供たち』上下，柴田稔彦・行方昭夫訳，みすず書房，一九六九年）。

Prebisch, Raúl, *The Economic Development of Latin America and Its Principal Problems*, New York: United Nations Economic Commission for Latin America, 1950.

———, *Towards a Dynamic Development Policy for Latin America*, New York: United Nations Economic Commission for Latin America, 1962.（Ｒ・プレビッシュ『ラテン・アメリカの開発政策』大原美範訳，アジア経済研究所，一九六九年）。

Wallerstein, Immanuel, *The modern world-system*, 4 vols, Berkeley: University of California Press, 2011.（Ｉ・ウォーラーステイン『近代世界システム』四巻，川北稔訳，名古屋大学出版会，二〇一三年）。

# 第Ⅱ部　都市から眺めた一八七〇年の世界

# 第7章　一八七二〜七三年の那覇

## ——イギリス船ベナレス号の遭難事件から見た「世界」——

渡辺美季

### 1　宜名真のオランダ墓

宜名真《ぎなま》（国頭村宜名真）は、那覇から北東へ直線で約九〇キロ、沖縄本島の北端にほど近い東シナ海に面した小さな集落である（図7-1）。その共同墓地の一角に「オランダ（ウランダ）墓」と呼ばれる遺跡がある（図7-2）。一九一九（大正八）年に刊行された『沖縄県国頭《くにがみ》郡志』（島袋源一郎著、国頭郡教育部会刊行）には、この墓は一八七四（明治七）年に現地で遭難・沈没したイギリス船の溺死者を埋葬したものと説明されている。現在は、一九八一（昭和五六）年に建立された記念碑の後方のスペースに、土中に埋もれた花崗岩とみられる石材が確認でき、この石は沈没したイギリス船の積荷ないしはバラストの一部と考えられている。同じ石材は、大宜味《おおぎみ》村大兼久の「霊魂之塔」（一九二一年に忠魂碑として建立され戦後に転用された）や、今帰仁《なきじん》村運天の「源為朝公上陸之址」碑（一九二二年建立）などにも使用されており、沈没船の鉄錨も国頭村奥の浜辺に保存されている。[1]また近年、南西諸島水中文化遺産研究会や沖縄県立埋蔵文化財センターにより宜名真海底の調査が実施され、沈没船の船体の一部や積荷と見られる中国産陶磁器・洋食器・ワインボトルなどが発見されている。

このように陸上・海中に多くの痕跡を残しながら、宜名真におけるイギリス船の遭難事件の詳細はごく最近まで不明なままであった。その理由のひとつに、本件に関する琉球側の記録がほとんど見つかっていないことが挙げられる。理由は不明

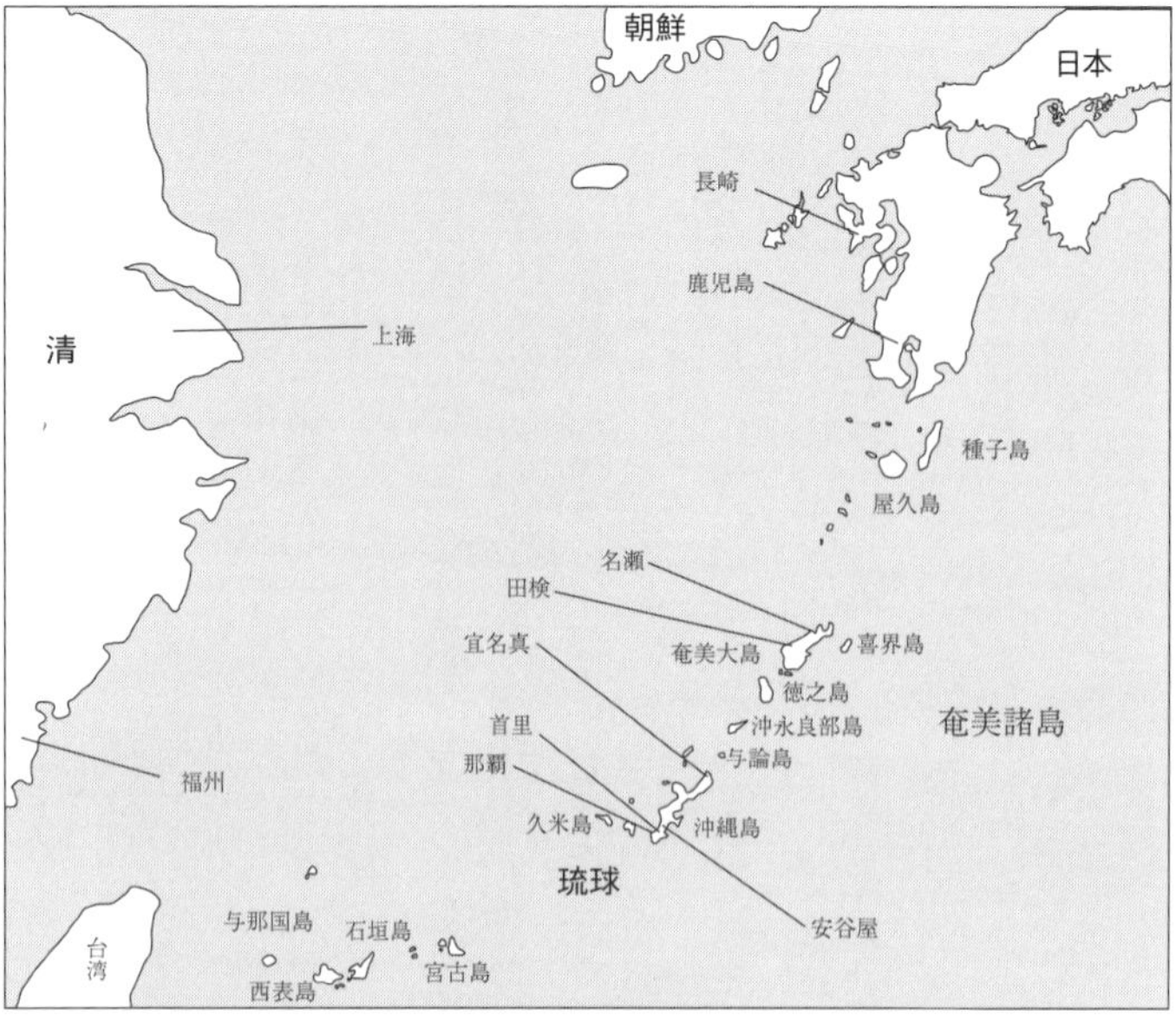


図 **7－1**　関連地図

図 **7－2**　オランダ墓

出所：筆者撮影。

だが、当時は明治政府が琉球を日本へ併合するための諸政策を進めており、大きな混乱と動揺の中で事件に関わる行政文書が十分に整理・保存されなかった可能性がある。あるいは他の多くの史料と同様に沖縄戦で灰燼に帰してしまったのかもしれない。

こうしたなか、筆者は南西諸島水中文化遺産研究会による「海の文化遺産総合調査プロジェクト」（二〇〇九〜二〇一一年度）に参加し、本件にかかわる共同調査のなかで文献史料の捜索・分析を担当した。[2] その結果、外務省外交史料館蔵「琉球藩在勤来往翰」とイギリス国立公文書館蔵「イギリス外務省文書」（FO: Records created and inherited by the Foreign Office）の中に本件をめぐる詳しい記録を見出すことができた。[3] これらの記録によれば、本件は一八七四年ではなく一八七二年九月二九日に発生しており、船名は「ベナレス」（Benares）、香港から茶・砂糖・米を積載してサンフランシスコに向かう途中で座礁・遭難し、船長以下一三名が溺死、五名が救出されたという。死亡者の内四名が琉球で埋葬されており、彼らが「オランダ墓」の被葬者であると考えられる。その後事件は、①琉球による在清イギリス公館への連絡、②生存者救出のためのイギリス船の那覇来航、③イギリスから琉球への謝礼の贈呈という形で推移した。その主な舞台は琉球最大の港町・那覇と王都・首里（どちらも現・那覇市）であった。

この事件からは、強まる日本の政治的影響力の中で、どうにか「王国」を維持していた琉球において、旧から新へと「世界」が入れ替わっていく「日常」がきわめて具体的に把握できる。本章では、本件を題材に那覇から見えていた「世界」の変遷を描き出してみたい。

## 2　近世琉球の「世界」

### (1)　近世琉球の国際関係

ところで宜名真では、なぜイギリス人の墓を「オランダ墓」と呼ぶのだろうか。それはおよそ戦前まで、沖縄では西洋人を「ウランダー（オランダ人）」と総称していたためである。当時の沖縄における人種区分は「沖縄《ウチナー》・唐《トー》・大和《ヤマトゥ》・ウランダー」であり（沖縄大百科事典刊行事務局、一九八三、三二八頁）、こうした「人種区分」の概念および「ウランダー」の語が成立したのは、前近代の沖縄、より具体的には近世琉球と呼ばれる時代であると考えられる。

近世琉球とは、琉球王国が薩摩の島津氏の侵攻に敗れた一六〇九年から、沖縄県として日本に編入される一八七九（明治一二）年までの二七〇年間を指す。この期間の王国は、一四世紀後半に開始された中国（明清）――琉球では唐と呼んだ――との緩やかな君臣関係（朝貢・冊封関係）を維持したまま、日本（薩摩藩および徳川幕府）――琉球では大和と呼んだ――の支配下におかれるという複雑な国際的立場にあった。さらに一六四四年に中国で明から清へと王朝が交替すると、幕府は強大な軍事力をもつ清との摩擦を極力回避する意向を示し、琉球でも日本との関係が「二国に仕えている」として清から咎められることが懸念されたため、首里王府は幕府・薩摩の協力のもとで清および清と関わる国々に対し琉日関係を隠蔽する特別な政策を採るようになった（紙屋、一九九〇：渡辺、二〇一二）。すなわち清を中心とした国際社会において琉球はあくまでも清の朝貢国としてふるまい、日本との関係は水面下で維持されたのである。一方で、近世以前に展開されていた琉球と東南アジアや朝鮮との外交は途絶え、西洋諸国との国際関係も近世末期に至るまで形成されなかった。

この状況下で琉球は、日本との主従関係を通じて幕府の対外政策――いわゆる「鎖国」――の影響を受けた。そしてこの政策においては西洋諸国の中でオランダのみに日本との通商が認められていたことから、琉球で西洋人を「ウランダー」と呼ぶ習慣が生まれたのである（高良、一九九七、一〇九頁）。もちろん西洋に各国があることが知られていなかったわけではないが、国籍による区別の上位区分としてウランダーという概念が存在したと考えられる。すなわち近世期の琉球の「世界」の構成員は、まさに「沖縄・唐・大和・ウランダー」であったのである。

## （2）　一八七二年前後の琉球

しかしこの「世界」は、近世末期、とりわけ一九世紀後半になると大きな変容を余儀なくされた（以下、本節は主に、那覇市企画部文化振興課、一九八五：赤嶺、二〇〇三：西里、二〇〇五a～cによる）。その背景にはまず欧米列強による東アジア進出の本格化があった。欧米船は一八世紀後半以降、調査探検や薪水補給などの目的でしばしば琉球に姿を見せていたが、アヘン戦争（一八四〇～四二年）の前後から開国・通商・布教の要求を掲げて来航するようになり、とくに英仏船が頻繁に来航した。またアヘン戦争でイギリスに敗北した清の開港や、アメリカのペリー来航による日本の開国（一八五四年）などを契機に、中国とアメリカを結ぶ太平洋航路を欧米船が盛んに航行するようになったため、この航路に近接する琉球に寄航や遭難といった形で来航する船も増えていった。

こうした欧米船に対して、王府は薩摩藩より令達された諸規定にしたがって対処し、またその経緯を薩摩藩、さらには同藩を通じて長崎・江戸へ報告し指示を仰いでいた。他方、清へ通報し解決を嘆願することもあった。しかし清日の対応は有効な解決に結びつかないことが多く[(4)]、結局、琉球自身が説得や懇願などの平和的な手段で、欧米船が平穏無事かつ早々に立ち去るよう四苦八苦するというのが常であった。

なお欧米諸国に対しても、琉球は日本との関係を隠匿し、清の朝貢国として振る舞っていた。一八五〇年代には琉球と米・仏・蘭との条約が締結されたが[(5)]、その際、米国全権大使ペリーの通訳官ウィリアムズは、「彼らは薩摩との貿易については何も語りたがらず、私が鹿児島へも進貢しているのかどうかと尋ねても、答えようとしなかった。この中国への進貢を許されていることについては、彼らは屈辱を感じるどころか、喜んでいるふしさえ見られた」と述べ、「どうも彼らの薩摩に対する忠誠の義務の実態は、ひどい隷属であり、かつ、重い負担であるに違いない」と見当違いの推測をしている（ウィリアムズ、一九七八、三九七頁）。ただしこのウィリアムズの記録からもうかがえるように、欧米諸国は日本と琉球の主従関係にほぼ気づいていた。また幕府も一八六二年には、イギリス代理公使ニールの照会に対して、琉球の日本への従属を明言する――同時に中国への朝貢を「其旧習にまかせてまま是を禁ずることなし」とする――など（横山、一九九六、四〇八頁）、琉球の努力にもかかわらず琉日関係（ないしは琉球と清日との二重の主従関係）は徐々に公然化したようである。

こうした欧米船の頻繁な来航に加え、薩摩藩の命令で文替り《もんがわ》（銅銭と鉄銭の交換レートの変動）が繰り返されたり琉球内部で農村の疲弊が進んだりしたこともあって、一八六〇・七〇年代には琉球の経済・財政は深刻な危機に陥った。そしてその状態のまま琉球はさらなる「世界」の転換に巻き込まれていくことになる。それは日本における政権交代（一八六七〜六八年）と、新政権である明治政府による琉球併合へ向けた諸政策の展開であった。

イギリス船ベナレス号が琉球北部で遭難・沈没した一八七二年九月（イギリス側史料によれば一〇月）は、偶然ながら明治政府による諸政策が琉球に波及し始めた時期と重なっている。同年一〇月、明治政府はまず琉球国王・尚泰を藩王に任命した。これにより琉球は王国ではなく藩として位置づけられ、またその管轄は鹿児島県より外務省（七四年七月より内務省）へと移行された。こうして琉球は明治政府の直轄下に入ったが、外務省の管轄という点からも明らかなように、この時点で琉球はまだ「外国」であり、国際的にも国内的にも王国が廃止されたとは受け止められていなかった。実際、王府組織はそのまま維持され、清との君臣関係も容認されていた。したがって琉球では日本の政権交代を、中国における明から清への王朝交替同様に、交渉相手の単なる変更ととらえ、あくまでも旧来の「世界」の延長線上の出来事として理解していた（西里、二〇〇五a、二七〇頁）。

しかし一八七五年以降、明治政府は廃藩置県（琉球処分）を本格化させ、一八七九年にはついに警察・軍隊を動員し、その威圧のもとに琉球藩の廃止と沖縄県の設置を断行した。東アジアの一王国であった琉球は滅亡し、日本の一部としての沖縄県が成立したのである。「ウランダー」が頻繁に来航するなかで、「沖縄」の国王はいなくなり、「唐」との外交は失われ、「大和」から着任した県令（後に知事と改称）が沖縄最高の地位に就くなど、まさにとてつもない「世替り」の到来であった（高良、一九九二、一二～一三頁）。

## 3　琉球史料から見た遭難事件

### （1）外務省管轄下の琉球

先述したように一八七二年一〇月、明治政府は琉球の管轄を鹿児島県から外務省へ移した。またこれに伴い那覇西村（現在の那覇市西）の在番奉行所（大和仮屋）を廃止して外務省出張所とし（図7-3）、そこに旧薩摩藩士・伊地知貞馨《いぢちさだか》[6]を外務省六等出仕[7]として派遣した。在番奉行所とは、薩摩藩から派遣された監視役の藩士（在番奉行を筆頭に約二〇名）が常駐していた施設のことである。この藩士らは琉球外部からの船・人・物の出入りの監視を専らの任務としており、内政への干渉は禁じられるなど、その権限は限定的なものであった。外務省移管時の在番奉行は福崎助七（七三年に季連《すえつら》と改名）という人物であったが、明治政府は福崎も外務省九等出仕に任じ、そのまま琉球在勤を命じた。こうして開始された外務省出張所の主な任務は、政府の施策を琉球藩（首里王府）に伝達することであり、琉球に対して国家権力を行使することはほとんどなかっ

**図7－3**　首里那覇鳥瞰図屏風（那覇市歴史博物館蔵）

右中段に1879（明治12）年に設置された真和志間切古波蔵の熊本鎮台沖縄分営所が描かれていることから，琉球処分（沖縄県設置）後まもない時期の那覇を描いたものと推測できる。なお分営所は，琉球処分に際して沖縄に派遣された熊本鎮台沖縄分遣隊の兵営である。

た（菊山、一九九二、六六頁）[8]。このため琉球では鹿児島県から外務省への移管を大きな変化とはとらえていなかったようである。当時の史料に基づき国王尚泰の実録をまとめた歴史学者・東恩納寛惇は、この状況について「有司（王府）の是れを見る、助七と季連と異名同人なるが如く、在番奉行所と外務省出張所との間に、何等の隔意を存せず、外務省六等出仕伊地知貞馨に至りては、会々渡海の朝官衆の一人のみ。深く大事に干渉すべしとは思惟せざりき」と記している（東恩納、一九七八、三四四頁）。

## （2）「琉球藩在勤来往翰」に見る遭難事件

この外務省管轄期に琉球在勤であった外務省官吏と本省との間を往来した行政文書が、「琉球藩在勤来往翰」（以下、来往翰と略記）として整理され、外務省外交史料館に保管されている。その来翰六号に含まれている琉球藩から伊地知貞馨に宛てた一八七三（明治六）年四月一四日付の書翰に、国頭村宜名真におけるイギリス船の遭難事件の顚末が報告されている[9]。その内容は次の通りである（原文は候文）。

一、去年（明治五年）九月九日（一八七二年九月二九日）、国頭間切《まぎり》（現在の国頭村）宜名真の港口へ異国人五人が楷木に捕まって漂着したので、早速最寄りの人家を空けて収容し介抱したと在番人（現地に駐在している役人）が報告してきた。そこで諸役人を派遣し、通訳に本国や漂着の次第を尋ねさせたところ、「イギリス国の商船で、一八名が乗船して、中国の港からアメリカへ渡る途中で大風に遭いここへ漂着した。夜になって破船し、一八名の内の五名が救助され、一三名が溺死した」と供述した。このため着物類・布団・蚊帳や当用の器具を用意して渡したところ、謝礼を述べてきた。

一、溺死者の内四名の死骸が打ち上げられたので、最寄りの浜辺へ埋葬させたところ、英人が洋字を書いた木札を立てておいた。

一、本船と積荷は沈没し、まったく形跡が見えなかった。船屑や金物類が少々浜へ打ち寄せられたが、役に立つようなものではないので、英人に相談の上で焼却したり、塵となったりした。
一、英人から船を借用して早く帰国したいという申し出があり、その希望に応じると伝えて、［琉球人に］準備を指示しておいたところ、さらに彼らから「最初は自力で帰国できると見込んで船を借りたいと申し出たが、冬の海上をわずかな人数で遠洋航海するのは難儀である。そこで中国に本国の船が寄港しているかを書状で問い合わせれば、迎えの船が来るだろうから、［琉球の］渡唐船で［この書状を］届けてほしい」と書状を差し出してきた。このため確かに申し立て通りに［書状を］中国へ送った。ついては［おそらく那覇へ］迎えの船が来るであろうから、彼らを遠方へ滞在させておいては何分支障があるだろうと、中城《なかぐすく》間切安谷屋《あだにや》村（現在の北中城村安谷屋）へ移動させ、木屋を用意してそこに滞在させ、勤番人（見張り人）をおいて昼夜詰めさせ、諸事・命令などを堅く申し渡しておいた。
一、当年（明治六年）一月八日の八時分、北から蒸気船一艘が那覇の方へやってきたので諸役人を派遣して確認したところ、七時分には那覇沖へ錨を降ろした。そこで通訳を派遣して、本国や来航の理由を尋ねさせたところ、「イギリスの官船で人数九〇名（そのうち四名は唐人）が乗っており、去年九月に国頭間切へ漂着した同国の者を迎えるため上海を出港し大島（奄美大島）で潮待ちをして、今日ここへ到着したのだ」と申し出た。在留の英人へ問い合わせるための書簡が提出されたので、すぐに安谷屋村へ届け、異国人へ渡し、早く連れてくるようにと使いを出した。
一、同九日、この船が食糧不足であると地方官から要請が出されたので、豚・羊・鶏・唐芋・卵・野菜を送ったところ、受け取ったとの謝礼があった。
一、同日、この蒸気船の船長から地方官に伝えたいことがあると前もって申し出があり、四時分にイギリス船のボート一隻で船長と小官三人が連れだって上陸し、若狭町村学校所へやってきた。そこで地方官が面会したところ、［船長たちは］漂着英人の保護に対する謝礼を申し述べた。こちらから茶・菓子を馳走し、その最中に漂着英人も所管の役人に連れてこられて対面し、［その後］一同は本船に戻った。翌一〇日の九時分に［蒸気船は］出艦し、酉戌の間（西北）へ去っていった。
一、以上の通り、当地に駐在している福崎助七殿と相談しながら、諸事を取り計らい出艦させた。［本書翰は］このことを報告するものである。

明治六年四月一四日　　　　　　　　　　　　　琉球藩

伊地知貞馨殿へ

近世の琉球に外国船が来航した際には、那覇に詰める薩摩の在番奉行らに相談・報告しつつも、王府が主体となって対応していた。薩摩役人は原則的に外国人と直接接することはなく[10]、それどころか清および清と関わる国々（つまりおよそすべての外国）に対する琉日関係の隠蔽のため、在番奉行所から別の場所へ一時的に居を移して身を隠すこともあった[11]。この書翰からは福崎助七（旧・在番奉行）ら外務省出仕とイギリス人生存者との接触の有無まではわからないが、従来同様に福崎と相談しつつも王府が主体となって対応していたことがうかがえる。

とりわけ注目すべきは、琉球が自らの外交権を行使し、中国との君臣関係を活用して解決を図ろうとした点であろう。書翰に見える「渡唐船」とは琉球から中国に派遣される公船のことで、この場合は朝貢のため一八七二年一一月一六日（明治五年一〇月一六日[12]）に那覇港から福建省福州に向かった進貢船二隻（正使・向徳裕、副使・王兼才）――結果的に最後から二番目の進貢船派遣となった――を指している。琉球はこの船で生存者の書簡を運び、中国にいるイギリス人に対し清を介して迎えの船の来航を促そうとしたのである。すなわち琉球は、自らを直接の管轄下においた明治政府の外交権を介在させたり、それに依拠したりはしなかったといえる。したがって来往翰から見る限り、この時点では遭難事件は琉球にとってほぼ旧来の「世界」の出来事であったと見てよいだろう。

## 4　イギリス史料から見た遭難事件

### （1）「イギリス船ベナレス号の損失」――生存者パーマーの証言

一方この遭難事件に関して、イギリス外務省文書（ＦＯ）には事後の経緯も含むより詳細な記録が残されている。それは当時の駐清公使ウェード（Thomas Wade）、駐上海領事メドハースト（Walter Henry Medhurst）、駐上海領事館の通訳官マレー（John Gillespie Murray）といった在清官吏、あるいは本国外務省・商務省の間でやりとりされた一連の行政文書である。[13]その中に上海刊行の英字新聞ノース・チャイナ・デイリー・ニューズ（字林西報）に掲載された「イギリス船ベナレス号の損失」という記事（一八七三年一月二四日）が添付されている。[14]これは生存者の一人であるパーマー（Harold Palmer）の証言に基づく記事で、事件の概要が時系列に沿って整理されている。

この記事によれば、ベナレス号は、アンダーソン（James Anderson）船長以下一八名を乗せ、茶・砂糖・米を主な積荷として、一八七二年九月一三日に香港を出発し、サンフランシスコを目指した。しかし台風により一〇月八日の夜、[15]琉球で座礁・沈没し、船長ら一三名が死亡した。生存者五名の内、三名は自力で上陸して現地住民の保護下に入り、二名は翌日座礁した船の残骸にしがみついているところを住民に救助された。生存者は、海中の鋭い岩にもまれたため裸に近い状態だったが、琉球藩が衣服を支給するまで、住民たちが彼らに衣服を貸し与えたという。また同日、犠牲者のうち四名の溺死体が岸に打ち寄せられたので、住民が引き揚げ、パーマーの言によれば「状況が許す限り立派に」埋葬された。その後の経緯をパーマーは次のように説明している。

二人の裕福な島民がまずまずのピジン英語［現地語の影響を大きく受けた通商用英語］を話すことができ、二隻のジャンク船（進貢船）が中国へ向けて出発しようとしていることを知ったが、正確な港を突き止めることはできなかった。けれども生存者がすでに書き上げていた書簡の、安全かつ迅速な伝送を確実にするべく、彼らは写しを作り、一通を上海、一通を福州［のイギリス領事館］へ宛てて送った。ジャンクは両方とも福州の港へ着いたが、しかし一隻がもう一隻より八から一〇日前に到着し、不運なことに先に着いたのは上海宛の書簡だった。それから二カ月過ぎたが、救援の音沙汰はなかった。それで生存者は現地人から数枚の大きな白い布を調達し、それぞれに「wreck（難破）」と書いた後、近くを通る船がその合図に気づくよう、これらの布を島の目立つ場所におくように頼んだ。

琉球には当時、英語を話せる通訳官がいた。度重なる欧米船の来航により対応に当たった役人の中に英語を習得する者があらわれ、それが伝授・学習されていったのである。この記事からはこうした通訳官が王府から現地に派遣され生存者に対応したことがわかる。その後、迎えの船が来るまでの状況については次のように記されている。

音沙汰を待つ長い期間中、葦と竹だけで作られた小屋に住む男たちと厳しい見張り人が、生存者が指定の場所を越えて歩き回らないよう監視を続けた。（中略）不運な客人に対する現地人の親切は際限のないものだった。常に現地人は、彼らの自由になる食材、すなわち主にヤムイモ、サツマイモ、魚、そして豪勢な場合には少しばかりの米からなる食事を、彼らの間では一般的な頻度である一日に六度、一緒にとるよう生存者に勧めた。クリスマスが近づくと、難破者たちはその宿の主人たちに、それは外国人にとって特別な祝祭の時期であることを伝えた。すると彼らは、生存者により大きな自由を与え、彼らが以前そうしていたように一日に二度食事をとるようすすめることで、クリスマスというものに対する正しい評価を示そうと努めた。

ついに翌一八七三年の「一月二日ないしは三日」（来往翰では一月八日）に、隣接する島のひとつ（奄美大島）から琉球に使者が到着し、カーリュー（Curlew）号というイギリス砲艦がベナレス号の生存者を捜索していることを知らせた。こうして生存者はまもなく那覇港にやってきたカーリュー号に搭乗し、福州を経由して一月二三日に上海に到着することができた。記事は次のような文章と死亡者の氏名で締め括られている。

難破船の乗組員をこれほど大切に扱った［琉球の］役人と村民たちに対し、報償の申し出がなされたが、彼らはほんのわずかな報償でさえも受け取ることを固辞した。難破船が大破した場所にカーリュー号が着くと、唯一の痕跡である、舳先の部分についた錨が、暗礁の潜岬に突き刺さっていた[16]（※死亡者氏名は省略する）。

この記事には全体として日本に関する記載は見当たらず、明治政府の琉球併合に向けた諸政策はこの段階ではまだイギリス人生存者が感知できる、ないしはその印象に残るレベルにまで達していなかったことがうかがえる。

## （2）「琉球への旅」——カーリュー号の沖縄訪問

次にベナレス号の生存者を迎えに来た英軍艦カーリュー号の視点から当時の状況を見てみたい。カーリュー号にはベナレス号生存者捜索の命を受けた上海領事館の通訳官マレーが同乗しており、このマレーが琉球から戻った後に作成した報告書[17]と、これを情報源とする上海バジェット（*Shanghai Evening Courier* の週刊版）の記事「琉球への旅」（一八七三年一月三〇日）[18]がＦＯに収録されている。

これらの記録によれば、カーリュー号は一八七二年一二月二七日に上海を出て琉球諸島に向かい、三〇日に奄美大島（Oho-Sima）の北西部にある焼内《やけうち》湾（Hancock Bay）に到着して、田検（Takieu, 現在の宇検村田検）という集落の対岸に停泊した[19]。到着直後の様子について新聞記事は次のように述べている。

> 到着してすぐに、この場所の村長が、洋服を着た日本人やほかの現地人とともに我々のところへやってきた。日本人は少し英語を話すことができたので、彼に通訳をしてもらい、五人の遭難者が島の北部のどこかにいると思われることを告げた。村長はこの件についてはほとんど知らないようだったが、北にある名瀬と呼ばれる中心村落まで特使を送り、全ての詳細についての情報を得ると約束してくれた。そこで我々の司令官であるコットン（Cotton）海軍大尉は、そこにいるかもしれない難破者に我々の所在を知らせるために、特使に託して手紙を送った。三日以内に返事を受け取ることができるだろうということだった。（中略）我々はこの島でただ一人の西洋人を見つけた。スコットランド人の男性で、数年前にここにできた砂糖精製所[20]の、シンガポール発送用の荷造りを監督していたのである。通訳として我々を手助けしてくれた日本人は、この男性について日本からやってきた彼の通訳であったことがわかった。

この記事から、マレーらは奄美大島を琉球の一部と考え、ベナレス号の生存者がこの島にいると思い込んでいたことがわかる。大島を含む奄美群島は一五世紀後半頃から一六世紀初頭にかけて琉球王国に服属したが、薩摩藩による琉球侵攻（一六〇九年）を契機に藩の直轄領（蔵入地）に組み込まれた。しかしその後も清に対する琉日関係の隠蔽のため、清を中心とした国際社会に向けては薩摩の協力のもとに「琉球領」の建前が保持されていた。マレーらの思い込みはこうした歴史的経緯の影響によるものであろう。だが「琉球の奄美大島」に到着したはずの彼らが目にしたのは、洋服を着て英語を話す日本人の姿であった。すでにそこでは「世界」が一変し、「大島は『日本とは一切の関係をもたない琉球』の一部である」として首里王府の隠蔽政策と口裏を合わせていた旧来の――とはいえ数年前までの常識だった――外交機能は失われていたのである。

一八七三年一月二日、村長が名瀬からの返信を届けたが、そこに記されていたのは、名瀬で発生した日本人の難破事件のことであった。混乱したマレーらは翌日船で名瀬へ移動して自ら情報を集め、結局ベナレス号の生存者は大島にはいないことが判明した。その後船は悪天候のため数日間名瀬へ逗留したが、この間にマレーらは「立派な衣装を着た上品な五人の日本人男性」に会い、食事に招かれている。

一月七日、カーリュー号は大島を離れ、翌日午後に那覇港（Napa Kiang）に到着した。浜辺には多数の琉球人が好奇のまなざしでカーリュー号を見つめていた。まもなく何名かの琉球人――おそらくは王府の役人たち――が船を訪れ、英語を少し話せる男がベナレス号の生存者を翌日連れてくると約束してくれた。そこで翌朝マレーらは、ベナレス号の生存者に対する親切な取り扱いに感謝を述べるために那覇の長官を訪問した。この出来事について、前掲の来往翰には、船長と小官三名の訪問に対し若狭町村学校所（現在の那覇市松山）で地方官が対応したと記されている。琉球では欧米船が来航すると、大抵この学校所を「那覇公館」と称して応対場所とし、久米村士族の高官が「那覇地方官」と称して対応に当たっていたが（田名、一九九八）、この時も同様の対応がなされたと見られる。[21] なお那覇地方官とは欧米船に対応するための名目的な役職で、那覇の本来の行政長官は那覇里主《さとぬし》であった。

マレーらの訪問に対し、「長官は威厳をもって彼らを迎え入れ、多くの美味な琉球の産物で作った非常に立派な昼食を出してくれた」という（来往翰では「茶・菓子を馳走」とある）。食後マレーらは那覇港の周囲を散策した。この時、ここに三ヶ月以上停泊して黒砂糖を積み込んでいるというヨーロッパ船ジョン・イーストン（John Eyston）号を見かけている。その後一行は首里（Shuey）へも足を伸ばした。その途中で通り過ぎた市場について記事には次のように書かれている。

店先には、茶、タバコ、米、その他の日用品が並べられていた。これが我々が茶が売られているのを見た唯一の島で、茶は日本産（Japan growth）だった。中国銭よりも大きな真鍮のコインが貨幣であるようだ。

ここに確認できる「日本」が、この記事の琉球に関する記述の中の唯一の「日本」の語である。「日本」との密接な関係がうかがえる大島についての記述と比べると、琉球ではまだ「日本」の影はほとんど感じられなかったであろうことが読み取れる。

やがて首里から船へ戻ると、那覇の長官が豚、子ヤギ、ニワトリなど（来往翰では豚・羊・鶏・唐芋・卵・野菜）を届けてくれたが、琉球人は「いかなる代償も受け取るつもりがないらしい」様子だったという。一月一〇日、カーリュー号は琉球を離れた。その時の様子を記事は次のように述べている。

今や我々の遭難者たちを手に入れたが、たった一人の琉球人ですら説き伏せて、彼らへの親切に対する代償を受け取らせることはできなかった。我々は野蛮な土地などとは決して思えないこの地に別れを告げ、一月一〇日の朝に出発した。残念なことに我々は、現地人が浜辺まで運んでくれた多くの食糧を置き去りにした。彼らはボロボロに裂けた古いアメリカの旗を振って、我々にこちらへ来てその食糧をもって行くようにと合図してくれたのだが、波が岸壁に強く打ち寄せて、我々が非常に必要とするものの入手を妨げたのである。

ここで興味深いのは、琉球人が古いアメリカの旗（星条旗）を振ってカーリュー号に合図をしたという点である。イギリス船に対して星条旗を振っているので、琉球人はそれが国旗であることは理解していなかった可能性がある。しかし少なくとも彼らはこの旗を欧米人の旗と認識し、欧米船に対する合図として利用していたことがわかる。ボロボロに裂けていたということはこれまでもたびたび欧米船への合図として利用していたのかもしれない。欧米船が相次いで来航するという時代の変化に、琉球がどのように対処していたのかを具体的に知ることができる貴重な記載である。

なおこの記事でも、前項で挙げた記事でも、総じてベナレス号の生存者に対する琉球の「厚遇」(hospitality)や「親切」(kindness)――とくに食糧や衣服の無償支給――が強調されている。そして後述するが、この「無償」の厚遇・親切が後にイギリス政府による琉球藩への謝礼品の贈呈に繋がっていくのである。しかし実はこうした無償支給は、欧米船の来航や停泊を回避しようとする琉球の戦略の一環だった。近世末期、欧米船との接触によるさまざまなトラブルを恐れた王府は、その来航を極力避けるため、欧米人に「琉球は小国で産物も乏しい」とアピールして必要な食糧や薪を無償で与え、早々に琉球を立ち去らせようとする政策を採っていた（以下、この政策に関しては沖縄県文化振興会公文書管理部史料編集室、一九九九、一六～一七頁による）。無償としたのは、有償とすれば金さえ払えば必要なものが手に入ると思われ、さらに頻繁に欧米船が来航することを懸念したためである。ベナレス号の生存者へも王府はこの旧来の外交政策に基づいて対応したと考えられるが、イギリス人は無償の――見返りを求めない崇高な――行為と思い込み、このために謝礼品を届けるイギリス船が再来するという琉球にとっては皮肉な展開となった。すなわちこの遭難事件を巡る事後の一連の琉英接触は、琉球を主体とした旧来の外交によって引き起こされたものといえる。

その後、カーリュー号は福州郊外の馬尾（Pagoda Anchorage）で石炭と食糧を補給し、一月一七日に再び上海に向けて出航して、一月二三日に上海に到着している。

## 5　事後の経緯と明治政府

### （1）謝礼の送付――カーリュー号の再来

カーリュー号が上海に戻った翌日付の書翰で、イギリス領事メドハーストは北京の公使ウェードに対し、カーリュー号がベナレス号の生存者を救出して上海に帰港したこと、彼らが琉球の官民両方から非常に親切な待遇を受けたことを報告し、「那覇港当局に対し何らかの形で速やかにその親切へ感謝の意を公式に表明すること」を提案した。[22] ウェードはこれに賛同し、二月二八日付で本国外務省にメドハーストの提案を伝えたところ、外務省は六月一四日付でウェードに対し「ベナレス号の生存者に対する親切に感謝して、イギリス政府から大琉球諸島の政府に贈呈する金時計と金鎖」を北京に送るので、それらを琉球の政府に届けるよう指示した。[23] これにより再度カーリュー号が琉球へ赴くことになった。今回の艦長はチャーチ（Church）という人物で、通訳官ブレナン（Byron Brenan）と「日本の［駐上海］領事館が親切にも貸し与えてくれた琉球人と話すことのできる館員」の和田という日本人が同行していた。

一八七三年一一月八日、カーリュー号は上海を出航し、一一日に那覇港に到着した。ブレナンによるウェード宛の報告書（同月二〇日付）[24]によれば、彼は和田やオスロ（Oslo）海軍中尉と上陸し、「ある身なりの良い琉球人」によって「公会堂」へ連れて行かれ、日本の役人に引き合わされている。この役人はすでにカーリュー号の来航とその目的を知っており、それは少し前に明治政府から伝えられたということだった。彼は首里（琉球藩）にカーリュー号の来航を報告し、その応接について相談したうえで、結果を伝えると約束した。

やがて一行は別の日本の役人――島の政府の「徴税人および行政官」として江戸から任命されたクサキ（Kusaki）氏――に紹介され、別の公的な建物で茶と果物を振舞われている。彼もカーリュー号の来航目的を知っており、その口調から琉球がイギリスの贈り物を受け取るのに何の支障もなく、また国王がそれを非常に喜んでいるらしいことがわかった。

翌一二日の朝、クサキ氏がカーリュー号を訪れ、首里で午後二時から一行の歓迎会が開かれること、国王は病気だが、その代理として国王の叔父である高官が接待することを告げた。そこで午後一時、ブレナン、チャーチ艦長、和田、他三名が上陸し、歩いて首里城に向かった。城門をくぐると三つの大きな建物に囲まれた庭があり、建物のひとつの入り口にクサキ氏がいて、国王の叔父や他の高官にブレナンらを紹介した。その後、歓迎会場に迎え入れられ、料理を食べるよう勧められたが、その前にチャーチ艦長が国王の叔父である最高大臣に挨拶し、島に漂着した不運なベナレス号の乗組員に対する琉球人の親切な世話にイギリス女王と国民がいかに感謝しているかを伝えた。和田がこれを通訳すると、今度は琉球人がこの立派な贈り物を非常に喜んでいると応じた。それから歓迎の宴が始まり、「親善の言葉」を何度も交わした後、一行は城を出てカーリュー号へと戻った。一四日、カーリュー号は那覇を発ち、宮古島を経由して同月一九日に上海に到着している。

以上がイギリス側史料に基づくカーリュー号再来の概要だが、この件に関しては琉球の正史『球陽』（附巻四、一二三九号）にも「今年（一八七三年）、英国官員が謝恩のため政府の命を受けて礼物を国王に贈った」と題する記事があり、その内容はイギリス側の記録と概ね一致している。それによればカーリュー号は那覇北西の泊港に停泊し、まず「小菅直達殿」と「内地通事係」が船を訪れて事情を尋ね、その後「英人二名」と「上海に留まる所の倭人六等書記生和田雄次郎」が上陸して和使監守館舎（旧・在番奉行所）に向かったところ、途中で偶然「福崎季連殿」に会い、ともに親見世（那覇の役所のひとつ）へ赴いたという。すなわちブレナンらが最初に会った日本の役人とは小管直達（外務省等外二等）で、クサキ氏は福崎季連、また和田は雄次郎という名であったことがわかる。イギリス人は国王に謁見して礼物を贈呈したいと申し出たが、王府は国王の病気を口実に固辞した。[25]しかしイギリス人が再度、首里城を訪問して政府高官に拝謁し、国王の代理として最高官の摂政《せっせい》が礼物を受け取ることを求めたため、王府は断る口実がなく受諾した。そこで「英人翻訳官・璧利南《ブレナン》、艦長・卓芝《チャーチ》」らが首里城を訪れ、西殿（北殿）[26]の宴席において摂政らが季連とともにイギリス人をもてなしたという。

## （2）外国人漂着民の取り扱いを巡って

カーリュー号の再来時には、その初来航の際（一八七三年一月）とは打って変わって、明治政府が濃厚かつ直接的に関与していたことがうかがえる。その背景には、外国人漂着民の取り扱い方法を巡って明治政府が琉球の外交権へ介入を強めたことがあった（東恩納、一九七八、三四二〜三四六頁：西里、二〇〇八・二〇一一）。

事の起こりは同年三月に琉球測量のため那覇に入港した日本海軍の大坂丸が、翌月測量に赴いた石垣島からフィリピン人漂着民四名を伴って那覇に戻ったことにある。(27) これまでこうした漂着民は、琉球から福州に転送され、清を通じて帰国していた。ところがこの時、琉球在勤の外務省官吏は「『外国人交際向き』は外務省の管轄である」として、琉球の反対を押し切り漂着民を鹿児島に転送してしまったのである（明治文化資料叢書刊行会、一九六二、六五頁）。東恩納寛惇は、当時の史料に基づき「有司（王府）、事の或は外人の口より長崎在留の清国人に漏れ、［琉日関係が露見して］進貢の妨碍を為すに至らんを慮り、先規に準じ、自ら外交の衝に当らむを請ふ。［外務省官吏は］聴《ゆる》さず」と記している（東恩納、一九七八、三四四頁）。

この事件により、王府は明治政府から外国人（とくに中国人）漂着民の取り扱い方法の変更が命じられることを危惧し、浦添朝昭（向居謙）らを上京させて従来通りの処置を外務省に請願することにした（以下本段落は、西里、二〇〇五c・二〇〇八・二〇一一による）。浦添は七月二日に東京に到着し九日に請願を行ったが、その過程で面会した外務省官吏から、日清修好条規の批准書交換のため中国を訪問中の外務卿・副島種臣らが清と談判して琉球の日本専属を決定するつもりであると伝えられる。驚愕した浦添は「この上ない国難」として王府へ急報し、王府から現状維持の請願を指示された。そこで八月一一日、浦添より先に上京していた琉球役人・与那原良傑（馬兼才）が帰国直後の副島を訪ね、「もとより小邦（琉球）は「日清」御両国へ奉属して国家として成り立っており、それゆえ日本・支那を琉球の父母と呼んできた」と琉球の立場を訴えたうえで日清両属の継続を懇願した。当時王府が望んでいたのは、あくまでも日清との二重の主従関係のもとで一定の独自性を保ってきた従来の王国の在り方であり、日清いずれかへの専属、ましてや独立など到底想定されていなかったのである。与那原の必死の訴えに対して、副島は最終的に「琉球は国体制度とも従来通り」であり「国中政道は全て藩王に任せる」と言明するに至った。副島は清に対しては琉球の日本専属論を主張しており、この回答は琉球の対日抵抗の公然化を避けるための一時的なパフォーマンスにすぎなかったが、琉球側はこれを信じ、ひとまず安堵した。さらに翌年三月には、琉球藩（王府）の要請により「［琉球の］国体・政体は永久に変わらず、清国との外交もこれまで通り」とする確認文書も藩と外務大丞らとの間で取り交わされている。

一方、外国人漂着民に関しては九月一八日、浦添・与那原に対し、外務省が「琉球は以前から唐とも交際してきた上に藩王（国王）・諸官が心配するので格別の待遇によって」、毎回外務省在勤官吏に報告の上で中国人漂着民に限って「追って何分揮指に及ぶ迄」は従来通りの送還方法（琉球による清への直接送還）を認め、朝鮮人を含むその他の外国人に関してはこの限りではないと伝えた（以下本段落は、西里、二〇〇八による）。「追って何分……」とは、明治政府の対清外交の指針が明確に定まるまでの暫定的措置という意味である。浦添らはこの回答に不満を抱き、暫定的措置の文言の削除を求めてさらに請願を繰り返したがついに認められなかった。

### （3）　カーリュー号の再来と明治政府

その後まもない九月二九日、与那原は外務省官吏から、琉球で難破したイギリス船の乗組員救助の謝辞としてイギリス政府より送付される金時計・金鎖を届けるため砲艦が来琉するという駐上海日本領事館からの連絡を通知され、砲艦来琉の際にはとくに本省の指示を仰ぐことなく直接受領するよう命じられている[28]。また一一月には、上海領事[29]から外務省へ、イギリス砲艦が八日に上海を出船したこと、「言語不通のため日本人館員を同行したい」というイギリス領事からの要請により和田雄次郎が派遣されたことが報告され、浦添・与那原に伝えられた[30]。

なお来往翰（来翰九号）には上海領事から本省宛の報告（一一月七日付）収録されており[31]、それによれば領事は「未開港に来航し、小事といえども我が政府の手を経ずして取り扱うことを黙許するのみならず付属館員までも同行させるのは不本意である」が、「イギリス政府が斯くまで未開の偏島に友誼を尽くし万一の後難を慮るのは人民保護の本意に達している」ために、やむをえずその要請を受諾したという。また領事は、イギリスがこの機に乗じて琉球と仏米蘭のように「困難救助の仮定約」を結ぼうとすることを警戒し、「もともと『半主の国』の外国交際の権限は皆その本国に帰すので、もし［イギリス人が］定約の話をしてきたら『別紙口達』に基づいて程《ほど》よく断るように」と和田に命じた。添付された口達には「今我が政府は［仏米蘭］三ヶ国の定約をも廃したいと考えており、去年以来我が政府から琉球藩に対して尽くしてきた『御主意』の実情もあるので、そのことをよく慎んで」イギリス人へ対応することなどが指示されている。

さらに同じく来往翰（来翰九号）に収録されている福崎季連から伊地知貞馨への事後報告（一二月一一日付）の、一一月一二日の項には次のようにある。(32)

［福崎が］漂着人の救助はいずれも相互の事で、今回のような厚礼があっても、こちらから蒸気艦などを派遣して謝礼することは当然できないことなので、以後は日本外務省へ伝えて互いに謝礼したいと［イギリス人に］申し出たところ、その通りで宜しいので、漂着者があった時は香港・上海などの領事へ成り行きを連絡すれば迎えを派遣すると［イギリス人が］言った。

すなわちカーリュー号の再来前には上海領事が、再来時には福崎が、琉球とイギリスの間で漂着民を巡る外交交渉が発生しないよう警戒・監視し、また以後は琉英間の漂着問題を日英間で処理するようイギリス人へ働きかけていたのである。琉球の外交権を奪取しようとする明治政府の明確な意図がうかがえる。

しかし明治政府のこの急激な「変調」は、イギリス側にはすぐに認識されなかったようである。カーリュー号の帰港後、一二月二九日付で公使ウェードは本国外務省に次のように伝えている。(33)

（前略）私は該島［琉球諸島］における最高権力者は国王その人だと信じており、また実際にその通りだと思います。また琉球の政府が通商の類を嫌悪していることはよく知られており、それが贈り物の拒絶に結びつくのではないかとの懸念がありました。（中略）ただし日本の領事館は親切にも、その館員の一人であり、琉球人と話すことのできる人物を、我々に貸し与えてくれました。ブレナン氏は、完遂した今回の派遣の成功は、この和田という名の紳士に負うところが大きいとしています。（中略）琉球人は、最も穏やかな人々ですが、いつも外国との通商を認めることに対して極度に気の進まない様子を見せてきました。（中略）このケースでは通商［の実現］が大きく促進されることはないでしょう。しかし彼らは日本人によって彼らの接近に準備させられていたようですし、一八四九〜五一年の私たちの全提案に対する彼らの拒絶を思えば、我々は先頃の彼らのふるまいを前途有望なより良い変化として考えるべきです。

ここではウェードはあくまでも琉球を、日本の一部ではない一個の国と見なしており、過去に琉球に働きかけてきた通商の実現も含め、今後の英琉関係の進展を期待している。いわば「欧米並み」の近代国家として領土を画定する必要性から琉球の併合を目指した明治政府であったが、当の欧米人――少なくともウェード――は、この時点ではまだ清と君臣関係をもちつつ日本の政治的影響下にも置かれていた旧来の「琉球」との将来を思い描いていたのである。

## 6　那覇の変化

琉球の外務省移管に伴い、鹿児島県（旧・薩摩藩）の在番奉行であった福崎助七（季連）は外務省出仕となったが、琉球ではこの福崎を「御奉行様」と呼び続けていた。[34] このことからも琉球が、当初「大和」の世替りをどのようにとらえていたのかがうかがえる。まもなく明治政府の諸政策が波及し始め、「国難」の到来を危惧するようになった後も、王府を担う人々は「国体・政体は永久に変わらず」の言質を支えに、旧来の世界の存続を信じようとしていた。そこには那覇に派遣され従来通りの任務をこなす「御奉行様」の姿も想定されていたに違いない。

しかし一八七三年一一月、カーリュー号の再来時に見られた那覇の光景は、旧来の世界を大きく逸脱したものであった。「御奉行様」が、直接異国人に応対し、首里城で彼らを出迎え、王府高官に引き合わせる――「旧来通り」であるはずの世界で、決定的かつ圧倒的に「ありえない今」が展開していることを、その光景を目の当たりにした琉球人は感じざるをえなかったであろう。

やがて七四年七月、琉球は内務省へ移管され、明治政府による琉球「内国」化の姿勢が明確になる。この方針を実現すべく、「琉球処分官」として内務大丞の松田道之らが派遣され、琉球の日本専属を言明したうえで清との外交停止をいい渡したのは、その一年後のことであった。

注

（1）宮城弘樹・片桐千亜紀が中心となって立ち上げた研究グループで、沖縄を中心とした水中文化遺産の継続的な調査を行っている。
（2）共同調査の成果は報告書（南西諸島水中文化遺産研究会ほか、二〇一三）と概説書（南西諸島水中文化遺産研究会、二〇一四）に、またベナレス号の遺物に関する考古学的成果は論文（片桐ほか、二〇一三）にまとめられている。
（3）ＦＯの調査は新居洋子氏の協力を得て実施し、その成果は渡辺美季・新居洋子「宜名真漂着のイギリス船ベナレスについての調査成果」（南西諸島水中文化遺産研究会ほか、二〇一三）および史料紹介（新居・渡辺、二〇一四）に整理した。ＦＯに関する本章の記述の多くはこの整理に依拠している。
（4）ただし稀にではあるが、請願が功を奏することもあった。例えば一八四六年に来航した仏艦は、琉球による清への請願の影響により退去している（岡部、二〇一〇）。
（5）一八五四年七月一一日に琉米修好条約、一八五五年一一月二四日に琉仏条約、一八五九年七月六日に琉蘭条約が締結された。ただし琉仏・琉蘭条約は批准されなかった（横山、一九九六）。
（6）一八七二年一月、鹿児島県から維新後の日本国内情勢を説明するための「伝事」として、奈良原繁（当時は幸五郎、後の沖縄県知事）とともに琉球へ派遣され、いったん琉球を去るが、七三年に外務省出仕として再来した。内務省移管後、七五年五月に内務省六等出仕として琉球藩出張を命ぜられた。
（7）日本の明治初期の官制で、初期は官庁の試補、後に臨時の員外官を指した。
（8）この時期の明治政府は、琉球が日本の領土であることを明示することに重点をおいていた（菊山、一九九二、六六頁）。
（9）ＪＡＣＡＲ（アジア歴史資料センター）Ref.B03041138900，琉球関係雑件／琉球藩在勤来往翰（B-1-4-1-018）（外務省外交史料館）、一一二三〜一一二六。
（10）ただし必要が生じれば、偽名を使うなど琉球人のふりをして対面することもあった。
（11）たとえば国王を冊封する清の使節が来琉した際には北隣にある浦添間切城間《ぐすくま》（現在の浦添市城間）に引き籠もる慣例であった。欧米人に関してはフランス人宣教師アドネらの滞在に際して一八四七年に那覇泉崎村（現在の那覇市泉崎）に一時的に移った例などがある（琉球王国評定所文書編集委員会、一九八九、七一頁）。
（12）月日は註九所掲史料（一一二二）による。
（13）FO17（General Correspondence：China）/652, 651,652, 656, 669, 670.

（14）FO17/652, Encl. No.4 in Wade to FO, No.42, Feb.28, 1873.

（15）琉球の記録では遭難事件は九月二九日に発生している。どちらの日付が正しいのかは不明だが、諸状況から見てFOに記された事件と宜名真の遭難事件が同一のものであることは間違いないと考えられる。

（16）地元の記録や口伝によれば大錨は大小二点あり、大きい方は国頭村辺土名、小さい方は国頭村奥の住民が入手し、前者は鍛冶屋が切断して鍬・鋤などの農機具の材料に、後者は湾内に設置して船の繋留具として使用された（奥のあゆみ刊行委員会、一九八六、三三〇～三三二頁：宮城、二〇〇九、四四～四五頁）。

（17）FO17/652, Murray to Medhurst, Jan.23, 1873, Encl. No.2 in Wade to FO, No.42, Feb.28, 1873.

（18）FO17/652, Encl. No.3 in Wade to FO, No.42, Feb.28, 1873.

（19）Takieuを田検と比定するに当たっては、中山清美氏・弓削政己氏からご教示を受けた。

（20）一八六五年に薩摩藩がグラバーらとともに島内四箇所に設置し、翌年から精糖を開始した白糖製造工場の内、宇検村（現在の宇検村須古）に置かれた工場のことか（弓削、二〇一二、五三～五四頁）。ただしこの工場は一八六九年に廃止されており期間が合わない（弓削政己氏のご教示による）。

（21）久米村（現在の那覇市久米）に戸籍をもつ士族集団で、清を中心とした国際社会に対する外交業務を主に担っていた。

（22）FO17/652, Medhurst to Wade, Jan.24, 1873, Encl. No.1 in Wade to FO, No.42, Feb.28, 1873.

（23）FO17/651, FO to Wade, No.50, June 14, 1873.

（24）FO17/656, Brenan to Wade, Nov.20, 1873, Encl. No.3 in Wade to FO, No.203, Dec.29, 1873.

（25）琉球では国王と欧米人は原則的に謁見しない方針であった。

（26）沖縄では北のことをニシとも呼ぶ。北殿は西御殿とも呼ばれた。

（27）『球陽』附巻四（一三八号）、ＪＡＣＡＲ（アジア歴史資料センター）Ref.B03041138800, 琉球関係雑件／琉球藩在勤来往翰（B-1-4-1-018）（外務省外交史料館）など。

（28）「琉球江問合」（尚家文書七〇六号）六七番文書（西里、二〇〇八、三三〇頁）。

（29）一八七二年九月六日～七五年一〇月三〇日に上海領事を勤めた品川忠道であろう。なお品川はその後八四年まで上海総領事を勤めた（松本、二〇〇一）。

（30）「琉球江問合」（尚家文書七〇七号）三三番文書（西里、二〇〇八、三四三頁）。

(31)　JACAR（アジア歴史資料センター）Ref.B03041139000, 琉球関係雑件／琉球藩在勤来往翰（B-1-4-1-018）（外務省外交史料館）、一八四〜一八六。なお「半主の国」とは、万国公法における国家区分概念で、semi-sovereign states の訳語である。
(32)　註三一所掲史料、一六五〜一六九。
(33)　FO17/656, Wade to FO, No.203, Dec.29, 1873.
(34)　「日記（下）高里親雲上（同治拾弐年癸酉正月朔日より戊二月迄）」（那覇市経済文化部歴史資料室、一九九八年）。

## 参考文献


赤嶺守「王国の消滅と沖縄の近代」豊見山和行編『日本の時代史一八　琉球・沖縄史の世界』吉川弘文館、二〇〇三年。

ウィリアムズ『ペリー日本遠征随行記』洞富雄訳、雄松堂書店、一九七八年。

岡部敏和「『大総兵船』の琉球来航と琉球王府の対応――清国への請願を中心に」『日本歴史』七四七、二〇一〇年。

沖縄県文化振興会公文書管理部史料編集室編『沖縄県史ビジュアル版四　ペリーがやってきた』沖縄県教育委員会、一九九九年。

沖縄大百科事典刊行事務局編『沖縄大百科事典』上、沖縄タイムス社、一九八三年。

奥のあゆみ刊行委員会編『奥の歩み（字誌）』国頭村奥区事務所、一九八六年。

片桐千亜紀・宮城弘樹・新垣力・山本祐司・渡辺美季「国頭村宜名真沖で沈没した異国船の調査研究」『（沖縄県立博物館・美術館）博物館紀要』六、二〇一三年。

紙屋敦之『幕藩制国家の琉球支配』校倉書房、一九九〇年。

菊山正明「沖縄統治機構の創設」琉球新報社編『新琉球史――近代・現代編』琉球新報社、一九九二年。

高良倉吉「近代・現在への誘い」琉球新報社編『新琉球史――近代・現代編』琉球新報社、一九九二年。

――『続おきなわ歴史物語』ひるぎ社、一九九七年。

田名真之「王府の異国船迎接体制――総理官を中心に」琉球王国評定所文書編集委員会編『琉球王国評定所文書』一四、浦添市教育委員会、一九九八年。

那覇市企画部文化振興課編『那覇市史』通史篇第一巻前近代史、那覇市役所、一九八五年。

那覇市経済文化部歴史資料室編『那覇市史』資料篇第一巻九、那覇市役所、一九九八年。

南西諸島水中文化遺産研究会編（片桐千亜紀・宮城弘樹・渡辺美季）『沖縄の水中文化遺産――青い海に沈んだ歴史のカケラ』ボーダー

インク、二〇一四年。

南西諸島水中文化遺産研究会・鹿児島大学法文学部物質文化論研究室編『水中文化遺産データベース作成と水中考古学の推進　海の文化遺産総合調査報告書――南西諸島編』アジア水中考古学研究所、二〇一三年。

新居洋子・渡辺美季「イギリス船ベナレス号の遭難事件に見る一八七二―七三年の琉球・奄美――英文史料の紹介」『歴史と民俗』三〇、二〇一四年。

西里喜行『清末中琉日関係史の研究』京都大学学術出版会、二〇〇五年a。

――「近世末期の内政問題と対外関係」財団法人沖縄県文化振興会公文書管理部史料編集室編『沖縄県史』各論編四・近世、沖縄県教育委員会、二〇〇五年b。

――「咸豊・同治期（幕末維新期）の中琉日関係再考――尚泰冊封問題とその周辺」『東洋史研究』六四―四、二〇〇五年c。

――「明治初期在日琉球使節の任務と動向Ⅰ」豊見山和行編『琉球国王家・尚家文書の総合的研究　二〇〇四年度～二〇〇七年度科学研究費助成金（基礎研究（B））研究成果報告書　課題番号16320091』琉球大学教育学部、二〇〇八年。

――「日清間の交渉と琉球の選択肢論争」財団法人沖縄県文化振興会史料編集室『沖縄県史』各論編五・近代、沖縄県教育委員会、二〇一一年。

東恩納寛惇「尚泰侯実録」『東恩納寛惇全集』二、第一書房、一九七八年（初出は一九二四年）。

松本郁美「初代上海領事品川忠道に関する一考察」『史窓』五八、二〇〇一年。

宮城克松編『口碑・伝説・寄稿文――沖縄・国頭村・辺土名』宮城克松、二〇〇九年。

明治文化資料叢書刊行会編『明治文化資料叢書』四（外交編）、風間書房、一九六二年。

弓削政己「名瀬のまちの構成の要素と空間、及びその形成」弓削政己・岩多雅朗・飯田卓・中山清美編『名瀬のまち　いまむかし』南方新社、二〇一二年。

横山伊徳「日本の開国と琉球」曽根勇二・木村直也編『国家と対外関係』（新しい近世史2）新創社、一九九六年。

琉球王国評定所文書編集委員会編『琉球王国評定所文書』三、浦添市教育委員会、一九八九年。

渡辺美季『近世琉球と中日関係』吉川弘文館、二〇一二年。

# 第8章　上海から見た一八七〇～七四年の「世界」

――財政とアヘン――

古田和子

## 1　分析の課題と視角

上海の商人にとって、自分たちの社会とそれを保障する政治の仕組み、さらに自分たちの社会を超えた世界はどのようなものと理解されていたのか。本章では一八七〇～七四年の上海とその上海から見えた「世界」を描くことによって、本書が目指す世界史の多層的、複合的理解のための材料を提供することを試みることにしたい。ここでいう上海の商人にはもちろん地元の商人も入るが、それだけではなく中国の他地域から上海に出てきた商人や、ロンドンあるいはボンベイからやってきたイギリス商人、インド系商人なども入る。つまり上海を自らの生業の場としていた商人たちである。かれらにとって上海と上海を取り巻く「世界」はどのように見えていたのだろうか。

上海はアヘン戦争後の南京条約（一八四二年）で欧米への開港が決まり、清朝後期の一八七〇年当時、中国最大の対外貿易港であったが、悠久の歴史を遡れば、南宋の末年に貿易を管理する市舶司の分司が置かれ、元代に入ると市舶司が設置（一二七七年）された。また、清代初期に台湾にあって反清活動を続けていた鄭氏一族が投降して一六八五年に海禁が解除されると、上海県城の小東門内に貿易を管理する海関《かいかん》が置かれ（一六八七年）、以後清代をつうじて海運と貿易の拠点の一つとして発展してきた（高橋・古厩編、一九九五、二八～二九頁・年表）。一八七〇年頃の上海にはさまざまな顔があるが（陳、一九

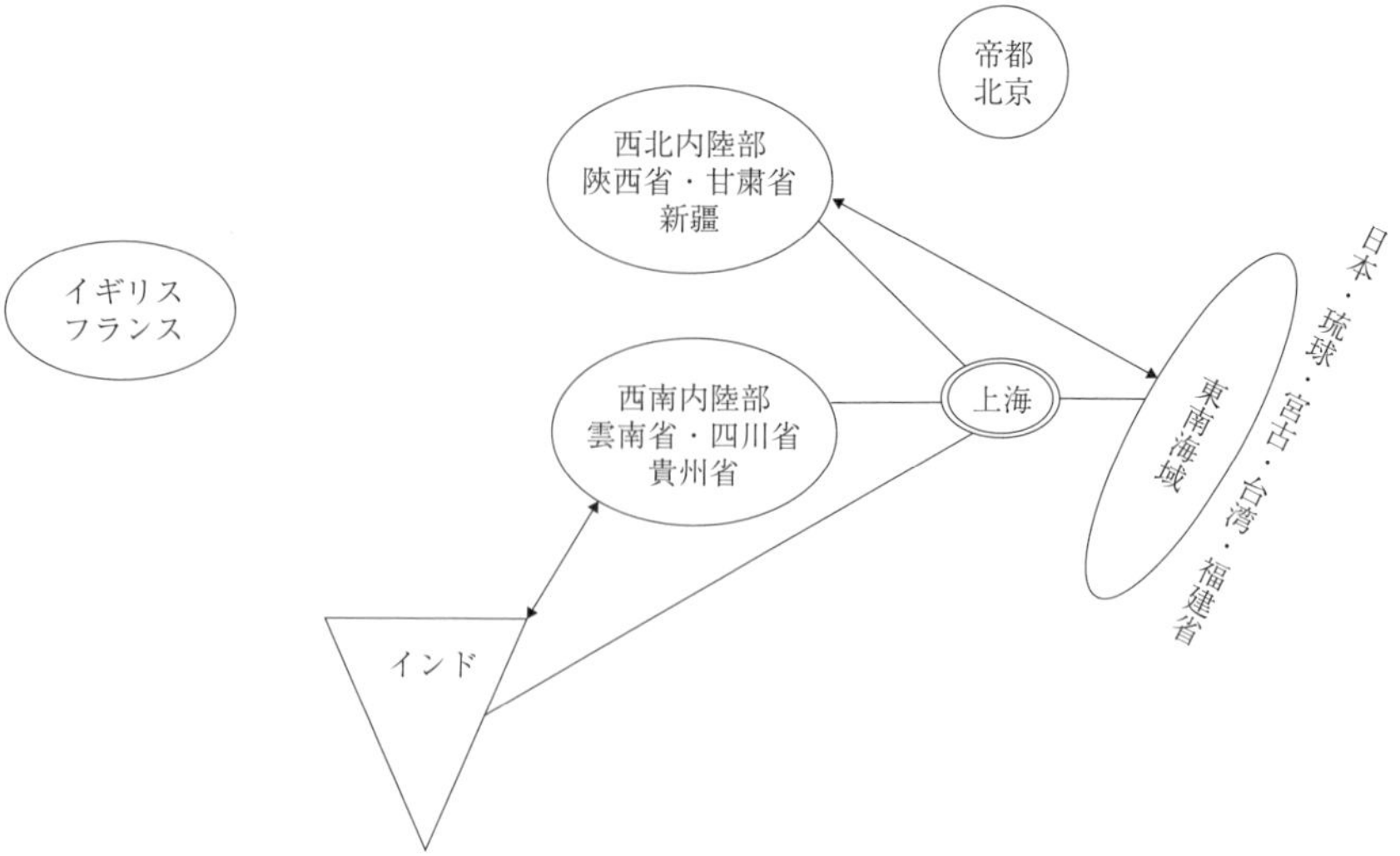


**図８－１**　上海とその「世界」

九九）、本論ではこうした上海の歴史を踏まえて貿易——対内、対外の両方がある——に焦点を置いて上記の課題を検討していきたい。その際とくに海関の役割とその税収に言及することで、政治的な枠組みや帝都としての北京との関係を考える糸口としたい。

上に掲げた図８－１は当該期の上海にとって重要な意味を持った「世界」を表した概念図である。

第一はイギリスとフランスである。なかでも市場としてのロンドンは上海の対外貿易において圧倒的な比重を占めていた。第二は、「西北内陸部」（陝西省・甘粛省・新疆）とそれとの関係で突然、重要な「世界」として浮上した「東南海域」（福建省・台湾・宮古・琉球、その先の日本）である。ここでは塞防と海防をめぐる財政の綱引きが見られた。そして、第三はイギリスによる植民地支配が進展していた「インド」とそれとの関係で重要な「世界」となりつつあった「西南内陸部」（雲南省・四川省・貴州省）である。ここでは上海市場をめぐって輸入アヘンと国産アヘンの綱引きが展開された。以下、上海からの視点でこれらの「世界」を順に検討していこう。

## 2　貿易の概観と実態経済

最初に上海の貿易を概観しておこう。上海海関の貿易統計[1]は毎年作成されたが、貿易報告の方は一八六七年を最後にしばらくの間作成されず、一八七四年の報告で六八年以降の変化がまとめて記述されている。一八七〇年前後の状況を知るには便利なのでそれから紹介しておこう（'From Geo. B. Glover, Commissioner of Customs to Robert Hart, Inspector General of Customs, Peking. Custom House, Shanghai, May 31, 1875.' China. Imperial Maritime Customs〔以下 CIMC〕, *Shanghai Trade Report for the Year 1874*, pp. 92-108）。これは上海海関の税務司 Geo. B. Glover から北京の総税務司 Robert Hart に提出された報告である。海関行政を外国人が行う外国人税務司制度は、脱税が横行していた上海でそれを食い止めるために一八五四年に創設され、その後他の開港場にも導入された。この制度は不平等条約下に置かれた清朝が外国からの圧力に抗しきれずに取り入れたという理解が一般的であった。これに対して岡本隆司は、太平天国の脅威を間近に感じた上海において、外国人税務司制度の徴税の確実性を重視した清朝が、清朝側の手でこれを全条約港一律に導入することにした点を強調する（岡本、一九九九、二二頁）。ちなみに南京条約で上海以南の五港が開港されて以降、開港場は上海以北の沿海や長江沿岸、台湾などに増え、一八七四年には一四を数えた。

さて、上海の総貿易額は一八六六年の九一六〇万両（上海両）から徐々に増加し、一八七二年に一億三一〇〇万両で最高に達し、七四年には一億一七〇〇万両であった。まず、輸入についてみると、外国からの主要な輸入品はアヘン、次に綿製品であった。アヘンはインドから香港に輸入されて中国各地に密輸されるものが多かったので（Waung, 1977, pp. 11-14, 204）、海関統計に記載された輸入量は海関で合法的に輸入手続きを経たものだけであるが、こうしたアヘンだけで当該期の上海の外国品輸入額の三～四割（一八六七年は四七％）を占めた（*Shanghai Trade Report for the Year 1874*, pp. 92-93）。綿布の輸入は一八六七年以来二倍以上に増えた。その他には建設資材としての木材（主として日本から）や釘、マッチ、石油、砂糖の増加が顕著である。上海に輸入された外国品のかなりの部分は国内諸港と日本へ再輸出されている。本章が対象とする時期の再輸出率は七〇～八四％であった。(2) 再輸出を差し引いた上海への純輸入は一八六七年以降増加したが、七〇年代に下落、七三年には最低を記録している。その七三年の数字は八四〇万両で一八六九年の半額でしかなかった（*Shanghai Trade Report for the Year 1874*, p. 96）。

上海には国内各地で生産された国産品も数多く輸入された。金額として重要だったのは紅茶、次が緑茶である。国産品の輸入は当該期間中では一八七二年に最高額（四二七〇万両）を示している。ただし、国産品の流通については宮田が指摘しているように、上海以北の沿海航路については海関統計が把捉しない中国型船舶（ジャンク船）による貿易が相当額に上ることは念頭に置いておかなければならない（宮田、二〇〇六、八九頁）。外国品と同様に国産品についても、上海の輸入の八〇～八五％は、上海から海外および香港、国内の他港へ再輸出されている。[3] 再輸出分を差し引いた国産品の上海への純輸入は、一八七二年に七三六万両で最高額を示した（*Shanghai Trade Report for the Year 1874*, p. 100）。

次に輸出を見ておこう。外国・国内諸港に対して上海から直接輸出された地元の産品としては生糸と棉花が重要であった。とりわけ生糸は上海の輸出額の三分の二を占めた。生糸は上海の後背地である江南農村で生産され、明末から清代には農家副業として家計を支える重要な手工業品であり、農家の世帯内分業として女性労働力によって生産されてきた（Li, 1998）。一八六七年以来、上海からの輸出総額は着実に伸び、一八七二年に最多の三一六〇万両に達している（*Shanghai Trade Report for the Year 1874*, p. 100–101）。

なお、一八七四年の上海にはP＆O汽船、フランス帝国郵船、ホルト・ライン、キャッスル・ライン、グレン・ライン、ワッツ・ミルバーン・ライン、太平洋郵船などの外国蒸気船航路があった。外国蒸気船は、外洋航路に加えて中国沿海および長江航路にも参入していた。また、一八七二年には中国の輪船招商局が設立され沿海航路に参入した。一八七〇年代初期は帆船から大型蒸気船への転換期であった。上海への出入港トン数は一八六七年～七四年間に三〇％伸びたが、船舶数は増えていないのは船舶が大型の蒸気船に変わりつつあったことを示している（*Shanghai Trade Report for the Year 1874*, p. 103）。

以上は貿易の概況であるが、貿易統計の数字には表れない上海の実態経済についてもう少し詳しく検討してみよう。東アジアの交通コミュニケーション革命を象徴する一八六九年のスエズ運河開通や一八七一年の海底電信ケーブル敷設完成は、七〇年代初頭の上海経済にどのような影響を与えたのだろうか。

一八七〇年の輸入貿易は、外国製綿布の輸入商に手痛い損失をもたらした。輸入綿布市場は年頭の段階ですでに前年の売れ残りを大量に抱えていた。そのうえ洪水で長江の輸送が悪化し、上海に入ってくる食糧の不足が深刻な事態を惹き起こしていた。そのために輸入品の国内での売れ行きも芳しくなかった。三月一九日、スエズ運河経由で上海に向かった最初の蒸気船が上海に入港した（British Parliamentary Papers, Commercial Report〔以下 BPP CR〕on Shanghae, 1870, p. 10）。前年のスエズ運河開通は、ヨーロッパと上海との距離を一気に短縮するものであり、上海の貿易関係者にとって大きな「朗報」——少なくとも当初は——として受け止められた。六月天津で、住民によるフランス・カトリック教会襲撃事件（これを天津教案という）が起きた（吉澤、二〇〇二、六六～九六頁）。天津教案は当時の多くの中国人に不安な気持ちを与えた。上海から天津に向かう北洋の沿海航路はその影響を受けて船荷市場は沈滞した（BPP CR on Shanghae, 1870, p. 9）。七月一九日に始まったプロイセン－フランス戦争の情報は八月に入って上海に届き、船舶の運航が遅れて茶の取引は一時ほぼ全面的にストップしたが、取引は次第に回復し、茶の価格は翌月には上昇を見せた（BPP CR on Shanghae, 1870, p. 11）。

たしかにヨーロッパでの戦争は上海の輸出貿易に影響を与えたが、茶貿易についてより深刻な問題は供給過剰の方にあった。中国における茶の栽培面積は毎年拡大傾向を示し、イギリスにおける輸入茶葉の在庫は年々増加する一方であった。にもかかわらず新茶の初取引は常に競争過剰の状態で、この年、漢口で五月一九日にオープンした新茶市場では一ピクル四〇両という高値で取引が成立、その茶はすぐに上海に運ばれ、上海からイギリスへ輸出された。漢口は長江中流域にある開港場であるが、スエズ運河の開通によって、今後、茶は漢口からイギリスへダイレクトに輸送するルートが主力になるだろうという観測が述べられている（BPP CR on Shanghae, 1870, p. 11）。以上はイギリスを主要市場とする紅茶の場合で、アメリカ市場を主体とする緑茶は二〇〇万ポンドがサンフランシスコに運ばれ、そこから前年に開通した大陸横断鉄道でアメリカ市場に供給された。

茶とともに重要な輸出品である生糸は、例年六月に新糸の市場がオープンし、江南の集散地には上海から生糸の買い付け商が集まって活発な買い入れ競争が繰り広げられた。八月にも高値での取引が行われていたさなかにプロイセン－フランス戦争の報が入り、取引は完全にストップした。九月には再開したが、金融機関は生糸関連の為替手形の受け取りを拒否した。なお中国生糸はまずロンドン市場に集められ、そこから生糸の需要国であるフランスやイタリアなどに輸出されていた(4)。

翌一八七一年、四月一八日、上海－香港間の海底電信ケーブルが完成した。香港－シンガポール間は六月三日に完成し、これによって上海は電信でロンドンと繋がった。香港－サイゴン間の支線も七月に完成した。また、上海－長崎間、長崎－

ウラジオストク間も無事完成したので、上海とロンドンのあいだは南回りと、シベリア経由の北回りの二つの電信ルートで通信可能となった（'Retrospect of 1871, General,' *The North-China Herald*〔以下 *NCH*〕, February 15, 1872, p. 117）。

この海底電信敷設はしかしながら、生糸輸出貿易の過熱と暴落をもたらしたのである。ロンドンと上海の市況が電信ですぐに伝わるのにともない、上海の外国商社は、運賃と危険負担とを引き受けさせられる「到着貿易」という方式で大量の生糸を輸出するようになり、かれらはロンドン市場で買い手が付いたことを確認すると直ちに次の荷を送りだした（本野、二〇〇四、六三頁：'Retrospect of 1871, Silk,' *NCH*, January 18, 1872, pp. 33-34）。この過剰買い付けは輸出生糸の品質低下の一因となり、ロンドン市場では下級品を中心に売れ残りがでるようになった。

一八七一年は日本との関係で大きな進展があった。日本政府全権代表伊達宗城、随員柳原前光らがアメリカの郵便船で上海に到着し、そこから天津に赴いて李鴻章と交渉を開始、九月一三日に日清修好条規・通商章程が調印されて、それまで江戸時代を通じて正式の外交関係のない通商だけの国家間関係であった日清間で初めて条約が結ばれることになった。日本側は清にとって不利な条約を結びたいと考えていた。しかし清側は周到な準備を重ね原案を用意してこの条約交渉に臨み、日清修好条規の内容は基本的に清朝側の起草した通りになった（森田、二〇〇九、四六頁：佐々木、二〇〇〇、第一章）。その結果、欧米との不平等条約関係の中にあった清と日本にとって初めての対等な条約が結ばれたのである。しかし一一月、宮古島から貢納物を那覇に輸送した帰りの船が遭難し台湾に漂着、その漂流民が台湾の先住民に殺害される事件が起こった。この事件は外交問題を惹き起こし、後に日本の台湾出兵につながることとなる。この件は本論で再び言及する。

一八七二年、上海の総貿易額は一億三一〇〇万両という巨額な数字を計上した。輸出入ともに増加し、一八六七～七四年間で最高の数字を記録したことは先にも指摘したとおりである。けれどもその背後には数字には現れない別の姿が隠れていた。たとえば、主要な輸入品である綿製品（Grey-shirting と T-cloth）は、一八七〇、七一年の平均で消費の上限が七〇〇万ピースといわれていたのに対して、両年とも九〇〇万ピースが輸入され、年末には三〇〇万ピースが売れ残る状態であった（BPP CR on Shanghae, 1872, p. 148）。外国商人による綿布の過剰輸入と綿布価格の下落は、上海において早くも一八六七年に報告されていたことであった（宮田、二〇〇六、五八頁）。

茶は本来、需要と供給が比較的安定した商品であり、一八七〇年代初めには供給地も中国が圧倒的なシェアを占めていた。世界市場における中国茶の市場占有率は八〇数%で、残りの一五%強を日本茶とインド茶が分け合っていた。[5] にもかかわらず、イギリスは中国から消費レベルを七〇〇万ポンドも上回る量を輸入し、ロンドン市場は明らかな供給過剰に陥っていた（BPP CR on Shanghae, 1872, p. 148. 'Retrospect of 1872, Tea,' *NCH*, February 13, 1873, p. 129）。かつ輸入される茶も粗悪品が多かった。上海駐在イギリス領事は、スエズ運河の開通によってロンドン到着の時間が短縮されたので、以前に比べれば香の劣化は防げているが、もしそうでなかったら今年の輸入茶の粗悪化にたいする不満はもっと強いものになっていただろうと報告している（BPP CR on Shanghae, 1872, p. 144）。スエズ運河開通による輸送時間の短縮は、従来のような大量の在庫をロンドンに抱える必要をなくしたにもかかわらず、中国からの茶の供給は増加するばかりだったのである（本野、二〇〇四、六二頁）。

一方、生糸は茶に比べもともと投機的な商品であった。主要な供給地は中国、日本、フランス、イタリアなど複数あり、消費市場の気まぐれな流行やファッションに左右されることが多い商品である。この年、上海の中国人生糸商は、中国華南の広東省やヨーロッパでの生糸産出が良好であるにもかかわらず、前年の四万九〇〇〇梱を上回る五万五〇〇〇梱を輸出した。その結果、在上海外国商社間の買い付け競争と製品生糸の質の悪化が重なって、ロンドン市場での生糸価格は下落し、ロンドン、上海両地の投機商はいずれも大幅な損失を出すこととなった。それまで営業状態の良かった商店の多くが倒産した。一八七二年は、生糸輸出は伸びたが生糸貿易としては最悪の年の一つだったと言われる所以である（以上、BPP CR on Shanghae, 1872, pp. 144, 148）。

翌一八七三年には生糸の輸出量はさらに増加したが、上海の生糸取引にかかわるすべての関係者にとってこの年はかつて経験したことがないほどの悲惨な年となった。生糸はニューシーズンが始まる直前、つまり新糸が上海に入荷してくる直前の五月末に価格の下落が始まったのである（'Retrospect of 1873, Silk,' *NCH*, January 22, 1874, p. 57）。買い付け価格をめぐる中国商人と輸出外商の対立は、一八七三年の新糸の市場開始を遅らせることになり、上海金融市場はこれによって深刻な影響を被ることとなった（本野、二〇〇四、六四～六五頁）。例年、上海の銭荘（金融業者）は生糸買い付け商に対して買い付けに必要な資金（メキシコドル）を融資するのであるが、この年は市場の開始が遅れたために銭荘は融資資金の回収難に陥り、そのために銀が不足して上海の金融市場は大いに逼迫した（本野、二〇〇四、六四〜六五頁：「上海銀根緊急」『申報』一八七三年九月二二日）。

その結果、この年、中国人生糸商人・生糸問屋（絲桟）の損失は相当なものになったし、上海の外国輸出商も深刻な損害を蒙った。同時に、ヨーロッパの生糸消費国でも生糸の投機家、ディーラー、撚糸業者、製造業者の収益が軒並み悪化したのであった（'Retrospect of 1873, Silk,' *NCH*, January 22, 1874, p. 57）。原因はさまざまであった。たとえば、生糸産地における熟練労働力の不足、生繭からの製糸慣行による品質の低下、有名銘柄の生糸すべてにおける質の低下（Tsatlee No.3と並格 the common Tsatlee）、そして上海からの輸出増に起因する全体的な質の低下に加えて、国際市場では「前橋糸」を中心とする日本生糸の台頭があった。この年、さらに追い打ちをかけたのは、ファッションと素材に対する世界的な嗜好の変化であった。生糸だけを使って織り上げる純絹の絹織物から、生糸と綿糸ないし生糸とウールの交織布への変化である。交織布では、縦糸は生糸を使うが、緯糸として使用する撚り糸（tram）を生糸ではなく綿糸ないしはウールで代用するのである。当時の文献には、シルクのような贅沢品を'extensive'に使うことへの反発のような風潮がフランスとアメリカを中心に世界的にあったことが記されている（'Retrospect of 1873, Silk,' *NCH*, January 22, 1874, pp. 57–58）。それによって、中国生糸の半分を占めていた撚り糸の需要が全滅状態になった。中国生糸相場は結局この年を通じて、ロンドンでも上海でも平均して約三〇％下落した（'Retrospect of 1873, Silk,' January 22, 1874, p. 59. 本野、二〇〇四、六四頁）。ロンドンの中国糸価格は良質の銘柄糸も低質の劣等糸もともに急落した（石井、一九九八、二二四頁）。生糸貿易は翌一八七四年も輸出量は増加したが、輸出額は単価の下落で減少した。一八七三、七四年に低落した中国生糸（江浙糸）の価格水準はもはや上昇することはなく、暴落時の価格が固定することとなった（鈴木、一九九二、二九六頁）。

この年は輸入貿易に関しても「祝福すべき点は何もなかった」。強いて言えば綿製品の輸入が緩和され、昨年の膨大な在庫（Grey Shirtings）が一二八万ピースから五四万ピースに減ってかなり解消したことである（BPP CR on Shanghae, 1873, p. 141）。しかし、中国国内での販売は、上海に到着したイギリス製綿布に白カビが発生していたこと（これについては、一八七二年末に上海商業会議所——在上海外国人商人の団体——が過剰糊付けを戒める警告をマンチェスターに発したばかりだった。BPP CR on

Shanghae, 1873, p. 166)、華北での洪水、華中での旱魃、そして上海郊外での棉花の作柄が例年になく良好だったことなどによって、おおいに低迷した。そうした中で、下半期になって思いもかけない日本からの外国綿布需要があり、日本の需要が過剰な在庫を抱える上海市場の救いになった（BPP CR on Shanghae, 1873, pp. 144-145）。なお、日本における綿布需要は一八七四年下半期から本格化し、上海の商人が上海の輸入綿布市場で仕入れて神戸・長崎方面に大量に再輸出した（古田、二〇〇〇、第一章）。

上海貿易にかかわる内外の多くの商人は、スエズ運河の開通と電信サービスの開始が当時のグローバル経済の頂点にあったロンドン市場との取引を大いに促進するものと期待した。ところが先行研究がいみじくも指摘したように現実はそうはならず、スエズ運河の開通は茶貿易の不振を、海底電信サービスの開始は生糸貿易の過熱と暴落を招いた（本野、二〇〇四、六三頁）。リスクは減ったが、儲けのチャンスも減少したため、内外商人の間には小さな利益を取引量の増大で埋め合わせようというインセンティブが働くこととなった。これが上海における過剰貿易を生み、上海における実態経済を悪化させる原因の一つにもなったのであった。

一八七三年の金融恐慌は、アメリカ南北戦争による棉花不足に起因して中国棉花も投機の対象となりそのブームの終焉とともに起こった一八六六年恐慌、のちに触れる一八八三年恐慌とならんで、一九世紀後半上海を襲った金融恐慌の一つであった（「上海銀根今年愈緊」『申報』一八七三年一二月二五日）。生糸問屋（絲桟）やアヘン問屋（土行）など四～五〇件の問屋と二〇件以上の金融業者（銭荘）が倒産し、上海経済に大きな打撃を与えたのであった。

## 3　塞防・海防をめぐる財政の綱引きと上海の商人

海関の税収という側面から見ると、しかし、税収は順調な伸びを見せていた。図8-2は一八六七年から一八七四年までの上海海関の税収を示したものである。税収総額は、一八六七年の二三一万海関両から一八七四年の三二五万海関両へ、四一％以上の増大を示している。海関税収は、アヘンを除く商品の輸入税、アヘンの輸入税、輸出税、沿岸貿易税、トン税、

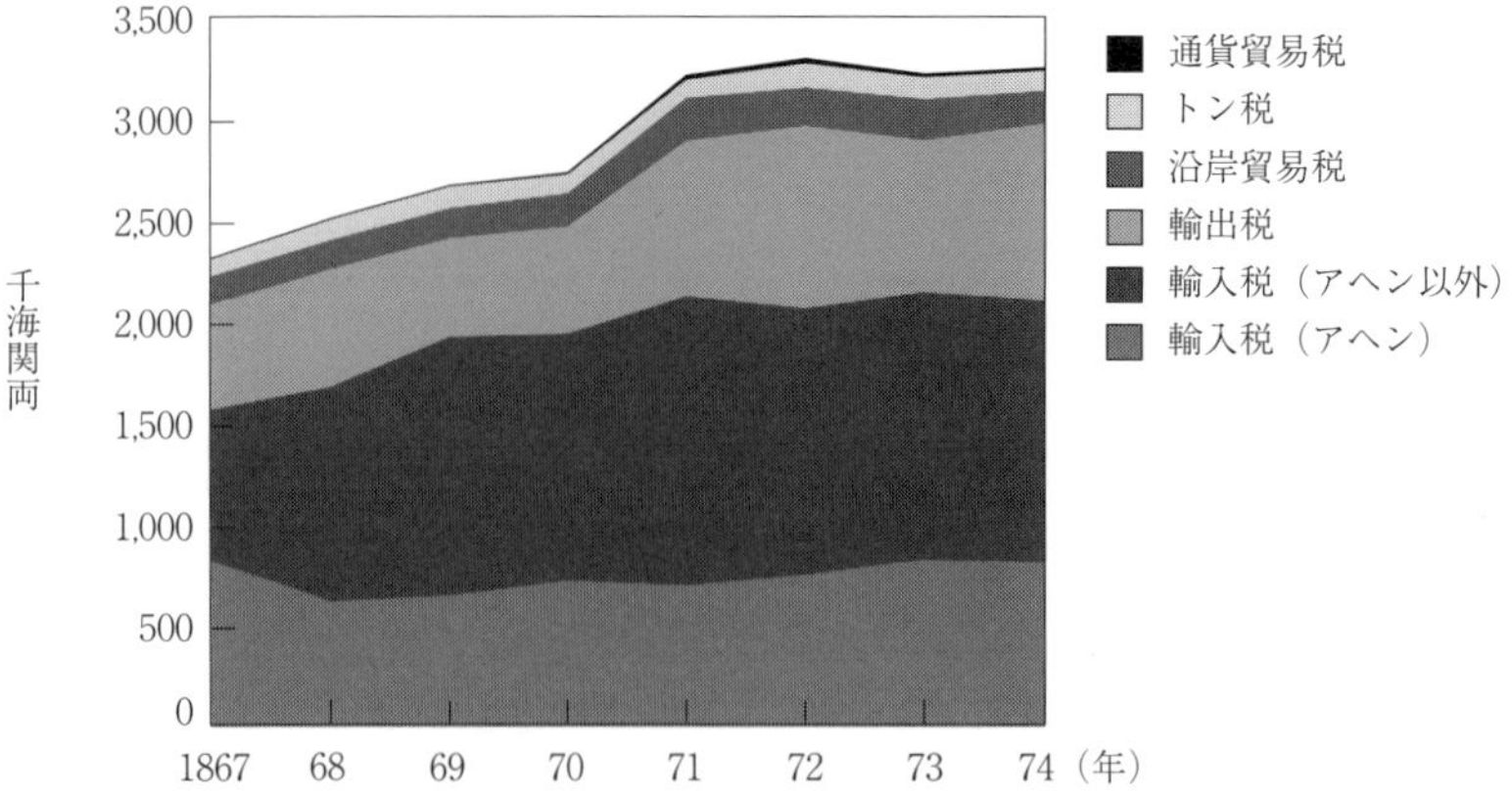


図8-2　上海海関の税収（1867〜74年）

出所：China. Imperial Maritime Customs, *Shanghai Trade Report for the Year 1874*. p. 102.

通過貿易税に分類されているが、税収の点で重要な項目は輸出税と輸入税で、この八年間に輸出税は六八％、アヘン以外の商品の輸入税は七四％の伸びを示している。これに対して、アヘン輸入税は年によって変動はあるものの一八六七〜七四年を通してほとんど増加していないと言ってよい。アヘンの輸入については、後ほど詳しく検討したい。

いずれにしても上海海関が稼ぐ税収額を筆頭に（一八七四年には全国海関税収総額の三割を占めた）、全国各海関の税収は清末の財政の財源として次第にその重要性を増していった（湯、一九九二、六九〜七八頁；戴、一九九三、四四頁）。

ここで清末の財政と海関の税収との関係を、主として岩井と岡本の研究に依拠して簡単に概観しておこう（岩井、二〇〇四、第三章；岡本、一九九九、二六〜三〇頁）。清朝の財政は、全国各地に散在する財庫が収支を執行するさい出てくる帳尻の不均衡を北京の戸部がすべて把握して、その指示をとおして赤字と黒字を相殺し平準化させる方法で運営されていた。北京の戸部が把握・統制していたという意味で中央集権的だったが、他方で現地当局の手で収支がすべて執行されていた点では地方分権的であった。ところが太平天国の乱や捻軍の蜂起をはじめ回民、苗族などの反乱によって、中央、地方の当局はいずれもすべて膨大な軍事支出をせざるを得なくなり、従来のような財政の手続きを取ることは事実上不可能になった。北京の戸部は、各地の財庫の収支バランスとは無関係に、必要な支出をその都度、割り付けるという方法を取るようになったのである。

今、検討している各開港場の海関もまた全国に散在する財庫の一種である。戸部は海関からの税収に対しても収入を上回る支出割り付けをすることが多くなり、海関当局はやむを得ず中国商人や外国商人、金融業者から立て替えや先取りをして、この戸部の財政的指示に応じたのである。海関税が他の財源と異なっていたのは、内外の商人や金融業者から立て替えと先取りができたという点であり、その結果、例外的に北京の指示どおりすぐに対応しているかのように見えた点であった（岡本、一九九九、二七頁）。外国人から立て替えて先取りする場合、それは借款である。この方法は当初、各海関当局が個別に行っていたが、一八六七年に左宗棠が回乱平定（清代にはムスリム住民は回民と呼ばれていた）のために組織した西征借款によって、以後全国的な規模で組織化されて行われることとなった。

一八六六年清政府は左宗棠を陝甘総督（西北内陸部の陝西省と甘粛省）に任じ、回乱の平定に当たらせた。軍費のために浙江省、福建省、広東省などの各省には陝西・甘粛省へ回す税の割り当て（協餉――一つの省の財政収入を他の省の支出のために送ること）が行われたが、割り当てられた各省もそれを送金する余裕がなく、軍費は思うように集まらなかった。そこで行われたのが一八六七年四月の西征借款であった。左宗棠は阜康銀号を経営する胡光墉に命じ、上海の外国商人から一二〇万両を借り受け、上海海関を含む五つの海関の税収から返済することとした（戴、一九九三、一九四頁）。胡光墉は杭州の出身で、一八六〇年代末から一八八三年まで上海経済の中核にいた有名な商人である。当時、左宗棠の属僚として上海採辦轉運局委員という肩書を持ってはいたが、本業は上海を中心に生糸取引と金融業を行う商人である。[7]

もう一つ説明しておかなければならないことは、清朝後期には税収の送金を地金ではなく為替で行うようになったことである。税の送金を、民間の為替送金業者である票号（山西省出身者が多いことから山西票号と呼ばれる。黄、二〇〇二）や銀号内部の資金振替に組み込むことで、税収が割り付け額に足りない場合には、その不足分をこの内部資金から融通することができるからである。事実、上海の胡光墉はこの不足分を他の中国商人や自分の資本から出せるだけだして陝西省に送ったりしているが、こうした金融業者が融通できない額の場合には、かれらと取引関係にある外国商人、のちには外国銀行を組み込んで融通枠を拡大し、為替で送金した。これがすなわち当時の借款であった。岡本は、これらの税収為替送金や借款において関連する機関・人々を結び付ける軸となっていた金融業者として、一八六〇年代初頭の楊坊、一八六〇年代末から一八八〇年代初めまでの胡光墉、八〇年代後半から二〇世紀初頭にいたる厳信厚をあげている（岡本、一九九九、第六章）。

以上のように、清末の税収の分配は票号や銀号による為替送金（公金為替）が一般的になってくるが（黄、二〇〇二、二三〇～二三三頁）、税の送金を票号や銀号が行う資金振替の中に組み込むことで、一定の期間生じる税収不足をさしあたり他の資金から融通できるようにしたものであった（岡本、一九九九、三六〇頁）。税の送金や借款という本来公的な事柄が、胡光墉自身の金融ビジネスの過程の中で行われていた。すなわち、パブリックな国家財政とプライベートな金融取引という異なる二つの領域が、相互に接合する状態ができあがっている構造である。これは「構造」であって、胡光墉個人の問題ではない。胡光墉はその後、一八八三年に大規模な生糸投機に失敗し、沿岸開港場を中心として築き上げてきたかれの金融網はこの時点をもってすべて破綻し、彼自身は自殺することになる（Stanley, 1970：中国人民銀行上海市分行編、一九六〇、四七～五三頁：黄、二〇〇二、二九〇～二九三頁）。これが上海を襲った一八八三年恐慌の引き金になったのだが、かれが自殺したあとも、胡に代わるあらたな人物が登場して財政と金融取引とを自らのビジネスのなかで接合するという同じような役割を担うようになるのは、これが「構造」であることを示すものである。

海関の税収を左宗棠系の胡光墉が掌握する仕組みは一八六〇年代後半に出来上がり、後の塞防・海防論争まで続く（岡本、一九九九、五四七頁）。塞防・海防論争は、一八七四年に日本が行った台湾出兵に由来する。先に述べたように、一八七一年に琉球の宮古島の漂着民が台湾で殺害された事件に対して、一八七四年、日本は台湾への出兵を強行した。西郷従道が率いた日本軍は五月に台湾南部に上陸、南西部の社寮港に集結して牡丹社の本拠地などを制圧した（毛利、一九九六）。日清両国間には一八七一年に修好条規が調印され、七三年四月に批准書が交換されていただけに清政府は驚き、にわかに海防論が唱えられるようになった。(8) 台湾の対岸にある東南沿海の各省はその防備を整えるために、内陸の甘粛省あてに割り当てられた協餉を送ることを躊躇するようになった。軍備支出を甘粛省や新疆などの西北部の塞防に回すか、東南沿海部（福建省）の海防にまわすか、いずれを優先させるべきかという論争は財政の配分をめぐる問題になったのである（Hsü, 1965, p. 213：劉、一九七一：坂野、一九七三、三二四頁）。清朝政府は両方の必要性を認め、結果的には、一八七四年に辦理台湾等処海防大臣沈葆楨が李鴻章の支持を得て香港上海銀行から二〇〇万庫平両を借りた福建台防借款が、一八七五年には胡光墉がオリエンタル銀行から二〇〇万庫平両、ジャーディン・マセソン商会から一〇〇万庫平両を借りる合意を取って第三次西征借款が、それぞれ可能になった（戴、一九九三、二〇一～二〇三頁：岡本、一九九九、三三二頁）。

ここには上海をめぐって「西北内陸部」と「東南海域」という二つの世界が綱引きをしている状況が出現していた。その中核にいたのは在上海外国銀行・外国商社であるかのごとくであるが、それらからの「借款」を実現していたのは、帝都としての北京ではなく、胡光墉などの上海の商人であったという事実は重要である。

## 4　アヘン市場をめぐる綱引き

もう一つ、上海をめぐって相対していた「世界」を見ておこう。それはアヘン市場で繰り広げられた「インド」と中国「西南内陸部」（四川省・雲南省・貴州省）との綱引きである。

アヘン貿易は、イギリスによるインド植民地化が進展する中で、イギリスが中国から茶を輸入するために作り出した決済貿易として出発した。中国に輸出されたインドのアヘンはベンガル（Bengal）・アヘンとマルワ（Malwa）・アヘンに大別される。ベンガル・アヘンはイギリス東インド会社が一七七三年に敷いた専売制によってベンガルで生産を開始したアヘンである。一八六〇年代にはインド政庁が農民への前貸し金によってケシ栽培とアヘン生産を誘導し、販売も含めて政府が独占していた。ベンガル・アヘンにはパトナ（Patna）とベナレス（Benares）の二つの種類があり、これらは毎冬農民からの申請を受け付け、栽培のライセンスを発行して資金の前貸しを行った。翌年の夏季に抽出されたアヘンは計量してその代金を支払い、その後各々の工場に集められて品質を均等にし、検査・包装し、カルカッタに運ばれ競売に付された[9]。国内消費用を除いて、カルカッタから中国方面を中心に海峡植民地やインドシナ半島、ジャワ、セイロン島などに輸出された。

これに対して、マルワ・アヘンは中央インドにあったいくつかの藩王国で古くから生産されていた。ベンガルとは異なり

表8－1　上海における輸入アヘンの種類別消費と再輸出

(piculs)

| | マルワ・アヘン | | パトナ・アヘン | | ベナレス・アヘン | |
|---|---|---|---|---|---|---|
| | 地元消費 | 再輸出 | 地元消費 | 再輸出 | 地元消費 | 再輸出 |
| 1869年 | 1,316 | 25,786 | 7,140 | 1,038 | 2,740 | 620 |
| 1870年 | 1,363 | 28,720 | 7,730 | 1,395 | 2,534 | 684 |
| 1871年 | 1,179 | 27,585 | 7,957 | 1,606 | 2,452 | 364 |
| 1872年 | 1,826 | 27,356 | 8,017 | 1,095 | 2,406 | 392 |
| 1873年 | 1,592 | 27,852 | 7,532 | 1,365 | 3,658 | 770 |
| 1874年 | 1,216 | 29,072 | 7,723 | 1,971 | 2,444 | 817 |

出所：China. Imperial Maritime Customs, *Returns of Trade at Shanghai, 1869*, p. 19 ; *1870*, p. 17 ; *1871*, p. 18 ; *1872*, p. 19; *1873*, p. 21; *1874*, p. 21.

専売制ではなく、イギリスの関与は英領のボンベイを利用して通行税を徴収するだけで、ケシ栽培やアヘン抽出は個人投資家の前貸し金を受けた農民の「自由」生産であった（新村、二〇〇〇、三九頁）。マルワ・アヘンはマルワリ商人などが運んでボンベイ港から輸出された。

表8－1は、上海におけるアヘンの輸入を種類別に示したものである。上海に輸入されたアヘンは、地元で消費されるものと上海から国内外諸港へ再輸出されるものに分けられる（CIMC, *Returns of Trade at Shanghai, 1869*, p. 19 ; *1870*, p. 17 ; *1871*, p. 18 ; *1872*, p. 19 ; *1873*, p. 21 ; *1874*, p. 21）。表8－1からは上海ではマルワ・アヘンの輸入量が格段に多かったこと、しかしその多くが再輸出に回されていたことが分かる。これに対してパトナとベナレスは上海からの再輸出が少なく、上海およびその周辺部での消費が中心であった。一八六九～七四年にマルワ・アヘンの上海からの再輸出先として、一位から三位を占めるのは鎮江（全体の再輸出に占める割合は当該期間の平均で二七％）、天津（一九％）、寧波（一五％）の三港であった。鎮江は長江と大運河が交わる交通の要衝に位置し、天津は華北の最重要港、寧波は上海のすぐ南に位置する港である。これら三港に次いで芝罘（山東半島）、漢口（長江中流域の中核港）、九江（長江沿い）、牛荘（満洲への入り口に位置する港）が続いた。マルワ・アヘンは上海から華南を除くほとんどの地域に向けて再輸出されていたことになる。

一方、上海には国内各地で生産されたアヘンが入ってきた。林満紅によれば、吸飲用のアヘン生産が中国国内で開始されたのは一八〇五～二〇年にかけてであった（林、二〇〇七、一〇七頁）。その後国産アヘンの生産は徐々に拡大したが、一八六〇年代まで生産量の伸びは緩慢であった。けれども一八七〇年代になって国産アヘンの生産は急速に増加したのである。七〇年代にはアヘンは海南島を除いた中国全土で生産されていた（林、二〇〇七、七〇頁）。最大の産地は西南内陸部に位置する雲南・四川・貴州の三省である。西南三省の中では当初は雲南省が生産の中心であったが、一八七〇年代には四川省が最大の生産地となった。その背景には、雲南省で発生したムスリム（回民）の反乱でケシ栽培が四川省に移ったこと、四川省東部は霧が深く土壌も肥沃でケシ栽培に適していたこと、四川省は雲南に比べ上海はじめ沿海部への交通の便が格段によいことなどの要因があった（BPP CR on Shanghae, 1870, p.7）。アヘンは四川省の集散地で納税の手続きを終えると長江を下って上海に輸送され、上海付近での消費分を除いて、残りは上海から各地へ再輸出された。また、途中で長江から離れて陸路をとって各省に運ばれるルートもあった。水運は陸運より輸送費は安かったが徴税もまた容易であったため、陸路を通って脱税するものも多かった。こうして四川・雲南・貴州の西南三省からのアヘンは沿海部にくまなく流通していた。⑽

アヘンの消費市場は価格とともに品質や嗜好にも大きく左右された。一般に、パトナ・アヘンは香が高く刺激もマイルドで品質管理も優れていた。マルワ・アヘンは刺激が強く、パトナに比して粗雑でワイルドであるというのが、中国のアヘン消費者のあいだでの一般的な評価であったという（'A Memorandum on the use of the various descriptions of Opium in China,' BPP CR on Shanghae, 1874, pp. 160–161）。国産アヘンはマルワよりさらに粗雑で香りも劣っていた。国産アヘンには混ぜ物の混入などの問題も多かったが、一八六〇年代後半に品質の改良も進んで、七〇年代に入ると上海市場などでは四川アヘン・雲南アヘンというブランド名を明らかにしてインド・アヘンと競争していた（新村、二〇〇〇、二三一～二三二頁）。国産アヘンの中で質が良いとされていたのは西北内陸部産であった。それに対して市場占有率が最も高かった四川産は一般に廉価であった（林、二〇一三、一二八頁）。なお、経済的に中間層と呼べる人々で、マルワ・アヘンを使用していた人の中には、マルワに四川アヘンを混ぜて用いることも多かったという報告がある（BPP CR on Shanghae, 1870, p.8）。

それでも、一八七〇年代初頭における国産アヘンの市場価格は輸入アヘンのおよそ半額であったから、消費者の社会階層や、嗜好、地域的な消費構造の違いを考慮したとしても、国産アヘンの輸入アヘンに対する価格競争力は高かった（BPP CR on Shanghae, 1869, pp. 6-7, 1872, p. 140）。たとえば一八七四年の上海におけるパトナ・アヘンの価格は、一月初旬には四四〇〜四四五両／箱であったが、夏期に入って国産アヘンが前年比二割増産との報が入り、価格は四〇二〜四〇七両／箱に下がった（BPP CR on Shanghae, 1874, pp. 125-126）。このように四川省など西南内陸部で生産された国産アヘンの動向によっては、上海市場における輸入アヘンの価格が上下することもあった。

カントリー・トレイダーとして中国へのアヘン輸入で資本を蓄積したジャーディン・マセソン商会（Jardine, Matheson & Co., 一八三二年マカオで設立）は、一八四四年支店を開設して上海に進出したが、後にバグダード系ユダヤ人サスーン一族（David Sassoon & Sons）との競争に敗れてアヘン貿易から撤退した（石井、一九九八、七七頁）。サスーン一族はインド西海岸のボンベイを拠点にペルシャ湾との貿易で富を築き、アヘン貿易に参入して上海はじめ広東、香港に支店を置いた。ジャーディン・マセソン商会敗退の直接の原因は、インドでの産地買い付けに強い力を持つサスーン商会との価格競争に敗北したためであった。一八七二年に入るとジャーディン・マセソン商会上海店から香港へあてた書簡にはマルワ、パトナ、ベナレスの値引きを強いられる様子が毎回伝えられ、アヘン取引は年末には事実上停止状態に陥った（石井、一九九八、七六〜七八頁）。アヘン輸入業者はまた、中国アヘンを取り扱う中国人アヘン商人（土行）との競争にもさらされていた。ジャーディン・マセソン商会は結局、中国のアヘン商人と同時にサスーン商会などインド系商人との競争にも敗れ、アヘン以外の貿易および経営の多角化を進めていくことになった。

さて先に掲げた図8－2、上海海関の税収とその内訳を再び見てみよう。アヘン輸入税は税収総額の中で一八七四年時点で大きな割合を占めている。しかし、一八六七年から七四年の推移を見ると、輸出税やアヘン以外の商品の輸入税が伸びている中で、アヘン輸入税の伸びは頭打ちであったことが分かる。

アヘン貿易は一八五八年に合法化されてから海関統計上に表れるようになった。といっても商品の性格上、海関を通過しない密貿易もあったので、海関統計の数字だけを取り上げて詳細な検討を加えるのは差し控える必要がある。けれども、上述したように本論が対象としている一八七〇年代初頭、中国のアヘン事情には重要な変化が現れはじめていた。在上海イギリス領事は一八七二年の報告で、近年農民のケシ栽培が盛んになり、中国アヘンの生産は五年間で四倍に増大し、この勢いだといずれインド・アヘンの輸入は消滅するだろうと述べた（BPP CR on Shanghae, 1872, p. 140）。事実、アヘンの国内生産は一八七〇年代になって急速に増加傾向を示した後（林、二〇〇七、一〇七頁）、一九〇六年にピークに達した。一方、インド・アヘンと少量のペルシャ・アヘンから成る外国産アヘンの輸入量は、中国全体で一八七九年に八万三〇〇〇担でピークを迎えたのち減少に転じた（Hsiao, 1974, pp. 52-53）。国産アヘンによるインド産アヘンの輸入代替はある意味で見事に進展したのであった（林、一九八〇）。一八七〇年代はそのターニング・ポイントであった。

## 5　上海と「その他の世界」

本章では、一八七〇～七四年の上海とその上海から見えた「世界」を具体的に描いてきた。ここでいう「世界」は地理的な世界とかグローバルな世界ではなく、「上海」と「その他の世界」（the rest of the world）という意味での「世界」である。そこには上海をめぐって二つの綱引きが出現していた。第一は「西北内陸部」（陝西省・甘粛省・新疆）と「東南海域」（福建省・台湾・宮古・琉球・その先の日本）との限られた財源をめぐる綱引きであった。本文で見たように、税の為替送金や借款という本来公的な事柄が、上海の商人の金融業務という私的な領域の中で行われていた。胡光墉の事例は、北京を帝都とする国家との関係と上海の租界に進出した西欧経済勢力との関係が、上海と「それ以外の世界」との関係で一体として処理される構造を持っていたことを示している。第二は、「インド」と「西南内陸部」（四川省・雲南省・貴州省）とのアヘンをめぐる綱引きである。上海ではマルワやパトナなどのインド・アヘンと西南三省を中心とする国産アヘンが、上海の消費市場だけではなく上海からの再輸出市場も対象として激しい競争を繰り広げた。輸入アヘンで資本を蓄積したイギリスの商会は、サスーンなどのインド系商人や国産アヘンを扱う中国人アヘン商人との競争に敗れて、この時期早くもアヘン貿易から撤退した。一八七〇年代初頭は、四川アヘンを中心とする国産アヘンの生産が急速に拡大し、アヘンの輸入代替が進む画期として重要であった。

本論ではこれらの「世界」を、世界の中心としてのロンドンや帝都としての北京などから成る縦方向の階層の中に位置づけるのではなく、平面の上にベタッと横に並べて上海から眺めることを意識した。それもまた本書第Ⅱ部「都市から眺めた一八七〇年の世界」が目指す複眼的な世界史を再現する一つの方法と言えるのではないか。

注

（1）一九世紀後半の海関統計は外国型船舶による対外・対内貿易を対象としており、中国型船舶の貿易は含まれていない。上海の貿易物価については木越（二〇一二、二九五〜三〇六頁）を参照。
（2）一八七〇〜九九年の再輸出率は、古田（二〇〇〇、一六四〜一六七頁、表6-4）を参照されたい。
（3）同じく一八七〇〜九九年については同右、表6-4を参照されたい。
（4）その後ヨーロッパ大陸への直送が増えて、一八七四〜七五シーズン年はロンドン向けとヨーロッパ大陸向けがほぼ同量になった（CIMC, *Shanghai Trade Report for the Year 1874*, p. 104）。
（5）インド茶とセイロン茶の輸出は一八八〇年代から九〇年代前半までに急拡大し、中国茶の市場占有率は五〇％程度に低下した。
（6）通過貿易（transit trade）は開港場と非開港場内地間の貿易。
（7）胡は上海の阜康銀号・阜康雪記銭荘、杭州の阜康銀号・泰来銭荘をはじめとして東南沿海・長江沿いの主要な条約港に系列の銀号（海関銀号あるいは海関銀号を兼ねる銀号）による金融網を築き、上海と北京、上海と各地間での資金の振替と送金を行った（岡本、一九九九、三四五頁：Stanley, 1970：濱下、一九七四）。
（8）中国の政府ではなく新聞の論評については西里（二〇〇五、六四五〜六五〇頁）を参照。
（9）杉原、一九九六、五九頁：新村、二〇〇〇、三四〜三六頁：Irish University Press Area Studies Series, *British Parliamentary Papers, East India*, Vol.19, Report from the Select Committee on East India Finance, May 2, 1871, pp. 154-156, No.3194-3224.
（10）林、二〇一三、一三二頁。四川・雲南・貴州省産アヘンの流通ルートは九〇〜九一頁、図3-1を参照。

参考文献

石井摩耶子『近代中国とイギリス資本』東京大学出版会、一九九八年。
井上裕正「清代咸豊期のアヘン問題について――特に咸豊八（一八五八）年におけるアヘン貿易の合法化をめぐって」『史林』六〇-三、一九七七年。

岩井茂樹『中国近世財政史の研究』京都大学学術出版会、二〇〇四年。

岡本隆司『近代中国と海関』名古屋大学出版会、一九九九年。

片岡一忠『清朝新疆統治研究』雄山閣出版、一九九一年。

木越義則『近代中国と広域市場圏——海関統計によるマクロ的アプローチ』京都大学学術出版会、二〇一二年。

黄鑒暉『山西票号史』（修訂本）山西経済出版社、二〇〇二年。

佐々木揚『清末中国における日本観と西洋観』東京大学出版会、二〇〇〇年。

『申報』一八七三年九月二三日、一二月二五日。

杉原薫『アジア間貿易の形成と構造』ミネルヴァ書房、一九九六年。

鈴木智夫『洋務運動の研究』汲古書院、一九九二年。

戴一峰『近代中国海関与中国財政』厦門大学出版社、一九九三年。

高橋幸助・古厩忠夫編『上海史——巨大都市の形成と人々の営み』東方書店、一九九五年。

中国人民銀行上海市分行編『上海銭荘史料』上海人民出版社、一九六〇年（一九七八年再刊）。

陳慈玉『近代中国茶業的発展與世界市場』中央研究院近代史研究所、一九八二年。

陳正書『上海通史　第四巻　晩清経済』上海人民出版社、一九九九年。

湯志鈞主編『近代上海大事記』上海辞書出版社、一九八九年。

湯象龍『中国近代海関税収和分配統計　一八六一〜一九一〇』中華書局出版、一九九二年。

唐振常主編『上海史』上海人民出版社、一九八九年。

新村容子『アヘン貿易論争——イギリスと中国』汲古書院、二〇〇〇年。

西里喜行『清末中琉日関係史の研究』京都大学学術出版会、二〇〇五年。

濱下武志「一九世紀後半、中国における外国銀行の金融市場支配の歴史的特質——上海における金融恐慌との関連において」『社会経済史学』第四〇巻第三号、一九七四年一〇月。

坂野正高『近代中国政治外交史』東京大学出版会、一九七三年。

古田和子『上海ネットワークと近代東アジア』東京大学出版会、二〇〇〇年。（古田和子著『上海網絡与近代東亜——一九世紀后半期東亜的貿易与交流』王小嘉訳、虞和平審校、中国社会科学出版社、二〇〇九年）。

宮田道昭『中国の開港と沿海市場――中国近代経済史に関する一視点』東方書店、二〇〇六年。

――『上海歴史探訪』東方書店、二〇一二年。

毛利敏彦『台湾出兵――大日本帝国の開幕劇』中央公論社、一九九六年。

本野英一『伝統中国商業秩序の崩壊――不平等条約体制と「英語を話す中国人」』名古屋大学出版会、二〇〇四年。

森田吉彦「日清関係の転換と日清修好条規」岡本隆司・川島真編『中国近代外交の胎動』東京大学出版会、二〇〇九年。

吉澤誠一郎『天津の近代』名古屋大学出版会、二〇〇二年。

――『清朝と近代世界　一九世紀』岩波新書、二〇一〇年。

林満紅「清末本国鴉片之替代進口鴉片（一八五八―一九〇六）」『中央研究院近代史研究所集刊』第九期、一九八〇年七月。

――「清末における国産アヘンによる輸入アヘンの代替（一八〇五―一九〇六）」中村哲編『近代東アジア経済の史的構造――東アジア資本主義形成史III』日本評論社、二〇〇七年。

――「中国産アヘンの販売市場――一八七〇年代～一九〇六年」古田和子編著『中国の市場秩序――一七世紀から二〇世紀前半を中心に』慶應義塾大学出版会、二〇一三年。

劉石吉「清季海防与塞防之争的研究」『故宮文献』第二巻第三期、一九七一年。

British Parliamentary Papers, Commercial Report on Shanghae, 1869-1870, 1872-1875. (Irish University Press Area Studies Series, *British Parliamentary Papers, China, Embassy and Consular Commercial Reports, 1859-1899*, Shannon, Ireland: Irish University Press, 1971).

China, Imperial Maritime Customs, Statistical Department, I.-Statistical Series: No.3. *Returns of Trade at the Treaty Ports in China*, Part II.-Statistics of the Trade at Each Port, Shanghai, 1869-1874.

――, Inspectorate General of Customs, Statistical Department, I.-Statistical Series: No.4, *Reports on Trade at the Treaty Ports in China*, Part II.-Reports of the Trade at Each Port, Shanghai, 1874.

Hsiao, Liang-lin, *China's Foreign Trade Statistics, 1864-1949*, Cambridge, Mass.: East Asian Research Center, Harvard University; distributed by Harvard University Press, 1974.

Hsü, I. C. Y., "The Great Policy Debate in China, 1874: Maritime Defense vs. Frontier Defense," *Harvard Journal of Asiatic Studies*, vol.25, 1965.

Irish University Press Area Studies Series, *British Parliamentary Papers, East India*, Vol.19, Report from the Select Committee on East India Finance, May 2, 1871, No.3194-3224.

Li, Bozhong, *Agricultural Development in Jiangnan, 1620–1850*, Hampshire and London: Macmillan Press, 1998.

Lin, Man-houng, "China's 'Dual Economy' in International Trade Relations, 1842–1949," Kaoru Sugihara ed., *Japan, China, and the Growth of the Asian International Economy, 1850–1949*, Oxford: Oxford University Press, 2005.

*The North-China Herald*.

Stanley, C. John, *Late Ch'ing Finance: Hu Kuang-yung as an Innovator*, Cambridge, Mass.: East Asian Research Center, Harvard University: distributed by Harvard University Press, 1970.

Waung, W. S. K., *The Controversy: Opium and Sino-British Relations, 1858–1887*, Hongkong: Lung Men Press, 1977.

# 第9章　スラバヤ

## ——海軍・砂糖輸出・機械工業の都市——

大橋厚子

スラバヤという都市の名前を聞いて、どこにあるかすぐ言える人は少ないだろう。スラバヤはインドネシア共和国のジャワ島東部に位置する工業都市であり、人口・経済規模ともに首都ジャカルタに次ぐ第二の都市である。またインドネシア海軍の拠点でもある（図9-1参照）。しかしグローバルな知名度は、バリ島のデンパサール、世界遺産であるボロブドゥール近隣のジョクジャカルタに遠く及ばない。日本そしてアメリカ合衆国から飛行機の直行便もない。さらに工業生産額もジャカルタについで第二位ではあるものの、ジャカルタ周辺の工業が先進的工業のキャッチ・アップをめざしているのに対し、スラバヤの工業は後背地の農業力を生かしたアグリ・ビジネスに特化している。現在のスラバヤは、実力の割にはくすんで見える都市である。

しかし一九世紀半ばから二〇世紀初めのスラバヤは、オランダ領東インド第一の貿易港・工業都市として貿易額、工業生産、人口とも首都バタビアを抜き、シンガポール、上海と並び称されていた。日本でいえば大阪に似ていて、一九世紀末から二〇世紀前半にかけて最も繁栄し、二〇世紀後半にその地位を首都圏に譲った。スラバヤを主要都市とする東ジャワ州と大阪府とは自治体として姉妹関係にあるが、おそらくこの類似性のためと思われる。

本章では、一八七三年に始まる世界的不況直前の、繁栄するスラバヤの姿を紹介し、あわせて現在のスラバヤの、国際的存在感が薄い理由を探りたい。

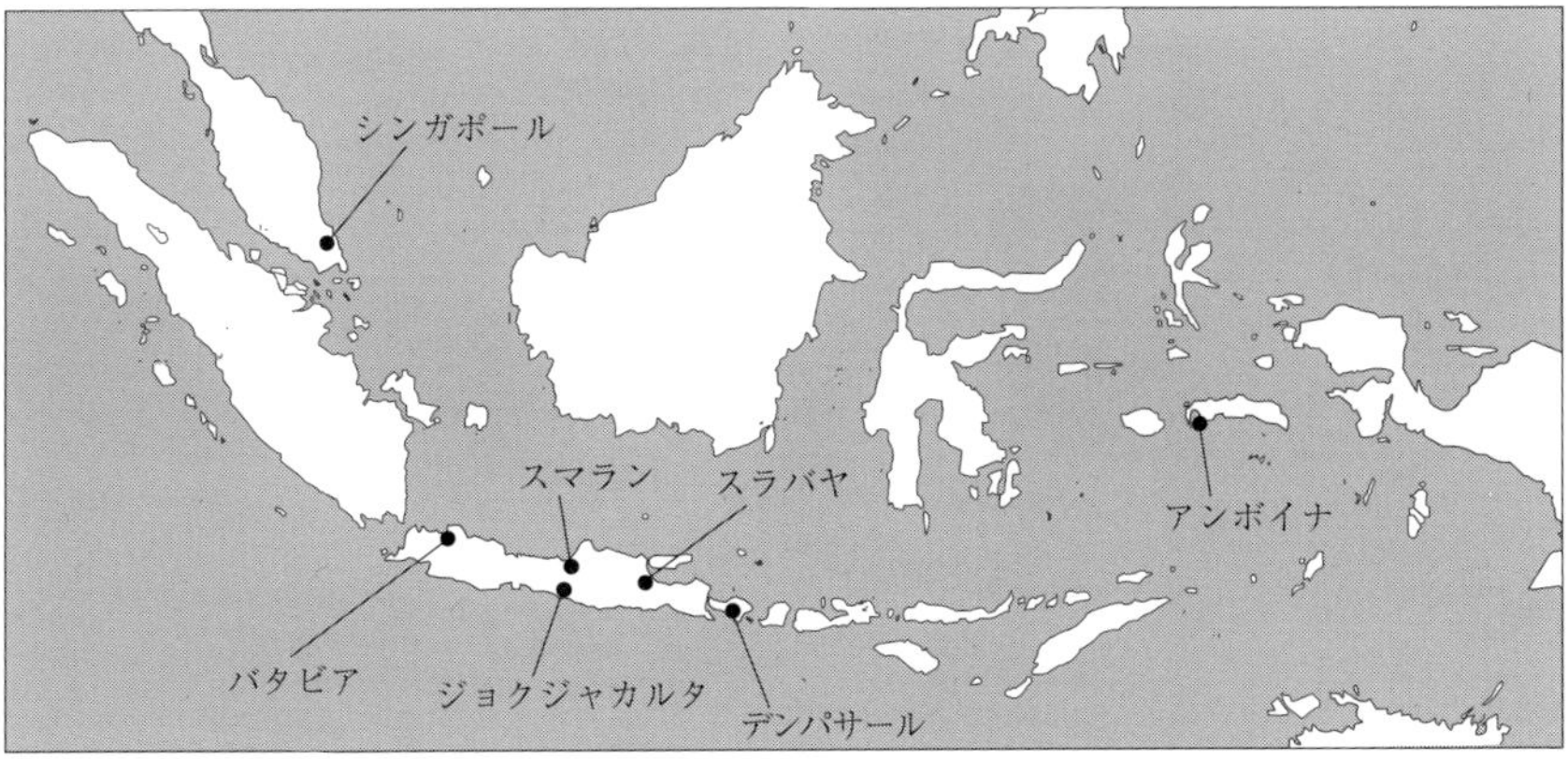


図9-1　東南アジア南部

## 1　一九世紀の国際関係とスラバヤの発展

オランダ東インド会社が東南アジア海域に進出したのは一六〇二年からであり、一六一九年には、ジャワ島西部の港町ジャカトラを占領してバタビアと改名し、会社の本拠地とした。バタビアは、ジャワ海、スンダ海峡、マラッカ海峡方面に艦隊を派遣して武力で貿易を独占するのに好適な、いわば攻めの立地にあり、東インド会社の支配下で、東南アジア第一の集散港となった。

一方、スラバヤは、一五世紀後半からイスラーム聖者の墓のある巡礼地として知られていた。オランダ東インド会社は一六一七年にスラバヤに商館を設立し、一七四三年から植民地支配を開始した。しかし植民地都市としての発展は、オランダ東インド会社が解散したのち、一八〇八年に東インド総督ダーンデルスがさまざまな都市機能を集積させてから始まった。スラバヤはマドゥラ海峡の奥にある良港で、ジャワ島が攻撃された時の防衛の拠点として好条件を備えており、同島をイギリスから防衛することが任務であったダーンデルスに高く評価された。そして、造幣所、要塞、造船所、機械廠、軍病院、兵舎、刑務所などの建設が計画され、さらに首都移転の候補地のひとつともなった(1)。

一八一〇年にダーンデルスがジャワ島を離れた翌年に、イギリスは同島を占領した。その後ジャワ島は一八一六年にオランダに返還されたが、当時のオランダ本国は、往年の覇権国家からヨーロッパの弱小農業国への転落が決定的となり、イギリスのジュニア・パートナーに甘んじることとなった。そしてほぼ同時に、東南アジアでも、一八一九年にイギリスによって建設されたシンガポールがこの海域第一の集散港となり、バタビアはその後塵を拝することになった。

しかしスラバヤは、このイギリスとオランダの国際的地位の逆転の中で発展の契機をつかんだ。一八二六年のオランダ人の旅行記には、スラバヤの町と施設が次のように描写されている。

スラバヤの川はかなり大きな船が航行できる。この町について特筆すべきは次である。最近フリゲート艦ジャワ号および小汽船ファン＝デル＝カペレン男爵号が建造されたすばらしい造船所、さらに船舶・軍需品の全てが製造されるか、用意されている機械廠があるほか、この町の郊外のシンパン［地名――訳者註］には、造幣局と大変美しい軍病院が建てられていることである。一言で言って、スラバヤは、ジャワ島で最も繁栄し活気に満ちた美しい町であると言える（Olivier, 1827, pp. 442-443）。

その後一八三〇年から一八七〇年にかけてジャワ島には「強制栽培制度」が導入されたが、スラバヤはこの時期に急成長し、バタビアを凌駕することになる。高校教科書にも載る「強制栽培制度」とは、サトウキビやコーヒーなど欧米市場向け作物を農民に栽培させ、地税の代わりに産物を納めさせる制度であった。産物が地税の額より多く引き渡された場合には、政庁が決めた価格で買い上げた。ただしサトウキビからの製糖はヨーロッパ人・中国人の経営する工場で行われた。

スラバヤは大河ブランタス川のデルタ北端に位置し、バタビアと比較すると広くて平たんな後背地に恵まれていた。一八三〇年以降、この後背地でサトウキビ栽培が急速に拡大し、スラバヤは砂糖の輸出港として機能することになった。オランダ植民地政庁は、一八二九年にスラバヤにジャワ銀行の支店を開設した。(2) 三三年には、オランダ本国へ貨物を運ぶ貿易会社であるオランダ商事会社の支店が開設され、(3) さらに操業を一次停止していた造幣局も再開された。つづいて三五年にイギリスの商社が正式に活動を開始し、三六年には経済新聞（商業広告紙）が創刊された。くわえて一八三〇年代にスラバヤの周辺に製糖工場が設立されはじめると、工場で使用する機械の製造と修理が必要となり、植民地政庁が経営する機械廠のほかに、私企業の機械工場が一八四一年に操業を始めた。

　この一連の発展のうち商業新聞の創刊と私企業の機械工場の操業とはジャワ島で初めての事例であった。さらに一八六五年頃の東南アジア海域における製氷工場は、シンガポールとスラバヤのみに存在したと言う。こうしてスラバヤは、首都バタビアが政治と金融の中心であるのに対して、海軍、砂糖輸出、そして工業の中心としての役割を担うことになった。

　その後スラバヤは、一八五〇年代に私企業の数と人口規模でバタビアを追い抜き、一八七〇年までにカルカッタ、シンガポール、上海と並ぶ機械工業の拠点、およびインドネシア東部への航路の拠点となった。有名なイギリス人博物学者ウォーレスも、一八六一年にスラウェシ島からの帰路にスラバヤを訪れた（ウォーレス、一九九三、一七二～一七三頁）。また、明治維新二年前の一八六六年には洋服を着て流暢なマレー語を話す日本人がスラバヤに立ち寄り、著名な機械企業を視察して多くの質問をしたと言うが、これについては今後日本側の史料での確認が必要である。

　このように一九世紀半ばに植民地都市として繁栄をはじめたスラバヤであるが、この時期の本格的研究はほとんどない。一九世紀半ばのバタビアはその前後に比べて沈滞していたと言われるが、そのバタビアの研究と比較してもわずかである。植民地政庁はスラバヤを本国の工業都市ロッテルダムになぞらえて発展させた可能性があるが、詳しくは今後の研究に待たなければならない。そこで本章では、一八六〇年代後半から七〇年頃のスラバヤを、アメリカ人、イギリス人など主にオランダ人ではない旅行者の視点から紹介し、あわせて今後の研究の課題を探ることにする。なお本章で用いる「ヨーロッパ人」の中にはアメリカ人も含む。

## 2　一八七〇年頃のスラバヤの概観

### (1)　ビジネスの町スラバヤ

　アメリカ人アルバート＝ビックモア（一八三九～一九一四）は、ハーバード大学で学んだ博物学の徒であった。アンボイナ（香料諸島）での資料収集のために自ら資金を集め、一八六五年一月に二七歳でボストンを出発した。一八六七年にアンボイナから帰国し、翌年『東インド諸島旅行記』を出版して好評を得た（Bickmore, 1991）。ウォーレスの『マレー諸島』に四カ月先んじた出版だったが、いくつかの書評はビッグモアの情報の方がより新しい点を評価したという。そしてドイツ語、オランダ語にも翻訳された。このビッグモアは、一八六五年六月にバタビアからアンボイナに向かう途中でスラバヤに立ち寄っているので、以下、彼が旅行記に書きとめた内容に従って、植民地都市スラバヤを概観しよう。彼の記述は港から始まる。

スラバヤではバタビアより大変多くの商工業の活動が見聞される。私たちは多数の船舶が港の外の停泊地に投錨しているのを発見した。［中略］スラバヤでは船舶はあらゆる強風から完全に守られている。とはいえ停泊地における、湾の大きさに比べると強い潮の流れと、停泊地を海に接続している水路が狭いという難がある。ただしこれらの水路は狭いけれども危険ではなく、ジャワ島で船の出入が多い港のうちでただひとつ良い港と言えるかもしれない（Bickmore, 1991, pp. 56-57）。

ヨーロッパ人にとってスラバヤはビジネスの町であるとの認識があったようである。一八六八年のスラバヤ港の輸出入総額は輸出が二四七六万ギルダー、輸入が一二三八万ギルダーであったが、輸出額ではバタビアを僅差で抜き、首位であった。スラバヤはこの頃までに輸出額でバタビアに追いついたと言える。さらに当時の主要輸出品である砂糖を見ると、理事州[4]別の生産額ではスラバヤが二万六五九四トンでジャワ島内第一位であり、しかも第二位のパスルアン理事州の一万九四〇五トンを大きく引き離していた。工業もまた同様の傾向を示した。当時、各種工場は動力として蒸気機関を使い始めていたが、一八七〇年にスラバヤ理事州に存在する蒸気機関は七五、蒸気を作るボイラーは一一七でジャワ島内第一位であった。これに対して第二位のチレボン理事州がそれぞれ五一、七八、バタビアとその周辺は一九、二〇であった。ちなみに蒸気機関はジャワ島全体で四三〇存在したが、そのうち三二七が製糖工場で使用されていた。さらに機械製造分野の私企業数は、バタビアが三であるのに対して、スラバヤは四であった。ヨーロッパ人の認識はこのような数字に支えられていたと言える

(KV1869, Bijlage L : 1870, Bijlage VV No.9 : 1871, p. 214, Bijlage U)。

交通通信については、電信は既に一八六〇年代前半に施設され、一八六六年のスラバヤの地図には電信局が描かれている（図9－2）。これに対して鉄道は七八年に営業が開始され、機械工業の先端をゆく都市としては遅い。この背景には当時の鉄道の主な役目であった砂糖輸送の難易があった。スラバヤの後背地から港へはブランタス川やソロ川の水運を利用することが出来たのである。

## （2）町の構造

次に図9－2を参照しつつ、スラバヤの町の構造を概観しよう。ビッグモアは言う。

バタビアやスマランと同様に、スラバヤは小さな川の両岸の低地に形成されているが、バタビアの古い市街のように沼地の中にはなく、また船舶からより近い。この川は岸壁で囲いこまれて運河に変えられている。運河の入り口近くの片側には、すばらしい家が一列に並び、日蔭用の樹木の列によって縁どられている。これらの住居の後ろには、政庁の造船所がある（Bickmore, 1991, pp. 57-58）。

スラバヤの街路はバタビアのそれに比べると幅が狭い。しかし異なった種類の街路樹でより良くおおわれている。なかでもタマリンドは良く茂った葉が大変好ましい。島嶼部のその他の主要都市と同様に、埃っぽい街路は通常、ふたつの水桶を抱えたクーリーによって散水が行われる。町の中央にある広場の中にオペラハウスがある。大きくて均整のとれた建物で、美しく彩色され、内部はフレスコがほどこされている。郊外には公園が上手く配置されており、花の咲く茂みがたくさんある（Bickmore, 1991, p. 60）。

一八七三年に出版されたオランダ人の旅行記にも海軍の造船所がヨーロッパの街のようであると記されている。この造船

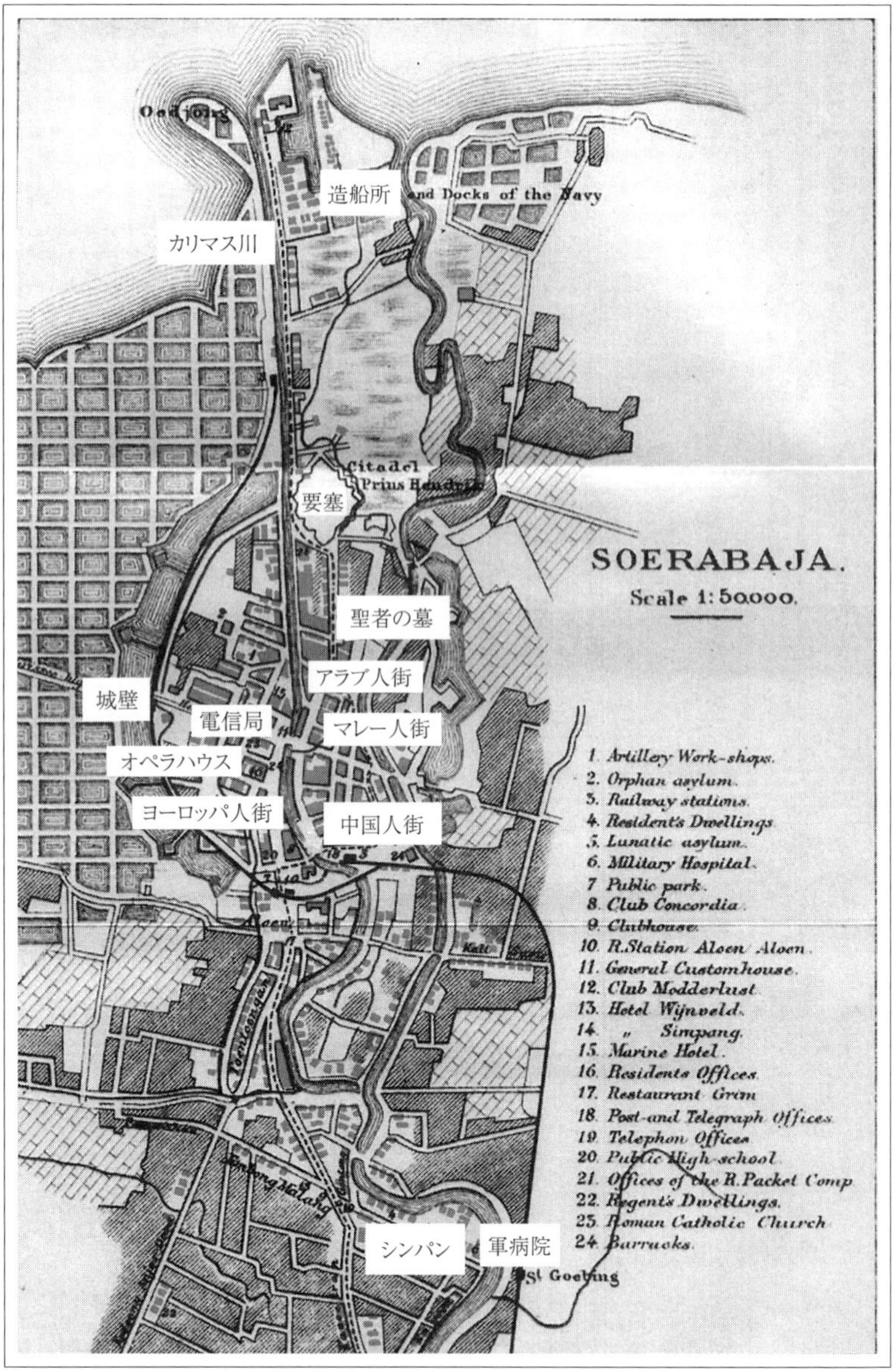


図９－２　スラバヤの地図（1897年）

出所：Bemmelen, 1897.

所を河口の東に見てカリマス川を南へ溯ると、町の中央にある橋の西岸にオランダ人街区があり、ジャワ銀行支店、電信局、オペラハウスなどが立ち並んでいた。またこの街区の北の部分に、当時いくつかの組織に分かれていた機械廠があった。さらに川を数キロ溯るとオランダ人居住区で軍病院のあるシンパンに達する。先のオランダ人旅行者によれば、シンパンには立派な家が並び、高級官僚と、商業で財をなした者達が住む。スラバヤの中心街と比べると静かで住むにはうってつけのところであった（Gerdessen, 1873, pp. 135-136）。

これらの街区が形成された過程をオランダ人が描いたスラバヤの地図を使用して振り返ると、一六七七年の地図は単純で、海から曲がりくねった川を二キロほど溯ると港があり、その東側に聖者の墓、そして墓の川上に土着の権力者の屋敷と市場が描かれているのみであった。図9－2でいえば土着の権力者の屋敷の場所は、カリマス川西岸の南側の城壁付近である。その後一七八七年の地図になるとオランダ人による都市建設の跡が現れる。図9－2にも見える海から南にまっすぐに延びる運河（カリマス川）が描かれ、土着権力者の屋敷の北側にヨーロッパ人街区、その対岸に中国人街区が加わる。また高級住宅地シンパンも描かれている。一八二五年の地図は一七八七年のものとほとんど変化がないのに対して、一八六六年の地図にはさまざまな建設物と街区が描かれている。大きな変化として城壁と要塞の存在が挙げられる。これらは一八三七年から四五年にかけて建設された。くわえて中国人街の川下にマレー人街、さらにその川下にアラビア人街がある。アラビア人街に住む者はそのほとんどがハドラマウト出身者で、彼らは、ハドラマウトが一八二〇年代にイギリスに占領されてから、ジャワ島に移住してきた者達であった。このほかジャワ人の街区も城壁の中およびその周囲に描かれている。このように、町の形成過程からも、スラバヤの発展が一九世紀中葉に始まったことがわかる。

## 3　造船所・機械廠・優秀な工場労働者

### (1)　造船所

一九世紀中葉におけるスラバヤの発展をリードした官営の造船所と機械廠は、ビッグモアの町の記述の中でも最も詳しく中心的な部分であり、しかもバタビアなど他の都市の記述に見られない部分である。カリマス河口の東側にある造船所は次のように述べられている。

造船所は大変用意周到に建設されており、乾ドック、すなわち船を汽車のようにもち上げる場所、たくさんの修理工場、そして木材を貯蔵する大きな倉庫がある。これらの施設では、今、六つの小さな蒸気船と二、三のボートを建造している。このほかに最も大きな船を建造する乾ドックがある。ここには、瀬戸内海の入り口にある下関を攻撃したオランダ、イギリス、アメリカそしてフランス連合艦隊を指揮したメデューサ号があった。メデューサ号の船腹の多数の傷は、この船が攻撃で危険な役を演じたことを示していた。私はオランダ人将校が、この任務におけるメデューサ号の将校達の勇気と技術とを誇らしげに語るのを何回も聞いた。以前は、船はバタビアから六マイル西の海上にあるオンルスト島に「投げ込まれる」ことによってのみ修理し得た。しかし今や、ほとんど全てのそのような作業がこの造船所でなされている。かなづちとかなとこの速い音を聞くのは最も元気の出ることである。それはこのような東洋の沈滞した都市で本当に楽しんで聞ける音である（Bickmore, 1991, p. 58）。

右に言及のあるメデューサ号は一八五五年頃の建造で蒸気スクリュー・コルベット艦（船種の名前）、排水量一七〇〇トン、大砲を一六門装備していた。また「下関を攻撃した」とは下関砲撃事件のことである。一八六三年五月、長州藩は天皇の命令した攘夷を実行し、馬関海峡を航行中の英仏蘭艦船に対して通告無しで砲撃を開始した。オランダ東洋艦隊所属のメデューサ号乗員は、外国船が砲撃されたことを知っていたが、オランダが江戸幕府と長い友好関係にあったことから攻撃されないであろうと判断した。しかし攻撃は行われ、長州藩の軍艦と砲撃戦となった。メデューサ号は一時間ほど交戦したが四名の死者を出したほか、船体に大きな被害を受け周防灘に逃れたという。翌年七月、イギリスは仏蘭米の三国に呼びかけて一七隻で連合艦隊を編成し、八月に長州に対して報復行動に出、その軍事施設を徹底的に破壊した。記述に見えるメデューサ号の傷は、ビッグモアの説明とは異なり、おそらく一八六三年に砲撃を受けた時のものであろう。

さらにメデューサ号の修理の経緯から、一八六五年のスラバヤには最新装備の巨大ドックと海軍基地があったこと、そしてオランダ領東インドにおけるトップレベルの船舶の修理がこのドックでのみ行われたことがわかる。スラバヤが造船・修理基地としてバタビア海上のオンルスト島にとって変わった要因には、一八三〇年代から一八七〇年頃にかけて、東・東南アジア海域で船舶の主力が木造帆船から蒸気機関を装備した鉄船へと移ったことが挙げられよう。鉄船建造には巨大なドックおよび機械工場が必要であり、小島であるオンルスト島はこれらの施設の建設に不都合があったようである。

## (2) 機械廠

機械廠については、オランダの工業化の方針、技術水準、労働者の様子が次のように説明されている。

政庁の機械廠は、自分たちの必要なものは自ら作り、外国市場から独立するという、オランダの決断のもうひとつの証拠である。ここでは彼らはたくさんの鋳物を作成しているが、彼らの主要な作業は海軍のために蒸気ボイラーを作成することである。この施設のなかには九〇〇人のジャワ人がいて、全てが自発的に働いていて、いつでも自分たちの選んだ時に離職ができる完全な自由をもっている。ほとんどの監督者すらも土着の者であり、全ての工程の中で二、三の極めて少ないヨーロッパ人が雇用されているだけである。

彼らはみな割り当てられた仕事を静かに着実に、大声でのおしゃべりや不必要な騒音なくしてこなしている。彼らのなかの何人かは大変熟練しているので、一日に二ギルダー近くを得ている。これらのことはジャワ人の潜在能力を現し、この民にいつか明るい未来があるかもしれないことを示している。

ここでは標準の秤と定規が政庁のために作られている。この人々が正しい生活習慣をもっていた場合の長期勤続の例として、ディレクターは私に、土着の者の一人はこの部署で五七年間働き、しばらくの間は、彼の息子たちや孫たちの補助を得ていた、と話した。この老人は退職したばかりであったが、ディレクターは、老人が長い間この仕事をしてきた故に、彼のために一〇〇パーセントの年金を得ることができた。五七年前に仕事を始めてまだ働いている者が三人いる。このようなケースはよりすばらしい。というのは土着の人々は、彼らの自堕落な習慣のために、普通は三五歳から四〇歳で働くことができなくなるからである。

彼らの作成した機械類の大半は、ヨーロッパから輸入したもののようにすばらしい仕上がりではない。しかしそれらは大変丈夫に見える。さらに何人かのジャワ人がすばらしい仕事をする能力を持つことは、彫版部門を担当する一人で証明される。彼のすばらしい線は少なからぬヨーロッパ人の名誉となったことであろう。

商人のひとりも、似たようなさらに大きな規模の機械作業所を所有している［改行は引用者］（Bickmore, 1991, p. 59）。

以上から、オランダ植民地政庁がイギリスに従属しながらも機械工業で自立性を確保すべく、海軍の機械廠でボイラーを作成していたことがわかる。また最後の一文は私人が経営する機械工場のことであろう。一方、製糖工場で使用されるボイラーは一八五三年より主にイギリスから輸入が開始されて急速に輸入数を増やし、一八七〇年には六三九台が輸入されていた。しかし製糖工場のボイラーも修理は全てジャワ島内で行われていた（Segers, 1987, p. 67）。

### （3）　優秀な労働者

工場労働者についてビッグモアは、自由な労働であることを強調している。これは一九世紀前半のジャワ島では都市に家内奴隷が多数いたこと、そして一八六〇年に奴隷解放令が施行されたばかりであったことによる。さらに折しも、「強制栽培制度」が契約によらずに農民の労動（夫役）を使用しているとして批判を浴び、廃止が検討されていた。工場における土着の労働者数は、一八五〇年代末に海軍の造船所一二五〇人ほど、機械廠一六〇〇人ほどで合計三〇〇〇人弱と植民地文書に記されているので、ビッグモアの書く人数は誇張ではなく、むしろ少ないくらいである。土着の労働者の勤勉さについては、一八七三年に出版されたオランダ人の旅行記においても、造船所でジャワ人が金属音を響かせてきびきびと働いていることが述べられている。この旅行者によれば、造船所のヨーロッパ人従業員は、ジャワ人労働者は怠け者なので続けて働くのはせいぜい三日であると評した。しかしこの従業員も、土着の労働者が朝七時から昼の三時頃まで働いており、ヨーロッパ人には耐えられない労働強度であることは理解していた。さらに一八七〇年頃の優秀な工場労働者が高給取りであったことも、植民地文書から確認できる。たとえば海軍の土着の現場監督の月給は二〇ギルダー、現場監督長は二五ギルダーであったので、ビッグモアのいう「一日二ギルダー近く」も可能性のある額であったことがわかる（Gerdessen, 1873, pp. 134-135; MK1870/2/24/No.27）。

しかしその一方で、工場労働者たちは近代的な意味での自由な労働者ではなかったようである。ビッグモアによれば五七年前から働いている老人達がいたが、逆算すると彼らが働き始めたのはちょうどダーンデルスが機械廠を開設した頃となる。これは現在のところ次のように解釈できる。最近退職した老人は、その息子や孫に補助されていたことが説明されているので、この老人たちも、一〇歳以下の子供であったダーンデルス時代に彼らの父親に従って仕事を始めていた可能性がある。すなわち彼らは世襲の職工たちであり、現場監督も縁者であったと考えられる。というのは、一七・一八世紀ジャワ島中部のマタラム王朝には、王直属の鍛冶・船大工などの職能集団が存在し、戦争の時には従軍して各地を移動していた。彼らはカラン（kalang）と呼ばれた。一方ダーンデルスは、ジャワ島のカランの数を初めて調査させた総督である。目的はカランへの課税にあった。しかもダーンデルスは、スラバヤがカランの人口が特別多い理事州ではなかったにもかかわらず、スラバヤを調査集計表のコラムの一番上においたのである（Seltmann, 1987, p. 23）。詳しい検討は今後の課題であるが、ダーンデルスが造船所や機械廠を開設した時に、スラバヤに多くいた、土着政権直属の鍛冶や船大工を有効活用したことは大いに考えられる。そしてカランたちも造船所や機械廠で近代的技術を徐々に覚えていったと思われる。

ところで、スラバヤでヨーロッパの技術を習得した土着の人々は、造船所と機械廠の工場労働者のみではなかった。次に工場労働者以外の職人について具体像のわかる史料と今後の課題とを示す。

## 4　優秀な土着の職人たち

スラバヤはカランが建設した町だという伝説がある（Fic, 2003, p. 65）。しかし現在のスラバヤの知識人にこの話をすると、

**表9－1**　人口構成別に見た職工（1859年）

| 職　工 | ヨーロッパ人 | 土着の人々 | 中国人 | その他 | 職　工 | ヨーロッパ人 | 土着の人々 | 中国人 | その他 |
|---|---|---|---|---|---|---|---|---|---|
| 大工 | 20 | 400 | 30 | 100 | 馬車作り | 2 | 10 | 10 | — |
| 指物師 | 5 | 100 | — | — | 煉瓦・石工 | 30 | 330 | — | — |
| 船用かしめ工 | — | 300 | 10 | — | 織工 | — | 150 | — | 20 |
| その他の木工 | 10 | 50 | 10 | 10 | 壺作り | — | 200 | — | 50 |
| 鉄鍛冶 | 20 | 250 | 15 | 20 | 煉瓦工 | 5 | 150 | 10 | — |
| 穴あけ鍛冶 | 10 | 200 | 10 | — | パン焼き | 1 | — | 4 | 1 |
| 金・銀鍛冶 | — | 150 | 10 | 10 | 絵描き | 4 | 50 | 10 | — |
| 銅鍛冶 | 20 | 50 | — | — | 飲食店経営 | — | 100 | 10 | 10 |
| 真鍮鋳物師 | 50 | — | — | 50 | 蠟染め工 | — | 150 | 30 | 30 |
| 鉄職人 | 20 | — | 10 | 10 | 藍染め工 | — | 100 | 10 | 10 |
| 革・鞍職人 | 20 | 150 | — | 10 | 菓子職人 | 1 | — | 10 | — |
| 旋盤工 | 2 | 50 | — | — | 仕立て屋 | 5 | 150 | 5 | 5 |
| 縫帆工 | 10 | 150 | 10 | — | 印刷工 | 5 | 40 | 4 | 3 |
| 馬車用幌作り | — | 20 | — | — | 靴作り | 5 | 50 | 3 | 2 |
| | | | | | 合　計 | 245 | 3,350 | 211 | 351 |

出所：Faber, 1931, p. 184.

誇り高い彼らは「そんな話は聞いたことがない。スラバヤにはカランはいない。」と言い、冗談ではないという顔をする。というのは、現在のジャワ島でカランといえば、観光都市ジョクジャカルタ近郊に住んで一風変わった儀礼を守り、「尻尾がある」などと周囲から揶揄されている人々をさすためである。インドネシアでは珍しい被差別民の一種である。しかし現在のカランも銀細工師など手工業の職人たちであり、マタラム王朝直属の職人の子孫である。おそらく一九世紀半ばのスラバヤには手工業の職人が多数いたことが、先の伝説を生んだと思われる。

この職人たちについてのビッグモアの記述は、機械廠の説明部分に続く次の部分だけである。

機械廠のそばに、政庁の武器廠があった。そこでは木製や鉄製の全ての部品、鞍、武具など、銃以外の全てを手工業で作成していた（Bickmore, 1991, p. 59）。

そこでこれらの職人たちについて、オランダ人官吏の報告書を使用して説明を補うことにする。はじめに一八五三年の手工業就業者に関する統計（表9－1）を見てほしい。多数の職種が並ぶが、ほとんどの職種で、中国人に比べて土着の人々が圧倒的に多い。ジャワ島全体では中国人の仕事と見なされる両替商も、工業関係の両替商のみとはいえ中国人が六人に対して土着の人々二〇人、「その他」が三〇人である。「その他」の多くはアラビア人だと考えられる。質屋は中国人が多く三六人、土着の人々二〇人であった。同時期の報告書は、ヨーロッパから来た熟練工が最新の金属加工技術でジャワ人職人を訓練していること、ジャワにおける金属加工の長い伝統を反映したジャワ人職人の技術が大変評価されていることを述べている。また彼らの手工業品の精密さはヨーロッパ人の手になるそれと同等であり、ヨーロッパ人、中国人、土着の人々の技術レベルはほぼ同じで、違いは蒸気機関関係のもののみであったという（KV 1859, pp. 43, 143）。

ついで一八七〇年の報告書によれば、同年のスラバヤ理事州の人口は、ヨーロッパ人五〇八二人、中国人九七五六人、土着の人々一四五万三五五二人、アラブ人一三六〇人であった。これに対してバタビア周辺は、それぞれ六一五五人、六万六七九〇人、八九万八二二人、一〇三九人であり、中国人が多いことがわかる。一八七一年に税金を納めた工場労働者・独立した職人の数を検討すると、スラバヤ理事州では、工場労働者として土着の人々が一万七三〇五人、中国人一四七八人、「その他の東洋外国人」七七人であった。さらに独立した職人は小規模な者がそれぞれ二九三八人、八九人、〇人、大規模な者がそれぞれ二人、三〇人、四人であった。バタビア周辺の各数値が報告書に掲載されていないのが残念であるが、バタビアを除くならば、スラバヤ理事州の数字は、小規模な職人（プリアンガン理事州四、六三六人）を唯一の例外として、ジャワ島内でその他の理事州を大きく引き離していたことを示す。さらに大規模経営の土着の職人が二人いることは他の理事州では例を見ない（KV1871：Bijlage A No.1, Bijlage M）。なお一八七〇年の報告書に挙がる手工業品は、時計、家具、銅の鋳物、真鍮の鋳物、旋盤、象牙・角、小舟、蠟けつ染め、靴、仕立て、馬具、馬車、銀細工、筵、籐、石灰、金細工、壺・煉瓦、皮なめしなどであり、職人は職種ごとに集落に集住していた。一八六六年の地図で調べると、銀細工師はヨーロッパ人街区の川上に、衣料品・時計、食品製造などは中国・マレー・アラブ人街の外側、革製品は城壁外の川上、船大工は城壁外の川下の集落に居住していたことがわかる。

このように、一九世紀中葉のオランダ人官吏の報告書には、スラバヤでは工場労働者を含めた職人のほとんどが土着の人々であること、技術的に優秀であってヨーロッパ人に劣らないことが書かれているが、同様の記述はすでに一八三六年のスラバヤ理事州の手書きの報告書に現れている。この報告書に掲載されている職人は、金・銀鍛冶、銅・ブリキ鍛冶、真鍮鍛冶、鉄鍛冶、鉄砲鍛冶・錠前作り、時計工、旋盤工、家具職人・指物師、家大工、船大工、煉瓦工、馬具屋、仕立屋、靴職人であった。くわえてこれらの手工業品と工芸品は全てジャワ人が作成していること、なかでもヨーロッパ由来のものは一八二〇年代よりジャワ人が機械廠でヨーロッパ人から技術を習い、ヨーロッパの道具を使用してより精巧・迅速に作成していることが記されている。さらにバタビアでは中国人が独占している観がある手工業品・工芸品の作成をスラバヤでは土着の人々が作成していることが強調されている（MK2.10.01 3058）。

以上、本節と前節で紹介してきた工場労働者や職人について、これまで引用した旅行記や報告書がほぼ同じ点、すなわち土着の人々に対するヨーロッパ技術の移転を述べていることが指摘できる。この近代的な技術移転のアピールは、植民地支配の正当化を意図してのことであろう。またバタビアと異なり中国人ではなく土着の人々への技術移転に成功したことの強調に、バタビアへの対抗意識を見て取ることもできる。

ただし工場労働者や職人の中に土着の人々が多いことは、スラバヤ在住のオランダ人が意図的に作り上げた状況ではなかった。第一に、ジャワ島のなかで人口稠密で広大な地域が巨大河川を通じて海に結ばれている場所はスラバヤの南北それぞれ数十キロの一帯のみである。しかもスラバヤの郊外には、一三世紀末から一五世紀後半に、現在のインドネシアに匹敵する海域と関係をむすんだマジャパヒト王国の王宮があった。このためスラバヤ付近はこの海域の土着の商人たちに、交易などの伝統的結節点として認知された場所であり、もとより土着の人々同士の取引が多かったと考えられる。第二に、スラバヤの町にはヨーロッパ人も認める高い水準の伝統的技術が蓄積されていた。さらに一九世紀中葉には、後背地において世界市場向け産物の砂糖が大量に生産されており、サトウキビ圧搾機など機械製品の大きな需要があった。第三に、当時のスラバヤがジャワ島におけるインド産アヘン密輸基地のひとつであったことにも示されるように、上述の背景をもつ一九世紀中葉のスラバヤ商工業に対し、オランダ植民地権力によるトータルな管理は難しかったと推測される。スラバヤ・バタビア間は直線で六〇〇キロほどの距離がある。東南アジアにおける伝統諸国家は政権の中心に近いほど支配が強く、距離が離れるにつれだんだんに支配が弱まっていく構造をもっていたが、一八七〇年頃のオランダの技術と国力では、オランダ領東インドもまたこの構造を持つことを免れなかったようである。いずれにしてもスラバヤを結節点としたジャワ島内外の土着の人々の活動についての研究は今後の課題である(5)。

次節では、ビッグモアの旅行記に戻り、スラバヤ郊外への短い旅に同行しよう。

## 5　郊外の砂糖農園

ビッグモアはスラバヤに関する記述のしめくくりの部分で砂糖農園への訪問を詳細に述べている。

この時、合衆国の汽船イロコイス号が停泊地に泊っていた。この港の我らが領事代理が、商用のためにバタビアから来た領事ロジャーズ中佐と私を、彼の管理下にある砂糖農園への旅行に招待してくれた。(中略)私たちの一〇マイルの馬車の旅は大変良い道を行った。ほとんどの部分がタマリンドの街路樹によって大変美しい日影となっていた。ジャワではこの馬車用の道と並行して、常にもう一本水牛と荷車用の道があり、このようにして常に前者を優先する秩序が保たれている。(中略)

その朝の私たちの道は低地を抜けていたが、低地は全てイネとサトウキビ栽培に使用されていた。これらの水田地帯の数カ所では道の両側が見渡す限りに広がり、大洋のように境界がない。多くの土着の人々が広い水田に散らばって、熟した稲穂を選んでいる。彼らの宗教が稲穂を一つひとつ刈り取るように要求するのである。(中略：稲作の方法が細述される)良く灌漑されていない土地では、通常は一年に一回だけ収穫する。肥料はめったに、あるいは全く使用されない。それでも水田はずっと肥沃である。しかしサトウキビは急速に土壌を消耗させる。たぶんその理由のひとつは、イネは穂の上の部分を刈り取るだけで、あとは水田に残して焼くか腐らせるが、サトウキビは先端と根を残してそのほかの全部を水田から持ち去るからであろう。このために一回の植え付けは農園の三分の一のみに行い、残りの三分の二には農園で働く土着の人々の生活を支えるためにイネが植えられる。土壌が余分な消耗に遭いやすいサトウキビ栽培を三年に一回のみとする

ために、これらの作物はローテーションで栽培されている。（中略）
私たちが訪問する予定である農園の名前は「セルニ」といった。私たちが近づくと、いくつかの長くて低い白い建物が見えてきた。そして二、三の高い煙突が、大量の黒い煙を吐き出していた。道のわきに住居があり、その後ろに「工場」があった。サトウキビは水田で切り取られ、束にされる、ひとつの束は二五本である。この束は、ペダティと呼ばれる、水牛の引く格好の悪い荷車によって工場に運ばれる。このような荷車がこの農園だけでも二〇〇台はある。サトウキビから砂糖を得るやり方は、我が国と同じである（後略：製糖法が詳細に説明される）（Bickmore, 1991, pp. 64, 66-68）。

ビックモアは旅行に招待された者だったので、郊外の田園風景を美しく語った。訪問先はアメリカ人外交官の管理する農園であった。これに対して、ほぼ同じ地域を自費で旅行したウォーレスは、郊外への旅行は馬車を雇うか借りるしかなく、しかも非常に高くつくことを述べている。しかし彼の訪問先もまた、ジャワ島に長く暮らしているイギリス人が経営する砂糖農園であった（ウォーレス、一九九三、一七三頁）。彼らの旅行から、スラバヤの繁栄の要件のひとつであった後背地の砂糖農園が、外国人旅行者の訪問先とされていたこと、および砂糖農園にオランダ人以外のヨーロッパ人が投資していたことがわかる。後者については近年の「強制栽培制度」研究の成果とも符合する。当時のジャワ島でオランダ人以外のヨーロッパ人が砂糖農園に投資し、あるいは雇用されているのは珍しいことではなかった。多くの砂糖工場でイギリス人、ドイツ人技師が働いており、また小さな町でもドイツ人やフランス人商人が小売商をしていたという（Knight, 2007）。

ではヨーロッパ人旅行者は何のために砂糖農園を訪れたのであろうか。招待されたビッグモアは、製糖方法がアメリカと同じ方式であることと、砂糖が大量に生産されている輸出品であることを記すが、土着の農民については稲作とサトウキビ栽培の方法に触れるのみで、彼らの勤勉さについては述べていない。しかしウォーレスは次のように語る。スラバヤの近郊について「町を出てすぐは住民達の勤勉さと富の兆候がはっきり見て取れてとても気もちがよい」。別の個所では「強制栽培制度」の説明の後でジャワ島の農民全般について「彼らの将来に役に立つはずのむら気のない勤勉さと科学的な栽培を身につけて来つつある」（ウォーレス、一九九三、一六八頁）と評価している。このほか一八五八年に「強制栽培制度」を視察旅行をしたイギリス人官僚マネーも、ヨーロッパ由来の概念である勤勉さをヨーロッパ人が教えこんだことによって、ジャワの土着の農民が身につけて来つつあると賞賛した（大橋、一九九四、二二五～二二六頁）。アジアの怠惰な人々に勤勉を教えるという確信に満ちたヨーロッパ人の物語は、農民にも適用されていたのである。またウォーレスとマネーは共にイギリス人であるにもかかわらず、ジャワ島をヨーロッパ植民地支配の成功例と見なし、イギリスのインド統治より優れているとして賞賛している。そこで砂糖農園においても造船所や機械廠と同様に、ヨーロッパ人旅行者が見るに値すると考えたものは、ヨーロッパ人の手になる近代化の成果であったと推測できる。おそらくオランダ領東インド政庁も砂糖農園訪問を推奨したと思われる。

## 6　グローバルなシステムのなかのスラバヤ

### （1）一九世紀中葉のスラバヤを支えたもの

本章で試みたように、ヨーロッパ人旅行者とともに植民地都市スラバヤを概観すると、ヨーロッパやバタビアなどの政治の中心からでは見落としがちな植民地支配の特徴が明らかとなる。オランダ領東インド政庁は、スラバヤを工業都市として発展させた。なかでも造船、製糖などの分野の機械工業に力を入れていた。そのねらいは、イギリスからの相対的自立の確保、および土着の人々への工業技術移転による植民地支配の正当化だったと考えられる。しかしイギリスもまたこの方針を許容していたことは想像に難くない。スラバヤは、現在のインドネシア東部への航海の拠点であるとともに、造船および機械工業においてカルカッタ、シンガポール、上海と同様の機能を果たしており、オランダ領東インドやオランダ一国のみに奉仕する港ではなかった。スラバヤを基地とする海軍の主な役目が「海賊」の掃討であったことはその象徴であろう。そもそもオランダ領東インド自体が、近代植民地国家としての外観をもつものの、決してオランダ一国で完結してはいなかった。植民地政庁はすでに一七世紀から、法律上のカテゴリーとして「ヨーロッパ人」、「土着の人」、「東洋外国人」を使用しており、人間を大きくくりの地域で分類していた。本章で引用した史料の中にこれら三つの用語が頻出するのはそのためである。

さらに前節で指摘したように、実際にオランダ人以外のヨーロッパ人がジャワ島で経済活動を行い、さらに、ヨーロッパの観念である勤勉をヨーロッパ人が教え込んだことによって土着の人々が勤勉になりつつあることを、オランダ人と一緒になって賞賛していた。

こうしてみると、一九世紀中葉の南～東アジアにおける欧米の植民地支配の秩序は、強国イギリスが押し付けたというよりは、次のように考えられる。下関事件で英仏蘭米の連合艦隊が長州藩を攻撃し、その軍艦のうちの一隻が、スラバヤで土着の工場労働者によって修理されたことに現れるように、植民地支配の秩序は、イギリスが主導しつつも、欧米のさまざまな勢力、さらにはアジア人各政権や商人などさまざまなアクターがせめぎ合いかつ協力し合うなかで、多極で重層的なシステムとして立ち上がってきたと思われる。そしてスラバヤは、このような多極で重層的なシステムのなかで東南アジア海域における欧米諸国の公共の港として繁栄したと言える。アジア人商工業者もこの港湾都市の機能を利用して利益を得ていたことで、この秩序を支えていたといえよう。もちろんこのシステムは欧米勢力、なかでもイギリス勢力が最も利益を得やすい構造をもち、その一方で掃討の対象となった「海賊」のように不利益を被った者たちも多かったことは確かである。

### （2）その後のスラバヤ

ビッグモアの訪問の後、ジャワ島は一八七三年から九〇年代に至る大不況に見舞われ、前節で紹介した個人経営の農園は漸次オランダ本国の巨大資本にとって代わられることになった。植民地都市スラバヤがこの大不況にどのように対処したかについては、もうひとつ別の論考が必要であるが、結果としてスラバヤはこれを乗り切って繁栄を続け、二〇世紀の最初の三〇年間にその頂点を迎えたのである。

その後の世界大恐慌に始まるスラバヤの変質は、イギリスとアメリカの地位の逆転に伴う二〇世紀中葉のグローバルなシステムの変質とともに起きたといえる。最後にその過程を、H・W・ディックの研究（二〇〇二）を利用して駆け足でたどりたい。

一九二九年の大恐慌は、オランダ領東インドとスラバヤにとってドル箱の砂糖業の崩壊をもたらした。そしてその崩壊は、ボイラーも輸送船も過剰となるなど機械工業に悪影響を及ぼした。一九三〇年代後半にスラバヤの工業はもち直したといわれるが、砂糖産業が見る影もなく縮小して大量の需要を失ったスラバヤの発展は、輸入代替工業を主力とするバタビアに後れをとるようになった。さらなる不運は日本軍のジャワ島占領であった。戦闘で重工業の施設が破壊されることはなかったが、一九四二年から一九四五年の日本軍政期には、日本軍の非現実的な物資調達の要求によって施設が劣化し、生産も一九四一年の三〇％ほどに落ち込んだ。一九四五年の日本の無条件降伏後、イギリス軍がスラバヤを再占領してヨーロッパ企業は工場の操業を再開した。しかし市街地が戦闘の場となったこと、後背地をインドネシア共和国勢力がおさえていたことで電力、外貨、熟練工、優秀な官吏の全ての調達が困難であった。とくに熟練工が逃散し賃金は高騰、操業は思うに任せなかったと言うが、熟練工が植民地支配の協力者と見なされるのを恐れた可能性もあろう。こうして一九四八年においても工業生産は日本軍占領前の五〇～六〇％までしか回復しなかった。

一九四九年に独立を達成したインドネシアの経済開発計画は、輸入超過を抑制するための輸入代替工業と、土着の人々が経営する中小企業の振興とを重視するものであった。これはスラバヤの機械工業の発展には適合的でなかった。その後一九五〇年代後半となると、独立後の経済の発展が思うに任せず国内に失望感がひろがった。インドネシア政府は不満をそらすために欧米企業を国有化したうえで重点的投資を行ったが、この過程で一九六五年にはスラバヤの欧米企業はゼロとなった。ディックは言う。同時期にヨーロッパで実施されたマーシャルプランと比較すると、インドネシアには熟練工、経験豊富な企業家・その予備軍、そして市場が存在しなかったので、資本を注入しただけでは工業は発展しなかったと。これをスラバヤに即して述べると、この都市の工業は主に砂糖企業、東インド海軍、そしてヨーロッパ人社会に暮らす人々が必要とする製品を生産し、企業の管理運営は一九世紀からインドネシア独立後までヨーロッパ人の手で行われていた。そして植民地期の高度な技術の移転は伝統的に隔離された都市の技術集団に集中的に行われ、植民地都市の外への広がりが少なかった。誰のための工業であったのかと問いを立てれば、第一に、スラバヤとその近郊に在住するヨーロッパ人のための工業であった。このような特徴をもつスラバヤの工業は、大恐慌によってオランダ領東インドの工業が輸入代替工業を主力とせざるをえなくなったとき、その変化に対応しきれなかったのである。

さらにグローバルな政治状況もスラバヤには不利に働いた。第二次世界大戦後にイギリスにとってかわったアメリカの第一の戦略は、共産主義への対抗・封じ込めであった。東南アジアではこの地域を共産中国から切り離すことである。そのためにナショナリズムの支援とともに、軍事拠点としてフィリピン、タイ、南ベトナムを重視した。これに対して中国・インドシナから遠いインドネシアに米軍基地はおかれず、スラバヤの海軍拠点はインドネシア共和国軍に引き継がれたのみで、国際的な武力の拠点とはならなかった。また航空機の時代に入り、交通の国際的拠点としての地位をバリ島のデンパサールに譲った。さらにインドネシアが西側陣営に組み込まれたスハルト体制成立時には、輸入代替工業、および食糧自給を目指す農業の振興が第一とされた。そしてスラバヤは、援助や資本輸出を行うアメリカ・日本にとって、インドネシア国内に数ある市場および投資先のひとつでしかなくなったのである。

国際貿易港は後背地と地域およびグローバルな動向との結節点であるので、その時々の動向に適合した要素をより多くもつ都市が勝者となる傾向が顕著である。現在、世界のシステムは再び大きく変わり始めているが、今時のシステムの変化は、再度工業化の道を歩むスラバヤを勝者に押しあげるのであろうか。未だ不明である。しかしいずれにせよスラバヤが工業に未来を託すのであれば、常に誰のための工業であり貿易であるかという問いに的確な答えを出していく必要を、その歴史が教えてくれている。

注

（1）以下、スラバヤに関する記述で引用註のないものは、Faber（1931）あるいは Dick（2002）による。
（2）本店は一八二八年バタビアに設立された。
（3）本店は一八二四年アムステルダムに設立された。
（4）ジャワ島の地方行政単位。
（5）スラバヤの歴史に女、とくに土着の女を参加させることも今後の課題である。というのは以上述べてきた技術移転という近代化では、ヨーロッパ人、土着の人々、東洋外国人とも登場人物は成人男子である。一九世紀中葉はヨーロッパにおいてもエリートの意識が、工場における成年男子の労働に向かったが、これについてスラバヤでほとんど時間差が無かったことは注目に値する。しかし栄えある先頭集団に属した遺産だろうか、現在もスラバヤっ子といえば男のイメージで語られる。スラバヤの女のイメージをこの町出身の男性小説家に聞いたところ絶句したままだった。

## 参考文献


アルフレッド・R・ウォーレス『マレー諸島 上』新妻昭夫訳、ちくま学芸文庫、一九九三年。

大橋厚子「強制栽培制度」池端雪浦編『変わる東南アジア史像』山川出版社、一九九四年、二一九〜二三九頁。

オランダ国立公文書館文書 Ministerie van Kolinien 2.10.01 3058；2.10.02 2291 1870/2/24/No.27.（略号 MK）

Bemmelen, J. F. and Hoover, G. B., *Guide to the Dutch East Indies*, London: Luzac & Co., 1897.

Bickmore, A. S., *Travels in the East Indian Archipelago*, Singapore: Oxford University Press, 1991.

Dick, H. W., *Surabaya, City of Work: A socioeconomic History,1900-2000*, Athens: Ohio University Press, 2002.

Faber, G. H.von, *Oud Soerabaia*, Soerabaia: De Gemennte Soerabaia, 1931.

Fic, Victor M., *From Majapahit and Sukuh to Megawati Sukarnoputori*, New Delhi: Abhinav Publications, 2003.

Gerdessen, L. E., *Vijf jaar gedetacheerd: Indische schetsen*, Amsterdam: P.N. van Kampen & Zoon, 1873.

Knight, G. R., "Echnology, Technicians and Bourgeoisie: Thomas Jeoffries Edowards and the Industrial Project in Sugar in Mid-Nineteenth-Century Java" in Bosma, Ulbe et al.（eds.）, *Sugarlandia Revisited*, New York: Berghahn Books, 2007.

Koloniaal Verslag [Ministerie van Kolinien]（略号 KV） 1857,1859,1869,1870,1871,1872.

Oki, A., "The Transformation of the Southeast Asian City: The Evolution of surabaya As a Colonial City," *East Asian Cultural Studies*, 27（1-4）: 13-47.

Olivier, J. Jz., *Land-en zeetogten in Nederland's Indie, en eenige Britsche etablissementen, gedaan in de jaren 1817 tot 1826*, Amsterdam: C. G. Sulpke, 1827.

Segers, W. A.I.M., *Manufacturing Industry, 1870-1942*, Amsterdam: Royal Tropical Institute, 1987.

Seltmann, F., *Die Kalang*, Stuttgart: F. S. V. Wiesbaden, 1987.

# 第10章　ボンベイ
## ――エリート層から見た「世界」――

井坂理穂

## 1　イギリスの植民地支配とボンベイ

### (1)　一八七〇年前後のボンベイ

一八七五年に出版されたボンベイについてのガイドブックのなかで、著者であるボンベイ在住のイギリス人ジャーナリスト、J・M・マクレーンは、この街の風景を生き生きと描写している。たとえば、パレル通りについての描写では、複数の「派手に色塗られた赤や緑のヒンドゥー寺院」、メッカ巡礼者のたまり場となっている「ムサルマーンのモスク」、ゾロアスター教寺院、パールシー（インドのゾロアスター教徒）たちの出資でつくられ、腕のよいイギリス人の医師たちが配属されている病院、などが次々に登場する。この通りにはさらに、ユダヤ教のシナゴーグ、印刷所、キリスト教徒の子どもたちのための学校、教会、鉄道駅、カレッジなども並んでおり、カレッジではさまざまな民族出身の若者たちが、「イギリスの優れた学校と同じようなリベラルな教育」を受けている（Maclean, 1875, p. 143）。こうした記述からは、当時のボンベイが、植民地インドの中心都市のひとつとして、多様な人々を含んだ「コスモポリタン」な空間を形成していたことがうかがえる。

このようなボンベイの発展の背景に、イギリス植民地支配の政治・経済・社会的影響があったことはいうまでもない。しかしここで同時に指摘しておきたいのは、この「コスモポリタン」な空間は、統治者側がいわば「上から」一方的につくりあげるかたちで現れたものではなかったという点である。この都市には、インド内外の各地から多様な人々が移り住み、彼らはそれぞれがもつ故郷とのつながり、宗教・カースト・職業などに基づくアイデンティティやネットワークを、新たな環境のなかで改めて意識し、利用しながら、これらを主体的に再構築していった。そのような人々の働きかけのなかで、ボンベイと世界との結びつきが再編されていったのである。本章はこうした観点のもとに、一八七〇年前後のボンベイの都市エリートの諸活動に焦点をあて、そこにみられるボンベイとインド内外の諸地域との人・モノのつながりや、そうしたつながりに対する彼らの意識を検討する。

## （2）商工業都市としてのボンベイ

まず、ボンベイの歴史を振り返りながら、この地域が商業都市として発展した過程と、その過程で築かれた世界各地とのつながりを概観してみよう。

この地域に最初に定住したのは、コーリーと呼ばれる漁民たちであったといわれている（Dwivedi/Mehrotra, 2001, p. 50 : Dobbin, 1972, p. 7）。もともとは七つの小島からなっていたボンベイが、貿易・商業の拠点として大きく発展するようになるのは、一七世紀にイギリス領に入ってからのことである。一五三四年に、それまでのグジャラートのスルターン支配にかわりポルトガル支配下に入ったボンベイは、さらに一六六一年に、ポルトガル王女がイギリス王チャールズ二世と結婚した際に、持参金としてイギリスへ譲渡される。一六六八年からはイギリス東インド会社に貸与され、やがてインド西部において、スーラトにかわる貿易・商業活動の中心地となっていく（Dwivedi/Mehrotra, 2001, pp. 54–56 : *Imperial Gazetteer*, 1909, pp. 217–222 : Chandavarkar, 1994, p. 21）。この変化に伴い、東インド会社の促進策の影響もあり、多数の商人がインド西部からボンベイに移住する。とりわけグジャラート地方から、パールシー、ヴァーニヤー（商人カースト。ヒンドゥー教徒、ジャイナ教徒をともに含む）、さらにボーホラー、ホージャーなどのムスリム商人コミュニティに属する人々が移り住む。彼らは東インド会社やヨーロッパ人商人たちの仲介者として著しい活躍を見せ、経済的地位を上昇させる。さらに一八世紀後半以降は、自ら海上貿易、とりわけ中国へのアヘンや棉花の輸出に積極的に参入し、大きな利益をあげる者も現れる（Dobbin, 1972, pp. 2–

16：Chandavarkar, 1994, pp. 44-45)。

一九世紀前半には、イギリスがマラーター戦争において最終的な勝利をおさめ、インド西部における覇権を確立したことで、ボンベイは経済はもとより、植民地インドにおける教育や行政の拠点としても発達しはじめる。これについては次節で紹介する。

一八六一年から六五年にかけて、ボンベイは「棉花ブーム」と呼ばれる好景気を経験する。この好景気は、アメリカの南北戦争によってアメリカからイギリスへの棉花輸出が停止したことで、その代替となるインド棉花の価格が高騰したことによって起こったものである。ここには、当時のボンベイがイギリスをはじめとする世界経済にいかに深く組み込まれていたのかが表れている。この機に乗じて富を得ようと、人々の間では棉花への投機熱が広まり、金融活動が活発化し、銀行が次々と設立された（Dobbin, 1972, p. 26：Subramanian, 2012, pp. 158-177）。好景気はさらに周辺地域からの人口の流入を招き、ボンベイの都市人口もこの時期に急増している（*Census*, 1873, p. 1）。しかし六五年に南北戦争が終わり、アメリカ棉花が再びイギリスに供給されることが明らかになると、棉花ブームは突如終結し、投資家や金融業界は大きな混乱に陥った。棉花ブームで大きな富を築いたジャイナ教徒商人プレームチャンド・ライチャンド（Premchand Raichand, 一八三一〜一九〇六）をはじめ、このときに損害を被った人々は少なくなかった（Dobbin, 1972, p. 131：Subramanian, 2012, pp. 177-180）。

棉花ブームの終了後、七〇年代からはまさにこの棉花を利用するかたちで、ボンベイにおいて綿工業が発達する。当時、鉄道網の拡大によりボンベイは棉花生産地と鉄道でつながり、ヨーロッパ系商社は直接生産地と接触ができるようになっていたことから、彼らはインド人仲介者への依存度を弱めていた。こうした状況に加えて、棉花価格や棉花生産量の変動が激しいことも誘因となり、ボンベイ商人たちは、棉花価格の高いときにはヨーロッパへ輸出し、低いときにはボンベイの綿工場に回すというかたちで経営の多角化をはかる（Chandavarkar, 1994, pp. 65-66）。近代的工場における綿製品の生産は、すでに五四年にパールシー出身のK・N・ダヴァルが紡績・織物工場を設立したのを皮切りに始まっており、六五年までには一〇工場が設立され、延べ六六〇〇人が雇用されていた。七〇年代以降、綿製品工場の数はさらに増加し、八一年までに二〇に達している（Dobbin, 1972, pp. 19-20, 155）。こうして「東洋のマンチェスター」（Houston, 1897, pp. 57, 83）とも評された工業都市ボンベイの発展が始まったのである。綿工業の発展は、後背地から多数の労働者を呼び込み、ボンベイの人口構成をさらに多様化させていった。

一八七二年の人口調査によれば、ボンベイの人口は六四万人強で、カルカッタやマドラスの人口を上回り、イギリス帝国のなかでロンドンに次ぐ大都市となっている。人口の六割は男性であり、家族を残し、仕事を求めて農村からやってくる人々が多かったことが推測される。ボンベイ出身者は人口の三割を占めるにすぎず、残る七割はボンベイ以外の出身者であった（*Census*, 1873, pp. 9–10, 63）。宗教別人口の割合は、それぞれヒンドゥー教徒が六二%、ムスリムが二二%、パールシーが七%、キリスト教徒が五%となっており、これら以外に仏教徒、ユダヤ教徒その他のコミュニティが含まれている（*Census*, 1873, p. 30）。人口の上では「少数派」に属するパールシーは、後述するように、一九世紀のボンベイのエリートのなかで、その人口比をはるかに上回る経済的・社会的影響力をもっていた。また、ボンベイ在住者の話す言語は、八一年の調査によれば、人口の約半数がマラーティー語を、二七%がグジャラーティー語を母語としていた（Weir, 1883, pp. 63–65）。グジャラーティー語話者にはパールシー、ムスリムの商人コミュニティであるボーホラー、ホージャー、メーマン、ヒンドゥーの商人カーストであるヴァーニヤー、バーティヤーなどが含まれている。数のうえでは人口の四分の一強であったとはいえ、グジャラーティー語話者は、経済活動を中心に、都市生活において際立った存在感を示していた。

以上のように、ボンベイは商工業都市として発展する過程で、宗教においても言語においても多様な人々をひきつけており、エリート層自体の構成にもそれが現れていた。このことが、ボンベイと世界各地との結びつき方にも影響を与えることになる。

## （3）行政・教育都市としてのボンベイ

一九世紀以降、ボンベイは経済活動の拠点としてばかりでなく、植民地支配下でカルカッタやマドラスと並ぶ行政・教育の中心地としても発展する。イギリス直轄領のボンベイ管区や、その周辺に広がる数々の藩王国からは、高等教育の機会や仕事先を求めるエリートたちがこの都市に数多く集まっている。

ボンベイにいわゆる「近代的」な教育が導入されるのは一九世紀初めのことである。東インド会社や宣教師たちによって、まずヨーロッパ人子弟を、さらにはインド人子弟をも対象とした教育普及のための組織づくりが進められている。一八三五年にはそれまでボンベイ管区知事であったM・エルフィンストンを記念して、一般からの寄付金をもとに、高等教育を行うための教授ポストが設けられる。これがやがて名門として知られるようになるエルフィンストン校（エルフィンストン・インスティテューション）、さらには五六年の改組後のエルフィンストン高等学校、エルフィンストン・カレッジへと発展していく。一九世紀後半にボンベイで活躍したエリートたちの多くは、この教育機関の出身であった。五七年にはカルカッタ、マドラスと並んでボンベイ大学が設立され(2)、ボンベイ管区内にあるエルフィンストン・カレッジ、プーナ・カレッジ、グラント・メディカル・カレッジは、いずれもボンベイ大学の傘下に入っている（Dongerkery, 1957, pp. 1-17）。

植民地政府にとって、インドにおける英語を媒介とした高等教育は、啓蒙という建前もあるものの、何よりもイギリス支配の協力者、官僚を養成するために重要であった。インド人向けに各地に設けられた初等学校では、在地諸語を用いて教育が行われたのに対して、高等教育は英語を介して行われ、そのための機関はボンベイをはじめとする限られた都市部に設立された。こうした高等教育機関のない地域では、エリート家庭は子弟をボンベイをはじめとする都市部へと送りだすことが多く、エルフィンストン・カレッジにはインド西部の各地から異なるコミュニティ出身の学生たちが集まっていた。とはいえ、いうまでもなく、高等教育を受けることのできた人々は人口全体のごくわずかな部分を占めるにすぎなかった。このことは、一八七二年にボンベイ市人口のなかで何らかの「教育を受けている」状態にある男性の割合が、全体の五％にすぎなかったことからも明らかである（*Census*, 1873, p. 47）。在地社会における少数エリート層を占める彼らは、異なる地方、コミュニティ出身の仲間たちとともに、英語文献を通じて世界各地の思想や情報を摂取しながら、エリートとしての意識や一体感を高めていった。卒業後は官僚職、あるいは弁護士、医師、ジャーナリストなどの専門職に就いたり、商工業活動に携わったり、社会改革運動を組織するなど、在地社会における指導的役割を担っていく。

こうした一九世紀以降の教育・行政の中心地としてのボンベイの発展は、都市の再開発や景観の変化を伴うものでもあった。ボンベイ知事H・D・フリアのもとで一八六二年に古い城塞が撤去され（Dossal, 1991, pp. 192-193）、六〇年代から七〇年代にかけて行われた中心部の再開発では、街路が整えられ、今も残る重厚なコロニアル建築の建造物——ボンベイではとりわけゴシック様式のものが際立っている——が次々と姿を現していく（Dwivedi/Mehrotra, 2001, pp. 103–109：Dossal, 2010, pp. 128–155：Chopra, 2011, pp. 23–24）。この時代に建てられた主な建物には、庁舎《セクレタリアート》、高等裁判所、ボンベイ大学の図書館・講堂、電信局、郵便局などがあり、ゴシック様式の壮大な鉄道駅、ヴィクトリア・ターミナルの建設も七〇年代終わりに開始されている。イギリス人建築家が設計したこれらの建物は、舗装された道路や西洋風の庭園とともに、ボンベイ中心街の新たな景観を形づくった。こうした建物の建設には、資金提供者として在地の商人たちが関与することもあった。たとえば、七八年に完成したボンベイ大学の時計台の付随した図書館は、棉花ブームで富を築いたプレームナンド・ライチャンドの寄付によるものである（Chopra, 2011, p. 65）。ただし、こうして植民地政府のもとで整備された都市空間は、ヨーロッパ人やインド人富裕層の居住地区も含め、ボンベイのなかの一部を占めるにすぎなかった。

当時の街の景観の変化として、規模は小さいが時代の特徴をよく反映していると思われる例をひとつあげよう。一八六三年に在地の知識人ゴービンド・ナーラーヤン（Govind Narayan, 一八一五～一八六五）がマラーティー語で出版した『ボンベイの描写』のなかに、この都市における時計の普及についての記述がある。それによれば、当時のボンベイでは富裕層はもちろんのこと、民衆でさえも置時計、腕時計を使用しており、洗濯人や床屋が時計をみせびらかしていることさえあった。また、「寺院、モスク、病院、事務所などの公共の場では、時計がいつもカチカチなって」おり、貧しい者たちでさえも時間の経過を意識していた。街にはさまざまな種類の時計を売っている店が数多くあり、それらの時計は「イギリス、アメリカ、フランス、ジュネーヴ」などから入ってくるのだが、ナーラーヤンによれば、そのなかで最も品質がよいのはイギリス製であった（Ranganathan, 2009, p. 54）。これらの記述は、この時代の人々が、時計を「西洋」や「近代」の象徴としてとらえていた様子をうかがわせるとともに、行政や商業の中心地であるボンベイにおいて、標準化された「時間」による管理が社会に浸透していく様子をも表している。ボンベイ大学に建てられた時計台も、こうした時代の流れを象徴するものであったと思われる。

## （4）港市としてのボンベイ

インド洋に面するボンベイは、その発展の歴史から明らかなように、重要な貿易拠点であり、かつ交通の要所であった。ボンベイの港には、イギリスから派遣され、任地に向かう途中の官僚や軍人たちもいれば、イギリスへの帰国の途につく人々の姿もあった。一八六七～六八年のイギリスによるエチオピア遠征に見られるように、英印軍がここから送り出されることもあった（Metcalf, 2007, p. 69）。また、この港はインド各地のムスリムたちにとっては、メッカ巡礼への経由地となっていた。一九世紀半ば以降、蒸気船によるインド洋航行が発展すると、さらにアフリカ、中央アジア、イランからのメッカ巡礼者たちも、旅の途中でボンベイに立ち寄るようになる（Green, 2011, pp. 3, 104）。

蒸気船が発達し、さらに六九年にスエズ運河が開通したことで、ボンベイの港としての重要性はさらに増していく。イギリス・インド間の移動は大きく短縮され、三七年には六三日間をかけていたロンドン・ボンベイ間（ファルマス経由）の旅は、七〇年のP&O社（Peninsular & Oriental Steam Navigation Company）の日程表によれば、アデン、スエズ、アレクサンドリア、マルセイユを経て二三日間を要するのみとなっている（Bonea, 2011, p. 122 ; *The "Times of India" Calendar*, 1870, p. 200）。ボンベイを出港する蒸気船は、西アジア、ヨーロッパ方面ばかりでなく世界のさまざまな地域へと向かっている（*The "Times of India" Calendar*, 1870, pp. 229–230）。

さらに、一九世紀後半にインドにおいて鉄道網が拡張していったことも、ボンベイ港を通じての人、モノの流れを促進した。五三年にボンベイ・ターナ間の鉄道が開始したのを皮切りに、以降、大インド半島鉄道、東インド鉄道、バローダ・中央インド鉄道の建設が進行し（Green, 2011, p. 106）、七〇年までにはこうした鉄道網が亜大陸を広く覆うようになっていた。これを受けて、イギリスから蒸気船で運ばれた郵便物も、まとめてボンベイで降ろされ、そこから鉄道でインド各地へと送られるようになる（Bonea, 2011, p. 128）。

またこの時代には、新たな情報伝達手段として電信技術が発達し、電信ルートにおいてもボンベイはインド洋の重要な拠点となっている。イギリス・インド間では、七〇年までにすでにロシア経由、トルコ経由など、いくつかのルートが完成していたが、七〇年六月にはスエズ・ボンベイ間の海底ケーブルの開通により、紅海を経由してイギリス・インド間を結ぶルートが完成する（Bonea, 2011, p. 134 ; Brasher, 1870, pp. 5-6）。インド内ではボンベイ、カルカッタ、マドラス間の電信ルートが五四～五五年に完成していたため（Wacha, 1920, p. 556）、海外から電信によって伝達される情報は、海底ケーブルでまずボンベイに伝えられ、そこから亜大陸の各地へと送られることになる。この電信技術は、帝国支配の行政・軍事の分野ばかりでなく、民間のさまざまな商業活動においても利用され、ジャーナリズムの世界にも大きな影響を与えていった（Bonea, 2011）。

各地から多様な人々やモノ、情報が集まる港市ボンベイには、それゆえの活気もあれば、それゆえの不安感も存在していた。たとえば、一八七七年一一月一七日に植民地官僚である夫とともにボンベイに上陸したイギリス人女性、キング夫人が残した回想録からは、彼らのような海外からの来訪者を迎える港の活気がうかがえる。上陸した途端に、キング夫妻のところには客引きの人々が寄ってくる。ようやく馬車に乗り込んだ夫妻は、公園や遊歩道のあるイギリス人居住区を通り抜け、続いてインド人居住区の暑く狭苦しい道を通り過ぎ、前回のインド来訪の際にも利用したバーイキュラー・ホテルに到着する。ここでキング夫人はホテルの従業員に、自分の世話をする女性使用人を必要としている旨を伝え、翌朝には早速志願者が、前の雇い主からの紹介状をもって彼女の前に現れる（King, 1884, pp. 18-20）。こうした例に見られるように、七〇年前後のボンベイは、「外」からやってくる人々に対するさまざまな施設、サービスを発達させていた。

しかしボンベイには、このように「外」からの来訪者を迎えいれる様子が見られる一方で、この状況に対する不安感を示す人々も少なくなかった。当時のボンベイの新聞紙上では、酔って地元の人々に迷惑を及ぼしたヨーロッパ人兵士たちへの批判や、政府の手厚い保護や寛大さが彼らの不品行を助長しているとの非難の声があがっている（*RNP*, 4 March 1871, p. 7 ; 16 December 1871, pp. 3-4）。また、前述のナーラーヤンの著書でも、イギリスの船乗りたちが街を遊び歩き、地元の女性を追い回す様子が非難されている（Ranganathan, 2009, pp. 250-251）。

さらに、メッカ巡礼の中継地であるボンベイには、インド内外から多くのムスリムが来訪しており、彼らが注目を集めることもあった。ナーラーヤンによれば、この都市には「デリー、メッカ、シンド、カーブル、カンダハール、ハイダラーバード、パンジャーブ」などから何百人ものムスリムの行者《ファキール》が来訪し、モスクを拠点に生活しながら、街を歩き回り、歌を歌い、金銭を集めていた（Ranganathan, 2009, p. 269）。ヒンドゥーやパールシーの人々も彼らに金銭を渡しており、彼らはヒンドゥーの家々の前ではラーマやクリシュナのようなヒンドゥー教の神々の歌を歌っていた。ナーラーヤン自身は、実際にはこれらの行者はヒンドゥー教を軽蔑しているとして、この様子を批判的に描いているのだが、少なくとも彼の記述している内容からは、「外」からやってきたムスリムの存在が、日常において宗教コミュニティ間の緊張を呼び起こしていたようには感じられない。

ところがこの状況が、何かのできごとをきっかけに急変することもあった。たとえば一八七四年に、あるパールシー知識人の著作のなかに書かれた預言者ムハンマドの愛人をめぐる記述のグジャラーティー語表現がきっかけとなり、ムスリムの群衆がパールシーの家々や集会場、寺院などを攻撃する事件が起きる（*The Bombay Riots*, n.d.）。その後、両者間の暴動は数日間にわたって続き、両コミュニティから死傷者が出ている。このときパールシーの世論は、彼らを攻撃したのはボンベイの外からやってきた人々であるとの見方を示したり、アラブ、パターン、あるいはアフリカ出身者の子孫であるといわれるシッディーなどの特定のムスリム・コミュニティを名指しして非難している（*RNP*, 4 April 1874, p. 7）。また、この事件を受けて、メッカ巡礼のためにインド内外からやってくる「よそ者」のムスリムに対しては、パスポート制度を導入し、彼らがボンベイに入る際には出身地、生計、来訪の目的、滞在予定期間などを点検することを求める声もあがっていた（*RNP*, 7 March 1874, p. 7）。

この時代を生きたパールシー商人、D・E・ワーチャー（Dinshaw Edulji Wacha, 一八四四〜一九三六）は、ボンベイが商工業者たちの偉大な中心地として、東西をつなぐアジアの出入り口として、歴史に名を残すことを期待している（Wacha, 1920, p. 781）。しかしこうした都市の性格は、何らかの契機によって、「よそ者」への警戒心や彼らを排除しようとする動きを引き起こすことにもなっていた。

## 2　ボンベイのエリート層の諸活動

### （1）商業活動に携わる人々

商工業都市として、行政・教育の中心地として、港市としてインド内外の各地とつながっていたボンベイには、多様な出自のエリートたちが存在した。ここでは彼らの活動を、商工業の分野での活動、知識人としての活動とに大きく分けたうえで、それぞれの分野で指導的役割を果たしていたのがどのような人々であり、彼らの活動からみた一八七〇年前後の世界がいかなるものであったのかを検討する。なお、ここで述べる知識人としての活動には、高等教育機関での経験や、卒業後に官僚職（教育庁の管轄下にあった学校やカレッジの教師を含む）や、弁護士、医師、ジャーナリストなどの専門職に就いた人々の活動が含まれる。ただし、彼らと商人層とは排他的な分類ではなく、同じエリートが双方の活動に関わっている場合もある。

この時代のボンベイの商業活動に関して特徴的であるのは、パールシーのように、いわゆる「少数派」と呼ばれるコミュニティの出身者が際立った活躍をみせていることである。パールシーは、その歴史観によれば、イスラーム勢力の台頭によって「パールス」（現在のイラン）を追われ、インド西部に移り住んだゾロアスター教徒たちを祖先としている。かつてはインド西部の各地で農業、酒造業、手工業、商業などに携わったといわれているが、ヨーロッパ勢力がインドに進出するようになると、スーラトなどのインド西部の交易拠点で仲介者、通訳として活躍するようになる。やがてボンベイが発展するに伴い、同市へ移住するパールシーが増加する。彼らのなかからは、ヨーロッパ人商人の仲介者として、船舶の保有・提供者として、さらには中国貿易に自ら関わることで、大きな利益を得た者たちが次々に現れた（井坂、二〇〇六、一八二〜一八三頁）。とりわけアヘン貿易は彼らに大きな富をもたらしている。彼らの活躍の背景には、一九世紀初めまで中国貿易で活発な動きをみせていたアルメニア商人や、後述するムスリム商人たちの事例と同様に、パールシーがヒンドゥーの商人カーストがもつような在地社会における強い商業基盤を保持しておらず、むしろそれゆえにリスクを伴う海上貿易に参入する積極性をもっていたことがあげられる。また、ヒンドゥーの商人カーストの場合には、一部のカーストを除き、「黒い水（カーラー・パーニー）」、すなわち海を渡ることを「穢れ」をもたらすものとみなす観念が存在していた。この観念も、ヒンドゥーの海上貿易への関わり方に一定の制約をかけることとなった。

パールシー商人の中国貿易への参入は、ジャムシェードジー・ジージーバーイー（Jamshedji Jijibhai，一七八三〜一八五九）のような大富豪をも生み出している。彼はボンベイの有力者としてボンベイ知事の諮問役も務めたほか、その富を慈善事業へも積極的にふりあて、晩年にはイギリスからナイト（勲爵士）やバロネット（準男爵）の称号を授与されている（Subramanian, 2012, pp. 115-143 : Dobbin, 1972, pp. 24-25）。しかし、パールシーの中国貿易への関わりは、ヨーロッパ商社の支配力の増大やアヘン戦争による混乱、ムスリム商人コミュニティやユダヤ商人の進出などを背景に、一九世紀半ばごろから衰退し、その結果、パールシー商人たちは他のさまざまな事業にも関心を広げていった。彼らのなかには、すでにボンベイの土地購入に資金を投入した者もいたが、その他に金融、ジャーナリズム、製造業、保険業や、イギリスへの棉花輸出などの方面に参入していった者もいた（Dobbin, 1972, p. 12 : Chandavarkar, 1994, pp. 61-63）。さらに綿工業の初期の発展においてもパールシーは大きな役割を果たしている。

インドを代表する財閥のひとつであるタータ財閥の創始者であるジャムシェードジー・N・タータ（Jamshedji Nasarvanji Tata，一八三九〜一九〇四）の例は、この時代のパールシーの経済活動の変化や世界各地とのつながりをよく表している。ジャムシェードジーはエルフィンストン校、続いて同カレッジで教育を受けたのち、五〇年代末から父親の事業に加わり、中国貿易に携わる。タータ家はその後、六〇年代に棉花輸出に携わり、ブーム後の価格下落によって損失を被るが、六七〜六八年のイギリスのエチオピア遠征時に、インドから派遣された軍隊へ物資供給を行う契約をとることに成功し、再び富を得る。ジャムシェードジーは六〇年代末からは綿工場経営を始め、その後イギリスのランカシャーで機械についてさらに学んでいる。七七年にはナーグプルに綿工場を設立し、イギリス人技師の助けを借りながら機械を整え、経営を軌道にのせていった（Harris, 1958, pp. 4-11, 29-30）。こうしたタータの事例には、アジアからヨーロッパにいたるまで、ビジネス・チャンスを求めて世界各地の状況に目を配り、新たな結びつきを開拓していくパールシーの商人、事業家の様子が現れている。

パールシーと同様に、宗教別人口のうえでは「少数派」とされるムスリムのなかにも、海上貿易で目覚ましい活躍をみせた人々がいた。彼らはボーホラー、ホージャー、メーマンと呼ばれるコミュニティの出身者で、一一世紀以降にヒンドゥーから改宗した人々の子孫であるといわれている。ボーホラー、ホージャーはシーア派のイスマーイール派、メーマンはスンナ派に属する。これらのムスリム・コミュニティは、出身地であるカーティヤーワード半島やカッチを含むグジャラート地方から、ペルシア湾岸、東アフリカをつなぐ商業ネットワークを古くから有しており、なかでもマスカットやザンジバルは彼らの重要な活動拠点となっていた（*Gazetteer*, IX－II, pp. 24-57 : Goswami, 2011）。ボンベイに移住したこれらのムスリム商人たちは、この都市をこうしたネットワークのなかに組み込んでいく。また、中国貿易についても、パールシーの例に続くかたちで、まずはボーホラー商人たちやコーンカン地方出身のムスリムが、続いて一九世紀半ばごろからは、ホージャーやメーマンも参入している（Dobbin, 1972, pp. 15-16）[(3)]。

このように非ヒンドゥー出身者のなかから、海上貿易に進出しながら経済的地位を上昇させる人々が現れるなかで、ヒンドゥーのいわゆる商人カーストにあたるヴァーニヤー（ジャイナ教徒も含む）やバーティヤーも、ヨーロッパ商人の仲介者として、あるいは金融業の分野で、活発な活動を展開している。内陸での商業活動に基盤をもっていたヴァーニヤーは、海を渡ることによる「穢れ」への恐れもあり、海外へ自ら出ることには消極的な傾向が見られたが、カッチ、カーティヤーワード半島出身のバーティヤーは、ペルシア湾岸、東アフリカ、東アジアでの貿易活動に活発に携わっていた（Dobbin, 1972, p. 13 : Chandavarkar, 1994, p. 56）。彼らもムスリムの商人コミュニティと同様に、交易拠点であるマスカットやザンジバルに滞在することもあったが、帰郷後は宗教施設への寄付を行うなどのかたちで、「黒い水」を渡ったことに対する「償い」を行っている（Goswami, 2011, p. 38）。ヴァーニヤーやバーティヤー商人たちのなかには、六〇年代の棉花ブームを経験したのち、七〇年代以降になると、パールシーの例にならって綿工業に参入し、事業家として成功する人々もいた。

こうした商人たちの活動領域は、一九世紀後半以降、イギリス支配が世界各地に広がるなかで、これに併せてさらに拡大する。東南アジア、南・東アフリカ、フィジー、カリブ海の島々などにあるイギリス支配下の地域には、労働力としてインドから年季契約を結んだ労働者が送られるようになり、インド人コミュニティが形成されていくのだが、ここに商人たちも新たなビジネス・チャンスを求めて進出していったのである。(4) こうした商人たちの活動も、インド西部の商業都市ボンベイとイギリス支配下にある世界各地との人、モノ、情報の行き来を活発化させていった。

### （2）知識人層を形成する人々

ボンベイには高等教育の機会を求めて、インド西部の各地から、多様な出自をもつ人々がカレッジなどの教育機関に集まっていた。彼らはここで、英語を媒介とした教育を受け、ヨーロッパ出身の教師たちと日常的に接し、英語文献を読みながら、「西洋」を強く意識するようになる。彼らはまた、「西洋」という「他者」の目を介しての「世界」の姿や、「他者」の目を介しての「インド」「自分たち」の姿にも触れていくことになる。彼らがどのような文献を読んでいたのかを知る手がかりとして、ボンベイ大学の学位試験のなかに登場する文献を拾いあげてみると、そこにはベーコン、バトラー、バーク、ミル、スコット、ワーズワース、テニソン、グレイ、シェイクスピア、ミルトンなどの作品が含まれている。学生たちはエドマンド・バークの『フランス革命の省察』を読み、ジョン・スチュアート・ミルの功利主義にひきつけられ、スコットやシェイクスピアなどのイギリス文学作品に慣れ親しんだ（McDonald, 1966, pp. 459, 468）。蒸気船の発達を背景に、ボンベイへはイギリスから継続的に出版物が届けられるようになっていた。エルフィンストン・カレッジには、ヨーロッパ出身の教員が自らの資金で設置した読書室があり、そこにはイギリスの新聞や雑誌も入っている（Wacha, 1920, p. 675）。その他にも市内には複数の図書館があり、インド人エリートも利用できるようになっていた（Ranganathan, 2009, p. 9）。

こうした文献に加えて、彼らは学校生活のなかで異なる出自、アイデンティティをもつ学生たちと触れ合うことによっても、「他者」の目からみた「自分たち」の姿を意識するようになる。彼らはここで「自分たち」の信仰、慣習や伝統、アイデンティティに改めて向き合うこととなり、その結果、在学中に、あるいは卒業後に、社会改革運動、文芸活動、教育活動などを自発的に組織しはじめる者たちも現れる。やがてこうした活動を通じて築かれたネットワークは、ボンベイだけではなく、インド各地やときには海外にまで広がっていった。

カレッジのような高等教育機関には、限られた社会層の人々しか入ることができなかったのだが、その少数エリートのなかでとりわけ存在感をみせていたのはパールシーであった。一八七〇年時点でエルフィンストン・カレッジの学生総数のうち、その三四％がパールシーであった。ボンベイ人口に占めるパールシーの割合である七％をはるかに上回る数字である（Dobbin, 1972, p. 35）。彼らのなかには父親のあとをついで商工業の分野に入る者もいたが、英語の能力をもとに、植民地政府の官僚になったり、あるいは弁護士などの専門職に就くなど、知的エリートとして活躍するようになった者もいた。パールシーのエリート家庭では、全般的に社会改革や女子教育に大きな関心を示す者が多く、また、日常生活においても「西洋化」に熱心であったといわれている。ヨーロッパ風の住居のつくりをとり入れ、テーブルと椅子の使用、女性の同席など、食習慣においても「西洋化」を進めている（Karaka, I, 1884, pp. 124-126）。西洋のスポーツ、とりわけクリケットにも強い関心を示し、一八四八年ごろからクラブを次々に設立している（Guha, 2002, p. 14）。さらに、イギリス演劇の影響を受けて、ボンベイの近代演劇を発達させるうえで指導的役割を担ったのもパールシーであった。一九世紀半ばから登場する「パールシー・シアター」では、大掛かりな舞台装置のなかで、シェイクスピアをはじめとする西洋の戯曲や小説を翻案した作品、ペルシア語やサンスクリット語の古典をもとにした作品、同時代の世相を題材にした作品などが、主にグジャラーティー語やウルドゥー語で上演された（Hansen, 2005）。観客層はパールシー以外のコミュニティにも及び、人気劇団のなかには、さらに国内各地への巡業や、ラングーン、シンガポール、マンダレーなどへの巡業に出たものもあった（Hansen, 2005, pp. 116-121）。

このように英語教育を早くから取り入れ、「西洋化」に熱心であったパールシーのエリートたちは、高等教育や就職の機会を求めてイギリスへ渡航することにも積極的であった。ある統計によれば、一八八四年にイギリスに留学しているボンベイ出身のインド人学生は五四人で、そのうちの三八人、すなわち七割はパールシーが占めていた（Kulke, 1978, p. 80）。のちにインド国民会議の指導者ともなるフィローズシャー・メヘター（Pherozeshah Mehta, 一八四五～一九一五）は、エルフィンストン・カレッジを卒業し、一八六四～六八年にはイギリスに渡航し、ここで法学を学んでいる。彼はこのとき、同じくパールシーでエルフィンストン校出身者のダーダーバーイー・ナオロージー（Dadabhai Naoroji, 一八二五～一九一七）の家をよく訪問し、ここでやはりエルフィンストン校で学んだパールシーの事業家、ジャムシェードジー・タータ（前述）とも交友を深めている（Harris, 1958, pp. 19–20）。

この時代のボンベイでは、パールシーのほかに、ヒンドゥーのバラモンやプラブーなどの上位カーストからも、高等教育を受け、官僚職や専門職に就くエリートたちが現れている。七〇年のエルフィンストン・カレッジの学生の構成では、バラモン、プラブー出身の学生が、学生総数のそれぞれ三四％、九％を占めている。一方、高等教育機関におけるムスリムの学生数は少なく、同じく七〇年のエルフィンストン・カレッジの例では、学生総数一七九名のうちムスリムは五名にとどまっていた（Dobbin, 1972, pp. 6, 35）。ボンベイのボーホラー出身で、著名な弁護士でのちにインド国民会議の指導者ともなったバドルッディーン・タイヤブジー（Badruddin Tyabji, 一八四四～一九〇六）のように、大商人の父親をもち、兄弟がそろって留学を経験するというムスリムの事例はごくまれであった（Houston, 1897, p. 135 : Sen, IV, 1974, p. 365）。

ヒンドゥーの間でも、この時代にさらなる教育の機会を求めて、あるいは官僚職に就いたのちに政府によって派遣されるかたちで、イギリスに渡る者たちも存在したのだが、彼らはパールシーやムスリムとは異なり、海を渡ることで生じるとされる「穢れ」への対応をしばしば迫られている。たとえば、グジャラート地方のナーガル・バラモン出身のマヒーパトラム・ループラーム（Mahipatram Rupram, 一八二九～一八九一）は、エルフィンストン校を卒業したのち、教育庁の官僚となり、一八六〇年にボンベイ政府によってイギリスに派遣されたのだが、このときには彼のカーストから強い反対の声があがっている。翌年に帰国した彼は、故郷のスーラトにおいて「イギリスの猿」と呼ばれ、カースト・コミュニティから追放処分まで受けている。こうした事態に対して、彼は「浄め」のための一連の儀式を行い、そこに多数のバラモンを招待して食事をふるまうのだが、こうした対応は逆に、彼の渡航を支持していたボンベイの改革派たちを失望させ、さらなる議論を呼び起こすことになる（Raval, 1987, pp. 129–132）。やや時代は後のことになるが、一八八八年にカーティヤーワード半島のモード・ヴァーニヤー出身のモーハンダース・カラムチャンド・ガーンディー（のちの「マハートマー〔偉大なる魂、の意〕・ガーンディー」）が法律を学ぶためにボンベイからイギリスに渡航した際も、彼は出発前にカースト集会に呼び出され、イギリス行きをやめるように促されている。これを拒んだために、ガーンディーはカースト追放の宣告を受けている（Gandhi, 1992, pp. 46–47)。

これらの例が示すように、ボンベイのエリートと「世界」とのつながり方は、彼らの属する宗教やカーストなどのコミュニティによって大きく影響を受けていた。ここでは論じることができないが、同じようなエリート家庭に生まれた女性の場合には、こうした制約がさらに強く働くことも多かった。八〇年代以降、ボンベイ大学では女性の学位取得者が登場し、女子に高等教育を受けさせるエリート家庭も徐々に登場するが、彼女たちは新たな環境のなかで、自らの宗教、カースト、ジェンダーによって課される規範と、教育を介して意識するようになった「西洋」のあり方とを、それぞれの立場やアイデンティティに基づきながら、多様なかたちで折り合わせていくのである。

## 3　出版物、結社を通じてつながる世界

### （1）出版物の流通

一八七〇年前後のボンベイのエリートたちは、教育や仕事の場はもとより、それ以外の日常生活の場においても、「世界」のできごとを知り、「世界」を意識する機会を頻繁にもつようになっていた。そうした状況をつくりだした背景のひとつに、一九世紀にインド各地で急速に発達した出版文化をあげることができる。エリートたちは情報の入手・伝達手段として、また、自らの主張を多くの人々の間に広める手段として、出版物を積極的に利用している。こうした出版文化の発達もまた、ボンベイをインド内外の各地と結びつける役割を担っていた。

たとえば一八七〇年一月一日段階で、ボンベイ管区内では少なくとも四八紙の新聞が発行されており、その約半分にあたる二二紙はボンベイ市で発行されていた。言語別内訳では、グジャラーティー語紙が一〇紙と最も多く（このうち一紙は英語・グジャラーティー語を併用）、英語では六紙、マラーティー語では三紙が刊行されている（*RNP*, 1 January 1870）。グジャラーティー語紙の興隆の背景には、出版業界においても指導的役割を果たしていたパールシーの存在があった。ボンベイで発行されるこれらの新聞は、郵便・電信による情報伝達の発展にも助けられながら、インド内外の政治・経済・社会動向を

伝え、商業活動のための情報を提供し、遠く離れた地域に対する人々の関心を高めた。また、宗教・社会改革、植民地政府の諸政策、法制度をめぐる議論を展開する公論の場ともなっている。新聞の他にも、一八七〇年代のボンベイではさまざまなジャンルの出版物が、マラーティー語、グジャラーティー語、英語はもとより、ペルシア、アラビア、パフラヴィー、サンスクリット、カンナダ、ヒンドゥスターニー、ブラジ、マールワーリー、カッチー、マーガディー、ウルドゥー、シンディー、ヘブライ、フランス、ポルトガル語など、多様な言語で出版されていた（*Catalogues of Books*, 1870–74）。こうした出版物はボンベイ市内にとどまらず、インド各地へと送られていくが、なかにはペルシア語の宗教文献や古典のように、西アジアへと輸出されるものもあった。イランの出版文化が十分に発達していなかった当時、ボンベイのペルシア語出版物はインド洋世界の市場に参入することができたのである。なかにはイランからボンベイに渡り、この地でペルシア語出版物を刊行する者たちもいた（Green, 2011, pp. 148–151）。

ボンベイのエリートにとって、出版物の世界はインド内外の情報を「受け取る」ための手段であると同時に、情報や主張を広く「発信」する手段ともなっていた。ときには彼らはインド内のみならず、イギリス人読者を念頭に、イギリスで著作を出版することもあった。英語を習得したボンベイのエリートは、海外においても出版物を通じて積極的に「発信」を行うことが可能となっていたのであり、後述するナオロージーをはじめ、この時代にはその機会を実際に利用する者も現れていたのである。

## （2）宗教に基づく「同胞」意識

一八七〇年前後のボンベイのエリートは、前述のように「西洋」という「他者」の目を介しての「世界」「インド」あるいは「自分たち」の姿に触れるなかで、彼ら自身の宗教・社会的慣習を再検討しはじめる。彼らのこうした動きの背景には、キリスト教宣教師たちの言論・教育活動の影響により、改宗者が出ることへの恐れもあった。彼らは志を同じくする者を集め、宗教・社会改革のための結社を次々に設立し、会合を開いたり教育・出版活動を行っている。このような結社の活動も、ボンベイのエリートと世界の諸地域との新たな結びつきを生み出すこととなった。

　パールシーのエリート層のなかでは、英語教育の影響から改革運動が早い段階から活発化し、五一年には宗教改革協会が設立されている。彼らはインド内のパールシーばかりではなく、彼らの祖先の故郷であるペルシアに住むゾロアスター教徒の「同胞」への関心を強め、五四年には「ペルシアのゾロアスター教徒の状況改善のための基金」を設立し、カージャール朝下のゾロアスター教徒のおかれている状況を調べるために使者を送っている（Boyce, 2001, pp. 209-210 : Karaka, I, 1884, p. 72）。その報告をもとに開始された運動のひとつが、ゾロアスター教徒に課せられたジズヤ（人頭税）を廃止するためのカージャール朝への働きかけであった。七三年にはパールシーの代表者たちがロンドンでカージャール朝のナーセロッディーン・シャーに会い、請願書を提出している。八二年にジズヤ廃止の布告が出されると、彼らはこれを自分たちの活動の成果として歓迎している（Karaka, I, 1884, p. 81）。

　パールシーと同様に、インド内部での「自分たち」に関する改革運動とともに、インドをこえた広域にわたる「自分たち」の宗教コミュニティへ関心を向ける傾向は、ボンベイのムスリム・エリート層のなかにも現れている。前述のように、ボンベイはメッカ巡礼への経由地であり、インドや西アジアの各地からムスリム宗教指導者たち、「聖者」たちが来訪する場となっていた。そこでは、こうした人々によって多様なイスラームの解釈や慣習がもちこまれ、在地の信仰や慣習と相互に影響を及ぼしあい、さらにそれらが人々や出版物を通じて、インド内外の諸地域へと伝えられていった。一九世紀後半の有名なイスラーム思想家ジャマールッディーン・アフガーニーも、イラン、イラク、インドを渡り歩き、メッカ巡礼を経て、再びイラン、アフガニスタン、トルコ、エジプトを転々としたのちに、七九〜八二年にボンベイとハイダラーバードに滞在している。彼はこのとき、インドでペルシア語の著書を執筆、出版しており、彼の汎イスラーム思想はボンベイのムスリムにも伝えられていく（Green, 2011, p. 151 : Dobbin, 1972, pp. 232-233）。

　ムスリムの宗教・社会改革のための結社としては、バドルッディーン・タイヤブジーとその兄のカマルッディーンらによって、一八七六年に設立されたボンベイ・イスラーム協会をあげることができる。彼らはムスリムの教育、道徳・社会的状況の改善を目指すとともに、ムスリムの団結を呼びかけた。また、インド・ムスリムの言語はウルドゥー語であるとして、言語面でも統合を試みている（Dobbin, 1972, p. 233）。さらにバドルッディーンは、オスマン帝国のスルタンを、宗派を超えたムスリム統一のための象徴とみなしていた。一八七六年、ボンベイ・イスラーム協会は、トルコに対するロシアからの脅威に関して議論するために集会を開催するが、そこには異なるコミュニティに属する四千人のムスリムが集まり、ヴィクトリア女王に対してトルコをロシアから救うことを請願している。同協会はさらに、トルコ兵の負傷者、寡婦や孤児の救済のための基金も設立しており（Dobbin, 1972, pp. 233-234）、トルコの状況に対する「ムスリム」としての関心の高さがうかがえる。

一九世紀後半のボンベイでは、このほかにもヒンドゥーの改革組織やカースト団体などが設立され、ジャイナ教徒、ユダヤ教徒、キリスト教徒の間でも、教育レベルの向上、慣習の見直し、コミュニティ内の団結などを目標とした組織がつくられていた（Dobbin, 1972, pp. 224-228）。ヒンドゥーの宗教改革団体としては、六七年設立のプラールトナー・サマージ（祈禱協会）や、七五年に設立されたアーリヤ・サマージがあげられる。グジャラート出身のバラモン、ダヤーナンド・サラスワティー（Dayanand Saraswati, 一八二四～八三）を創始者とし、ヴェーダをヒンドゥーの宗教的権威とする主張で知られるアーリヤ・サマージは、唯一神への信仰、偶像崇拝の禁止、カースト制度の見直し、婚姻に関する慣習の改革を主張し、海外渡航についても裁可を与えていた（藤井、二〇〇三、一四四～一七六頁）。また、独自の教育活動を組織し、他宗教からヒンドゥー教への再改宗運動を組織するなど、活発な活動を展開し、パンジャーブ地方を中心に北インドに影響力を広げた。一九世紀終わりごろからはさらにビルマ、タイ、フィジー、トリニダード、ガイアナ、スリラム、モーリシャス、南アフリカなど、イギリス支配下にあった地域やその隣接地域にも関心を広げ、インド出身の「同胞」たちを対象とした宗教活動を開始している（Lal, 2006）。このようにボンベイで始まった宗教・社会改革のための結社は、早い段階からそれぞれに異なるかたちで、海外の「同胞」たちへも目を向けていくのである。

### （3）政治的結社の設立――インド国民会議の創設に向けて

一八七〇年前後のボンベイでは、宗教やカースト・アイデンティティに基づく結社のほかに、地域やインドへの帰属意識を基盤とした政治的結社もつくられていた。これらの結社の設立・発展の過程においては、ロンドンがしばしばエリート・ネットワークの拠点として重要な役割を果たしている。

当時、イギリスで活発な政治・社会活動を展開していた人物に、ボンベイ出身のパールシー、ダーダーバーイー・ナオロージーがいた。エルフィンストン校で学び、その後同校の教壇にも立った彼は、学生団体やパールシーの改革団体、五二年設立の政治的結社であるボンベイ協会などの運営にも携わり、五一年にはグジャラーティー語紙『ラースト・ゴーフタル』（真実の語り手）を創刊するなど、ボンベイ・エリートの世界で強い影響力をもっていた。五五年に、同じパールシー出身の事業家であるカーマー家のロンドンにおける商業活動を助けるためにイギリスへ渡ると、ここで事業経営を行う傍らで、パールシーの代弁者、さらにはインド人の代弁者として、イギリス世論、政界に訴えかけるための活発な言論・執筆活動を開始する。六五年にはイギリス人とインド人が集い、インドに関する議論を行うことを目的にロンドン・インド人協会を創設し、その翌年にはより広範な活動を展開するために東インド協会（East India Association）を設立する（Masani, 1968, pp. 34–36）。六九年には、ボンベイ、カルカッタ、マドラスにも東インド協会支部を設立している。同協会はイギリスのリベラルな世論と組むことで、イギリス政界にも働きかけようとするものであった（Palsetia, 2001, p. 284）。ナオロージーのこうした考えは、のちに彼がイギリス下院選挙に自由党から出馬したことにも表れている（八六年、九二年）。二度目の選挙で当選した彼は、イギリス議会を通じてインド政策の見直しを訴えている。

ナオロージーがイギリスの世論、政界に向けて主張した議論のなかで、最もよく知られているのは、インドからイギリスへの「富の流出」に関するものであろう。この議論は、七六年に東インド協会ボンベイ支部で彼が発表した「インドの貧困」という論稿に著され、その後ロンドンで出版されている。ここでナオロージーは、イギリス支配がインドにもたらす恩恵について認めつつも、インドが貧困に陥っていることを統計を用いいながら指摘し、植民地行政のための費用やヨーロッパ人官僚の給与・年金、彼らのイギリスへの送金、イギリス人の貿易や工業の独占などにより、富がインドから流出していることを主張した。またナオロージーは、イギリス人の政治家、行政官、法律家その他の専門職の人々がもつ経験や知識が、彼らが帰国することでインドから流出する点も指摘する。さらに、税制、物価、賃金、銀の輸入、官僚職へのインド人の採用状況などの諸側面を分析しながら、インドの貧困化の背景を明らかにしている（Naoroji, 1990, pp. 1–124）。ボンベイ出身者として、また、パールシー事業家としての豊かな経験をもつナオロージーが提示した「富の流出」論は、インドのエリートたちに大きな影響を与え、その後のナショナリズムの流れを大きく後押しするものとなった。

さらにナオロージーは、イギリスにおいてインド人エリートたちのネットワークをつくることにも大きく貢献する。六〇～七〇年代に、イギリスにインド高等文官や弁護士などの資格を得るためにインドからやってきた若者たちは、この地で活発な言論活動を続けていたナオロージーのもとに集まり、互いに交流を深めるようになった（Palsetia, 2001, p. 281 : Sarkar, 1983, p. 88）。ここに含まれるボンベイ出身者としては、のちにインド国民会議（Indian National Congress）の第三代目議長となるバドルッディーン・タイヤブジー、第六代目議長となるフィローズシャー・メヘターがあげられる。ベンガル出身者としては、初代議長を務めたW・C・バナジーをはじめ、モノモホン・ゴーシュ、ラルモホン・ゴーシュ、シュレンドロナト・バナジー、アノンドモホン・ボシュ、R・C・ダットなどが、イギリスでナオロージーの影響下に入っていた。ナオロージー自身も一八八六年にインド国民会議の第二代目の議長を務め、その後も一八九三年、一九〇六年に議長の座に就いている。時代はやや後のことになるが、八八年に法律を学ぶために渡英したガーンディーも、ロンドン滞在中に、ナオロージーが学生との交流のために組織した協会の会合に参加している（Gandhi, 1992, pp. 93-94）。このようにイギリスにおけるナオロージーの活動は、八五年のボンベイにおけるインド国民会議の創設をはじめとして、初期のインド・ナショナリズムの土台をつくるための重要な人的ネットワークを、この地に形成することにもなったのである。

### （4）ボンベイのエリート層から見た世界

本章が明らかにしたように、一八七〇年ごろまでには、ボンベイはイギリス支配のもとで再構築された政治・経済体制、交通や情報のネットワークのなかに深く組み込まれていた。ボンベイのエリートの活動や生活から垣間見える世界とのつながりは、商人層の場合においても、学生や知識人たちの場合においても、植民地支配の強い影響力を感じさせるものとなっている。

しかし同時に、ボンベイとインド内外との人やモノのつながりには、彼らの出身地、出身コミュニティなどに基づくアイデンティティやネットワークが随所に反映されていた。インド洋沿いの港市として外に開かれ、イギリス支配下で商工業・

行政・教育・文化都市として発展していたボンベイは、異なる目的のもとにさまざまな出自の人々が往来する空間となっていた。そうした多様な人々の関わりあいは、蒸気船、郵便・電信、印刷・出版などの技術革新を背景としながら、ボンベイと世界各地との新たなつながりをつくり、また、それまでの結びつきを再構築していく。

一八七〇年前後におけるボンベイのエリートは、商業活動のなかで、あるいは出版物を通じて、さらには宗教・社会改革団体や政治的結社を通して、世界各地との関わりを深めているが、それと同時に、そうした活動のなかで「インド」という枠組みに対する意識をも強めていく。七〇年前後のこうした動きが、まさにボンベイにおけるインド国民会議の第一回大会の開催（八五年）と、その後のナショナリズムの流れに大きく貢献することとなる。このような観点からすれば、本章で検討したボンベイの事例は、人やモノが活発に流動する都市の歴史を、固定化された「地域」や「国家《ネーション》」の枠組みのなかで記述することの限界を示すとともに、都市を同時代の世界との多様なつながりのなかで分析することで、地域や国家の枠組みを歴史的に相対化する可能性をも示しているといえるだろう。

注

（1）「ボンベイ」（Bombay）は一九九五年に現地語の発音に沿ったかたちで「ムンバイー」（Mumbai）に改名されているが、本章ではそれ以前に使用されていた「ボンベイ」の表記を用いる。また、人名のローマ字表記については、史資料のなかで同一人物の名前についてしばしば異なる綴りが見られるのだが、ここではそれらのうち、現地語の発音に比較的近いものを採用している。

（2）これらの大学は、その傘下にあるカレッジの学生に対して試験を行い、学位を授与するための機関として設立された。

（3）パールシーやムスリムのほかに、バグダード出身でボンベイに移住したユダヤ人ディヴィド・サスーン（David Sasoon, 一七九二～一八六四）も、中国貿易で富を築いた「少数派」出身の商人として知られている。

（4）たとえば、のちにインド独立運動の指導者となるM・K・ガーンディーが、一八九三年に南アフリカにやってきたとき、彼の雇い主であったカーティヤーワード出身のメーマン・コミュニティの商人を含め、ここにはすでに数多くのインド西部出身のムスリム商人が住んでいた（Gandhi, 1972, pp. 36-37）。

## 参考文献


青木健『ゾロアスター教史――古代アーリア・中世ペルシア・現代インド』刀水書房、二〇〇八年。

家島彦一『海域から見た歴史――インド洋と地中海を結ぶ交流史』名古屋大学出版会、二〇〇六年。

井坂理穂「植民地期インドにおける歴史記述――パールシーの書く『自分たち』の歴史」甚野尚志編『歴史をどう書くか』講談社、二〇〇六年。

小西正捷ほか『自然と文化そしてことば04――インド洋海域世界　人とモノの移動』葫蘆舎、二〇〇八年。

羽田正『東インド会社とアジアの海』講談社、二〇〇七年。

――――『新しい世界史へ――地球市民のための構想』岩波書店、二〇一一年。

藤井毅『歴史のなかのカースト――近代インドの〈自画像〉』岩波書店、二〇〇三年。

Bayly, C.A., *The Birth of the Modern World 1780-1914*, Oxford: Blackwell, 2004.

Bonea, Amelia, "This Cable …Was Not in My Words": News Reporting and Telegraphic Communication in Nineteenth-century India", Ph.D. thesis, University of Heidelberg, 2011.

Boyce, Mary, *Zoroastrians: Their Religious Beliefs and Practices*, London: Routledge, 2001 (1979).（メアリー・ボイス『ゾロアスター教――三五〇〇年の歴史』山本由美子訳、筑摩書房、一九八三年）。

Brasher, A., *The Telegraph to India: Suggestions to Senders of Messages*, London: Edward Standford, 1870.

*Catalogues of Books Printed in the Bombay Presidency*, 1870-74.

*Census of the City of Bombay, Taken 21st February 1872*, Bombay: Education Society's Press, 1873.

Chandavarkar, Rajnarayan, *The Origins of Industrial Capitalism in India: Business Strategies and the Working Classes in Bombay, 1900-1940*, Cambridge: Cambridge University Press, 1994.

Chopra, Preeti, *A Joint Enterprise: Indian Elites and the Making of British Bombay*, Minneapolis: University of Minnesota Press, 2011.

Dobbin, Christine, *Urban Leadership in Western India: Politics and Communities in Bombay City 1840-1885*, London: Oxford University Press, 1972.

Dongerkery, S.R., *A History of the University of Bombay 1857-1957*, Bombay: University of Bombay, 1957.

Dossal, Mariam, *Imperial Designs and Indian Realities: The Planning of Bombay City 1845-1875*, Bombay: Oxford University Press,

1991.

———, *Theatre of Conflict, City of Hope: Mumbai 1660 to Present Times*, New Delhi: Oxford University Press, 2010.

Dwivedi, Sharada/Mehrotra, Rahul, *Bombay: The Cities Within*, Bombay: Eminence Designs, 2001.

Gandhi, M.K.（tr. by Valji Govindji Desai）, *Satyagraha in South Africa*, Ahmedabad: Navajivan, 1972（1928）.（M・K・ガーンディー『南アフリカでのサッティヤーグラハの歴史1――非暴力不服従運動の誕生』『南アフリカでのサッティヤーグラハの歴史2――非暴力運動の展開』田中敏雄訳注、平凡社、二〇〇五年）。

———（tr. by Mahadev Desai）, *An Autobiography or the Story of My Experiments with Truth*, Ahmedabad: Navajivan, 1992（1927）.（M・K・ガーンディー『ガーンディー自叙伝1・2――真理へと近づくさまざまな実験』田中敏雄訳注、平凡社、二〇〇〇年）。

*Gazetteer of the Bombay Presidency, Vol.IX, Part II, Gujarat Population: Musalmans and Parsis*, Bombay: Government Central Press, 1899.

Goswami, Chhaya, *The Call of the Sea: Kachchhi Traders in Muscat and Zanzibar, c.1800–1880*, Hyderabad: Orient Blackswan, 2011.

Green, Nile, *Bombay Islam: The Religious Economy of the West Indian Ocean, 1840–1915*, Cambridge: Cambridge University Press, 2011.

Guha, Ramachandra, *A Corner of a Foreign Field: The Indian History of a British Sport*, London: Picador, 2002.

Hansen, Kathryn（tr. and ed.）, *The Parsi Theatre: Its Origins and Development, by Somnath Gupt*, Calcutta: Seagull Books, 2005.

Harris, F.R., *Jamsetji Nusserwanji Tata: A Chronicle of His Life*, Bombay: Blackie & Son, 1958.

Hirschmann, Edwin, *Robert Knight: Reforming Editor in Victorian India*, New Delhi: Oxford University Press, 2008.

Houston, John（ed.）, *Representative Men of the Bombay Presidency: A Collection of Biographical Sketches, with Portraits of the Princes, Chiefs, Philanthropists, Statesmen and Other Leading Residents of the Presidency*, Bombay: C.B. Burrows, Care William Watson, 1897.

*Imperial Gazetteer of India, Provincial Series, Bombay Presidency*, Vol.I, Calcutta: Superintendent of Government Printing, 1909.

Karaka, Dosabhai Framji, *History of the Parsis Including Their Manners, Customs, Religion, and Present Position*, 2vols, London: Macmillan, 1884.

King, Mrs. Robert Moss, *The Diary of a Civilian's Wife in India 1877–1882*, Vol.I, London: Richard Bentley & Son, 1884.

Kulke, Eckehard, *The Parsees in India: A Minority as Agent of Social Change*, New Delhi: Vikas, 1978.

Lal, Brij V.（ed.）, *The Encyclopedia of the Indian Diaspora*, Honolulu: University of Hawai'i Press, 2006.

Maclean, James Mackenzie, *Maclean's Guide to Bombay*, Bombay: Bombay Gazette Steam Press, 1875.

Masani, R. P., *Dadabhai Naoroji: The Grand Old Man of India*, Mysore: Kavyalaya, 1968（1957）.

McDonald, Ellen, E., "English Education and Social Reform in Late Nineteenth Century Bombay: A Case Study in the Transmission of a Cultural Ideal", *Journal of Asian Studies*, 25, 3, 1966, pp. 453-470.

Metcalf, Thomas R., *Imperial Connections: India in the Indian Ocean Arena, 1860-1920*, Berkeley: University of California Press, 2007.

Naoroji, Dadabhai, *Poverty and Un-British Rule in India*, Delhi: Low Price Publications, 1990（1901）.

Palsetia, Jesse S., *The Parsis of India: Preservation of Identity in Bombay City*, Leiden: Brill, 2001.

Ranganathan, Murali（ed. and tran.）, *Govind Narayan's Mumbai: An Urban Biography from 1863*, London: Anthem, 2009.

Raval, R.L., *Socio-Religious Reform Movements in Gujarat during the Nineteenth Century*, New Delhi: Ess Ess, 1987.

*Report on Native Papers* [*RNP*]*: For the Week Ending 1st January 1870; 4th March 1871; 16th December 1871; 7th March 1874; 4th April 1874*, Poona: Office of the Director of Public Instruction.

Sarkar, Sumit, *Modern India 1885-1947*, Delhi: Macmillan, 1983.（スミット・サルカール『新しいインド近代史Ⅰ・Ⅱ――下からの歴史の試み』長崎暢子ほか訳，研文出版，一九九三年。）

Sen, S.P.（ed.）, *Dictionary of National Biography*, 4vols., Calcutta: Institute of Historical Studies, 1974.

Subramanian, Lakshmi, *Three Merchants of Bombay: Trawadi Arjunji Nathji, Jamsetjee Jeejeebhoy and Premchand Roychand: Doing Business in Times of Change*, New Delhi: Penguin, 2012.

*The Bombay Riots of February 1874*, Bombay: The Times of India, n.d.

*The "Times of India" Calendar & Directory for 1870*, Bombay："Times of India" Office, 1870.

Varadarajan, Lotika（ed.）, *Gujarat and the Sea*, Vadodara: Darshak Itihas Nidhi, 2011.

Wacha, D.E., *Shells from the Sands of Bombay: Being My Recollections and Reminiscences 1860-1875*, Bombay: K.T. Anklesaria, 1920.

Weir, T.S., *Census of the City and Island of Bombay Taken on the 17th February 1881*, Bombay: Times of India Steam Press, 1883.

# 第11章　モスクワ

## ――一八七二年科学技術博覧会への眼差し――

森永貴子

## 1　一八七〇年前後のモスクワ

### (1)　大改革時代のロシア社会

本論では一八七〇年前後のモスクワを題材に、モスクワ市民と帝政ロシアの世界観、眼差しについて考察する。一七一三年にロシアの首都がサンクト・ペテルブルクに移転した後も、モスクワは事実上帝国の「ふたつの首都」のひとつであり、クレムリンのウスペンスキー聖堂ではツァーリの戴冠式が行われ続けた。当時のモスクワを知るには、まずロシア帝国の状況を理解する必要がある。一八六〇年代～七〇年代のロシアは大改革の時代として知られる。クリミア戦争敗北とパリ講和(一八五六年)による戦後処理は、戦時中に帝位を継いだアレクサンドル二世だけでなく、一般ロシア人にも自国の後進性を痛感させた。英仏連合艦隊の攻撃にロシア軍は苦戦し、軍事技術のみならず経済・社会・教育などあらゆる面で西ヨーロッパに対する遅れが明白になった。戦時中の一八五五年に国民啓蒙相ノーロフは、科学がロシアにとって第一の必要であり、英仏が教育によってロシアより優勢であることを指摘している[1](高田、二〇〇四、一八頁)。

敗戦による国家的危機を踏まえ、アレクサンドル二世は農奴解放を含む改革を主導し、教育改革の一環として一八六三年に大学自治を認める「新大学令」を許可した。同時に物理、化学などの「自然科学熱」が社会に定着し、大学の学科で人気となった。一八六一年以降のロシアにおけるダーウィン理論受容の背景には、この爆発的ともいえる科学への社会的関心がある（トーデス、一九九二、四九頁）。しかし大改革は国への長期債務を抱えた解放農奴の不満、土地を失い没落した元地主貴族の不満を蓄積させた。一八七〇年代後半には新大学令の恩恵を蒙った学生たちがヴォルガ川流域を中心に農村へ入り込んで行くヴ・ナロード運動が起こるが、政府の取り締まりでナロードニキが逮捕されると運動は急進化し、一八八一年に「人民の意志」党員により「改革者」アレクサンドル二世が暗殺された。

ロシア史の文脈からいえば、一八六〇年代は改革熱と科学への関心が高揚した時期であり、また一八七〇年前後はアレクサンドル二世暗殺による改革停止前の「折り返し地点」といえる平穏の時代だった。同時代のヨーロッパとの関係でいえば、ロシアのスラヴ主義者と、オスマン帝国領およびオーストリア・ハプスブルク帝国領の民族主義者たちが対話するため一八六七年に「モスクワ・スラヴ会議」を企画し、パン・スラヴ主義が高まる中で「スラヴ民族」と「ロシア人」が民族学・歴史学の研究対象として本格的に意識された（川村、二〇〇八、一一五～一二九頁）。これは後述するヨーロッパのナショナリズム運動、産業と国威発揚のための万国博覧会の流行にも触発されていた。パン・スラヴ主義は主に政治家・知識人の活動によるものだったが、根底には科学と民族を結びつけてとらえる民族主義的思想があり、この思想への共感、資金援助面でモスクワ商人が一定の役割を果たした。

## （2）商人の町・モスクワ

西ヨーロッパ式の石造建築群が連なるペテルブルクと異なり、モスクワはロシアの伝統文化が色濃く残る「古都」だった。トルストイの小説『戦争と平和』が描くように、一八一二年のナポレオン軍侵攻はモスクワの古い貴族邸や木造建築を破壊し、街並みを大きく変えたが、モスクワは依然としてロシア商人と商業の町であった（Моисеева и др., 2008, C. 12-14）。クレムリン前広場の市、モスクワの「胃袋」オホートヌィ・リャート（獲物街）、旧城壁跡のキタイ・ゴロド、隣接都市トヴェリに続くトヴェリ通りなどはモスクワの主要商業地区だった。またニコライ一世期（一八二五～五五年）にペテルブルクの人口はモスクワを超えたが、モスクワはモロゾフ、グチコフといった古儀式派[2]出身の綿工業者を中心に商工業が成長し、ヴォルガ川を通じてロシア最大のニジェゴロド定期市と結びついた。また一八四三年以降はペテルブルク・モスクワ間鉄道（ニコラエフ鉄道）建設により、国内流通拠点としての重要性を増した（土肥、二〇〇七、二〇一～二〇三頁）。一八五七年にはモスクワの金融破たんが商人層を襲うが、一八六〇年代には再びモスクワ商人主導による投機会社が活性化した（Petrov, 1998, pp. 45–50）。

こうしたモスクワの市政で市長を務めたのは第一ギルド商人だった。このため一八～一九世紀半ばのモスクワ市長リストはそのまま各時期の有力商人リストでもある（Быков, 1997, С. 208）。ただし大改革期以降はA・A・シチェルバトフ公（一八六三～六九年）、B・A・チェルカスキー公（一八六九～七一年）をはじめ、貴族・官僚層がモスクワ市長を務めた。これは一八六二年の「モスクワ行政に関する」法令によるものである。市長選の独立性と全身分に開放された選出方法を目指した一八六三年選挙では、父親がモスクワ総督を務め、モスクワ市の整備に尽力したシチェルバトフが勝利した。続くチェルカスキーも農奴解放準備のためトゥーラ県委員会で活躍し、改革反対派の圧力に屈しなかった人物として知られる。いずれも業績と優れた人格とが記憶された市長たちだった（Быков, 1997, С. 105–112）。しかし一八七一年にИ・A・リャミンが市長に選出され、再び市長職にモスクワ商人が戻った（Быков, 1997, С. 113–114）。彼は一八世紀から続くモスクワ商人家系出身で、綿工業で莫大な資産を築いた世襲名誉市民であり、モスクワ取引所委員会代表（一八六五～六八年）、モスクワ商人銀行評議会議長（一八六六～七〇年）、商工業評議会モスクワ支部会員などを歴任し、商工業分野の発展に寄与した(3)（Моисеева и др., 2008, С. 372–374）。リャミンが市長だった一八七二年に、ロシアの科学技術発展と民衆への啓蒙・教育を目的とする「モスクワ科学技術博覧会」が開催され、彼は博覧会成功のためモスクワ商人の要望と利益を代表して尽力した。

本章ではこの科学技術博覧会をテーマに、一八七〇年前後のモスクワ商人の要望と利益を代表して尽力した。

本章ではこの科学技術博覧会をテーマに、一八七〇年前後のモスクワ社会の認識、視野の変化を検討していく。同博覧会はモスクワ市の協会活動の高まりと、教育問題などへの認識の変化を示す行事となった。大改革期にはゴーリキーの『どん底』に描かれた貧民窟「ヒトロフカ」住民のように、改革の負の側面が問題となっていたが、同時に商工業の成長と文化芸術の活況が見られた時期でもあった。一八八〇年代のモスクワを回想したギリャロフスキーのルポルタージュは次のように描写する。「一八八〇年、まずトヴェリ広場からピョートル公園まで線路が敷かれ、そのうえを鉄道馬車が走り出したときのモスクワっ子の喜びようを、わたしはいまも憶えている。ついで二年ほど後、鉄道馬車は庭園通りを走るようになった」（ギリャロフスキー、一九九〇、五八三頁）この「鉄道馬車［コンカ］」は鉄道線路の上を馬が二階建て馬車を曳いていく輸送交通機関である（Москва энциклопедия, 1980, С. 321）。モスクワで最初に鉄道馬車が導入されたのは一八七二年、科学技術博覧会開催に合わせてマネージ広場とトヴェリ通りの間を結んだ時だった。当初みすぼらしい車両と御者の制服、運営のまずさがモスクワ市民の反感を買っていたが（Москвич, 1879, С. 3）、市の交通改善の必要性が認識されるなか鉄道馬車は範囲を広げ、現在のトラムへ引き継がれた。鉄道馬車の例のみならず、当時のモスクワの市民生活と人々の認識は徐々に変化しつつあった。近年こうした問題について、積極的な評価が出てきている。

### （3）モスクワ社会とアソシエーション（協会）の役割

高田和夫が指摘するように、近年のロシア史研究では博物館や印刷文化の視点から一九世紀後半のロシアを見直す動きがある（高田、二〇一二、二七九～二八三頁）。高田はディアニーナの学位論文の要約（Dianina, 2008）を取りあげ、クリミア戦争後の市民たちの「自発的な協会」（voluntary associations）が政府と協調して博覧会の企画実施に尽力し、科学と知識の大衆化のためパブリック・カルチャーに寄与したとする議論に着目した。これはハバーマスの公共圏概念提唱以後、近代ヨーロッパ史研究の中で繰り返し議論されてきた問題である。革命史研究の文脈でロシアの「市民社会」はヨーロッパより未熟だったとの議論があるが、J・ブラッドレーは異なる見方をしている。

「世紀半ばのロシアもこうした［ヴィクトリア期イギリスの愛国心・ナショナリズム・帝国主義の時代に博覧会が国民に様式化された国家像を示したような］傾向の例外ではない。自由経済協会、モスクワ農業協会、ロシア地理学協会が大衆の科学を実践し、その通信会員制や支部の社交が公衆をその分野の情報収集という国家の努力に惹きつけた事実を我々は見てきた。（中略）ニコライ時代、政府は地理学、経済発展のための民間協会を保護したが、より射程の広い大衆の科学へと裾野を広げる計画は実現可能ではなかった。しかし一八五五年の新帝即位はロシア社会の改革を始動させた」（Bradley, 2009, p. 130）。

ブラッドレーはアレクサンドル二世時代の協会・学校創設、科学技術博覧会開催を、ヴィクトリア期のイギリス社会に類似する現象としてとらえる。ただし彼はロシアに成熟した市民社会が存在したと結論づけるのではなく、各協会の設立経緯や活動を整理し、当時の人々の関心や実態を明らかにすることに重点をおいている。また大改革が政府主導だった一方、協会活動と運営の多くが民間参加者の裁量によるものだったことも指摘し、帝政ロシアの国家的改善に「自発的協会」が果たした公的役割を描こうとする（Bradley, 2009, p. 130）。こうした協会の中心地は首都ペテルブルクとモスクワであり、他のヨーロッパ・ロシア、シベリアの地方都市でも一八六〇年代から七〇年代にかけて歴史協会をはじめとする組織が設立された（高田、二〇一二、二八〇頁）。モスクワではまずモスクワ大学でその一歩が始まり、商工業者、スラヴ主義者を巻き込んで「公衆の啓蒙」に取り組んだ。以下、科学技術博覧会開催に先立つ協会活動を概観していく。

## 2　協会設立ブームと愛国主義の動き

### （1）自然科学人類学民族学愛好者協会とその背景

モスクワ大学ではロシアの自然史（natural history）[4]研究を目的に一八〇五年からモスクワ自然史協会が設立され、唯物論やダーウィンの進化論を受容して科学研究の中心となった。協会は自然史だけでなく、産業、農業、商業、物理学にも関心をもつ視野の広い組織だった。ただし協会員は会長のドイツ人博物学者フィッシャー・フォン・ヴァルドハイムを始め、外国人研究者が中心だった（Bradley, 2009, pp. 132–133）。

クリミア戦争後の教育を巡る議論では、ロンドン、パリの博物館や万博の成功に刺激を受けたモスクワの工場主グループが一八五七年にモスクワ大学に技術科と附属博物館を設置するよう国民啓蒙省へ請願した（Bradley, 2009, p. 143）。一方、同年にフランスの企業家・銀行家が経営参加する「大ロシア鉄道会社」が設立されると、その放漫経営と外国人関与に対し、ロシア商人の不満が強まった。T・C・オーウェンはこの時期のモスクワ商人とスラヴ主義者の連携関係が「愛国主義的経済活動」として表面化したと指摘する。この連携により、ロシア資本は一八六〇年代にモスクワ―トロイツキー修道院―ヤロスラヴリ間の鉄道建設を実現した。国営のニコラエフ鉄道の払い下げが発表された際にも、スラヴ主義者のチジョフたちが「ロシアの鉄道を外国人の手から奪回せよ」と一大キャンペーンを展開した。また一八六七年ペテルブルクで「ロシア工業協会」が設立されると、モスクワ商人もただちに参加を表明した（オーウェン、一九八八、七六〜八三、九〇〜九八頁）。

こうした実業界の動きのなか、一八六二年にモスクワ大学関係の専門家、愛好者、学生グループが最新の発見や実験結果、ヨーロッパ情報などを共有しようと定期会合を開くようになった。この中で動物学教授А・П・ボグダーノフを中心に科学発展のための協会設立構想が生まれ、一八六四年モスクワ大学付属「自然科学愛好者協会」が設立された（初代会長は地質学者Г・Е・シチュロフスキー）。同協会設立に対しては「自然史協会」の存在を理由に「余分な贅沢」と見なす教育関係者の反対もあったが、国民啓蒙省アカデミー委員会ではペテルブルク大学植物学教授А・Н・ベケトフらが設立を支持した。こうして科学の発展を阻害しないようにとの委員会判断により自然科学愛好者協会設立が実現した（Bradley, 2009, pp. 133-137）。同協会はすぐに「自然科学人類学民族学愛好者協会」（Общество любителей естествознания, антропологии и этнографии）と改称され（以下「愛好者協会」（高田、二〇一二、二七九頁））、ロシア語の学術書刊行や若手研究者の支援を含め、科学の大衆化のための計画に取り組んだ。

### （2）民族誌博覧会とスラヴ会議

愛好者協会初の大事業は一八六七年にモスクワで開催された「全ロシア民族誌博覧会」（Всероссийская этнографическая выставка）（以下民族誌博覧会）である。これは同年モスクワ開催の「スラヴ会議」とも連携していた。一八六四年に愛好者協会のボグダーノフは第一回ロンドン万国博覧会（一八五一年）の文化人類学展示をモデルに民族誌博覧会をロシアで開催する委員会を設立した。費用は二万銀ルーブルと計算されたが、ペテルブルク開催では赤字が予測された。そこで委員会はモスクワ市議会に協力を要請し、モスクワ学校区主任В・ダーシコフが二万ルーブルの援助を申し出た。展示物は会期終了後モスクワ市博物館の財産になるとの条件付きだった。また翌年に皇帝から経費の半分が下賜され、ウラジーミル大公の名誉総裁就任により国家的事業として始動した。

ここで重要なのはモスクワ大学歴史学教授Н・А・ポポフ（専門はロシア・セルビア交流史）とパン・スラヴ主義者В・ラ

マンスキーの協力関係である。すでに一八三〇年代からモスクワ大学歴史学部教授M・ポゴージンがパン・スラヴ主義的思想を訴えていたが、クリミア戦争敗北後、これを公に認める雰囲気が出てきた。一八六〇年に作家И・アクサーコフはバルカン半島を旅行した際、ホミャコフの論文「セルビア人への書簡」を配布して正教信仰がスラヴ社会形成に果たす役割をアピールした（川村、二〇〇八、一一四〜一二二頁）。セルビアは一八六〇年にミハイル公が即位し、大バルカン同盟盟主を自認した（高田、二〇一二、二五四〜二五六頁）。ホミャコフ論文はバルカンの民族主義運動に広く受け入れられ、パン・スラヴ主義が東欧に普及するきっかけとなった。ラマンスキーは六四年一〇月にポポフ宛書簡の中で、博覧会に合わせてスラヴの客人を招待する「第一回スラヴ人会議」(5)開催を提案した。そこでポポフは博覧会資金としてウィーン駐在ロシア大使付司祭M・ラエフスキーに協力を要請し、ラエフスキーも博覧会をアピールするドイツ語パンフレットを発行したり、ハプスブルク帝国内のスラヴ人団体と接触したりした。この運動を通じ、ポポフは民族誌博覧会に「スラヴ部門」の追加を提案した。また一八六七年三月のアクサーコフによるスラヴ会議開催運動もロシア社会の関心を引き、モスクワ市議会はスラヴ人招待のため一万ルーブル支給することを許可した（川村、二〇〇八、一三〇〜一三三頁：高田、二〇一二、二八七〜二九〇頁）。

**図11－1**　小ロシアの展示（1867年民族誌博覧会）

**図11－2**　定期市（ヤルマルカ）を再現した舞台（1867年民族誌博覧会）

こうして民族誌博覧会は一八六七年四月二三日から六月一九日までクレムリン隣接のマネージ（馬術練習場）広場で開催され、来場者八万三〇〇〇人を集めた。博覧会の目的は公衆に「ロシア住民の人類学的民族誌学的知見」を周知することであり、チェコ人、スロヴァキア人、スロヴェニア人、セルビア人、クロアチア人、モンテネグロ人、ブルガリア人、ガリツィアのウクライナ人の展示を含むスラヴ部門の設置やスラヴ・コンサート開催が重要な意味をもった（図11－1・11－2）。開設委員長ダーシコフは博覧会の非政治性と純粋な「科学的」性格を強調するが、ここでは「科学」がロシア帝国の力と諸民族の結束を示すキーワードに利用された。その開会式翌日にはアレクサンドル二世も見学に訪れた（高田、二〇一二、二八三～二八六頁）。また同年パリ万博でロシアの展示が行われており、皇帝はスラヴ会議一行に謁見した後に、万博出席のため出発したことも想起すべきだろう。

こうして科学と民族学を名目とするスラヴ会議出席のためチェコ人、ハンガリー人、セルビア人、クロアチア人、スロヴェニア人、モンテネグロ人、ブルガリア人代表団がペテルブルクとモスクワを巡行した。ペテルブルクでは政府が市民の行動を制限してスラヴ人一行と接触できなかったが、モスクワでは市長シチェルバトフが「パンと塩」[6]で一行を迎え、到着駅周辺は五千人の群衆に囲まれた。これには一行も非常に満足した。五月一七日の民族誌博覧会訪問後、モスクワ大学で開かれた歓迎レセプションにも愛好者協会を始めモスクワの主要学術団体代表や学生が詰めかけた。しかし翌一八日にソコールニキ公園で行われた会議では、会議不参加のポーランド人を非難するポゴージンやロシア中心主義的なアクサーコフの演説に対し、チェコ人代表F・L・リーゲルがポーランド人との和解を訴えてロシア人出席者の顰蹙を買った。スラヴ民族の学校に統一言語・ロシア語を導入する提案にもスラヴ人一行は賛同しなかった（川村、二〇〇八、一五九～一六七頁；高田、二〇一二、二九九～三〇七頁）。「スラヴ民族の連携と統一」の理想は同じでも、その方法を巡る両者の考え方の違いは明白だった。一行は微妙な空気を抱えたままモスクワからペテルブルクへ戻り、その後帰国の途に就いた。

この民族誌博覧会とスラヴ会議は内外の反響を呼び、ロシア人、スラヴ人、周辺諸国の見解の相違を浮き彫りにした。この問題を検討した高田は、スラヴ問題がロシア公衆の意識に入りこんだとするアクサーコフの記事などを紹介し、パン・スラヴ主義が盛んに論議された事実を指摘する。これに対し非スラヴ地域のヨーロッパでは博覧会もスラヴ会議もきわめて政治的な行事と見なし、警戒感を露わにした（高田、二〇一一、三〇七〜三一一頁）。このふたつの行事で一般のロシア人の中に従来意識されていなかった「スラヴ人」が生きた文化・民族として認識され、スラヴ人の仲間としての「ロシア人」が注目されたことは否定できない。民族誌博覧会の展示はロシア人と東欧スラヴ人の文化的類似性・相違をモスクワ市民に具体的に示した。ただしこの意識が持続的なものだったのかは別に検討の余地があるだろう。

### （3）科学技術博覧会と博物館建設計画

民族誌博覧会に続いて愛好者協会の重要行事となったのが「科学技術博覧会」（Политехническая выставка）である。その系譜としてロシアではすでにいくつかの工業博覧会が開かれている。一八二九年のペテルブルク工業博覧会に続き、モスクワでは一八三一、四三年に商工業博覧会が開かれ、外国商人も訪れた。ロンドン博覧会にはロシア実業界からの参加もあり、六二年にはモスクワの「マモントフ兄弟商会」がロンドンで出品した塗料製品に対して金メダルを獲得した。一八六七年のパリ万博ではロシアから一三〇二人の出品者がおり、うち四八三人がグラン・プリを含む何らかの賞を受けた（Моссеева и др. 2008, С. 73–75）。モスクワ商工業者にとっても、博覧会はロシア、外国を問わず関心のある行事だった。

愛好者協会は民族誌博覧会終了後、一八六八年八月二九日会合で応用科学のコレクション展示と博覧会開催委員会設立を議論した。九月一六日には応用自然科学博覧会開催のための第一回会議を開始し、政府協力を要請した。(7) これに真っ先に呼応したのがロシア海軍省で、海軍提督K・H・ポシェート、(8) 国有財産相A・A・ゼレヌィが賛同した。陸軍は軍事大臣Д・ミリューチンがロシアの後進性根絶を目的に国民教育と軍近代化のための博覧会を支持した。これらはクリミア戦争敗北の「屈辱」を動機とし、国有財産省は愛好者協会と折衝を重ねて一八七〇年に産業博覧会計画の許可と五万ルーブルの援助を決定した（Bradley, 2009, p. 145；Медведь, Юдин, 2008, С. 3）。

これに合わせモスクワでは博物館建設に関心が向けられたが、同時期ペテルブルクのロシア技術協会でも首都の博物館設立を議論し始めた。ペテルブルクでは一八七〇年「全ロシア産業博覧会」（Всероссийская мануфактурная выставка）が開催され、訪問したアレクサンドル二世は教育部門での軍事教育博物館の教科書展示に満足の意を示し、その後産業技術博物館設立構想の支援を表明した。こうしてマンチェスター学派の経済学者A・ブコフスキーを議長とする委員会がペテルブルクに設置されると、収集物・展示方法調査のためH・X・ヴェッセルがヨーロッパ視察に派遣された。ヴェッセルはロンドン型の「国立博物館」モデルを提案したが、ペテルブルク市民に馴染みがないとして却下され、この間彼はモスクワの知人たちにペテルブルクの議論を伝えた。この時点でモスクワ、ペテルブルク両方で博物館設立が承認されたが、どちらで建設が実現するのか不透明だった。そこで一八七〇年五月、ボグダーノフはモスクワ市議会と市長チェルカスキー公、モスクワ学習協会や実業界に支援を要請した。彼は国立博物館の重要性を認識し、モスクワがふさわしいと考えた。早速市議会の指示で愛好者協会会長シチュロフスキー、モスクワ農業協会長シャチーロフ、帝立技術学校長デラ・ヴォスらで構成される調査委員会が設置された。規模の巨大さにモスクワ市議会は難色を示したが、ライバルのペテルブルクは実業界エリートが外国人中心であるためロシア産業の中心と見なされていなかった。デラ・ヴォスはモスクワが博物館建設地となるべき理由として鉄道網の集中、国境沿いから離れた立地、ロシアの最富裕商人たちの居住地であることなどを挙げ、国民教育樹立の好条件が揃っていると主張した（Bradley, 2009, p. 145.：Медведь, Юдин, 2008, С. 3）。委員会は計画がモスクワの利益になるとの最終判断を報告し、チェルカスキー公を含む推進者が市議会を説得した。その根底には愛国主義と科学の大衆化という課題があった（Bradley, 2009, pp. 146–148）。

このように科学技術博覧会と博物館建設が公衆啓蒙に有益と判断されると、民族誌博覧会・スラヴ会議関係者のポポフは、前者を「ピョートル大帝生誕二〇〇周年記念」行事として行うよう提案した。彼は次のように述べる。「協会は博覧会計画において、ロシアのナロードが開発した技術力や手段を知ろうとする彼らの現代的要求に応えるだけではない。ロシア工業の歴史的発展を知ることができるようにするものである。（中略）ピョートル大帝がとくに重要であるのは、ロシアにおける合理的な国民経済の創造者と考えられ、マニュファクチュアやファブリカ［製作所］による工業基礎を我が国に築いたからである」[9]。後述する博覧会の展示は農業を含むロシア「ナロード」の産業展示も行っており、ピョートル改革のヨーロッパ志向・モスクワ嫌いと矛盾する点もある。しかしポポフは「科学」をキーワードにすることで両者を巧みに関連づけた。

モスクワの議論と並行してチェルカスキー公はペテルブルクでの根回しを続け、一八七〇年一二月にモスクワでの博物館建設が正式決定された。国有財産省も建設費用五〇万ルーブルの援助を約束した。[10] これはモスクワの学術界、商人・スラヴ主義者の連携による成功だった。科学技術博覧会計画は博物館建設に関する政府の全面的バックアップの下、委員会と協力する各協会・組織と議論を行いながら進められた。

## 3 科学技術博覧会とその反響

### (1) クレムリン会場とパビリオンの展示

博覧会は一八七二年五月三〇日から九月一日にかけて、クレムリンと隣接するマネージ広場、アレクサンドロフスキー庭園、カメンヌィ橋からモスクワ川橋までのモスクワ河岸通りを囲む広大な敷地で開かれた（図11-3）。またヴァルヴァラ広場の民衆劇場（ナロードヌィ・チアートル）[11]、食堂、喫茶店、体操競技、模範学校、読書室なども展示に含まれた。庭園・広場を利用した展示方法はパリ万博のシャン・ド・マルスを想起させる。会場の三方はロシア風彫刻模様が刻まれた木造の高塀で囲まれ、クレムリン庭園入口には鋳鉄製格子が作られ、ヴォスクレセンスカヤ（復活）広場を含む六カ所の入り口が設けられた。[12] 塀・パビリオンの建設には建築家協会のВ・А・ガルトマン、И・П・ペトロフらが協力した。

図 **11-3** 科学技術博覧会場となったクレムリンとマネージ広場，ヴォスクレセンスキー広場のパビリオン配置図
配置図下を流れるのがモスクワ川。

会期中来場者数は延べ七五万人を超えたと見られ、民族誌博覧会来場者を約九倍も上回った。[13] 初めての国際博覧会だったこと、愛好者協会の出費・博覧会維持費・道具などの諸費用三二万五〇〇〇ルーブルに対し、寄付金二〇万、入場料収入一九万強だったことから見ればまずまずの成功である。[14] 開場時間は午前一一時から夜八時までで、案内パンフレットこそなかったが、日刊紙『モスクワ科学

技術博覧会報知』（*Вестник Московской политехнической выставки*）が発行された。入場券はなく、入口で直接箱に入場料を投入する仕組みで、回転木戸による機械が来場者を数えた。ピョートル生誕二〇〇周年記念に当たる開会式当日は総裁コンスタンチン大公が出席し、チャイコフスキー作曲「科学技術博覧会カンタータ」が演奏されるなか、記念行事が行われた。(15) 開会日の入場料は五ルーブルだったが、翌日から七月七日までは一ルーブル、会期終盤には二〇コペイカにまで下げられた。博覧会寄付者、愛好者協会会員、入場定期券所有者（定期券は二五ルーブル）、一二歳以下の子供、教育機関の学生は入場無料で、別に終日入場無料日も設けられた。(16)

会場にはロシア風木造建築によるパビリオンが九〇近く建設され（図11－4～11－6）、三つの「庭園」（サート）に区別さ

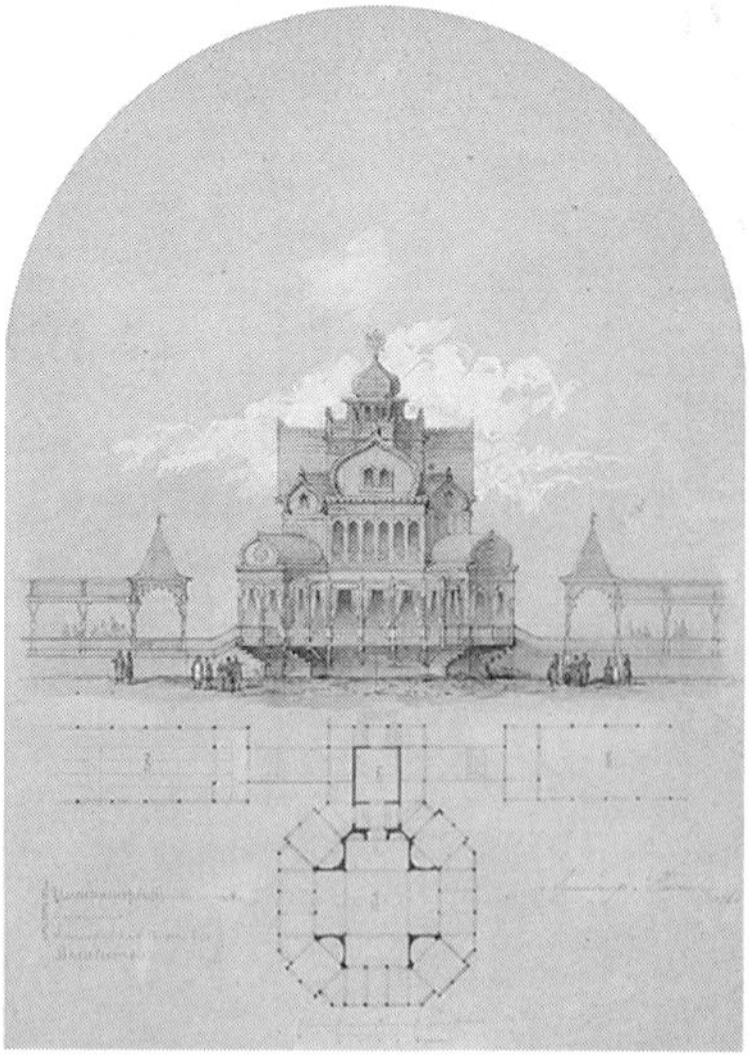

**図 11－4**　Д. Н. チチャゴフ設計のツァーリ・パビリオン（1872年科学技術博覧会）

**図 11－5**　В. ガルトマン設計の軍事パビリオン（1872年科学技術博覧会）

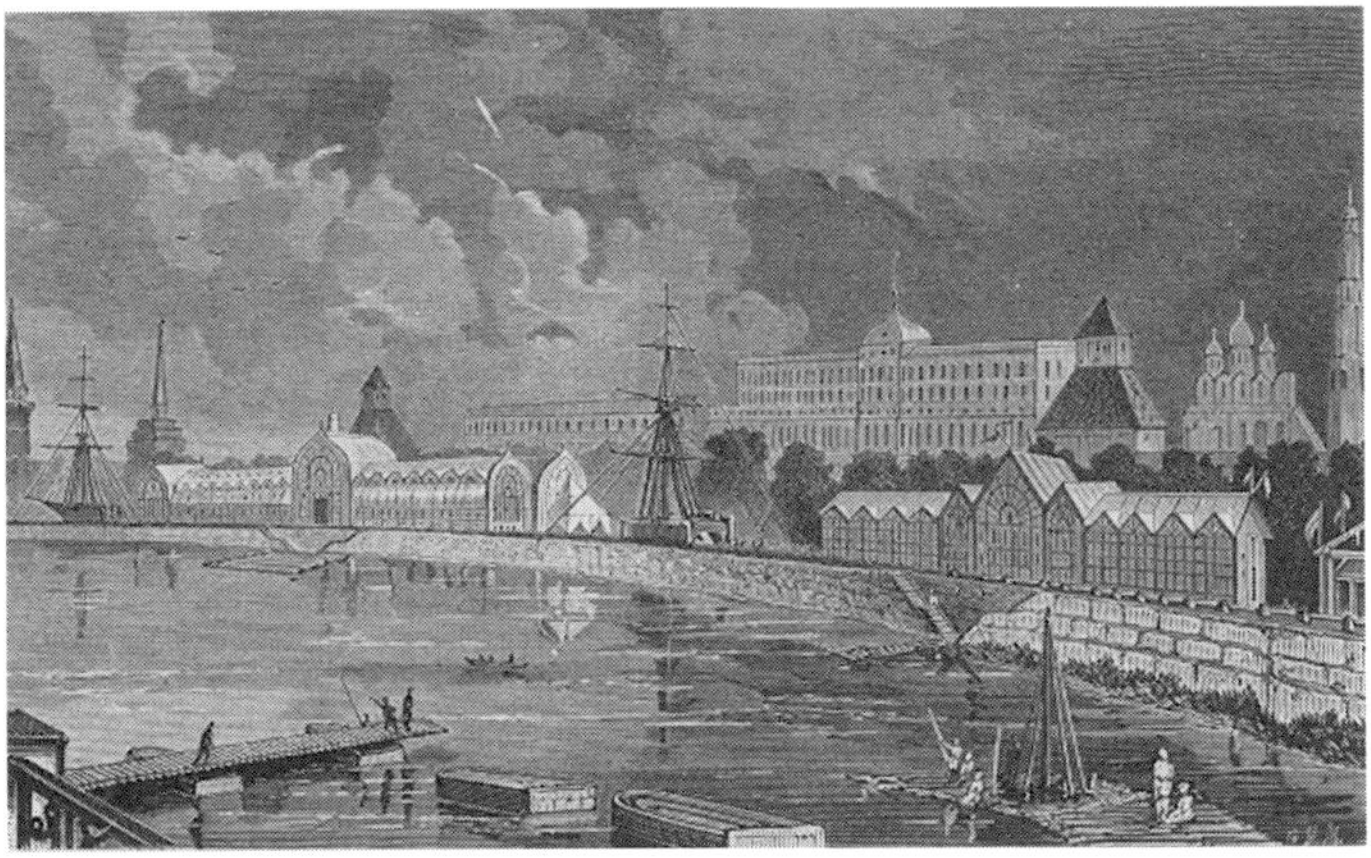

**図11－6**　モスクワ河岸に建てられた海軍パビリオン（1872年科学技術博覧会）

このパビリオンはガラスと鉄骨で作られ，そばには「ピョートル大帝のボート」が置かれた。

れた。さらに展示は植物学・造園、採取動物、地質鉱物・鉱山工場、技術、マニュファクチュア（産業）、クスターリ（旋盤）、教育、獣医学、医療、林業、農業、農業家政、郵便、電信、写真館、応用物理学、水力、海軍、軍事、鉄道、カフカース、トゥルケスタンの各部門に分類された（図11－7・11－8）[17]。展示品はロシア製・外国製含む最新技術機械と伝統工芸品・工業製品、民族誌的展示品が同居し、ロシア建築様式のパビリオンに並ぶという独特な組み合わせだった。これらの展示は各部門に協力する協会組織・政府省庁が企画し、費用を出した。出品者はオーストリア・ハンガリー、ベルギー、イギリス、ドイツを含む外国から約二〇〇〇、ロシアからは一万以上を数えた[18]。この中でたとえばヴォルコンスキー公の農奴出身であるΠ・A・オフチンニコフの会社はマネージ広場のショーウィンドーに有名な銀食器製品を飾り、製造工程実演のための工房を設けた。一方、科学技術博覧会は従来の商工業博覧会と趣旨が大きく異なっていた。前者は公衆の啓蒙と展示品を博物館収蔵品とすることが目的だった。「（前略）科学技術博覧会の展示物はコンクール用（すなわち販売用）ではない。来場者にとって興味深く教育的なものでなければならない。許可する展示品の選定は委員会が行う」この趣旨から展示には「家政部門」が組み込まれた。そこには地主所領の小規模村落が再現された。村の教会、司祭の家、下級聖職者の家、学校、診療所、薬局、地主の家なども建てられた。地主の家には一般農民の手には必ずしも届かない工業製品や安

図 11－7　写真部門（1872年科学技術博覧会）

図 11－8　カフカース部門（1872年科学技術博覧会）

価で快適な生活用品一式が並んだ。それらは農村の「あるべき生活様式」を示す展示でもあった（Медведь, Юдин, 1872, С.4.）。

この他注目されるのはカフカース部門、トゥルケスタン部門であり、一九世紀半ばにロシア帝国領に編入された地域の展示である。ロシアは一九世紀にオスマン帝国と北カフカースの支配権を争い、山岳民族はスーフィズム（イスラーム神秘主義）を中心とする宗教的聖戦による抵抗を示した。しかしロシアは一八四四年にカフカース総督府をおき、一八五七年にチェチェンを攻略して支配を強化した。カフカース部門は食べ物、産物、地図、絵画、写真による展示品がパビリオンの床から天井まで並べられた。トゥルケスタンは旧コーカンド・ブハラ・ヒヴァの三汗国を含む中央アジアを指す呼称で、ロシアはイギリスとの競争でこの地域に侵攻し、一八六七年にトゥルケスタン総督府をおいた。[19] 博覧会展示の中でトゥルケスタン部門は地理、自然・歴史、農業、技術、民族誌、軍事、クルジャ・コレクションに分かれ、綿・絹織物、ワインなどのアルコール類、中国経由で受容した喫茶文化、武器・風俗を含む豊かな伝統文化の展示品が並んだ。[20] この部門が示すのは帝国領非ロシア人地域の文化・経済・資源であった。以下、博覧会に対する雑誌、新聞記事から、各パビリオン、展示品に対する評価について検討する。

## （2）新聞・雑誌記事の評価

新聞・雑誌記事から当時のモスクワ市民が科学技術博覧会をどう見たのか知るのは困難である。記事は会場の展示方法・パビリオン配置の網羅的紹介に重点をおき、入場者の声は一切伝えていない。しかし記事には執筆者である記者の主観や批判が垣間見えるものがいくつかある。そこからこの博覧会の性格と視点を拾い上げてみよう。

まずペテルブルクの雑誌『シヤニエ』（輝き）誌は、博覧会開催前から批判的記事を載せている。記者は博覧会展示がコンクール目的ではないことと「体系的展示」であることに率直に戸惑い、千ヴェルスト（約千キロ）もの遠隔地から出品させておいて評価を与えないとは何事だ、と喝破する。これはペテルブルクに「国立博物館」が馴染まないと判断した委員会見解とも符合する。[21]しかしペテルブルクの人気雑誌『ニヴァ』は一転して展示方法を称賛する。工業を知るため科学を身近に知ることは重要であり、ふたつの目的が博覧会では上手く取り入れられている、と。同誌記者は全展示に知的好奇心を見せ、教育部門や家政部門の農村展示に感心しているが、最も高く評価しているのはトゥルケスタン部門である。会場には中央アジアの特産品・民族衣装・人形の展示だけでなく、タシケントからと思しき老人二人もおり、民族衣装を着て絨毯の上に座り、互いに髭を剃る光景が見られた。この記者は博覧会の展示と光景からアジアの珍しい風俗を肌で感じたらしい。またユニークなところでは、郵便部門において雪中のトナカイ・犬ぞりで郵便を運ぶ様子が再現された「極北の郵便」という舞台などに注目している。[22]この記事からはロシア帝国内の多様な地域への眼差しと、困難な気候・環境を克服しようとする科学技術成果の展示がうかがえる。

モスクワの新聞・雑誌ではカフカース部門の特集記事が目立ち、報道に恣意性がうかがえる。同部門にはカフカース総督府が五千ルーブルを支給したが、会場自体は広くなかった。[23]新聞『ゴーロス』（声）誌はこの部門の絹製品展示に注目し、かつて需要の多かった北カフカースの絹製品がないことを残念がりつつ、近年ヨーロッパで蚕の伝染病流行のため中国から伝わったアイラント蚕がフランス、イタリアで生育され、大成功したことを指摘する。さらにロシア帝国のアイラント蚕生育地としてザカフカースの絹産業が重要と述べ、その振興のため桑の植林・栽培に力を入れるべきと強調する。金銀装飾の美しいエキゾチックな武器展示は「無駄」と切り捨て、毛皮・皮革や農産物の展示を賞賛し、和平と農業、工業の育成が必要なこと、総督府情報の展示を期待したのに物足りないとまで断言している。ここにはカフカース地域をロシア帝国の経済地域と見なし、その富と産業に期待する実業的視点が反映されている。[24]

『取引所報知』には「植民地」カフカースに対するより率直な意見が書かれている。良好な気候・豊富な鉱物資源に比べ、工業未発達による貧困は驚くばかりであり、ロシアの発展から見ればカフカースは発展の第一段階にすぎない、植民者には土地の取得は簡単だが、実際の開拓は困難である、など。ロシア側はカフカースのステップ地帯に将来的経済発展の可能性を見ているが、カフカース住民側はそのような発想すらない。だが展示会場にはぶどう、ワイン、水差しなど有益な物産があり、これらはモスクワ、ニジェゴロドで重要な貿易品になっている。またカフカースの煙草展示と産業は将来の農業・工業発展の可能性を示す証左だが、好適条件のなか絹産業が十分発展しておらず、その他工業も未熟な段階だ、としている。[25]

記事にはロシア側の帝国主義的な視点に基づくカフカースへの期待感と現状との落差が垣間見える。この他『モスクワ報知』『ロシア世界』『行政報知』も取り上げている対象が多少異なるが、論調はほぼ同じである。[26] これら記事の多くは展示を淡々と説明しているが、博覧会の与えるインパクトの大きさは十分伝えている。

### （3）科学技術博物館と公衆の啓蒙

科学技術博覧会はその後のロシアの博物館展示の基本を示す重要な模範となった。展示品の一部は科学技術博物館のみならず、一八七四年から建設が始まった歴史博物館（現在クレムリン広場に隣接）の収蔵品にも組み込まれた。歴史博物館そのものが「我々は誰で、人間として何に値するのか、文明世界の中で何が我々に属しているのか大声で、明白に語るものである。ここに博物館の政治的意義がある」とのコンセプトで計画された。こうした認識からモスクワ建築家協会はロシア人建築家による設計を望んだが、デザイン公募で選ばれたのは非ロシア系でなおかつスラヴ派の活動にも参加していたB・シャーウッドだった。シャーウッドの選出には反発が大きかったものの、彼は中世ロシアの伝統建築様式をレンガ造りの現代的建築デザインに再現するという見事な仕事をやり遂げた（Brunfeld, 1991, pp. 10-11）（図11－9）。科学技術博覧会から歴史博物館の収蔵品となったのはカフカース部門などの展示品だった。

同様にルビャンカ広場で一八七七年に建物中央部分が完成した科学技術博物館は正面をアカデミー会員のモニゲッティが、内装を建築家協会長ショーヒンが設計し、ロシア建築様式を再現した（図11-10）。収蔵品は科学技術博覧会展示から技術、農業、動物学、物理学、建築、教科書、貿易海運、トゥルケスタン、郵便技術などの分類による展示が行われることになった。しかしその建築費用は予想より莫大だった。モニゲッティ設計では一五〇万ルーブル必要で、資金は五〇万足らずだった。このため建物は七七年時点で未完成であり、膨大な博覧会展示物の収蔵には不十分だった。その後建設続行の目途が立ったのはようやく一八八七年で、さらに資金集めのため委員会は建物の一階部分を商業施設に貸し出すなどの策を講じなければならなかった。最終的に現在の建物が完成したのは一九〇七年のことである。[27] こうしたさまざまな問題を抱えていた

**図11-9**　1874～83年建設の歴史博物館の現在

**図11-10**　1873～77年建設のモスクワ科学技術博物館（1877年の写真）

ものの、博物館は科学技術博覧会の展示方式を受け継ぎ、ロシアの公衆に博物館の模範を示したことは確かである。一八七七年の開館初年度の来館者は二七万人に上り、モスクワの一二の学習協会による定期会合が開かれ、着実に公衆啓蒙の拠点となっていった（Bradley, 2009, pp. 158-160）。

以上、科学技術博覧会とこれに先立つ愛好者協会、民族誌博覧会を概観してきたが、一八七〇年前後のモスクワで行われたこれらの事業を通して浮かび上がるのは、大改革の潮流の中で起こった科学熱と、ヨーロッパの万国博覧会に刺激された民間の協会活動の活発化、そしてこれらの活動に積極的に関わった学者や商工業者たちの協力関係である。そこには仲間としての「スラヴ民族」意識の発生、ロシア帝国領内の非ロシア民族の文化やその土地に経済的植民地としての存在意義を見る眼差し、そしてロシア人自身が従来意識していなかったロシアの歴史・伝統・文化への眼差しが含まれていた。その意味でモスクワの公衆を含むロシア社会の視野は帝国とヨーロッパに限定されていたが、これらの諸問題を「科学」というキーワードで結ぶことで、ロシア革命前夜に多様な分野の知識人を育て、アジアその他の地域に対する知識を蓄積していく道筋を用意したといえるのではないだろうか。

注

（1）高田は同書でペテルブルクの知的労働者としての「インテリゲンツィヤ」に重点をおき、当時のロシア社会において科学が果たした役割を指摘している。

（2）古儀式派（старообрядцы）は総主教ニコン（在位一六五二～六六）の典礼改革に抗議し、ロシア正教の典礼と慣習を守ろうとヴォルガ川流域、シベリアや国外へ逃亡した異端とされる宗派。その数と影響力については現在も論争があるが、エカテリーナ二世が一七六二年に宗教的寛容と逃亡者帰国を促す布告を出して以来、モスクワ市入口のロゴージ墓地などに共同体を形成し、商取引と馬車輸送により成功する富裕層が出現した。一九世紀ロシア綿工業で成長した工場主家系に古儀式派が多いことも指摘され、M・ウェーバーの「プロテスタントの倫理」との類似性を指摘し、関連づける議論もしばしば行われてきた。（N・M・ニコリスキー、一九九〇、二五七～二六六頁）。

（3）市長選でリャミンは対立候補の官僚C・A・タラソフ（一八八五年に市長選出）に大差で勝利したが、タラソフ側も市議会議員中のモスクワ商人層から一定の支持を集めていた。

（4）この場合の「自然史」はヨーロッパでいう「自然の歴史」であり、日本では明治以降「博物学」「博物誌」と翻訳されてきた用語である。

（5）一八四八年チェコのプラハで開催されたスラヴ会議は、そのオーストリア・スラヴ主義的性格のため、ロシアのパン・スラヴ主義者たちから正式なスラヴ会議と見なされなかった。

（6）パンと塩を捧げて客人を迎えるのは、ロシアの伝統的な歓迎行事。

（7）*Политехническая выставка императорского общества любителей естествознания, антропологии и этнографии состоящего при императорском московском университете*, M., 1869, C.4-7.

（8）ポシェートは一八五三年プチャーチン遣日使節団にオランダ語通訳官兼任参謀格少佐として随行し、その記録を発表した。大公アレクセイ・アレクサンドロヴィチの教育係も務め、その学識から一八八〇年ロシア学士院名誉会員にも選ばれた（イワン・A・ゴンチャローフ『ゴンチャローフ日本渡航記』高野明・島田陽訳、講談社学術文庫、二〇〇八年、三五頁訳注）。

（9）*Краткий обзор московской Политехнической выставки 1872 года, с присоединением отзывов периодических издании о Кавказком отделе ея.　Секретаря Кавказкого Общества Сельского Хозяйства Н. Ситовского*, Тифлис, 1873, C.3.

（10）Bradley, 2009, pp. 149–150 ; *Краткий обзор московской Политехнической выставки 1872 года*..., C.3.

（11）民衆劇場は、通常人形劇（ペトルーシカ）などの素朴な民衆劇を演じるもので、定期市のような行事でバラックを建てて上演した。科学技術博覧会では建築家A・ショーヒンの設計により民衆劇のための円形木造劇場が建てられた。

（12）*Краткий обзор московской Политехнической выставки 1872 года*... C.4–5.

（13）*Краткий обзор московской Политехнической выставки 1872 года*..., C.129–133 ; J. Bradley, *Voluntary Associations in Tsarist Russia*, p. 155.

（14）*Сияние*, No.19, СПб., 1872, C.310 ; *Краткий обзор московской выставки 1872 года*..., C.132–133.

（15）*Москва. Энциклопедический справочник.* — *М.: Большая Российская Энциклопедия*, 1992. 〈http://dic.academic.ru/dic.nsf/moscow/2483/〉

（16）*Краткий обзор московской Политехнической выставки 1872 года*..., C.5–6.

（17）*Общее обозрение московской политехнической выставки императорского общества любителей естествознания антропологии и этнографии при московском университете*, M., 1872.

（18）*Краткий обзор московской Политехнической выставки 1872 года...*, C.129；J.Bradley, *Voluntary Associations in Tsarist Russia*, p. 155.

（19）イリ川流域の町で現中国の伊寧。

（20）*Общее обозрение московской политехнической выставки...*, C.I－XVI.

（21）*Сияние*, No.19, СПб., 1872, C.311.

（22）*Нива*, 1872, No.27, C.429；No.28, C.442-445.

（23）„Русские Ведомости“, No.No.157, 159 и 160, *Краткий обзор московской Политехнической выставки 1872 года...*, Приложение I, C.17.

（24）Газета „Голос, “No.No.80 и 81, *Краткий обзор московской Политехнической выставки 1872 года...*, Приложение I, C.1-17.

（25）„Биржевые Ведомости,“ No.177, *Краткий обзор московской Политехнической выставки* 1872 *года...*, Приложение I, C.25-30.

（26）„Московские Ведомости,“ No.224, Отзыв газеты „Руский Мир“, „Правительственный вестник,“ No.No.220, 221, *Краткий обзор московской Политехнической выставки 1872 года...*, Приложение I, C.30-50.

（27）*Пятидесятилетие Политехнического Музея в Москве 1872-1922*. Москва, 1922, C.9-13.

## 参考文献


T・C・オーウェン『未完のブルジョワジー　帝政ロシアにおけるモスクワ商人の軌跡、一八五五～一九〇五年』野口建彦・栖原学訳、文眞堂、一九八八年。

川村清夫『プラハとモスクワのスラヴ会議』中央公論事業出版、二〇〇八年。

B・A・ギリャロフスキー『帝政末期のモスクワ』村手義治訳、中公文庫、一九九〇年。

――――『近代ロシア社会史研究――「科学と文化」の時代における労働者』山川出版社、二〇〇四年。

高田和夫『ロシア帝国論　一九世紀ロシアの国家・民族・歴史』平凡社、二〇一二年。

ダニエル・P・トーデス『ロシアの博物学者たち――ダーウィン進化論と相互扶助論』垂水雄二訳、工作舎、一九九二年。

土肥恒之『ロシア・ロマノフ王朝の大地』講談社、二〇〇七年。

N・M・ニコリスキー『ロシア教会史』宮本延治訳、恒文社、一九九〇年。

Bradley, J., *Voluntary Associations in Tsarist Russia, Science, Patriotism, Society*, Harvard University Press, 2009.

Brunfield, W. C., *The origins of modernism in Russian architecture*, University of California Press. 1991.

Dianina, K., Museum and Society in Imperial Russia, *Slavic Review*, Vol.67, No. 4, 2008, pp. 907–911.

Petrov Iu.A.,"Moscow City": Finacial Citadel of Merchant Moscow, *Merchant Moscow, edited by J.L. West and Iu.A.Petrov*, Princeton University Press, 1998, pp. 45–50.

Быков, В.Н., О.Ф.Павлова, Л.Ф.Писарькова, М.Б.Шапошников, *Московская власть: Городские Головы（1782–1997）. Иллюстрированные биографии руководителей городского самоуправления*, Вып.1, М., 1997.

*Краткий обзор московской Политехнической выставки 1872 года, с присоединением отзывов периодических издании о Кавказком отделе ея. Секретаря Кавказкого Общества Сельского Хозяйства Н. Ситовского*, Тифлис, 1873.

Медведь, А., М.Юдин, Московская политехническая высгавка 1872 года, *Мир музея. The world of Museum*. No.248, Апрель, 2008, С.2–6.

Москвич, *Конно-железные дороги в Москве*, М., 1879.

Моисеева, В.Т. и др., *Купечество Москвы, История, Традиция, Судьбы*, М., 2008. С.12–14.

# 第12章　サンフランシスコ

## ——西部開拓・帝国都市・近代——

貴堂嘉之

一九二〇年代にロスアンジェルスにその座を譲るまで、アメリカ西海岸の商業・金融・貿易の中心都市として栄えたサンフランシスコは、一八四八年一月のサクラメント近郊での金発見にはじまるゴールド・ラッシュを契機に、一気に全米有数の大都市へと変貌を遂げた即席都市（instant city）である（Barth, 1988）。金発見直後の二月にアメリカ＝メキシコ戦争のグァダルペ・イダルゴ条約で正式に割譲され、二年後には「一八五〇年の妥協」と呼ばれる南部と北部との政治的合意により、カリフォルニアは全米三一番目の州（奴隷制を認めない自由州）として連邦に加盟した。

未曾有の内戦となった南北戦争の戦禍をまぬがれた西部にあって、一八六〇年代後半には大陸横断鉄道の建設という国家的大事業の拠点の一つとなったサンフランシスコには、一九世紀後半、カリフォルニアの多くの大企業が本拠地を置いた。労働力には中国人を含むさまざまな国の移民労働者を用い、彼らは政府からの土地払い下げや補助金等を利用して、鉄道・海運・鉱業など巨額の先行投資を必要とする産業を急速に充実させていった。

一九〇六年の大地震（マグニチュード七・九）では、サンフランシスコはダウンタウンのほぼ全域を焼失し、壊滅的打撃を受けた。だが、新しい都市計画の下で着実に復興を遂げ、一〇年とかからず一九一五年には都市の再生復興を祝うサンフランシスコ万国博覧会（パナマ＝太平洋国際博覧会）が、前年に開通したパナマ運河の完成と太平洋発見四〇〇周年（この万博で一五一三年に太平洋を「発見」した探検家として顕彰されたのはバルボア）とをともに記念して盛大に開催された（Brechin, 1999 : Berglund, 2007）。不死鳥のごとく震災から立ち直ったサンフランシスコは、こうしてアジア貿易の要衝としてばかりでなく、パナマなど中南米までをも含むアメリカ「帝国」の一大都市として金融センターとしての地位をも固め、世界恐慌の最中、サンフランシスコと対岸のオークランドとを結ぶベイブリッジ（一九三六年）と、当時世界最長の吊り橋として建造されたゴールデンゲートブリッジ（一九三七年）の二つの巨大事業を完成させた。第二次世界大戦中は、太平洋戦線へと出征する兵士の乗船場となり、戦後は国際連合憲章の署名、連合諸国と日本との講和条約（一九五一年調印）など、国際政治の檜舞台となった（Issel and Cherny, 1986）。

こうして小さなプエブロ（村）から百年で世界都市へと発展したサンフランシスコに焦点をあてることで、一体何がみえてくるのか。アメリカ合衆国の一国史の枠組みでは、東部一三州植民地から始まった新興国家が独立後のフロンティア開拓による領土拡張の結果、最終的にカリフォルニアを領有し大陸国家となる、西漸運動に貫かれた国民史の最終章に登場する都市として位置づけられてきた。しかし、本章が扱うべきは定型化したこの国民史の物語ではないはずだ。そもそもこのアメリカ西海岸は、ゴールド・ラッシュにより突如出現した地域のように描写されるが、メキシコ領であった時代からの連続性がまずは地域史の文脈で問われなければならない。同時代にゴールド・ラッシュを経験したオーストラリアと同様、これら近代における未開拓地、即席都市の世界史における意義づけはいまだ途上にある。金鉱発見のニュースに世界中から一攫千金を夢見てフォーティナイナーズ（49ers）ら移民労働者が大波のように押し寄せたことで、世界地図上の海路と陸路はどのような変容をきたし、時間と空間の認識はいかに変わったのか。とりわけ清末中国や日本からの移民の流入に注目すれば、サンフランシスコの移民街でのアジア系移民の経験は近代アジアの映し鏡として捉えられなければならない。また、この時期、近代化を目指すアジア諸国では欧米見聞の視察団や留学生の派遣が始まったが、合衆国訪問時の最初の寄港地がサンフランシスコであった点も忘れてはならない。幕末諸藩の使節団や明治政府の岩倉使節団ら、彼らが南北戦争前後で劇的に変化したアメリカで見聞した「世界」「近代」とはいかなるものであったのか。本書第Ⅱ部の共通視座、「一八七〇年の世界」を問うとは、世界各地の近代胎動の瞬間を活写する試みであり、環太平洋地域近代の視座からも、世界史のなかのサンフランシスコを検証することには大きな意義があるであろう。

# 1　世界とつながる

## （1）ゴールド・ラッシュと情報の伝播——一八四九年時点のネットワークをトレースする

アメリカの国土は、ルイジアナ購入（一八〇三年フランスから）とフロリダ併合（一八一九年スペインから）で独立時の二倍近くに拡大し、一八四〇年代にはテキサス併合とオレゴン獲得を争点に、オサリヴァンの「明白なる宿命」の論を得て、さらなる国民の熱狂を巻き起こすに至っていた。そして、一八四六～四八年のアメリカ＝メキシコ戦争の結果、アルタ・カリフォルニアと呼ばれていたメキシコ北部を併合し、アメリカの西漸運動はついに太平洋岸に到達したのである。この大陸国家とは、ジェファーソンが主張した「自由の帝国」の青写真とも重なっていた。独立自営農民入植のためのフロンティアを所有者のいない「無主の地」と定めることで、アメリカ人はこの領土拡大に自由とデモクラシーの拡大をみた。西部とは、大陸全体に拡大することを「神によって定められた」アメリカが「帝国」となった証を刻む土地であり、「自由身分に生まれたアメリカ人」にとっての国民的神話の空間であった（Kaplan and Pease 1993 : Sampson 2003）。そして、この大陸国家構想は、アメリカの太平洋への進出の夢とも早い段階から共振していた。建国期から中国貿易で利潤を上げていたニューイングランドの商人らは、広東・ハワイ・東海岸を結ぶ商業ネットワークの形成を求め、一八四〇年代には大陸横断鉄道建設のロビー活動を開始していた（入江、二〇〇二、三八～三九頁）。

カリフォルニアが併合時までもちろん「無主の地」であったわけではない。アメリカ史ではフロンティア消滅の一八九〇年までを国内の西部開拓、経済開発に専心した時代と捉える傾向にあるが、一九世紀前半のアメリカの領土拡張は、アメリカ帝国の膨張そのものであり、ヨーロッパとの植民地争奪戦の一部であった。アメリカの領土拡張の歴史が、大陸国家としての国民国家形成（nation-state building）の過程であると同時に、「帝国」としてのアメリカ形成（empire building）の過程であった点は忘れてはならない（貴堂、二〇一二、四〇頁）。

実際、アルタ・カリフォルニアには、一八〇四年にはスペイン領としてフランシスコ会とドミニコ会の伝道所が作られており、ここはラッコの獣皮など天然資源を求め南下を開始していたアラスカのロシア人に対峙する前線基地でもあった（Hayes, 2007, pp. 36–73）。その後一八二一年に独立したメキシコが、スペインがフロリダ割譲のとき定めたアダムズ・オニス条約の国境線を引き継ぎ、カリフォルニアを領有した。このエリアの一八四八年の推定人口は、先住民のカリフォルニア・インディアンが一五万人、それ以外の白人、混血が一万四〇〇〇人と少数であり、当時イエナ・ブエナと呼ばれていたサンフランシスコの人口はわずか八〇〇名ほどであった（Starr and Orsi, 2000, p. 50）。だが、一八四八年一月二四日のサクラメント渓谷でのジェームズ・マーシャルによる金発見が、この小村の運命を大きく変えることとなった。

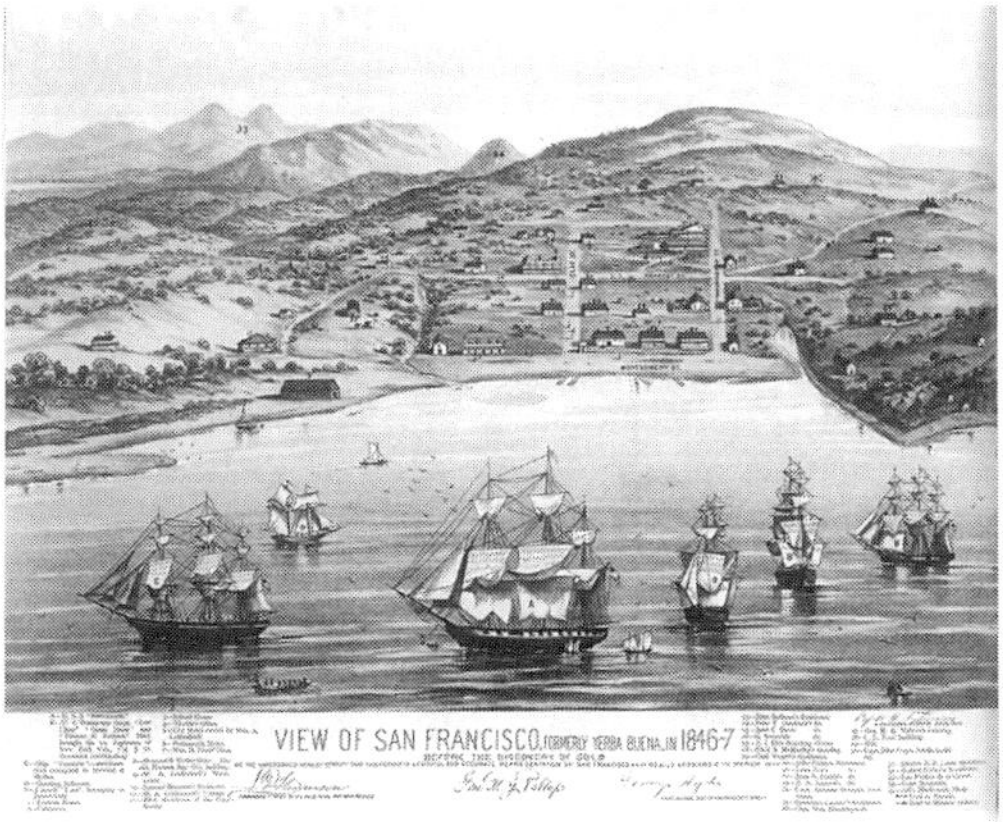


**図12－1**　1847年に描かれたサンフランシスコ（旧イエナ・ブエナ）の景観

出所：Hayes 2007, p. 84.

金発見のニュースは三月にはサンフランシスコ界隈で広まり、東海岸では『ニューヨーク・ヘラルド』が八月一九日にゴールド・ラッシュの最初の記事を掲載した。その後、国内外に広まったニュースに引き寄せられ、一八四九年だけで六〇〇以上の船が来港し、海路・陸路あわせて九万余の人々が押し寄せた。一八五五年までに少なく見積もって三〇万人の人々が世界中からカリフォルニアへと到着した（Starr and Orsi, 2000, p. 57）。金採掘を目指す男たちは、アメリカン川を北上して、金鉱のあるシエラ・ネヴァダ山脈の麓を目指したが、サンフランシスコは金鉱堀たちの滞留地として栄え、一八五〇年には二万五〇〇〇人、一八五二年には三万六〇〇〇人へと一気に人口が膨れあがった。一八六〇年には五万六八〇二人、一八七〇年には一四万九四七三人となり、これ以降は国勢調査毎に全米都市別人口でも十傑に入る、アメリカを代表する大都市へと成長していったのである。

メキシコは内陸部には興味を示さなかったが、サンフランシスコ湾地区の開発には関心が高く、すでに都市計画が進行中であった。アメリカ領となった後も、この計画に従い、マーケット街の北側に五〇の区画を、南側にはもう少し大きめの工場用の区画が格子状に整備されていった。北側の区画では、併合直後から、移民たちが持ち込む世界各国の商品が出回り始め、商業エリアは賑わいをみせた。当時、商売を開始した店には、のちに世界的な老舗ブランドとなる企業も数多くあった。例えば、一八五二年にはイタリア系移民のドミンゴ・ギラデリが最初のチョコレート工場を建て、翌年にはユダヤ系ドイツ人のリーバイスが港湾労働者向けの作業用パンツ（ジーンズ）の製造・販売を開始していた。アメリカを代表する金融機関となるウェルズ・ファーゴ銀行が開業したのも一八五二年のことである（貴堂、二〇一二、七二頁）。

サンフランシスコのこうした多様な移民集団からなるコミュニティ形成の過程は商業地区の分析からも可能だ。しかし、都市空間の分析は次節に回すとして、まずはゴールド・ラッシュ期にカリフォルニアへと流入した人の流れに注目しよう。このゴールド・ラッシュの情報が引き起こしたグローバルな人流をより詳細に、いつ、どのような順番で、どんな交通手段を使って、どの国の人々が流入したのかを検証すると、一八四九年当時のサンフランシスコという港町が接合していた海路・陸路のネットワーク（ヒト、モノ、カネ、情報）を浮かび上がらせることができるからである。

まず指摘せねばならないのは、一八四八年にカリフォルニアに流入した者は約六〇〇〇人であり、そのうち国内組はオレゴンからやってきた二〇〇〇～三〇〇〇人にすぎなかったことである（Sylva, 1972, p. 4）。むしろ海外組が多数を占め、その内訳はハワイ、チリ、ペルー、中国、メキシコ、オーストラリア・ニュージーランドで、当時、太平洋を往来していた商船や捕鯨、ラッコ猟の船がこれらの地に伝えた情報のほうが、東海岸やヨーロッパよりも早かった点に注意を喚起したい。このことはカリフォルニア領有による大陸国家の完成という物語とは裏腹に、実際には西海岸へは陸路、幌馬車による到着は難しく、隔絶された陸の孤島状態にあったことを浮き彫りにする。一九世紀初頭のルイス・クラーク探検隊以来、オレゴン・トレイルと呼ばれる開拓者たちが西部へと至る陸路開発の試みが、フランス系カナダ人の毛皮商人らと競争しながら始まり、馬車でも通行可能なロッキー山脈越えのルートが一八四〇年代初めに定められた。アメリカは一八四八年にオレゴンを準州とし開拓者向けの土地所有優遇策を講じたが、オレゴンの人口はカリフォルニアと比べ伸び悩んだ。というのも、大陸横断は、約三五〇〇キロ、幌馬車で五、六カ月を要する、過酷な旅路だったからである。

では、海のネットワークはどうだったか。開発の遅れた内陸部とは対照的に、三〇〇年にわたるスペインによるラテンア

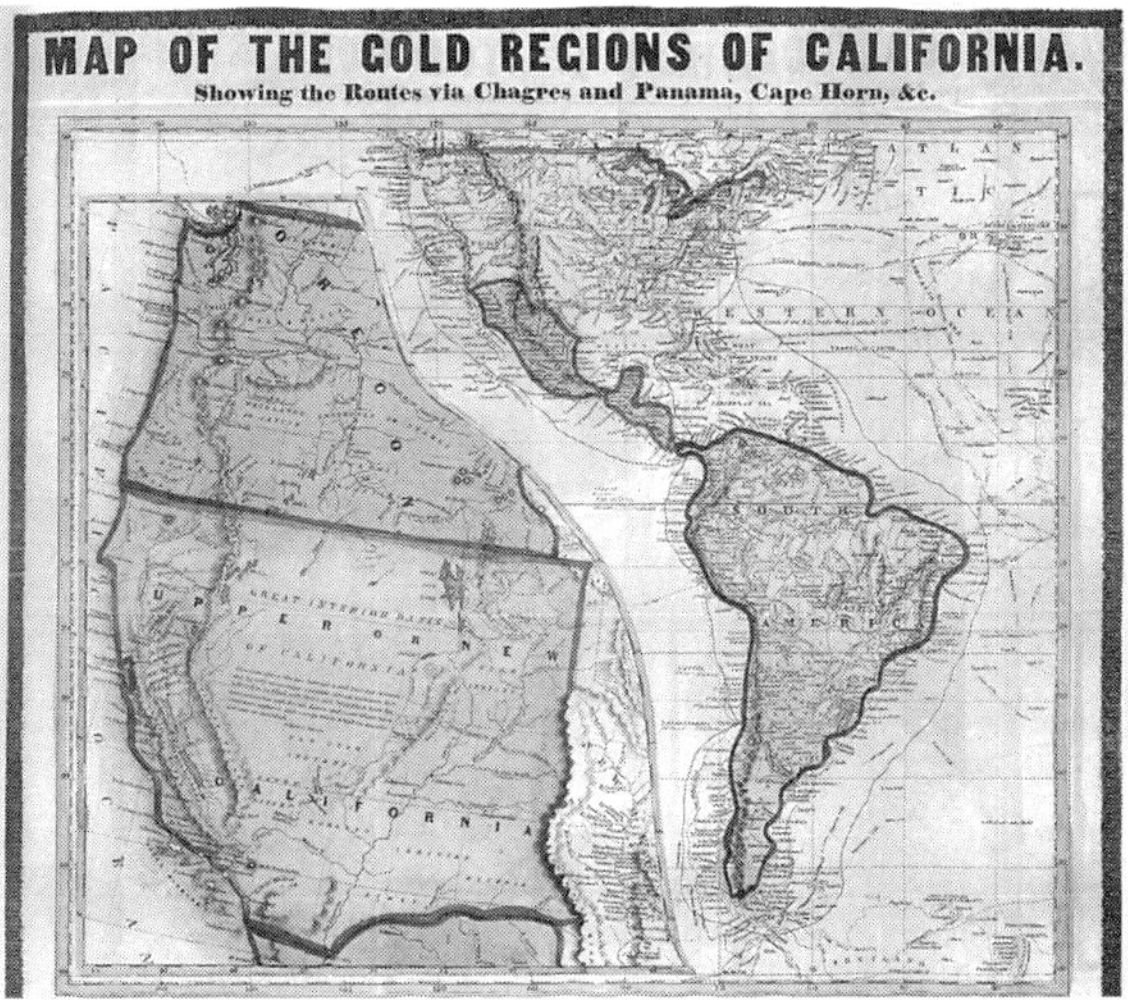


**図12－2**　カリフォルニアの金鉱を目指す人々向けに作られた地図（1849年）
パナマ地峡ルート，ホーン岬経由ルートの海路や大陸横断の陸路など，各種ルートを利用した場合の利点，注意点が記されていた。
出所：Hayes, 2007, p. 91.

メリカ世界の支配の中、カリブ海域を含む広域の交易ネットワークが密に張り巡らされており、アジアとの交易港としてもメキシコのアカプルコはフィリピンのマニラとを結ぶガレオン貿易の重要な拠点であり、サンフランシスコともつながっていた。アメリカ合衆国もまた一七八四年に、クリッパー船エンプレス・オブ・チャイナ号がニューヨークから広東に出港して以来、アメリカ商人にとっては垂涎の的となる伝説の中国市場との取引が幕を開けた。ヨーロッパ各国が戦時下にあった一九世紀前半までに、ニューイングランドの貿易商は対中貿易で高い収益を上げ、サンフランシスコをアメリカとアジアをつなぐ商業ネットワークの拠点と見なし始めていた。さらに付け加えれば、一九世紀に入るとアメリカの商業捕鯨の操業エリアは、北は北極海、南はオーストラリア、日本周辺にも一八二〇年代には到達していた。一八五四年に締結された日米和親条約のアメリカ側の動機が、香港と西海岸を結ぶ商船や北太平洋を操業域とした捕鯨船の補給のための寄港地確保であったことは周知の通りである。黒船という蒸気船が日本にもたらした近代の扉は、太平洋を挟んだ港湾都市サンフランシスコともつながっていたのである。

実際、ハワイの新聞『ポリネシアン』には、一八四八年六月二四日に早くも金発見の第一報が掲載された。サンフランシスコを発ってホノルルに五月末に到着したスクーナー船ルイーズの船員が証拠の品として二ポンドの金を持ち込んだことで、黄金熱に火がついた（Starr and Orsi, 2000, p. 51）。三〇年代以後、とりわけ一八四八年のグレート・マハレという土地再分配法で土地の売買・賃借が可能になって以降、ハワイでは英米資本によるサトウキビ・プランテーション開発が進み、労働力不足を補うため中国人苦力らの導入が進められていた。ゴールド・ラッシュの報を受けると、ハワイの契約労働者のなかには中国語で「金山」と呼ばれたサンフランシスコへの渡航希望者が多く出てその一部が海を渡ることになった。しかし、渡航者が限定的となったのは、ハワイでアメリカ西海岸への渡航を禁じる種々の法律が制定され、主従統治法（Act for the Government of Masters and Servants）により契約労働者としての履行義務が厳格に定められたためである。人の移動は制限された一方で、カリフォルニアでの生活物資の確保、食料自給率が高まるまでは、ハワイはメキシコやチリとともに、衣服や靴、レインコート、銃、火薬、砂糖、コーヒー、食器等の物資供給元となった。砂糖に関しては、南北戦争の影響で国際価格が急騰したことで西海岸とハワイの関係は緊密になり、一八七五年には合衆国とハワイが互恵条約を結び、ハワイが砂糖を関税なしでアメリカ向けに輸出できるようになったことが投機熱を高め、それがアメリカによるハワイ併合にむけての経済的動機付けとなっていく（貴堂、二〇一二、三八〜三九頁）。

次にやってきた集団は中南米――メキシコ、チリ、ペルー――の男たちである。チリへは、サンフランシスコからバルパライソに六四日かけて戻ってきた商船がその第一報を一八四八年八月にもたらし、九月一二日に別のスクーナー船が金の現物を持って到着すると、バルパライソに港湾商業施設をかまえていたアメリカ人やイギリス人ら五五名がサンフランシスコを目指し出航したと記録にある。当時、バルパライソは、マゼラン海峡やホーン岬を通って南米大陸を廻る商船の経由地として栄えており、ヨーロッパや東海岸からの数百の船がここを経由し、カリフォルニアへの物資供給源としても重要な海路拠点となった。チリ人の渡航数については移民統計がなく正確な数を把握できないが、政府がカリフォルニア向け移民に発効した査証数は三千に上った（Starr and Orsi. 2000, pp. 51-52）。

陸続きのメキシコからは、北部のソノラ州を中心に一八四八年一〇月以降、二千から三千の流入者があった。経路は、ユマまでアンザ街道を行き、コロラド砂漠を越えてサン・ゴグニオ・パスからロスアンジェルスにでて陸路北上するか、海路ではコルテス海（カリフォルニア湾）東部のグアイマス港を出航した。スペイン統治時代から、ソノマ住民にとってアルタ・カリフォルニアは入植候補地として馴染みのある土地であった。金採掘のできる季節以外は地元に戻る季節ごとの移動を繰り返せたのが、他国の移動民との大きな違いであった。商売では、物資輸送に欠かせないメキシコのラバの販売が大きな収益を上げ、メキシコの農場での役畜としてよりアメリカでの商品運搬用に取引された（Starr and Orsi, 2000, pp. 52-53）。

オセアニアでも、一八四八年一一月にアメリカの捕鯨船がハワイの新聞をニュージーランドに持ち込んだことをきっかけに、翌月、『シドニー・モーニング・ヘラルド』が金発見のニュースを伝えた。一八四九年前半だけで、六七九名が二五隻の船でオーストラリアからサンフランシスコを目指した。このオーストラリアの新聞記事は、決して黄金熱を煽るのではなく、人口流出を危惧する論調である点が興味深い。当時、オーストラリアの人口は先住民のアボリジニを除き四〇万人、ニュージーランドは同じくマオリを除けば三万人に満たなかった。イギリスの流刑植民地としての出自もあり、この新興フロンティアにとって大規模な人口流出は、植民地経営にとって死活問題になりえた。一八五一年以後のオーストラリアでのゴールド・ラッシュによる流入者増により杞憂に終わるが、それでもサンフランシスコのイギリス出身移民の四三％はオーストラリア出身であり、カリフォルニアに金を求めてやってきたイギリス人の大半はブリテンからではなくオーストラリアからやってきた点には注意が必要だ（Starr and Orsi, 2000, pp. 53-54）。荒くれ者の作ったキャンプでも、悪名高い「シドニーダックス」（Sydney Ducks）は、排外主義の震源地の一つである。

最後に取りあげるのは、太平洋をはるばる渡ってやってきた、アジアからの最初の移住者、中国人である。ここでも、香港で金発見のニュースを広め中国人の渡航を仲介したのは、ニューイングランドの貿易商やミッション・スクールを経営するアメリカ人宣教師たちであった。広東・ボストン間の交易は一八世紀末に開始され、ハワイ（檀香山）とも白檀の取引を通じてつながっていた。歴史家バンクロフトによれば、一八四九年二月までに五四名、一八五〇年一月までに七九一名、同年年末までに約四千人の中国人がカリフォルニアに流入した。一八五二年以降は外国人鉱山夫の最大グループとなり、一九世紀後半の半世紀に延べ三六万人が海を渡った（貴堂、二〇一二、四〇～四六頁）。

### （2）新たなルートの開拓——パナマ地峡鉄道と大陸横断鉄道

つまり、誰よりも早くサクラメント近郊のサッターズミルに到達した人々の多くは、スペイン統治時代に築かれた海路を使い、アジアからはアヘン戦争で開港された香港を起点にそのアメリカとの交易ルートを通じて、サンフランシスコへと流入した。金採掘場では法的権利の整備がなされず採掘が始まったため、アメリカ生まれの白人が外国人を締めだそうとして、州政府に働きかけ一八五〇年には外国人鉱夫への特別課税が決定し、いち早く現地入りしたメキシコ人やチリ人、中国人をターゲットに剥き出しのネイティヴィズム（排外主義）がわき上がった。しかし、現地入りの早さが有利だったことは間違いない。当初の金採掘は川で選鉱鍋をゆするだけの単純作業で、二、三時間で誰でも覚えられた。当時、カリフォルニアで歌われた労働歌「選鉱鍋をゆすれば、一日五百ドル」という夢のような世界が、最初の一、二年ではあったが、彼らを待ち構えていたのである。最初の五年間に産出された金の採掘量は、推定三七〇トン、現在の七〇億ドルに相当するものだった（リー、二〇〇七、一九～二〇頁）。

だが現地でこの一攫千金の夢物語は長くは続かなかった。砂金取りの手法では実入りが少なくなり、一八五一年頃には鉱夫を辞めるものが続出し、一八五三年以降、水圧掘削法など金採掘技術の変更に伴い個人で参入する金鉱ブームは終了する（岡本孝司、二〇〇〇、六五～九〇頁）。しかしながら、いったん世界を席巻したゴールド・ラッシュの報は持続的な影響力を持ち続け、以下に述べる二つのサンフランシスコへと至る海路・陸路の新規ルート作りを促した。ゴールド・ラッシュでの早い者勝ちのルールが交通産業に時短という新たな価値を産み出したことで、カリフォルニアをハブとした近代的なネットワーク再編の動きを加速させたのである。

海路における新規事業では、大西洋から太平洋側に出る最短経路を探る中、両洋間の距離が最も狭まる中米パナマの地峡に注目が集まった。帆船や蒸気船でカリブ海側に到着した人々は、フォーティナイナーズらに便宜を図るため建設されたコロン（アスピンウォール）の街へと向かい、そこから赤道直下の暑さに耐えながら、ジャングルで覆われた地峡を縦断してパナマ市へ入り、太平洋岸からは太平洋郵便汽船（Pacific Mail Steamship Company）でサンフランシスコへと向かったのだ。幌馬車による山越えのアメリカ大陸横断ルートは、日数がかかり、インディアンの襲撃の危険など治安上の問題もあった。であれば、費用は高くとも、短時間かつ安全なパナマ地峡ルートが移民達の定番ルートになるのは時間の問題だった。一八五〇年には、このコロン市とパナマ市全長七七キロを鉄道で結ぶ許可をアメリカの海運業者ウィリアム・アスピンウォールが得て、五年の歳月をかけてパナマ地峡鉄道が一八五五年に完成し、地峡越えは快適な旅路となった。ちなみに、アスピンウォールは、一八四八年四月にニューヨークの他の商人らと共同出資で連邦議会の承認をえて、太平洋郵便汽船会社を設立したその人である。政府から委託を受けた郵便事業のほか、ゴールド・ラッシュによるヒト、モノの輸送増で事業に成功し、サンフランシスコ＝パナマ間ばかりでなく、一八六七年には香港、横浜（のちに上海）とサンフランシスコを結ぶ最初の定期太平洋横断航路を開設した（ウォルマー、二〇一二、一九四～二〇〇頁）。

このパナマ地峡鉄道がアメリカ資本で作られた意義は、その後のアメリカによる中米支配の歴史をみれば明らかだった。パナマ地峡に太平洋と大西洋を結ぶ運河を建築する構想は、一六世紀に遡ると言われているが技術力が伴わなかった。産業革命によりこの技術を手に入れたこの鉄道建設時、列強はまさにニカラグアとパナマのいずれかの場所で運河建設を実施する段階に入っていた。パナマは、当時グランコロンビアとペルーの大統領となっていたボリーバルが、旧スペイン領ラテンアメリカ諸国の共同防衛と統合を目指し「パナマ会議」（一八二四年）を開催した、汎アメリカ主義萌芽の地であり、この地の政治的重要性は十分、アメリカ側も理解していた。パナマ地峡の運河建設は、一八八〇年、スエズ運河を建設したフランス人レセップスにより開始されるが、会社が破産、建設工事は途中で放置された。早い段階から運河建設を夢見ていたアメリカは、一九〇三年に運河建設、運河管理に関する条約をコロンビア政府と締結したが、コロンビア議会は条約を批准しなかった。同年、パナマ地区を分離独立させる運動が発生し、パナマ共和国が誕生した。アメリカはこのパナマの独立を承認し、数日後にコロンビアと締結した条約よりも有利な条約をパナマ新政府と結び、これにより運河建設、管理権、幅一〇マイルの運河地帯の永久租借権を獲得した。こうして一次大戦勃発直前の一九一四年八月にパナマ運河は開通した。以後、アメリカは、経済・軍事・地政学上、重要なパナマを保護国に均しい地位に置き、中米支配の拠点としたのである（山本厚子、二〇一一）。

もう一つ、ゴールド・ラッシュを契機に構想が現実化していった大事業に、大陸横断鉄道の建設がある。一九世紀前半に急速な領土拡大を経験したアメリカでは、西部開拓のための物資輸送、東部への農産物の輸送などの需要が拡大し、駅馬車により張り巡らされた陸路と一八二〇年代に推進された河川と運河を利用した水運開発だけではもはや限界があった。これら先行する運輸業者らの反対運動にあいながらも、一八三〇年代に東海岸では蒸気機関がようやく北部都市を結び始め、四〇年代末には大陸横断鉄道の建設構想がカリフォルニアの領有とともに本格化した。もちろん、西海岸への迅速な移動経路を強く求めたフォーティナイナーズらの声が後押しになったことはいうまでもない。現在のシエラ・ネヴァダ越えのルート調査を含め、連邦議会をロビー活動により計画立案へと動かしたのはセオドア・ジューダという技師であった。南北戦争直前の議会では、南部議員が地元ルートでの鉄道敷設を主張して混乱したため法案が成立しなかったが、戦争勃発後、大陸横断鉄道の熱心な推進者であったリンカン大統領は、一八六二年に太平洋鉄道法を通過させ、オマハを起点に西へはユニオン・パシフィック鉄道が、サクラメントから東へはセントラル・パシフィック鉄道が鉄道建設を担うことが決められた。翌年、ジューダはパナマ地峡で黄熱病に罹り亡くなるが、このセントラル・パシフィック鉄道会社を代わりに担ったのが、のちに、政府からの助成金、土地の払い下げ、鉄道建設で巨万の富を得てサンフランシスコのビッグ4と呼ばれるようになる、リーランド・スタンフォード、チャールズ・クロッカー（労働者雇用担当、建設監督）、マーク・ホプキンズ、コリス・ハンティントンの四名である。スタンフォードは、一八六二年には共和党初の州知事に当選、政治家に転身するが、元はサクラメントで金鉱堀向けの食料品卸を生業とし、クロッカーは服地屋、ホプキンズとハンティントンはジューダが地元有力者を集めて鉄道敷設のアイディアを売り込んだ会場の階下で金物屋をやっていたことはあまり知られていない（ウォルマー、二〇一二、二〇〇～二一六頁）。

一八六三年には大陸横断鉄道西部部門の起工式がサクラメントで挙行され、ユニオン・パシフィックとの敷設工事の競争が始まった。シエラ・ネヴァダのケープ・ホーンの難所など、山岳地帯の危険な建設工事には大量の中国人労働者が導入され、六九年時には一万人の建設労働者の九千人までが中国人で占めたといわれる。スタンフォードは、のちに「中国人がいなかったならば、偉大な大陸鉄道の西側半分は完成不可能であったろう」と語った（貴堂、二〇一二、七〇～七一頁）。着工から六年後の一八六九年五月一〇日、開通記念式典がユタのプロモントリーサミットで開催され、ついに東海岸と西海岸は一週間で鉄道によりつながることとなった。

こうしてゴールド・ラッシュを契機に動き出した交通網の新規開拓、拡張は、パナマ地峡鉄道（のちにパナマ運河）、大陸横断鉄道とともに世界のヒト、モノ、カネの流通を大きく変えた。大陸横断鉄道と同年開通したスエズ運河の完成を含め、これらが前近代の時間と空間を抹殺し、ヨーロッパ・アメリカ・アジアの空間を時間感覚ごと新しくしていったのである。一八七二年にフランス人ジュール・ヴェルヌにより発表された『八〇日間世界一周』も、これらの完成抜きにはありえなかった。イギリスのトマス・クック社が世界一周観光ツアーを企画できる時代が始まり、アメリカでも一八八〇年代には東海岸の人々が西部の大自然（一八七二年にイエローストーンが全米初の国立公園）やサンフランシスコでの最先端のファッションを堪能し、覗き見趣味的にチャイナタウンを訪れる、スラミング（スラムを訪れるツアー）観光が本格化した。日本の幕末維新期の渡米経験者も、たとえば江戸幕府が日米修好通商条約の批准書交換のために派遣した万延元年遣米使節団はサンフランシスコからパナマに渡り、地峡鉄道を経由して、ワシントンに向かった（一八六〇年）。日本の岩倉使節団一行は、完成したばかりの大陸横断鉄道に乗車したツーリストである（一八七一～七三年）。彼らはフィラデルフィアの機関車製造工場を見学し、アメリカ製機関車の特徴をつぶさに観察している。ヨーロッパとは異なり、貴賤の等級を設けず、さまざまな階級の雑多な人たちが乗り合わせる客室が主流であることなど、彼らは奴隷解放を達成した南北戦争後のアメリカの変化に「近代」を敏感に感じ取っている。アメリカ人にとっても、鉄道は近代の「時間」をもたらした。それまで、標準時の概念がなかったため都市ごとに時刻が異なり、これが鉄道のダイヤグラムを組む際の大問題となったため、一八八三年以降、四つの時間帯に分割した鉄道標準時が定められ、この鉄道運行のための「時間」が社会へと普及していくことになったのである。大陸を覆った鉄道が、アメリカのタイムゾーン（東部時間、中部時間、山岳部時間、太平洋時間）、時間を作っていったのである。

## 2　サンフランシスコの都市開発と人種・民族交錯史

### （1）サンフランシスコ市の政治と都市空間――自由の土地カリフォルニアの政治文化

次に、サンフランシスコの都市形成と政治に焦点を移そう。表12-1は、サンフランシスコの一八五二～一九〇〇年の男

**表12－1**　サンフランシスコの人口構成（1852～1900年，男女，出生地，人種，宗教）

| | | 1852年 | 1860年 | 1870年 | 1880年 | 1890年 | 1900年 |
|---|---|---|---|---|---|---|---|
| サンフランシスコ総人口 | | 36,151 | 56,802<br>全米都市別<br>15位 | 149,473<br>全米都市別<br>10位 | 233,959<br>全米都市別<br>9位 | 298,997<br>全米都市別<br>8位 | 342,782<br>全米都市別<br>9位 |
| 男女別人口<br>（女性人口比率） | | 30,623/<br>5,526<br>（15.3％） | 34,776/<br>22,026<br>（38.8％） | 86,182/<br>63,291<br>（42.3％） | 132,608/<br>101,351<br>（43.3％） | 169,800/<br>129,197<br>（43.2％） | 184,866/<br>157,916<br>（46.0％） |
| 出生地別 | アメリカ生まれ | 17,118 | 28,348 | 75,754 | 129,715 | 172,186 | 225,897 |
| | 外国生まれ | 19,033 | 28,454 | 73,719 | 104,244 | 126,811 | 116,885 |
| 人種別 | 白人 | 35,531 | 78,293 | 136,059 | 210,496 | 270,696 | 325,378 |
| | 黒人 | 323 | 1,800 | 1,330 | 1,628 | 1,847 | 1,654 |
| | 中国人 | | 3,130 | 11,728 | 21,213 | 25,833 | 13,954 |
| 宗教別 | カトリック | | 6,050 | | | 70,670 | |
| | ユダヤ | | 1,110 | | | 4,075 | |
| | プロテスタント | | 10,250 | | | 18,127 | |

出所：筆者作成。

女別、出生地別、人種・宗教別の人口変遷である。特徴は、アメリカ生まれと外国生まれの住民比率が一八七〇年までほぼ同率で推移し、外国生まれ人口ではアイルランド系と中国系が拮抗する比重をみせた点である。なかでも大陸横断鉄道完成後、サンフランシスコへの集住傾向を強めた中国人移民が一八七〇年から一八九〇年にかけて総人口の一割弱を占め続けた点は、他のアメリカ東海岸の移民受入都市と比較しても特異な構成だったといえる。人種構成では圧倒的な白人優位の都市で、自由州であったため黒人人口が極端に少ないのが特徴である。宗教別人口では、カトリックが一八六〇年時点で全体の三五％を占め、白人人口が大勢でありながら、いわゆるＷＡＳＰが支配的な都市ではなく、アイリッシュのカトリック住民が大きな比重を占めていたことがわかる。つまり、同市では白人対有色（中国人とわずかな黒人）という対抗関係以上に、都市全体を覆う構図としてはＷＡＳＰ対非ＷＡＳＰ系住民という対立の構造が形成されていた。

　このベイエリアのもう一つの特徴は、圧倒的な男性単身者社会として形成された点にある。一八五二年時に総人口の約八五％をしめた男性労働者で溢れかえる都市空間のなかで、家族的なるものとは無縁に、白人労働者は男性支配的でホモソーシャルな階級文化を作っていった（セジウィック、二〇〇一）。男性社会の欲望は、すぐにバーバリー・コーストのような歓楽街を出現させ、ギャンブル、酒場、売春宿、サーカス、ミンストレル劇場など、快楽を追い求める男性たちのための娯楽を作りだした（Asbury, 1933）。メアリー・ライアンの研究によれば、サンフランシスコでは、人種・エスニシティ別の棲み分けがあまりなされることなく階級別に分化が進んだとされ、唯一、弁髪をたらし広東での暮らしを再現した生活を送るチャイナタウンだけが、異彩を放っていたといわれる。それ以外は、マーケット街の南側に、貧しい労働者階級の混住地区が形成され、富裕層は丘の上のノブ・ヒル地区という具合に棲み分けが行われた（Ryan, 1997, pp. 190-194）。

このノブ・ヒル地区に大邸宅を構えたのは、大陸横断鉄道の建設で巨万の富を得たビッグ4とよばれるスタンフォードらであった。馬車しか移動手段のなかった時代には坂の上は立地が悪く貧困層が住む地区であったが、一八七三年に世界初のケーブルカーが開通し、一八八九年までに八つに路線が拡大されると、ノブ・ヒルには富裕層が集住するようになった。ちなみに、この地区は、チャイナタウンの西側に隣接する地域であり、このノブ・ヒル地区の大邸宅と、対照的なチャイナタウンでの阿片窟、レストラン街を廻るのがサンフランシスコ観光の定番となった（Cocks, 2001 : Rast, 2006）。

では、こうした多様な移民集団を束ねるカリフォルニアの政治文化とはいかなるものであったのか、カリフォルニアが自由州として州昇格を要請するために開いた一八四九年の憲法制定会議からみてみよう。この会議で最も議論が白熱したのは、州の東側の境界をロッキー山脈までとするか、シエラ・ネヴァダ山脈までとするかという州境の問題であったが、注目すべきは、同時に「いかなる場合にも奴隷制と不自由労働を認めない」という条項を満場一致で採択したことである（Eaves, 1910, pp. 82-85）。この決意表明は、自由の地カリフォルニアに移住し、政治を担うべきは、自由労働者である白人共和主義者であるとの明確なビジョンを持っていたことを示している。

この自由労働イデオロギーは、エリック・フォナーが論じるように、すべての労働者が労働の糧を自己のものとして所有し、恒久的な「賃金奴隷」となることから逃れて、「自由」身分の男性市民が政治的公共を担うイデオロギーのことである。ジャクソン期に成立し、奴隷制反対を謳う共和党の政治信条の支柱となり、この自由労働／奴隷労働を差別化する観念は、南北戦争までには北部の自由を定義する中心的な要素になっていった。西部には、黒人奴隷制こそなかったものの、年季契約を結び白人の牧場で働く一万人ものインディアンがおり、メキシコ系の債務労働者、年季契約に縛られた中国人移民がおり、この「自由労働」の政治規範がカリフォルニアのマイノリティ政治の決め手となっていく（フォナー、二〇〇八、一〇八〜一〇九頁）。

それまでの財産規定がなくなり、白人労働者階級にまで選挙権が拡大され、男子「普通」選挙が普及してくるジャクソン期のこの平等主義的なイデオロギーに、人種差別的思考が隠れていることは、サクストンがすでに指摘しているところである（Saxton, 1990）。一八四八年のグァダルペ・イダルゴ条約では、第八条で、新しくアメリカ領となった土地に留まる意思をもった「メキシコ人」（メキシコの市民権を持つ者）には合衆国憲法により庇護とアメリカ市民権の付与が約束された。だが、カリフォルニア州憲法制定会議では、混血が進んでいるメキシコ人を「白人種」と捉えるのは適切ではないとの意見がだされ、最終的には米墨間の条約を尊重することで決着したものの、カリフォルニア州政治は出発の時点から、「自由な白人」の厳格な線引きにこだわり、不自由労働に対する不寛容な態度を徹底させていた（水野、二〇〇七、三九〜四四頁）。

結局、メキシコ人に市民権を付与することは、一七九〇年の帰化法に鑑み、法的にはメキシコ人を「自由な白人」と認定すること、やむなしとの結論に至るのだが、この条約批准の段階で、第一〇条に記載されていたメキシコ人の土地所有権保証に関する権利が全面削除され完全に無視されるなど、二級市民の非白人としての日常的・社会的位置づけが白人としての法的地位を圧倒する状況が生まれることになった。

こうしてみると、不自由労働者＝非白人人種に対するネイティヴィズムが、カリフォルニアの政治文化にすり込まれていたことは明らかだ。こうした露骨な排外主義が出現した理由としては、カリフォルニアが政治の中心ワシントンから遠く離れていたことが大きい。奴隷制を争点に南北六二万人もの死者を出した南北戦争は、アメリカ合衆国の国民化の大きな契機になったが、カリフォルニア向けには連邦支持を確約させるための太平洋鉄道法の制定はあったが、自由州でありながら連邦の徴兵対象にはならず総じて蚊帳の外に置かれた。むしろそれゆえに、南北対立という国内の政治的構図に巻きこまれず、あくまで東から西へという西漸運動の上に位置づけられ、アメリカ＝メキシコ戦争の軍事的勝利によって完成したアメリカ「帝国」形成の象徴的な都市として、サンフランシスコは軍事的征服のフロンティアに出現した帝国都市としての性格を持ち続けたといえるのかもしれない。

この戦争による併合地としての性格が、圧倒的な暴力性を帯びていたフロンティアに近いという地理的条件とも相まって、特異な人種秩序意識を生み出す要因となったのである。メキシコ系一世からの土地収奪と同様、アメリカ西部は先住民との絶えざる抗争のなかにあり、一八四五年当時、推定一五万人はいた先住民人口が、一八七〇年には病気や飢餓、騎兵隊による虐殺的攻撃により、三万人足らずにまで激減したとされる（Starr and Orsi, 2000, p. 99）。ニューヨークのように一三植民地としての長い歴史を持ち、時間をかけて生活秩序を構築してきた都市とは対照的に、伝統的な共同社会による規範意識が薄く、自由を求める個人間での対立が激しいフロンティアでは、どこよりも自由の希求が他者に対する暴力を誘発しやすく、対外戦争として展開された先住民暴力においてはなおさら暴力は過酷なものとなった。

さらにいえば、サンフランシスコという都市空間においてすら、そこは無秩序状態からアメリカ的秩序を作り出す場であり、共同体的規範が欠如していた。無法者たちの鉱山キャンプでの暴力、牛泥棒・馬泥棒への対処など、日常的な脱法行為は、いつしかサンフランシスコにヴィジランティズム（自警）の伝統を作り出した。乱れた秩序を回復するために、自警団が結成され、腐敗にまみれた政治家を公開で絞首刑に処すなど制裁的暴力を行使して、すぐに組織を解散するという運動のパターンはサンフランシスコにおける政治運動、労働運動のあり方に影響を与えた（横山、二〇〇七、九一～一〇〇頁）。

## （2）排華運動が作りだした人種秩序と移民国家のかたち

では、最後にサンフランシスコの一八七〇年前後の人種・民族交錯史を象徴する「中国人問題」に注目して考察したい。なぜならば、その受け入れから排斥に至る歴史過程は、一九世紀後半のサンフランシスコが作り出し、その後のアメリカに連綿と継承されていく人種秩序や移民国家のかたち、アメリカの「近代」そのものを映し出していると考えられるからである。

ゴールド・ラッシュを契機に西部へと流入を開始した中国人を待ち受けていたのは、白人労働者らによる激しい排斥運動であった。中国人移民の存在はアメリカでは「中国人問題」と呼ばれ、深刻な社会問題であり続けた。一八六七年のサンフランシスコ市内での排華暴動を発火点に、排華暴動は燎原の火の如く全米に拡大し、一八八五年のワイオミング州ロックスプリングスの暴動では死者二八名の惨事となるなど、他の移民排斥事例にはない、激しい暴力を特徴とした。だが、すでに地元住民による排華運動が開始されていたにも関わらず、一八六八年にバーリンゲイム条約で中国人の自由渡航を合法化し、中国人受入奨励策を連邦政府が採ったのは、大陸横断鉄道の建設労働者など西部開拓を推し進め、急速な産業化・工業化を図るアメリカの労働需要にみあった産業労働力を創出し、移民奨励策を採ることが共和党政権の生命線であったからである。排華を扇動する白人労働組合が主張したように、中国人労働者が不当に安い賃金で働く不自由労働者としての性格を持っていたとしても、それを「自由労働者」と強弁し続け読み替えてさえ、それは維持されなければならなかった。奴隷解放後の「自由」とは、そのような資本主義的論理と親和性のある代物であり、それが近代資本主義社会をアメリカが勝ち抜く、「自由労働者の帝国」だったのである。

しかし、そもそもアメリカは建国来、世界中の移民を受入れ自由移民の原則を持った「移民国家」だったのではないかと訝るものもいるだろう。これは、しかしながら正しくはない。アメリカは「奴隷国家」として出発したのであり、むしろ、この中国人問題を契機に、アメリカは大きくそこから離脱し、移民国家へとシフトしたと考えるのが妥当なのである。「長い一九世紀」は世界的な奴隷解放期にあたり、この時代の人流は、自由移民ばかりでなく、奴隷や年季奉公人など不自由な強制移動が混在していた。「移民」を特権化して、これまでの神話化されたアメリカの「移民物語」に飲み込まれては、時代を正しく理解することはできない。

アメリカはそもそも、中国人問題への対応で出入国管理の制度づくりを始めるまで、信じがたいことではあるが、移民受入港に出入国管理の行政官はおらず、検疫体制も未整備であった。ヒトの移動に関するアメリカの最初の連邦法は、一八〇八年の奴隷貿易廃止に関するもので、独立から四〇年以上経った一八二〇年になってはじめて移民統計が取られるようになった。植民地時代以来、植民者（colonials）、入植者（settlers）として自認し、イギリス臣民としての忠誠心を持っていた一三植民地の人々が、外国から入ってくる「移民」という観念を受け入れるまでには時間を要したのである（貴堂、二〇一三、八四〜九七頁）。

この一九世紀の自由移民に不自由な強制移動が混在する状況が一変したのは、奴隷貿易の主役であった大英帝国が国際的な奴隷貿易廃止運動を開始したことが契機となった。ラテンアメリカ世界ではスペインからの独立と同時に、奴隷貿易の廃止、奴隷労働に代わる労働力として中国人苦力の導入が加速し、キューバには一二万、ペルーには一〇万の苦力が輸送された。こうした香港や厦門からの大規模な苦力貿易からイギリス船が手を引き、アメリカ船の割合が急増するなか、アメリカでも共和党議員が中心となり苦力貿易規制の取組が始まり、その結果、制定されたのが苦力貿易禁止法（一八六二年）である。当時、奴隷国家であったアメリカが唯一、イギリスと共闘できる分野が、ラテンアメリカ世界における苦力貿易規制であり、これはその成果であった。

英米は徹底して、スペインに対しラテンアメリカ世界での奴隷貿易と苦力貿易の廃止を求めた。また、同じ香港を船出しカリフォルニアに向かった中国人は、すべからく「自由移民」と見なし、不自由な人流との区別を怠ることはなかった。バーリンゲイム条約においても、中国人移民を「完全な自由意思にもとづく」者のみに限定する条項（第五条）が作られ、これが清朝が制定する移民条約のモデルとなったため、以後、環太平洋世界は苦力の時代から自由移民の時代へと移行する（貴堂、二〇一二、四三～五〇頁）。

ゴールド・ラッシュ後のサンフランシスコをも含む南北アメリカ・アジアをつなぐ海路において、旧スペイン領への人流のみが非人道的な苦力貿易、不自由な前近代の代物とされ、イギリスの植民地やアメリカ合衆国へと向かう人流は「自由」労働者の近代の色に区別され染色されたのは、労働者の労働実態に即したわけではない。これはあくまで英米が国際社会において「自由」労働者と「不自由」労働者を選別認定できる、グローバルなルール・メーカーの地位を確立したことに他ならず、労働実態としては前近代の残滓（年季奉公、契約労働、奴隷労働）をも「自由」と読み替えて、アジアの労働者にとっては「自由で自発的な移民」であると自ら名乗ることを強要される「近代」が始まったことを意味していた（貴堂、二〇一二、二五八～二六〇頁）。

二つ目に指摘したいのは、サンフランシスコ市内での排華運動が市の多様なエスニック・グループを一致結束させ、アメリカ初の国境警備、近代的な移民管理を目指す移民国家としての行政を産み落としたということである。排華は経済的に競合関係にあったアイルランド系労働者とのエスニック・コンフリクトとして捉えられることもあるが、白人労働民衆はむし

**図 12－3**　大陸横断鉄道完成

大陸横断鉄道の完成を描くこの風刺画では，弁髪をたらした中国人男性と，ミドルクラスの着飾った白人女性が「聖孔子教会」の前でポーズをとっている。東部と西部がつながった国家的大事業として鉄道の完成を祝っているものの，東洋と西洋，西部と東部の男女の結婚式を描くこの風刺画は，この鉄道の完成により予測される異人種間混交の増加，人種秩序の変容を懸念し，警鐘を鳴らしている。

出所：*Harper's Weekly*, 1869.6.12.

ろ中国人を大量に雇用し巨万の富を蓄えるビッグ４ら産業資本主義体制そのものを痛烈に批判し、ＷＡＳＰの富裕層対非ＷＡＳＰ系労働者という構図の都市の支配権をめぐる闘争のなかで「中国人問題」をとらえていた。

南北戦争後の再建期の連邦政治で、いかに「中国人問題」が解放黒人の処遇とともに国民の再定義に関わる重要な役割を果たしたのか、ここで詳細を述べる余裕はない。しかし、共和党急進派のカラーブラインドな国民統合の象徴的存在として中国人移民の国民への包摂を強く彼らは働きかけ、一方の民主党側は「白人の統治」をスローガンに人種差別的な政治綱領を打ち出し、民主党支持の労働民衆は排華運動を扇動したのである。そして、再建政治の終わりとともに、連邦議会で一八八二年に排華移民法が成立し、一〇年間の流入停止と「帰化不能外国人」としての地位が確定することになる（貴堂、二〇一二、第三章）。これは南北戦争での奴隷解放を経て、人種平等を希求する再建政治を経験しながら、その精神が換骨奪胎していくきっかけを黒人問題ではなく、中国人問題が提供したことを意味する。いわゆる黒人の人種隔離が開始・定着するのは、一九世紀末以降であり、中国人問題で人種平等の原則が破綻したことがこの歴史過程を準備していたといってよい。

この中国人移民への差別待遇を、同じアジアの日本人はどのようにみていたのか。岩倉使節団に随行した久米邦武の観察には、サンフラ

**図 12－4**　「中国人がのぼる梯子をはずす」
中国の「万里の長城」をモチーフに，アメリカ合衆国の国境線に中国人の入国を拒絶する大きな壁が築かれている。中国人がのぼるはずの梯子を外したのはアイルランド系の移民たち。かつて自分たちを対象に排斥運動を行ったノーナッシング党の旗が掲げられ，そこにはアイルランド系らしき党首パトリック，副党首ハンスの名前がある。風刺画家トマス・ナストが描いたこの中国人差別を告発する作品は，排斥されていた者が排斥する側に回る，差別・抑圧の負の連鎖を嘆き，批判している。
出所：*Harper's Weekly*, 1870.7.23.

ンシスコの不潔な華人街に集住し非同化の姿勢を貫き、白人の排斥対象となっている中国人労働者への冷めた言及がある。

> 太平洋郵船、往来の度ことに、下等の船室には、清人三四百人乗込さることとなし、清人の性たる倹嗇にして、又国俗を改むるを忌嫌ふ、此州にあるとも、辮髪裏衣し、日常の需用品は、みな本国より取寄せて用ふ、（中略）而て余金を蓄へて、国に帰るもの日月常に多し、総計を概算すれは、年々米国より金一千余万弗を、清国に輸送するなり、且之かため米国の傭夫、其職役の地を奪はるるにより、清人の渡来を禁せんことを抗議すれとも、如何ともしかたしと云（『米欧回覧実記』第一巻一一一頁）。

結局は、一八八二年の排華法で定まった、何年アメリカに居住してもアメリカ市民権を取得できない「帰化不能外国人」という外国人性が、ここでは中国人を嘲り、悪しき先例とみなしている日本人移民にも適用され、二〇世紀前半の排日運動、そして第二次世界大戦下での強制収容へとつながっていくのである。

サンフランシスコの人種交錯史がもたらした「近代」は、こうしてはじめて国家としてアメリカに移民行政の仕組みを整えさせ、未熟ながらも近代的監視の出入国管理システムを備えた移民国家を誕生させた。上の挿絵（図12－4）が示すように、すでに一八七〇年時点で西海岸では排外主義的感情が「万里の長城」のごとき高い防御壁を国境線に作り出していた。ヨーロッパ系移民の玄関口であるニューヨークに自由の女神が完成したのは一八八六年であり、ここでは世界中の政治的・宗教的迫害に遭った者、貧しい者を受け入れる「人類の避難所」として移民国家アメリカの自画像が描かれた。しかし、西海岸のサンフランシスコという異色の港湾都市が、一八八二年の排華法制定を契機に、パスポートによる出入国管理、拘留者向けの施設の設営、強制送還の制度づくりなど、門衛国家（Gate-keeping nation）としてのもう一つのアメリカの顔を作り出していったのである（貴堂、二〇一二、二六五〜二六九頁：トーピー、二〇〇八）。

## 参考文献


入江昭『［増補］米中関係のイメージ』平凡社、二〇〇二年。

クリスティアン・ウォルマー『世界鉄道史——血と鉄と金の世界変革』安原和見・須川綾子訳、河出書房新社、二〇一二年。

岡本孝司『ゴールドラッシュ物語——汗と孤独の遺跡』文芸社、二〇〇〇年。

ブルース・カミングス『アメリカ西漸史——〈明白なる宿命〉とその未来』渡辺将人訳、東洋書林、二〇一三年。

可児弘明『近代中国の苦力と「豬花」』岩波書店、一九七九年。

貴堂嘉之『アメリカ合衆国と中国人移民——歴史のなかの「移民国家」アメリカ』名古屋大学出版会、二〇一二年。

——「奴隷解放と人種主義のグローバル・ヒストリー——『奴隷国家』から『移民国家』へのアメリカ合衆国の変容」弘末雅士編『越境者の世界史——奴隷・移住者・混血者』春風社、二〇一三年。

久米邦武編『米欧回覧実記（一）』岩波文庫、一九八七年。

水野由美子『〈インディアン〉と〈市民〉のはざまで——合衆国南西部における先住社会の再編過程』名古屋大学出版会、二〇〇七年。

イヴ・セジウィック『男同士の絆——イギリス文学とホモソーシャルな欲望』上原早苗ほか訳、名古屋大学出版会、二〇〇一年。

フィリップ・チョイ『カミングマン——19世紀アメリカの政治諷刺漫画のなかの中国人』村田雄二郎・貴堂嘉之訳、平凡社、一九九七年。

ジョン・トーピー『パスポートの発明——監視・シティズンシップ・国家』藤川隆男訳、法政大学出版会、二〇〇八年。

エリック・フォナー『アメリカ自由の物語——植民地時代から現代まで』横山良ほか訳、岩波書店、二〇〇八年。

山本厚子『パナマ運河百年の攻防——一九〇四年建設から返還まで』藤原書店、二〇一一年。

横山良「ヴィジランティズム・人民主権・国家」古矢旬ほか編『権力と暴力』ミネルヴァ書房、二〇〇七年。

ロバート・リー『オリエンタルズ――大衆文化のなかのアジア系アメリカ人』貴堂嘉之訳、岩波書店、二〇〇七年。

Almaguer, Tomás, *Racial Fault Lines: The Historical Origins of White Supremacy in California*, Berkeley: University of California Press, 1994.

Asbury, Herbert, *The Barbary Coast: An Informal History of the San Francisco Underground*, New York: Basic, 1933.

Bain, David Haward, *Empire Express: Building the First Transcontinental Railroad*, New York: Penguin Books, 1999.

Barth, Gunther, *Instant Cities: Urbanization and the Rise of San Francisco and Denver*, Albuquerque: University of New Mexico Press, 1988.

Berglund, Barbara, *Making San Francisco American: Cultural Frontiers in the Urban West, 1846–1906*, Lawrence: University Press of Kansas, 2007.

Brechin, Grey, *Imperial San Francisco: Urban Power, Earthly Ruin*, Berkeley: University of California Press, 1999.

Chen, Young, *Chinese San Francisco 1850–1943: A Trans-Pacific Community*, Stanford: Stanford University Press, 2000.

Cherny, Robert W. and William Issel, *San Francisco 1865–1932: Politics, Power, and Urban Development*, Berkeley: University of California Press, 1986.

Cocks, Catherine, *Doing the Town: The Rise of Urban Tourism in the United States, 1850–1915*. Berkeley: University of California, 2001.

Eaves, Lucie, *A History of California Labor Legislation*, Berkeley: University of California Publications in Economics, 1910.

Genthe, Arnold and John Kuo Wei Tchen, *Genthe's Photographs of San Francisco's Old Chinatown*, New York: Dover, 1984.

Griswold, Robert L., *Family and Divorce in California, 1850–1890: Victorian Illusions and Everyday Realities*, Albany: State University of New York Press, 1982.

Hayes, Derek, *Historical Atlas of California with Original Maps*, Berkeley: University of California Press, 2007.

Issel, William, and Robert W. Cherny, *San Francisco 1865–1923: Politics, Power, and Urban Development*, Berkeley: University of California Press, 1986.

Kaplan, Amy and Donald E. Pease, (eds.), *Cultures of United States Imperialism*, Durham, NC: Duke University Press, 1993.

Rast, Raymond W., *Tourist Town: Tourism and the Emergence of Modern San Francisco, 1869–1915*, Ph.D Dissertation, University of

Washington, 2006.

Ryan, Mary, *Civic Wars: Democracy and Public Life in the American Society during the Nineteenth Century*, Berkeley: University of California Press, 1997.

Sampson, Robert D., *John L. O'Sullivan and His Times*. Kent, OH: Kent State University Press, 2003.

Saxton, Alexander, *The Rise and Fall of the White Republic: Class Politics and Mass Culture in Nineteenth-Century America*, New York: Verso, 1990.

Shah, Nayan, *Contagious Divides: Epidemics and Race in San Francisco's Chinatown*, Berkeley: University of California Press, 2001.

Starr, Kevin and Richard J. Orsi, (eds.), *Rooted in Barbarous Soil; People, Culture, and Community in Gold Rush California*, Berkeley: University of California Press, 2000.

Sylva, Srville A., *Foreigners in the California Gold Rush*, San Francisco: R & E Research Associates, 1972.

# 第13章　アレクサンドリア
## ——文明の交差する地中海近代都市——

加藤　博

### 1　中心と周縁のネクサス

社会は、われわれ個々の人間がそうであるように、クモの巣のように張りめぐらされた一群の関係性（ネクサス）のなかに置かれている。こうした関係性は互いに重層的に交差しあっているが、個々の関係性を取り上げてみても、それはネットワークという言葉からイメージされるような対称的な関係性ではなく、中心と周縁をもつ非対称的な関係性である。言葉を換えるならば、社会は、いくつもの関係しあう中心と周縁の重なりの網の目のなかに置かれているということである。そのなかでは、同じ社会が、ある局面では中心となり、別の局面では周縁となる。この中心と周縁との関係は量的な差異に還元できるものではなく、質的な差異を背景にした相互交渉的な関係である。

そのため、中心を批判するために周縁を取り上げたとしても、それが中心からの距離としてなされるのならば、それは中心によって周縁を見直す作業でしかない。中心と周縁との関係はあくまでも量的な差として描かれるだけで、中心はあくまで中心であり続け、中心と周縁との間の質的な関係に変化はないからである。

この中心と周縁との間の量的な関係を批判し、中心を脱構築するためには、それとはまったく逆の作業、つまり周縁を中心として設定することが必要である。その時、中心と周縁は量的な差異に基づく関係としてではなく、質的な差異を背景にした相互交渉的な関係となる。

そして、この中心と周縁の連鎖が形成されるメカニズムは、中心が排除によって周縁を生み出すというような単純なものではない。中心は周縁の一部と結びつくことによって、周縁はそのなかに中心を抱え込むことになる。ここに、中心と周縁の関係の逆転が生じることになる。

ところで、中心と周縁の関係は量的な差異の関係として現れるが、それを空間構成として表現するならば、同心円的な関係ということになる。これに対するのが、いくつもの質的に異なり、分節化された「中心・周縁」関係の重層的な連鎖（ネクサス）としての空間構成である。

また、中心と周縁の関係は世界観と深く結びついている。ヨーロッパが中心となった近現代では、中心には近代と普遍が、周縁には伝統と特殊が重ね合わされる。そこで、中心を脱構築する作業とは、周縁の伝統と特殊によって中心の近代と普遍を相対化する作業でもある。

さらに、それは社会集団とも深く結びついている。つまり、中心と周縁の関係のなかで、特定の空間の周縁化とともに、特定の社会集団の周縁化も進行する。周縁化とは、差別化のことである。その典型が差別問題としてのマイノリティ問題である。ただし、マイノリティが常に周縁であるわけではない。

差別化は中心においてと同じく、周縁においても展開する。こうして、差別の重層的な組み合わせが成立することになる。本章ではマイノリティに注目するが、それは、マジョリティではなく、マイノリティから社会をみた時、現象としての差別はともかく、構造としての「中心・周縁」関係がよりはっきりと見えてくるからである。

以上のような複雑な関係性の網の目（ネクサス）の存在は、過去の、また今日のいかなる社会についてもいえることである。しかし、歴史上には、その複雑性が増幅され、ドラマティックな形で現れる時代や社会がある。おそらく、本章が対象とする一九世紀のエジプト社会は、複雑な歴史背景と重要な地政学的位置から、その典型的な例のひとつであろう（加藤、一九九八）。

本章は、かかる問題設定において、エジプト、そして当時のエジプトの時代性を象徴する空間であった地中海都市アレクサンドリアを取り上げ、副王イスマイール（治世一八六三〜七九年）の時代を中心とした一九世紀中葉から後半にかけてのエジプトとアレクサンドリアをめぐる中心と周縁の連鎖と重なりを描くことを目的とする。

## 2　副王イスマイールのエジプト

一八世紀末（一七九八年）のナポレオン・ボナパルトのエジプト遠征に始まるエジプト近現代史は、国家建設の過程において、内向きの時代と外向きの時代を繰り返してきた。つまり、ムハンマド・アリー統治期（一八〇五〜四八年）が内向きの時代、その後一九世紀後半から一九二二年のエジプト独立までが外向きの時代、独立から一九五二年のエジプト革命を挟んで一九七〇年代までが内向きの時代、そしてそれ以降現在までが外向きの時代である。その過程で二〇一一年の「一月二五日革命」が起きた（加藤・岩崎、二〇一三）。

この「内向き」、「外向き」という表現で示そうとするのは、閉鎖的－開放的、あるいは内発的－外発的という二項対立的な国家運営のあり方ではない。エジプトはその地政学的位置から、単純に閉鎖的、内発的ではありえず、常に外部世界との接触のなかで歴史を歩んできた。そして、近代においてエジプトにとっての最も大きな外部世界とは、ヨーロッパであった。ヨーロッパは内向きの時代には拒否する対象であり、外向きの時代には受容する対象であった。このように、ふたつの時期において関係は対照的であったが、エジプトはヨーロッパとの関係のなかで歴史を歩んだ。そのなかで、イスマイールが統治した一九世紀の六〇年代から七〇年代にかけての時代は、エジプト近現代史のなかでももっとも外向きの時代であった。

一九世紀前半におけるムハンマド・アリーの近代化政策によるエジプトの躍進は目覚ましいものであり、宗主国オスマン帝国に勝る国力を身につけた。それは中東イスラーム世界において、オスマン帝国に代わる現地帝国の出現さえ予感させた（加藤、二〇一三）。一八四〇年、こうしたエジプトの勢力拡大に脅威を感じたイギリスはロシア、オーストリア、プロイセン（後にフランスも参加）とともにロンドン四国条約を結び、ムハンマド・アリーに対して、かれの一族によるエジプト総督世襲の国際的承認を条件に、スーダンを除く征服地を放棄し、一八三八年のイギリス・トルコ通商条約の適用によってエジプト国内市場を開放するよう強硬に求めた。条約の協約、第一条には、次のような文言が見られる。

［オスマン帝国］スルタン閣下は、彼がムハンマド・アリーに供与することを意図されている協定の諸条件、つまりこの文書の後に添付されている〈条文〉のなかで定められている諸条件につき、大英帝国とアイルランドの女王閣下、オーストリア皇帝ならびにハンガリー・ボヘミアの王閣下、ペルシアの王閣下、そして全ロシア人民の皇帝閣下と合意をみた。これらの諸閣下は、完全な合意の下で行動し、一致結束してムハンマド・アリーにこの協定を遵守させることに努める。それぞれの気高き契約当事者は、この目的のために、それぞれがなし得る行動手段でもって、献身的に協同する（加藤、二〇〇九、一五三頁）。

エジプトは、このヨーロッパ列強の要求を跳ね返す力はなく、それを受け入れざるをえなかった。ここに、ムハンマド・アリーによる自立的近代国家建設の試みは挫折し、以後、エジプトはナイル流域のみを領有する領域国家としての歴史を歩むことになる。

こうして、自力での産業国家への道は閉ざされたものの、ナイルの水が与える農業資源は豊かであり、エジプトは、一八四〇年のロンドン四国条約という不平等条約のもとにありながら、農業における国際的な比較優位を最大限に生かし、農業とりわけ綿花の栽培に特化した農業立国としての道を歩むようになる。

エジプトは繁栄したが、その背景には、急速に進む社会インフラ、とりわけ交通革命と称されるほどの交通網の整備があった。一八三五年にはアレクサンドリアとマルセイユ間に、一八三六年にはスエズとボンベイ（ムンバイ）間に蒸気船ルートが開設され、一八五五年にはカイロとアレクサンドリア間に、一八五八年にはカイロとスエズ間に鉄道が敷設された。こうして、鉄道を介して、紅海と地中海は結びつけられることになった。

この間、エジプトはこれらのインフラ整備の財源を海外に頼ることはなかった。それは、ムハンマド・アリーがヨーロッパ列強のエジプト内政への介入を嫌い、外資への依存を避けたためであった。最初に外債が発行されたのは、一八六二年であった。しかし、財源をひとたび外資に頼るようになるや、外債は雪だるま式に増え、わずか一三年後の一八七五年には、外債の元本のみならず利子も支払えない状況に立ち至り、一八七六年、エジプト財政は破綻した。

これを契機に、列強は外債の債権者の利益を守ることを目的とした「負債委員会」を組織し、エジプト財政への干渉の橋頭堡とし、以後、列強によるエジプト財政の直接的な管理が開始された。つまり、英仏二重管理体制の成立である（加藤、二〇〇九、一六五〜一六六頁）。この体制のもと、「負債委員会」に、収入と支出をそれぞれ監視する英仏二人の総監督官が任命されることになったが、その延長上に、イギリス人が予算の収入を担当する財務大臣として、フランス人が予算の支出を担当する公共事業大臣として入閣する「ヨーロッパ内閣」が組閣された。

一八七九年、イスマイールはエジプト統治者の座を追われる。こうした政情の混乱のなか、一八八一年、オラービー大佐は「エジプト人のエジプト」をスローガンにして蜂起する。指導者の名前を冠してオラービー革命と呼ばれる反ヨーロッパの政治運動である。しかし、翌年の一八八二年、蜂起軍の鎮圧を口実にイギリスはアレクサンドリアに軍を上陸させ、エジプトを単独で軍事占領する。こうして、エジプトはイギリスの実質的な植民地となっていく。

## 3　国際博覧会文化とイスラーム世界

### （1）　国際博覧会文化の流行

イスマイールがエジプトを統治した時代、ヨーロッパでは国際博覧会が花盛りであった。国際博覧会条約の定義では、「博覧会とは、名称のいかんを問わず、公衆の教育を主たる目的とする催しであって、文明の必要とするものに応ずるために人類が利用することのできる手段又は人類の活動の一若しくは二以上の部門において達成された進歩若しくはそれらの部門における将来の展望を示すもの」であり、そのうち「二以上の国が参加するものを、国際博覧会とする」とある（外務省ウェブサイト）。

その起源は、フランス革命の時期の一七九八年、パリにおいて開催された博覧会（国内博覧会）であった。その後、パリでの博覧会は一八四九年までに一一回開催され、次第にその規模を大きくした。こうしたさまざまな物品を集めて展示する同様な催し物はフランスだけでなく、ベルギー、オランダなどヨーロッパ各国でも開催されるようになる。一八四九年、フランスは一一回のパリでの博覧会の開催を踏まえ、国境を越えた国際博覧会の開催を提唱する。それを受けて一八五一年、第一回国際博覧会がロンドンで開催されることになった。以後、相次いでヨーロッパとアメリカの首都で国際博覧会が開催されることになり、それは現代にまで続いている。

初期における国際博覧会は、国家がその威信をかけて、多様で珍しい商品を展示する事業であった。その背景には、当時のヨーロッパにおける博物学的な知の普及があった。それは結局のところ、消費、娯楽を喚起するための帝国主義による喧伝であった。しかし、それが社会に与えた影響は大きかった。それが一九世紀半ば以降、日常生活領域へと浸透し、国民大衆の欲望や娯楽への欲望を満足させる装置として機能することによって、近代資本主義の新たな段階をもたらしたからである（吉見、一九九二）。

この国際博覧会の文化はすぐに、地中海の東と南の中東イスラーム世界に伝播した。その積極的な担い手は、オスマン帝国スルタン、アブデュルアジーズ（治世一八六一〜七六年）とエジプト総督（後に副王）イスマイールであった。アブデュルアジーズは一八六三年、首都イスタンブルでオスマン万国博覧会（Sergi-i Umumi-i Osmani）を開催した。それは欧米の国際博覧会の歴史からみても早い時期の開催であった。それ以前には、国際博覧会は欧米でも、一八五一年と一八六二年のロンドン、一八五三年のニューヨーク、一八五五年のパリでの四回しか開催されていなかった。

アブデュルアジーズは一八六七年のパリでの国際博覧会に自ら出席し、国際博覧会に対する個人的な強い関心を示した。欧米での国際博覧会は博物館に特徴的な多様で新奇な商品の展示を目的としたものであった。そのなかで、イスラーム世界からの展示物は物珍しさと美しさから歓迎された。オスマン帝国の一八六三年の万国博覧会はこの欧米の国際博覧会のコンセプトを踏襲するものであったが、そこにはもうひとつの要素が加わった。それは「産業」振興への関心であり、国際博覧会をそのためのきっかけにしようとしたのである。

このことは、オスマン帝国の一八九四年の国際博覧会開催計画にはっきりと表れている。この国際博覧会計画は結局のところ地震のために実現しなかったが、その名称は「農業・工業万国展示会」（Dersaadet Ziraat ve Sanayi Sergi-i Umumisi）であった。そこには、アブデュルアジーズが国際博覧会の開催という国家事業において、西欧技術を吸収し、オスマン帝国の国力を高めるための殖産興業を目指していたことが端的に示されている（Çelik, 1992）。

### （2）スエズ運河開通

国際博覧会がエジプトで開催されることはなかった。しかし、ヨーロッパにおけるこの展覧会文化は違う形で、それも壮大なセレモニーとして導入された。イスマイールによる、一八六九年のスエズ運河開通式である。このイベントにおいて、エジプトはひとつの劇場あるいは展示場と化した。この盛大な開通式に合わせて建設され、こけら落としされたのがカイロのオペラ座であった。

スエズ運河の近代経済史上の意味について、ここで改めて指摘する必要はあるまい。スエズ運河はエジプトをヨーロッパ、そして世界と結びつける媒体であった。そして、スエズ運河は一七九八年のナポレオンのエジプト遠征に始まる近代エジプト史のひとつの帰結であった。

エジプトを介して「東」と「西」の結節点にしようという発想は古代エジプトの時代からあった。古代エジプトにおいて、ナイルと紅海を結びつける運河が建設されたのもそのためであった。また、先に指摘したように、一九世紀の中葉には、エジプト国内の鉄道の敷設と紅海と地中海での蒸気船ルートの開設によって、「東」と「西」は結びつけられた。

スエズ地峡に運河を掘削するという計画は、それをさらに進め、紅海と地中海を直接つなげることによって「東」と「西」を結びつけるという壮大な事業であった。それは、一七九八年にエジプトを侵略したフランス軍の司令官ナポレオンの夢でもあった。かれは運河掘削のための現地調査までやった。

そして、このナポレオンの夢を受け継いだのがフランスの外交官フェルディナン・ド・レセップス（一八〇五～九四）であった。彼は個人的に親しかったエジプト総督サイード（治世一八五四～六三年）から一八五四年、スエズ地峡に運河を掘削する権利を得た。一八五八年にはスエズ運河会社が設立された。資金の大半はフランスの民間投資家から募られたが、エジプト政府も出資し株主となった。一八六九年、強制労働（コルヴェ）として大量なエジプト人を動員して、およそ一〇年後、スエズ運河は完成した。

ナポレオンはスエズ運河掘削をイギリスの生命線であるインドへの道を遮断するという戦略上の目標から企画した。しかし、スエズ運河建設には、冷徹な政治的な配慮を越えた、エジプトとヨーロッパ、とりわけフランスとの関係史、さらにはヨーロッパ近代文明の中東イスラーム世界への浸透に関わる文明史的なストーリーがかかわっていた。というのも、ナポレオンやレセップスをスエズ運河掘削という夢に駆り立てた背景には、ナポレオンをも虜にした、当時のフランスの知識人に広まっていた「共同幻想」があったからである。

それはサン・シモン学派に代表される産業主義であり、その背後にある科学主義であった。サン・シモン主義は科学による産業国家の建設を主張した。先に述べた国際博覧会文化の基調となった博物主義も、かかる科学的な知の在り方を示すひとつであった。バルテルミー・プロスパー・アンファンタン（一七九六～一八六四）に代表される後期サン・シモン学派は、フランスでの産業国家建設に見切りをつけ、エジプトでの純粋な産業国家の建設を夢見た。そして、かれらの抱くエジプトとは、「東」と「西」の間にあり、古においてピラミッドとスフィンクスを建設したエジプトであった。

そのなかでも、アンファンタンは新興宗教の教祖の趣であった。一八三三年、彼は過激な社会運動から懲役刑を受けたフランスから離れ、新たな活動の地を求めてエジプトに向かい、そこで二年間滞在した。その間、ムハンマド・アリーに公共事業に関する進言を行い、そのなかにはスエズ運河掘削計画も含まれていた。彼の進言は受け入れられなかったが、フランスへ帰国後、一八四八年にはスエズ運河研究会を立ち上げ、スエズ運河建設のために国際的に努力した（Régnier, 1989）。

ナポレオンもレセップスもサン・シモン学徒であった。かくて、オリエンタリズムと科学主義、そして冷徹な政治戦略の奇妙な混淆からスエズ運河事業が進められた。その間、エジプトの支配者たち、サイードとイスマイールは受動的にこの事業に対応していたのではなく、積極的に事業に参加し、エジプトはスエズ運河会社の大株主であった。そのことを端的に示しているのが、スエズ運河開通式での以下のイスマイールの演説の一節である。

スーダンの諸部族を含むエジプトのすべての地域の住民は、イスマイリーヤで集うことになる。そこでは、国民的なゲームとエンターテイメントが催される。（中略）それはふたつのものに対する敬意から企画された。ひとつは国民の圧倒的多数が抱く宗教感情であり、もうひとつは近代エジプトにおける国民の慣習と歴史的な伝統である（Celik, 1992, p. 148から引用）。

ここには国際博覧会の文化が漂い、イスマイールがナポレオンとレセップスとともに夢を共有するサン・シモン学徒であることが示されている。

## 4　世界経済とエジプト

### （1）東地中海貿易国

国際博覧会に象徴されるモノに対するあくなき欲望は一九世紀半ば以降、バブルを伴ったヨーロッパ経済の好況をもたらした。それは通常、政治史において帝国主義、経済史において金融資本主義の時代と呼ばれる。

ところで、一時、一世を風靡した世界システム論的な議論の枠組みを前提として、中東、つまりオスマン帝国がいつ世界経済システムに編入され、「中心」ヨーロッパに「従属」することになったかについては、確たる定説はない。私自身は世界システム論に重きをおくことはないが、もしそれに準じてエジプト経済の変容を語るならば、転換期は一九世紀中葉、つまりサイードとイスマイールの時代ということになる。このことは、エジプトの海外貿易における貿易相手の変遷を一瞥するだけで明らかである（中岡、一九九一、九〇頁）。

アレクサンドリア港の輸出入統計に基づいてのみであるが、一八六五年から六九年にかけてのエジプトの年間平均貿易量における輸入相手では、六九・五％がヨーロッパ諸国（イギリス、フランス、オーストリア、イタリア）であり、そのうち、イギリスとフランスが五四・九％（イギリス四二・二％、フランス一二・七％）を占めていた。

この傾向は輸出相手をみるとき、さらにはっきりとしたものになる。上記ヨーロッパ四カ国で九七％を占め、そのうち、

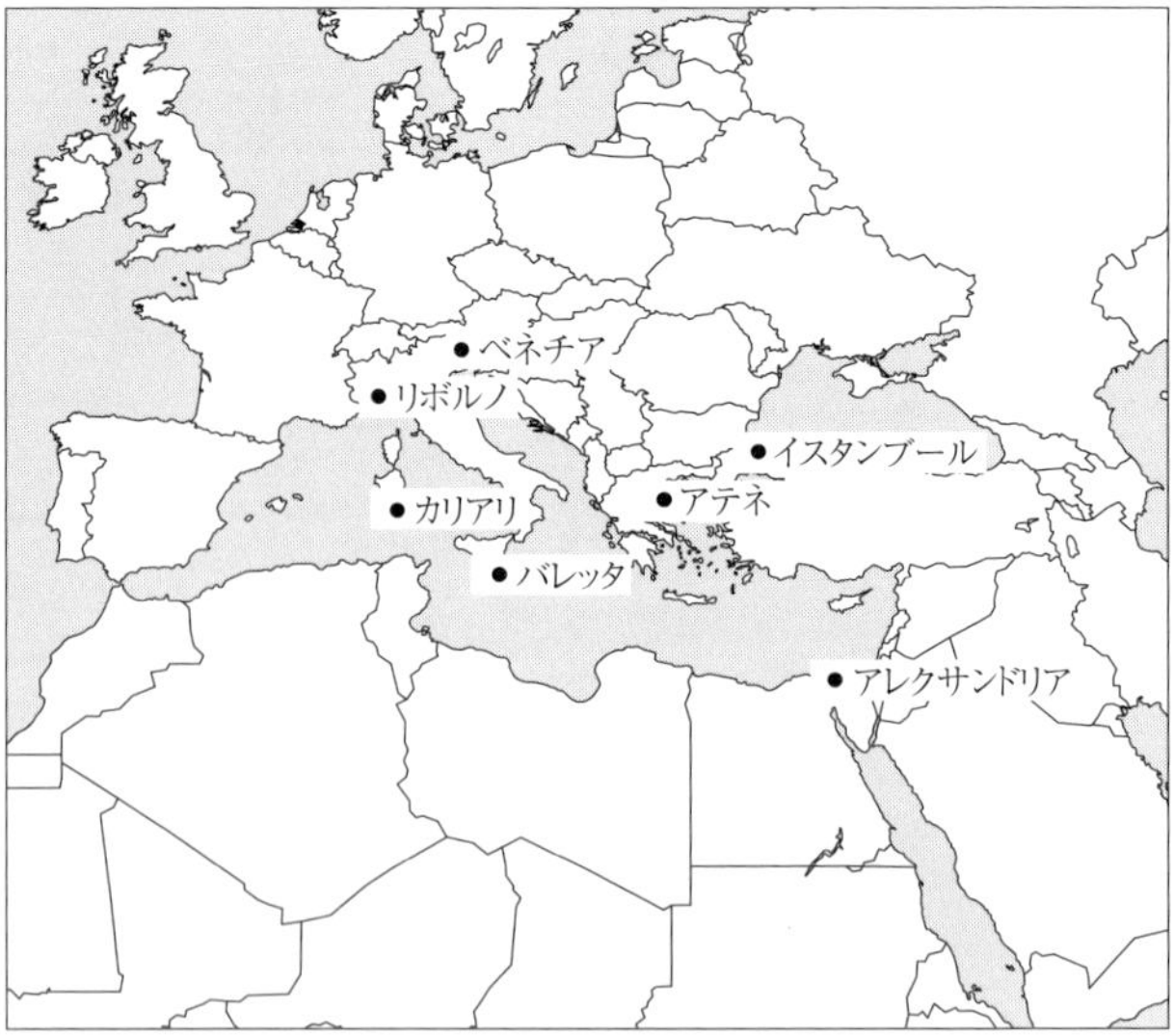


**図13－1**　1838年のエジプトの貿易相手

イギリスが七六・六%、フランスが一二・九%である。イギリスが突出した数字を示しているが、まさにこれは、世界システム論が描く「中心」ヨーロッパと「周縁」非ヨーロッパの関係である。

ところが、一九世紀前半、たとえば一八三一年におけるアレクサンドリア港からの輸出入統計の様相は、大きく異なる（石田、一九七四、一〇〇～一〇一頁）。そこでは、輸出入の上位五つはともにトルコ（輸出入のそれぞれ四六・八%、三三・二%）、オーストリア（一七・五%、二五・二%）、トスカーナ（一七・一%、一一・六%）、イギリス（八・一%、一三・五%）、フランス（五・八%、一一・三%）となっている。

このうち、トルコとはオスマン帝国であることはいうまでもないが、オーストリアとトスカーナについて、現在のオーストリアという国家、トスカーナというイタリアの地方を単純に想定してはならない。というのも、一八三三年の文献によれば、アレクサンドリアに居住していた外国人のうち、オーストリア人と登録されていたほとんどは、当時ウィーンを首都とするハプスブルク帝国の統治下にあった、おそらくベネチアを中心とした地方のイタリア人であり、トスカーナ人と登録されていた大部分は、フィレンツェの外港にして、中世以降、特権的な自由経済地区であったリヴォルノのユダヤ人であったからである（Kato, 1998, p. 105）。

さらに、先に挙げた上位五つに続く貿易相手はマルタ、ギリシャ、サルディニアである。つまり、貿易相手の上位八つのうちイギリスとフランスを除くと、そのほかの六つは東地中海に面している（図13－1）。この事実は、一九世紀前半においてエーゲ海、アドリア海を内海とした東地中海貿易圏が存在したことを想定させる。

これはアレクサンドリア港、つまり地中海方面についてだけの貿易事情である。これに、統計が存在しないためにその数量を把握できないが、リビア、スーダン、シリア方面への陸上貿易、紅海を介したアラビア半島、インド洋方面の貿易を加えたならば、経済的にみても、当時のエジプトの国力の増大が中東・アフリカでのオスマン帝国に代わる新たな現地帝国の出現を予感させるものだったと述べても、決して誇張的な表現ではないだろう。

## （2）エジプト財政の破綻

イスマイールはムハンマド・アリーの息子イブラヒーム（治世一八四八年）の息子であるが、その生涯はその破天荒なところにおいて、後にナポレオン三世となる、ナポレオン・ボナパルトの弟の息子ルイ・ナポレオン（一八〇八～七三）の生涯と重なる。それは両者の性格というよりも、共に生きた一九世紀中葉という時代の雰囲気からかもしれない（横張、一九九九）。

イスマイールは祖父のムハンマド・アリーと異なり、当時急速に台頭していたヨーロッパ列強の金融資本に対してあまりに無防備であった。このことがエジプト経済を世界経済と直結させ、世界経済の景気変動にさらすことになった。スエズ運河開通式はイスマイールの絶頂期の事業であり、その背景には世界経済の好況があった。

しかし、イギリスのヴィクトリア時代の後半に世界的な経済不況（一八七三～九六年）が発生すると、事態は一変した。この経済不況は「大不況」と呼ばれ、デフレと経済成長の鈍化の時期であったが、アメリカの南北戦争（一八六一～六五年）の終結によって経済成長を享受していた欧米に深刻な影響を与えた。

エジプトは「大不況」がもっとも速く伝播した非ヨーロッパ世界のひとつであった。この「大不況」の時期にエジプト財政は外債の累積によって破綻し、そのなかでイスマイールの時代が終焉した。そして、ここでもまた、エジプト財政の破綻とイスマイールの時代の終焉にスエズ運河が深くかかわっていた。つまり、財政逼迫に直面したイスマイールのスエズ運河会社株のイギリスへの売却である。

一八七五年イスマイールは対外債務決済のため、エジプトがもつスエズ運河会社の全株式を四〇〇万ポンドで手放さざるをえなくなった。この情報を入手した時のイギリス首相ベンジャミン・ディズレーリ（一八〇四～八一）は議会の承認なし株式購入を決意し、購入資金をロスチャイルド家から借り入れた。こうして、イギリスはスエズ運河会社株の四四%を保有する筆頭株主となった。これに対して、ディズレーリの政敵ウィリアム・グラッドストン（一八〇九～九八）は、議会の承認なしにことを進めたことがイギリスの憲法制度に反するとディズレーリを告訴した。以下は、これに対してディズレーリが一八七六年二月二一日に議会で行った演説の一節である。

今夜われわれがしなければならないことは、これらの株式の購入に賛成の票を投じることに同意することである。私は決して、この購入を金銭の投資として勧めてこなかったし、現在においてもそうである。（中略）私はこの購入を、これまで常に政治の取引として、それも帝国を強化するに違いないと信じる取引として勧めてきたし、現在においてもそうである（Disraeli, 1876, pp. 652-661）。

イギリスへのスエズ株の売却は、イギリスのスエズ運河への関心、ひいてはエジプトに対する関心を大きく変化させた。それまでイギリスは、スエズ運河が政敵フランスの主導で行われてきたことを面白くなく思ってきた。そのために、フランスのエジプトへの関与にことごとく反対し、その結果として、エジプトの政治的なイニシアティブの足を引っ張ることになった。

ところが、スエズ株の購入は、このイギリスの政策を一変させた。スエズ運河はイギリスの世界戦略の要となり、イギリスはエジプトをアジア・アフリカ進出の拠点として重視するようになる。その帰結のひとつが、前記オラービー革命の鎮圧を口実とした一八八二年のイギリスによるエジプト単独軍事占領であった。こうして、スエズ運河開通式がイスマイール統治の絶頂を示すとすれば、スエズ運河会社株のイギリスへの売却はイスマイール統治の終焉を画した。

表13－1　エジプト主要都市の人口推移

| | 1821～26年 | 1846年 | 増加率（%）1821～46年 | 1882年（センサス） | 増加率（%）1846～82年 | 1897年（センサス） | 増加率（%）1882～97年 | 1907年（センサス） | 増加率（%）1897～1907年 |
|---|---|---|---|---|---|---|---|---|---|
| カイロ | 218,560 | 256,679 | 17.5 | 374,838 | 46 | 570,062 | 52 | 654,476 | 14.8 |
| アレクサンドリア | 12,528 | 164,359 | 1210 | 231,396 | 40.8 | 319,766 | 38.2 | 332,247 | 3.9 |
| ダミエッタ | 13,600 | 37,089 | 173 | 34,044 | －8.2 | 31,515 | －7.4 | 29,354 | －6.9 |
| ロゼッタ | 13,400 | 18,300 | 36.2 | 16,666 | －8.9 | 14,286 | －14.3 | 16,810 | 17.7 |
| スエズ | 2,900 | 4,160 | 43.4 | 10,559 | 153.5 | 17,173 | 62.7 | 18,347 | 6.8 |
| ポート・サイード | | | | 16,560 | | 42,095 | 157.5 | 49,884 | 18.5 |
| エジプト | 2,536,400 | 4,476,439 | 76.5 | 6,806,381 | 52 | 9,717,228 | 42.7 | 11,189,978 | 15.2 |

出所：Baer, *Studies in the Social History of Modern Egypt*, 1969.

## 5　近代アレクサンドリア

### （1）国際都市アレクサンドリア

イスマイール時代のエジプトを空間的に象徴するのがアレクサンドリアであった。アレクサンダー大王の名を冠され、古代から中世にかけて繁栄したこの都会も、一五一七年、エジプトがオスマン帝国に支配されて以降、政治、経済、文化の中心がオスマン帝国の首都イスタンブルに移ったことによって、その繁栄は徐々に失われていった。一七九八年、ナポレオンがエジプト遠征で上陸したときには、アレクサンドリアは一小村にすぎなくなっていた。

現在のアレクサンドリアは一九世紀以降に発展した近代都市である。エジプトはフランス軍の三年間の短期占領の後、ムハンマド・アリーの統治下に置かれることになるが、彼の統治期から一九世紀中葉にかけてのアレクサンドリアの発展は目覚ましかった（表13－1、図13－2）。マフムーディーヤ運河の建設によって、ナイルから生活水が引かれてくるとともに、大型の船舶が横づけできるように港湾施設が整備された。

こうして、アレクサンドリアはヨーロッパへの玄関として、国際都市の繁栄を取り戻した。とりわけ、商品作物綿花の積み出し港として、国際貿易の中心となった。一八八二年にエジプトがイギリスの軍事占領下に置かれてから、植民地官僚や銀行家・投資家を中心とした外国人の「租界区」の整備がおこなわれたが、都市計画の骨格はすでにそれ以前、イスマイールの時代に固まった

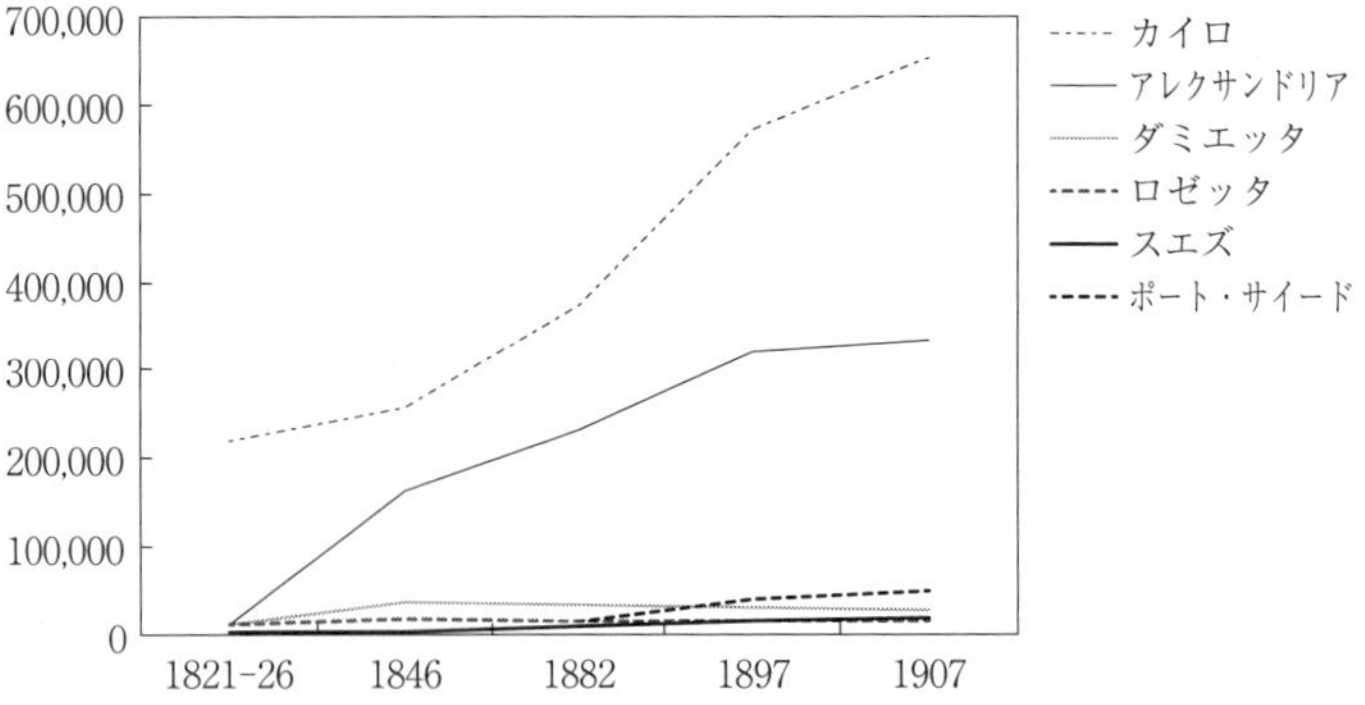


**図 13－2**　エジプト主要都市の人口推移

出所：図13－1に同じ。

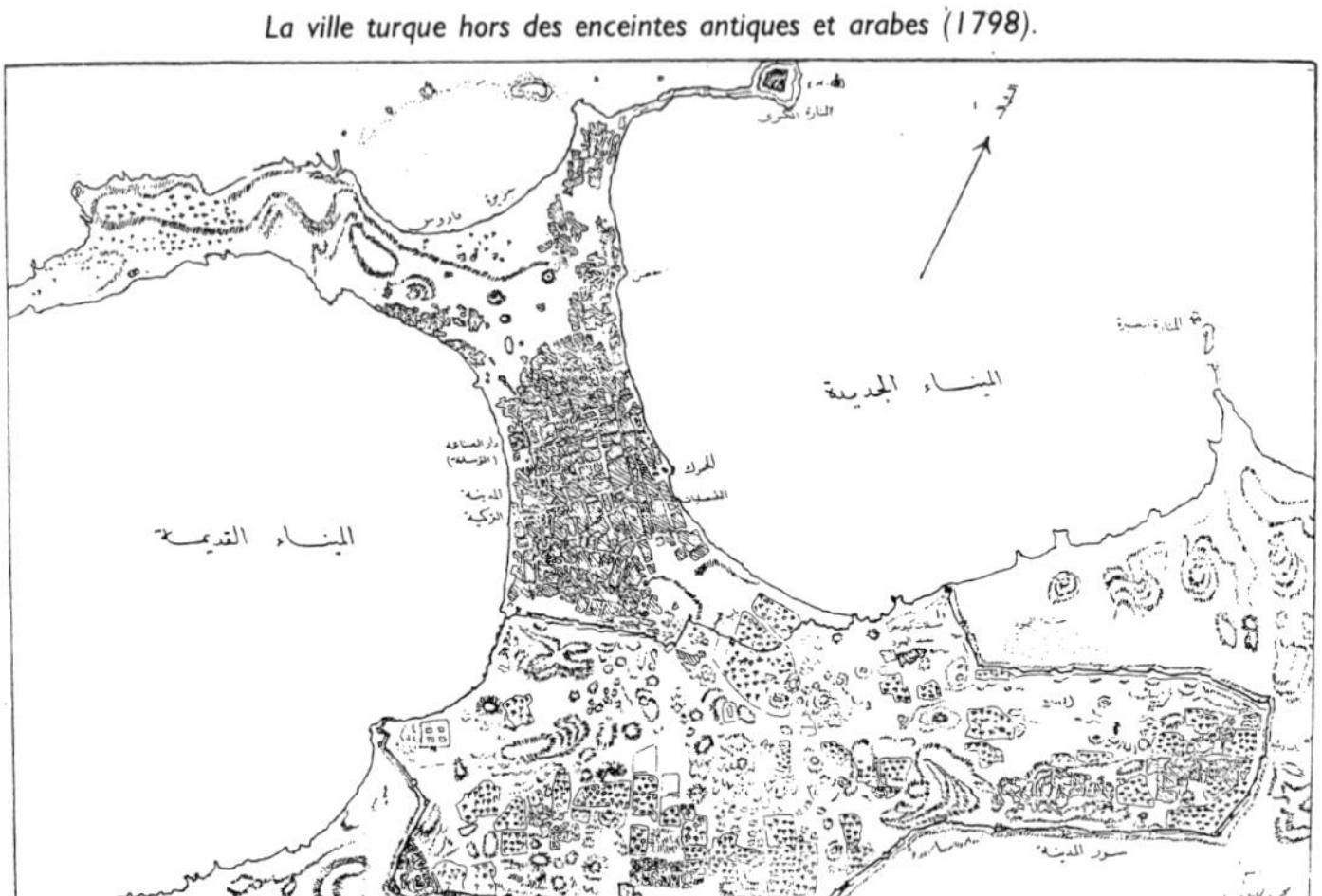


**図 13－3**　ナポレオンのエジプト遠征（1798年）当時のアレクサンドリア

出所：*Alexandrie entre deux mondes*, Édisud, 1987, p. 16.

（図13－3〜5）。

海岸にそって、石造り、レンガ造りのヨーロッパ風の壮麗な建物が並び、アレクサンドリアは世界でも有数のコスモポリタンな都会となった。壮麗な宮殿も建てられ、夏には、宮廷と政府はアレクサンドリアに移動し、そこで執務をとった。

アレクサンドリアは多くの文化が共存する国際都市であった。それは、人口センサスにおける居住民構成の分析からあきらかである。一八九七年のセンサス（一八八二年にも近代的なセンサスは実施されたが、予備的なもので、正式な第一回センサスは一八九七年センサスであった）におけるエジプト居住民を国籍（ナショナリティ）別に整理すると、スエズ運河沿いにある都市を除けば、外国人居住率はカイロで六・二％であるのに対して、アレクサンドリアでは一四・四三％と圧倒的に高い（Kato, 1998, p. 116）。

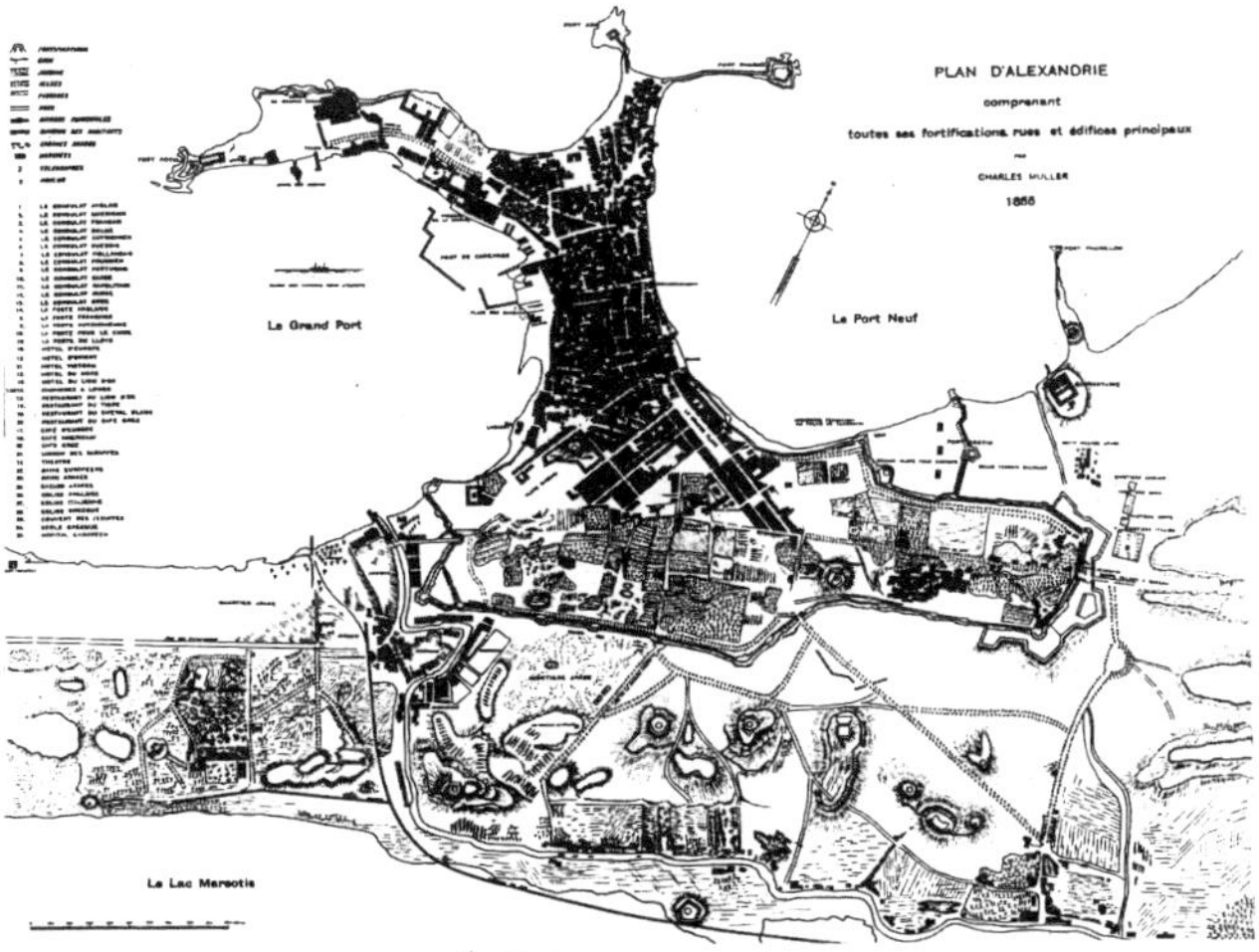


*Premières extensions (Muller, 1855).*

図 **13-4**　1855年のアレクサンドリア

出所：*Alexandrie entre deux mondes*, Édisud, 1987, p. 17.

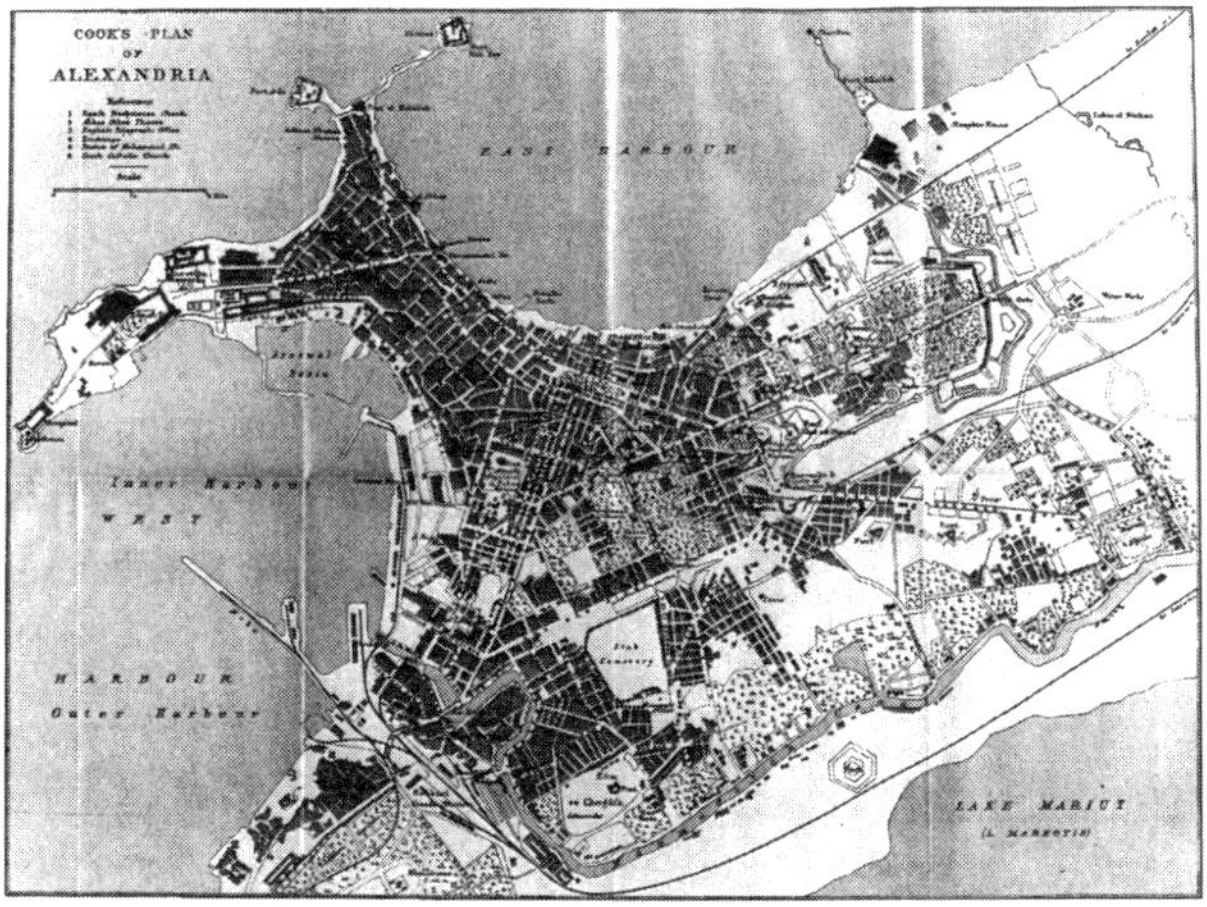


*Situation en 1895 (Cook's).*

図 **13-5**　1895年のアレクサンドリア

出所：*Alexandrie entre deux mondes*, Édisud, 1987, p. 18.

また、このことは、少し時間は下るが、一九〇七年の教育統計においても確かめられる。つまり、カイロとアレクサンドリアの生徒総数に占めるエジプト国籍の生徒比率は、カイロでは八一％であるのに対して、アレクサンドリアの場合、五五％であった（Kato et al. 2006, p. 351）。

## （2）アレクサンドリアのギリシャ人

先に一八三〇年代のアレクサンドリア貿易統計、外国人居住関係資料の分析結果を紹介した。そこであきらかになったのは、一八三〇年代当時のエジプト社会にとって、「ヨーロッパ」人とは、イギリス人やフランス人などのアルプス山脈の北の国々の住民のほか、あるいは、少なくとも日常生活のレベルでは、それ以上に、アルプス山脈の南の地中海沿岸地域、とりわけ東地中海沿岸地域の住民だったということである。

そもそも、当時のヨーロッパにあっても、フランスやイギリスなどの先進国を除くほとんどの国が「国民国家」形成の途上にあった。そのため、現在の国籍を基準にエジプトの外国人居住者を分類するということ自体に無理がある。こうした状況は、一九世紀中葉のイスマイールの時代においても、基本的には変わりはなかった。

また、イスラーム世界の伝統では、人びとは「民族」によってではなく、宗教・宗派で分類され、統治されていた。彼ら自身も、「民族」や話す言葉以上に、宗教・宗派に自らのアイデンティティを基づかせていた。その結果、イスラーム教徒をマジョリティ集団とすれば、それ以外の社会集団はマイノリティ集団であった。一九世紀において、欧米の国籍をもつ外国人も、かかるマイノリティ集団として扱われた。

一八八二年から実施されることになる近代的な人口センサスにおいて、こうしたマイノリティ集団は「国籍」（アラビア語でジンシーヤ）と宗教の二つで分類された。たとえば、一八九七年のセンサスでは、「国籍」を基準に、まずエジプト人と外国人とに分けられ、外国人はさらにイギリス人、フランス人、ギリシャ人、イタリア人、シリア・パレスチナ人、トルコ人、その他に分類されている。また、宗教を基準として、まずイスラーム教徒、キリスト教徒、ユダヤ教徒、その他とに分けられ、キリスト教徒については、コプト教徒、正教徒、カトリック、プロテスタント、その他と細分されている。

こうした分類において、もっとも大きなマイノリティ集団は「ギリシャ人」集団であり、一八九七年センサスにおいて、エジプト居住民の総人口のうち外国籍民が一・二%であったが、その四〇%がギリシャ人であった。アレクサンドリアに限ってみるならば、総人口の一四・四%を占める外国籍民のうち、三三%がギリシャ人であった（Kato, 1998, p. 116）。

東地中海はギリシャ人の海であり、古代文明の昔から、ギリシャ人はエジプトに渡来し、住みついてきた。彼らは東地中海にネットワークを張り巡らし、活発な経済行動を行った。そのひとつがタバコ販売であり、近代エジプトの創始者、ムハンマド・アリーも旧オスマン帝国領で現ギリシャ領の海港カヴァラに生まれ、若いときにはタバコ販売に従事していたとされている（加藤、二〇一三）。

一九世紀において、エジプトのタバコ産業を起こしたのもギリシャ人であった。一八七三年、ギリシャ人のキリアジ（Kyriazi）兄弟はカイロにタバコ製造工場を設立した。その後、Kyriazi Frères（「キリアジ社」）はエジプトタバコのブランドとして、ヨーロッパでもその名をはせることになる。しかし、ギリシャ人のエジプトでの経済活動はカイロやアレクサンドリアの大都市にとどまるものではなかった。

一九世紀中葉の文書を読んでいると、エジプト全土の地方都市にハマーミールと呼ばれた食べ物屋があったことがわかる。ハマーミールはアラビア語ハムルの複数形であり、ハムルは葡萄酒を意味する。つまり、ハマーミールとは、おそらくアルコールを出した食べ物屋であり、ギリシャ人が経営した食堂（タベルナ）であったと思われる。このことは、一九世紀のエジプトにおいて、ギリシャ人がいかに深くエジプト社会に食い込んでいたかを示している（加藤、一九八七）。

ところで、ここに大きな問題が生じる。つまり、一九世紀のエジプトにおける「ギリシャ人」とは誰か、という問題である。現在では問うこと自体が意味をなさないこの問題が、一九世紀のエジプトにおける統治システムと住民のアイデンティティのもとでは、解きがたい政治問題を喚起することになる。

それは近代ヨーロッパの「国民国家」概念がイスラーム世界に浸透する過程で避けがたい問題であったが、直接のきっかけは一八三〇年のギリシャ独立であった。この年、ギリシャはほかのバルカン諸国に先駆けて、オスマン帝国から独立を果たした。当然、その国家形成原理は「民族」を単位としたナショナリズムであった。独立国家ギリシャはエジプトに住む同胞に国家建設の協力を要請する。

ところが、それまでイスラーム世界の伝統的な統治システムのなかで生活してきたエジプトのギリシャ語を話す集団は、自分たちをギリシャ正教徒として意識してきたのであり、ギリシャ「民族」としての自覚はほとんどなかった。ここに、エジプトのギリシャ語を話す集団の獲得をめぐって、それまでの帰属の対象であったギリシャ正「教会」とギリシャ国が支援するギリシャ人「協会」とが対立することになる（加藤、一九九六）。

勢いはあきらかに「協会」にあった。一八四三年のアレクサンドリアを手始めに、一八五六年にはカイロ、一八六〇年にはマンスーラ、一八七〇年にはポート・サイードとザガジグ、一八八〇年にはタンタと、下エジプト地方に、さらには一八六二年には上エジプトのミニヤと、次々に「協会」を組織していく。しかし、それは一九世紀末以降に高揚するエジプト・ナショナリズムと衝突し、ギリシャ人はエジプト社会での基盤を失っていく。

### （3）　カヴァフィスの憂愁

こうした事態は多くのエジプト在住ギリシャ人にふたつの帰属意識をめぐる葛藤を引き起こした。それを文学的に表現したのが、近代ギリシャ最高の詩人と謳われるコンタンティヌス・カヴァフィス（一八六三〜一九三三）である。

カヴァフィスは、一八六三年、イギリスと綿花を取引する商人の九人兄弟の末っ子としてアレクサンドリアに生まれた（リデル、二〇〇八）。両親はともに、オスマン帝国の首都イスタンブル出身であった。家族はアレクサンドリアに来る前、イギリスに居住していた。カヴァフィスが七歳の時、父親が死に、母親は子供を連れてイギリスに移った。

再びアレクサンドリアに戻る前の七歳から一六歳までのイギリス生活において、カヴァフィスはイギリスの生活様式を身に着け、英語で詩を書くようになっていた。一八八〇年、母親とともにアレクサンドリアに戻った。しかし、戻った時期はエジプト財政の破綻、オラービー革命、イギリスのアレクサンドリア爆撃と、エジプトは政情不安の只中であった。そこで、カヴァフィスの母親は家族を海外で生活させるため、一八八二年、彼女の故郷であるイスタンブルに移った。

一八八五年、カヴァフィスはアレクサンドリアに戻る。新聞記者や兄の株売買の手伝いなどをしていたが、二九歳の時、公共事業省灌漑局に職を得、その後、一九二二年に引退するまでの三〇年間、その職にとどまった。その間、彼の関心と努力は詩作にそそがれた。彼は小さな個人的なサークルのなかで詩を作ったが、幼児への愛を謳う詩に、彼の好みが象徴的に表れていた。

彼は一九三三年、喉頭がんで死ぬまで、アレクサンドリアに住みつづけた。死の直前、ギリシャ正教会から聖体礼儀を受けたといわれている。生涯においてギリシャ本国に長期滞在したのは、死の一年前の一九三二年だけであり、がん治療のためであった。ギリシャはエーゲ海を挟んでアレクサンドリアの鼻の先である。それにもかかわらず、彼はなぜギリシャで長期の滞在をしなかったのであろうか。こよなく愛したヘレニズムの世界に忠実であろうとしたため、と考えるのは穿《うが》ち過ぎであろう。

しかし、彼の詩が醸し出す雰囲気は、ギリシャ独立運動に対して示したイギリスの詩人バイロン（一七八八～一八二四）やフランスの画家ドラクロア（一七九八～一八六三）の熱気とは好対照である。それは、以下の「野蛮人を待つ」（一九〇四年）と題された有名な詩（カヴァフィス、一九八八）にみられるように、終末観を漂わせている。


「市場に集まり　何を待つのか?」

　「今日　野蛮人が来る」

「元老院はなぜ何もしないのか?

なぜ　元老たちは法律も作らずに座っているのか?」

　「今日　野蛮人が来るからだ。」

「今　法案を通過させて何になる?」

　「来た野蛮人が法を作るさ」

　　……

「あっ　この騒ぎ。突然　おっぱじまった。なにごと?

ひどい混乱（みんなの顔が何ともうっとうしくなった）。
通りも辻も人がさっとひいて行く。
なぜ　皆考え込んで家に戻るんだ?」
「夜になった。野蛮人はまだ来ない。
兵士が何人か前線から戻った。
野蛮人はもういないとさ」
「さあ野蛮人抜きでわしらはどうなる?
連中はせっかく解決策だったのに」

バイロンやドラクロアの熱気とは、ナショナリズムであった。おそらく、カヴァフィスはナショナリズムに沸き立つ母国を好きになれなかった。もしそうであるのならば、彼がアレクサンドリアにひっそりと滞在しつづけるのに何の不思議もない。彼は、母国の思いを断ち切るように、次のように述べる（「市」（一九一〇年））。

言っていたな「ほかの土地にゆきたい。別の海がいい。
いつか　おれはゆくんだ」と。
「あっちの市のほうがこっちよりよい。
ここでしたことは初めから結局駄目と決まっていた。みんなだ。
おれの心はムクロ。埋葬ずみの死骸さ。
こんな索漠とした心境でいつまでおれる?
眼にふれるあたりのものは皆わが人生の黒い廃墟。
ここで何年過ごしたことか。

過ごした歳月は無駄だった。パァになった」
きみにゃ新しい土地はみつかるまい。
別の海はみあたるまい。
この市はずっとついてまわる。
同じ通りに住んで
同じ郊外をほっつき歩き、
この同じ家で白髪になるだろう。
まわりまわってたどりついても
見ればまたぞろこの市だ。
ほかの場所にゆく夢は捨てろ。
きみ用の船はない。道もだ。
この市のこの片隅できみの人生が廃墟になったからには
きみの人生は全世界で廃墟になったさ。

以下は、「教会にて」（一九一二年）と題され、死の直前に聖体礼儀を受けたと思われるギリシャ正教会を謳った詩である。私には、カヴァフィスの世界観はこの詩に凝縮されているように思われる。

教会が好きだ。
六翼の天使を描いた旗もいい。
銀の器もいい。燭台もいい。
灯明も、イコンも、説教壇もいい。

ギリシャ正教会に行って、
香の匂いをかぎ、
連禱の歌詞とハーモニーを聴き、
金銀の縫い取りのきらめく
僧侶の尊厳な姿を眺め、
彼等の立居振舞の荘厳なリズムを感じる時、
私の思いは返る、我が民族の偉大に。
ビザンツの遺産のかがやきに。

この詩の最後から二行目に現れる「我が民族」がギリシャ「国民」でないことはあきらかである。だからといって、彼が自らをギリシャ人と意識していなかったというわけではない。何でも白黒をつけたがるのが近代ヨーロッパ的な知の在り方である。一九世紀から二〇世紀初頭のアレクサンドリアにあって、カヴァフィスの帰属意識が多層的であったとしても何の不思議もない。それはギリシャ人以外のマイノリティについても、さらにはマジョリティのエジプト人あるいはイスラーム教徒についてさえいえることであった。

## 6　問われている近代

問われるべきは近代という時代そのものである。カヴァフィスによる一連の詩のなかで表現されているのは、詩人の感性に映った近代という時代であった。近代はナショナリズムの時代である。おそらく、先の「野蛮人を待つ」と題された詩のなかでの「野蛮人」とは、ナショナリズムに浮かれる人間である。

これに対して、このような言葉は使われていないが、その対極にある「文明人」とは、近代という時代のなかで殺されつつある文明であり、カヴァフィスにとってそれはヘレニズムであった。「教会にて」と題された詩は、次の言葉で結ばれている。「私の思いは返る、我が民族の偉大に。ビザンツの遺産のかがやきに」。

カヴァフィスにとって、ヘレニズムは過去の遺産ではなく、現前する文明である。この感覚は、いくつもの「中心・周縁」関係の重層的な連鎖（ネクサス）としての東地中海という空間が育てたものであろう。

一九世紀のコスモポリタンな都市アレクサンドリアに生きるギリシャ人はマイノリティであっても、「故郷喪失人」（デラシネ）ではなかった。また、マイノリティではあっても、列強と結びつき、ヨーロッパ世界の一部でもあった。この意味では、当時のギリシャ人は「周縁」と「中心」の二面性をもっていた。

## 参考文献


石田進『帝国主義下のエジプト経済』御茶の水書房、一九七四年。

C・M・ウッドハウス『近代ギリシァ史』西村六郎訳、みすず書房、一九九七年。

外務省ウェブサイト（http://www.mofa.go.jp/mofaj/gaiko/hakurankai/jyouyaku.html）。

カヴァフィス『カヴァフィス全詩集』中井久夫訳、みすず書房、一九八八年。

加藤博「一九世紀エジプトにおける税制度――その一　不動産賃貸借税」『イスラム世界』二五－二六号、一九八六年。

――「一九世紀中葉エジプトにおける税制度――その二　通行・市場税」『東洋文化研究所紀要』一〇三冊、一九八七年。

――「地域世界と国民国家　アラブ」歴史学研究会編『国民国家を問う』青木書店、一九九四年。

――「近代エジプトにおけるギリシア人とシリア人――エジプトの少数集団に関する覚書」『一橋論叢』一一六巻四号、一九九六年。

――「『周縁』からみた近代エジプト――空間と歴史認識をめぐる一考察」『イスラーム世界とアフリカ』（岩波講座　世界歴史21）岩波書店、一九九八年。

――「アレクサンドリアの憂愁――近代地中海世界の光と影」歴史学研究会編『ネットワークのなかの地中海』（地中海世界史3）青木書店、一九九九年。

――「エジプトにおける『近代統計』と国民国家形成」『現代の中東』三四号、二〇〇三年。

――――「八九ロンドン四国会議（一八四〇年）」「九七エジプト財政に対する『英仏二重管理体制』の成立」歴史学研究会編『帝国主義と各地の抵抗Ⅰ』（世界史史料8）二〇〇九年。
――――『ムハンマド・アリー――近代エジプトを築いた開明的君主』（世界史リブレット人67）山川出版社、二〇一三年。
加藤博・岩崎えり奈『現代アラブ社会――「アラブの春」とエジプト革命』東洋経済新報社、二〇一三年。
國雄行『博覧会の時代――明治政府の博覧会政策』岩田書院、二〇〇五年。
――――『博覧会と明治の日本』（歴史文化ライブラリー）吉川弘文館、二〇一〇年。
佐藤次高編『西アジア史Ⅰ　アラブ』（新版世界各国史）山川出版社、二〇〇二年。
中岡三益『アラブ近現代史――社会と経済』岩波書店、一九九一年。
横張誠『芸術と策謀のパリ――ナポレオン三世時代の怪しい男たち』講談社選書メチエ、講談社、一九九九年。
吉見俊哉『博覧会の政治学――まなざしの近代』中央公論社、一九九二年。
ロバート・リデル『カヴァフィス　詩と生涯』中井久夫訳、みすず書房、二〇〇八年。
Baer, Gabriel, *Studies in the Social History of Modern Egypt*, Chicago: The University of Chicago Press, 1969.
Çelik, Zeynep, *Displaying the Orient. Architecture of Islam at Nineteenth-Century World's Fairs*, Berkeley, Los Angeles, Oxford: University of California Press, 1992.
Disraeli, Disraeli's Speech on the Acquisition of the Suez Canal Shares: 21 February 1876, *Hansard* CCXXVII [3d Ser.], 1876, pp. 652–661.
Ilbert, R. et al. (eds.), *Alexandrie 1860–1960. Un modèle éphémère de convivialité: Communautés et identité cosmopolite*, Paris: Édition Auttrement, 1992.
Kato, Hiroshi, "Alexandrian Melancholy - The Light and Shadow of the Modern Mediterranean World", *Mediterranean World XV*, Tokyo: the Mediterranean Studies Group, Hitotsubashi University, 1998.
Kato, Hiroshi and Erina, Iwasaki, "Cairo and Alexandria at the Beginning of the 20th Century: An Analysis Based on Population and Education Censuses for 1907/8", *Mediterranean World XVIII*, the Mediterranean Studies Group, Tokyo: Hitotsubashi University, 2006.
Kitroeff, A., *The Greeks in Egypt, 1919–1937 : Ethnicity and Class*, Ithaca: Ithaca Press, 1989.

Régnier, Philippe, *Les Saint-Simoniens en Égypte*（*1833-1851*）, Cairo: Bank de L'Union Européenne-Amin Fakhry Abdelnour, 1989.
Reimer, Michael J., *Colonial Bridgehead*, American University in Cairo: Cairo Press, 1997.

《責任編集者紹介》


羽田　正（はねだ・まさし）

1953年　生まれ。
1983年　Ph.D.（パリ第３大学）。
現　在　東京大学理事・副学長。東洋文化研究所教授。
主　著　『新しい世界史へ』岩波新書，2011年。
『東インド会社とアジアの海』講談社，2007年。
『イスラーム世界の創造』東京大学出版会，2005年。



MINERVA 世界史叢書①
地域史と世界史

2016 年 10 月 30 日　初版第 1 刷発行　〈検印省略〉
2019 年 3 月 30 日　初版第 2 刷発行

定価はカバーに
表示しています

責任編集者　羽　田　　正
発　行　者　杉　田　啓　三
印　刷　者　藤　森　英　夫

発行所　株式会社　ミネルヴァ書房
607-8494 京都市山科区日ノ岡堤谷町 1
電話代表（075）581-5191
振替口座　01020-0-8076





亜細亜印刷

ISBN978-4-623-07112-8

Printed in Japan

**《執筆者紹介》**（執筆順，＊印は責任編集者）

＊羽田　正（はねだ・まさし）**序章・第３章**

責任編集者紹介欄参照。

村井章介（むらい・しょうすけ）**第１章**

1974年　東京大学大学院人文科学研究科修士課程修了。
1993年　文学博士（東京大学）。
現　在　立正大学文学部教授。
主　著　『境界史の構想』敬文舎，2014年。
『日本中世境界史論』岩波書店，2013年。
『日本中世の異文化接触』東京大学出版会，2013年。

貴志俊彦（きし・としひこ）**第２章**

1993年　広島大学大学院文学研究科博士課程後期単位取得中退。
現　在　京都大学地域研究統合情報センター教授。
主　著　『日中間海底ケーブルの戦後史——国交正常化と通信の再生』吉川弘文館，2015年。
『東アジア流行歌アワー——越境する音 交錯する音楽人』岩波書店，2013年。
『「東アジア」の時代性』（共編著）渓水社，2005年。

鈴木英明（すずき・ひであき）**第４章**

2010年　東京大学大学院人文社会系研究科博士課程修了。
2010年　博士（文学）（東京大学）。
現　在　国立民族学博物館グローバル現象研究部助教。
主　著　「インド洋西海域世界の可能性——海域史から世界史へ」『歴史学研究』911，2013年。
「ネットワークのなかの港町とそこにおける所謂『バニヤン』商人——19世紀ザンジバルにおけるカッチー・バティヤー商人の活動」『東洋史研究』71-4，2013年。
「インド洋西海域と『近代』——奴隷の流通を事例にして」『史学雑誌』166-7，2007年。

杉山清彦（すぎやま・きよひこ）**第５章**

2000年　大阪大学大学院文学研究科博士後期課程修了。
2000年　博士（文学）（大阪大学）。
現　在　東京大学大学院総合文化研究科准教授。
主　著　『大清帝国の形成と八旗制』名古屋大学出版会，2015年。
『中央ユーラシア環境史２　国境の出現』（共著）臨川書店，2012年。
『清朝とは何か』（別冊環⑯）（共著）藤原書店，2009年。

高橋　均（たかはし・ひとし）**第６章**

1982年　東京大学大学院社会学研究科国際関係論専門課程博士課程中途退学。
現　在　東京大学大学院総合文化研究科教授。
主　著　『世界の歴史18　ラテンアメリカ文明の興亡』（網野徹哉と共著）中央公論新社（中公文庫），2009年。
『ラテンアメリカの歴史』（世界史リブレット）山川出版社，1998年。

渡辺美季（わたなべ・みき）**第７章**

2005年　東京大学大学院人文社会系研究科博士課程単位取得退学。
2008年　博士（文学）（東京大学）。
現　在　東京大学大学院総合文化研究科准教授。
主　著　『岩波講座　日本歴史』12（近世３）（共著）岩波書店，2014年。
『東アジア海域に漕ぎだす１　海から見た歴史』（共著）東京大学出版会，2013年。
『近世琉球と中日関係』吉川弘文館，2012年。

古田和子（ふるた・かずこ）**第８章**

1988年　プリンストン大学歴史学部博士課程修了。
1988年　Ph.D.（プリンストン大学）。
現　在　慶應義塾大学名誉教授。
主　著　『中国の市場秩序』（編著）慶應義塾大学出版会，2013年。
*Japan, China and the Growth of the Asian Intetrnational Economy, 1850-1949.*（共著），Oxford University Press, 2005.
『上海ネットワークと近代東アジア』東京大学出版会，2000年。

大橋厚子（おおはし・あつこ）**第９章**

1989年　東京大学大学院人文科学研究科博士課程満期退学。
2006年　博士（文学）（東京大学）。
現　在　名古屋大学大学院国際開発研究科教授。
主　著　『世界システムと地域社会』京都大学学術出版会，2010年。
"A History of West Java during the Age of 'Incorporation': Retold from the Perspective of Ordinary Housewives," *ACTA ASIATICA*（東方学会），No.92, 2007, pp. 69-87.

井坂理穂（いさか・りほ）**第10章**

1999年　ケンブリッジ大学歴史学部博士課程修了。
1999年　Ph.D.（ケンブリッジ大学）。
現　在　東京大学大学院総合文化研究科准教授。
主　著　『現代インド５　周縁からの声』（共編著）東京大学出版会，2015年。
『シャドウ・ラインズ　語られなかったインド』（アミタヴ・ゴーシュ著）（訳）而立書房，2004年。

森永貴子（もりなが・たかこ）**第11章**

2004年　一橋大学大学院社会学研究科博士後期課程修了。
2004年　社会学博士（一橋大学）。
現　在　立命館大学文学部教授。
主　著　『北太平洋世界とアラスカ毛皮交易――ロシア・アメリカ会社の人びと』東洋書店，2014年。
『イルクーツク商人とキャフタ貿易――帝政ロシアにおけるユーラシア商業』北海道大学出版会，2010年。
『ロシアの拡大と毛皮交易――16～19世紀シベリア・北太平洋の商人世界』彩流社，2008年。

貴堂嘉之（きどう・よしゆき）**第12章**

1994年　コロンビア大学大学院及び東京大学大学院総合文化研究科中途退学。
2012年　博士（学術）（東京大学）。
現　在　一橋大学大学院社会学研究科教授。
主　著　『〈近代規範〉の社会史――都市・身体・国家』（共編著）彩流社，2013年。
『越境者の世界史――奴隷・移住者・混血者』（共著）春風社，2013年。
『アメリカ合衆国と中国人移民――歴史のなかの「移民国家」アメリカ』名古屋大学出版会，2012年。

加藤　博（かとう・ひろし）**第13章**

1980年　一橋大学大学院経済学研究科博士課程単位取得。
1983年　経済学博士（一橋大学）。
現　在　一橋大学名誉教授。
主　著　*Rashda : The Birth and Growth of an Egyption Oasis Village*（with Erina Iwasaki）Brill, 2016.
『ムハンマド・アリー――近代エジプトを築いた開明的君主』世界史リブレット人，67，山川出版社，2013年。
『現代アラブ社会――「アラブの春」とエジプト革命』（岩崎えり奈と共著）東洋経済新報社，2013年。

# 人名索引

## あ　行



## か　行



## さ　行



## た　行



## な　行



## は　行

ま　行



や　行



ら　行

# 事項索引

## あ 行

## か　行

## さ　行

## た　行

## な　行

## は 行

## わ　行